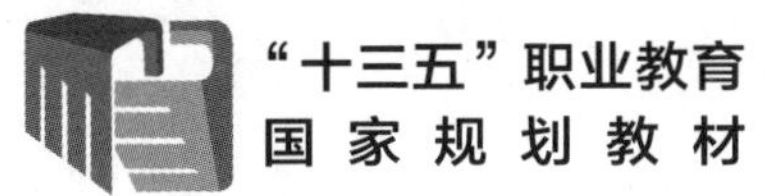

职业院校汽车类"十三五"
微课版规划教材

"十二五"江苏省高等学校重点教材
（编号：2015-1-070）

汽车电工电子

第3版 附微课视频

吕玫 / 主编
陆荣 高登山 张美娟 / 副主编

人民邮电出版社
北京

图书在版编目（CIP）数据

汽车电工电子 : 附微课视频 / 吕玫主编. -- 3版
. -- 北京 : 人民邮电出版社, 2017.6（2021.12重印）
职业院校汽车类“十三五”微课版规划教材
ISBN 978-7-115-45390-7

Ⅰ. ①汽… Ⅱ. ①吕… Ⅲ. ①汽车—电工技术—高等职业教育—教材②汽车—电子技术—高等职业教育—教材
Ⅳ. ①U463.6

中国版本图书馆CIP数据核字(2017)第076702号

内 容 提 要

本书以汽车技术应用为主线，遵循必需够用的原则，精选汽车应用实例，培养读者分析汽车基本电路的能力。

全书共 7 章，主要内容包括直流电路、正弦交流电路、磁路和铁心线圈电路、交流电动机及其控制、直流电动机及其应用、常用半导体器件及其应用、数字电子技术及其应用。每章附有小结、习题和自测题。

本书可作为高职高专院校汽车类相关专业的教材，也可供从事汽车维修和管理工作的技术人员参考。

◆ 主　　编　吕　玫
　副 主 编　陆　荣　高登山　张美娟
　责任编辑　王丽美
　责任印制　焦志炜

◆ 人民邮电出版社出版发行　　北京市丰台区成寿寺路 11 号
　邮编　100164　　电子邮件　315@ptpress.com.cn
　网址　https://www.ptpress.com.cn
　涿州市京南印刷厂印刷

◆ 开本：787×1092　1/16
　印张：18.5　　　　2017 年 6 月第 3 版
　字数：460 千字　　2021 年 12 月河北第 15 次印刷

定价：46.00 元

读者服务热线：(010)81055256　印装质量热线：(010)81055316
反盗版热线：(010)81055315
广告经营许可证：京东市监广登字 20170147 号

第 3 版前言

汽车电工电子技术是高职高专院校汽车大类专业的核心课程。本书依据教育部高职高专示范院校教材的建设要求，紧紧围绕高素质技能型人才的培养目标，以能力培养为本位，以汽车技术应用为主线，以典型汽车电工与电子设备为载体，确定编写思路和特色。本书内容组织合理，通俗易懂，深入浅出，网络教学资源丰富，突出电工电子技术在汽车中的应用，注重基础理论与实践应用的有机结合。

本书内容有机整合了传统的电工电子技术内容，遵循知识面宽、分析案例难度适中、应用性强的原则，兼顾针对性和普适性，兼顾课程内容的基础性与延展性。在内容编排上，紧扣基本概念和基本定律，重视汽车典型电路案例的分析计算，加强汽车技术应用。通过学习，培养学生运用电工电子基本知识分析汽车电路及简单故障的能力，也为学习汽车电器、汽车电子控制技术等后续课程打下坚实的基础。本书每章节都提供了小结、习题、自测题、实训以及二维码视频资料，可供读者选择。

本书编写团队主要成员为教育部高职高专汽车教指委精品课程——汽车电工与电子技术的教学团队成员。本书编写团队成员专业素养高，教学经验丰富。同时还有来自企业的人员加入编写团队，为本书提供了丰富的汽车应用案例，体现了校企合作的特色。前两版教材自出版以来，受到众多院校师生的欢迎，市场反应良好，发行量较大。

与第 2 版教材相比，第 3 版教材章节编排有部分调整，各章节增加了二维码视频资料，视频资料包括电工电子以及汽车电器等内容，便于读者理解和自学。教材内容有部分调整，增加了安全用电知识，提炼了汽车应用部分内容，增加了难易适度的汽车电路例题，更加贴近实际，注重对学生分析能力的培养。同时也调整了部分习题和自测题，有助于读者进行知识的巩固和复习。

本书分为 7 章，参考学时为 100 学时，其中理论环节为 78 学时，实践环节为 22 学时，各章的参考学时见下面的学时分配表。

章　节	课 程 内 容	学 时 分 配	
		理论	实践
第 1 章	直流电路	14	4
第 2 章	正弦交流电路	10	4
第 3 章	磁路和铁心线圈电路	6	2
第 4 章	交流电动机及其控制	6	2
第 5 章	直流电动机及其应用	8	2
第 6 章	常用半导体器件及其应用	18	4
第 7 章	数字电子技术及其应用	16	4
课时总计		78	22

由于本书涉及知识点丰富，基础理论多，实践应用性强，为便于理解和学习，建议在组织

课程教学时采用多种教学手段和教学方法。依托实训室开展实践教学、现场教学；根据教学内容，合理选择现场教学、案例教学等教学方法；应用多种现代教学技术手段，丰富教学形式。

本书由无锡职业技术学院吕玫任主编，陆荣、高登山、张美娟任副主编。第1章、第3章由吕玫编写，第2章由陆荣编写，第4章、第5章由高登山编写，第6章由陆荣、张美娟编写，第7章由张美娟编写。来自汽车企业的符海建工程师也参与了本书的编写，为本书提供了部分汽车应用实例。吕玫负责全书的组织和统稿。

本书在编写过程中参考了许多资料与文献，在此无法一一列举，谨对所有文献的作者表示衷心的感谢。

由于编者水平有限，书中难免存在疏漏之处，欢迎广大读者批评指正。

编者

2017年1月

目　录

第1章 直流电路

【学习目标】

1. 掌握电路的基本概念以及电流、电压、电位和电功率等基本物理量
2. 熟悉电阻的基本知识以及汽车中特殊电阻的应用
3. 掌握电源模型以及汽车蓄电池的基本知识
4. 掌握电路的欧姆定律以及基尔霍夫电流、电压定律
5. 掌握支路电流法，掌握汽车电路基本分析
6. 熟悉叠加原理、电源等效变换以及戴维南定理

1.1 电路及其基本物理量

1.1.1 电路概述

1. 电路

电路是由电气设备和元器件按一定方式连接起来的整体，它是电流所通过的路径。电路一般由电源、负载以及中间环节等部分组成。电路中供给电能的设备或器件称为电源，用电设备或元器件称为负载，中间环节如开关、导线等在电路中起到传输、分配和控制电能或电信号的作用。图 1-1 所示为汽车行李箱照明电路，它由蓄电池、行李箱照明灯、开关和连接导体等组成。

在日常生活和工业控制中存在各式各样的电路，如随处可见的照明电路，汽车中的温度、压力、光照、位置角度等传感器检测电路。根据实现功能的不同，电路可分为两种类型：电力电路和信号电路。电力电路用于实现能量的转换、传输和分配，如电力系统电路等；信号电路用于实现电信号的处理与传递，如汽车中的传感器电路。

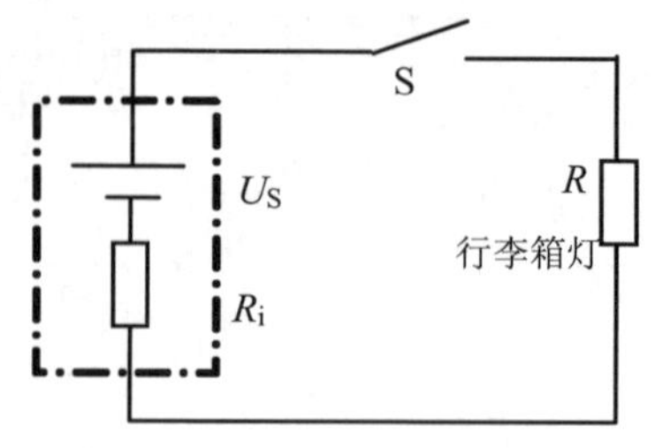

图 1-1　汽车行李箱照明电路图

2. 理想元件和电路模型

实际电路中的元器件种类繁多，但在电磁现象方面一些元器件却有共同之处，如各种电阻器、照明灯、汽车扬声器等元件主要的电磁特性是消耗电能；各种电感线圈（如变压器线圈、点火线圈等）存储磁场能量；各种类型的电容器存储电场能量；而蓄电池、干电池等部件提供电能。为了便于探讨电路的一般规律，简化电路的分析，在工程上通常将实际的电路元件用理想电路元件替代，即在一定的条件下，突出元件主要的电磁性质，忽略其次要因素，把实际元件近似地看作理想电路元件，用一个理想电路元件或由几个理想元件的组合来代替实际的电路元件。因此，各类用电设备或元器件在工作时表现出的电磁现象可以用下面 3 个理想元件及其组合来反映。

电阻元件——用来等效消耗电能并转换成其他形式能量的实际元件，用字母 R 表示，简称电阻。

电感元件——用来等效存储磁场能量的实际元件，用字母 L 表示，简称电感。

电容元件——用来等效存储电场能量的实际元件，用字母 C 表示，简称电容。

此外，不考虑内阻的电源可用“理想电压源”“理想电流源”等效。理想电压源、理想电流源分别用字母 U_S、I_S 表示。实际电源可用多个理想元件组合表示，如实际电压源可用理想电压源与电阻元件串联等效，实际电流源可用理想电流源与电阻元件并联等效。

理想元件电阻（R）、电感（L）、电容（C）、电压源（U_S）、电流源（I_S）的图形符号如图 1-2 所示。

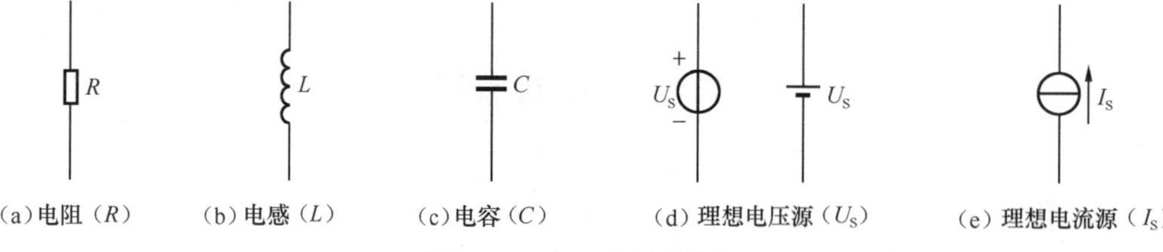

图 1-2　理想元件图形符号

电路模型就是指用理想电路元件及其组合来代替实际电路元件构成的理想电路。图 1-1 所示为电路模型，电压源 U_S 与电阻 R_i 串联表示实际电压源，电阻 R 为负载。今后书中未加特殊说明，分析的电路都是指电路模型。

- 电阻元件是耗能元件，电感、电容是储能元件。电感元件储存磁场能，电容元件储存电场能。
- 在不同工作条件下，实际元件可等效为不同理想元件组合。如电感线圈，在低频下，可等效为电感元件与电阻元件的串联组合，在高频下，还要考虑其电容效应。

1.1.2 电路的基本物理量

下面分别对电路的电流、电压、电位、电动势、电能以及电功率等物理量进行分析。

电流形成示意图

1. 电流

电荷的定向运动形成电流，通常将正电荷移动的方向规定为电流正方向。电流的大小用电流强度来衡量，其数值等于单位时间内通过导体某一横截面的电荷量。根据定义有

$$i=\frac{\mathrm{d}q}{\mathrm{d}t} \tag{1-1}$$

式中，i 为电流强度（简称电流），单位为安培（A）。

根据电流大小和方向随时间变化的情况，把电流分为两大类。一类是电流的大小和方向都不随时间而变化，称为恒定电流，简称直流，用大写字母 I 表示。另一类是电流大小和方向都随时间变化，称为变动电流，变动电流用小写字母 i 表示，其中一个周期内电流的平均值为零的变动电流，称为交变电流，简称交流。

电流物理量定义

交流电中，应用最广泛的是随时间按正弦函数变化的电流，称为正弦交流电。目前电力工程中所采用的电压、电流几乎都是按正弦函数变化的。

电流的方向是客观存在的。但在电路分析中，一些较为复杂的电路，有时电流的实际方向难以判断，因此在电路分析时，引入参考方向这一概念。

在一段电路上可以任意选定一个方向作为电流的流动方向，这个方向就是电流的参考方向。如图 1-3 所示，电流参考方向用箭头表示。当电流的参考方向与实际方向一致时，电流为正值（$I>0$）；当电流的参考方向与实际方向相反时，电流为负值（$I<0$）。例如，流经电阻的实际电流大小为 5A，在不同的参考方向下，电流的表达式相差一个负号。在图 1-3（a）所示参考方向下，电流 I= 5A，而在图 1-3（b）所示参考方向下，电流 I= –5A。

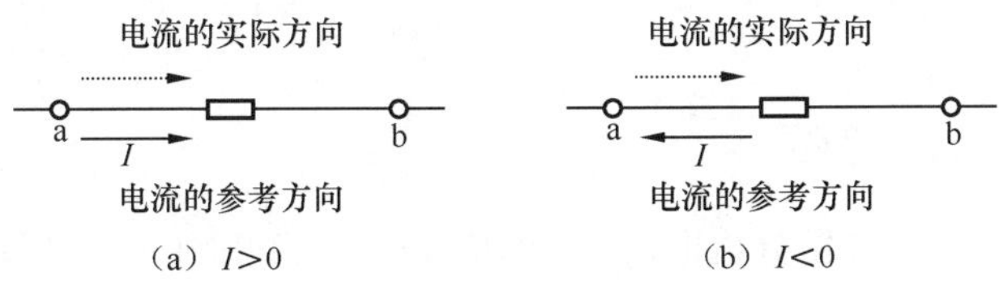

图 1-3 电流的参考方向

除了用箭头来表示电流的参考方向外，还可用双下标表示，如 I_{ab} 表示电流参考方向从 a 点指向 b 点。

因此在分析电路时，应先确定电流参考方向，再进行电路分析计算，最后根据计算出的电流数值，就可以确定电流的实际方向。不明确电流参考方向，而谈论其正负值显然毫无意义。

电流参考方向

- 在电路图上标注的电流参考方向可随意选择，而实际电流是客观存在的。
- 电流是个代数量，反映了电流的大小与实际方向。
- 同一个元件的电流参考方向选择不同，则数值相差一个负号，即 $I_{ab}=-I_{ba}$。

2. 电压

如图 1-4 所示，在导体内电荷定向运动是由于电场力的作用形成的。电压就是表征电场力对电荷做功的物理量。电路中 a、b 两点间电压的大小就等于电场力将单位正电荷由 a 点移动到 b 点所做的功，用符号 u 表示。

$$u = \frac{\mathrm{d}W_{\mathrm{ab}}}{\mathrm{d}q} \tag{1-2}$$

在直流电路中电压用大写字母 U 表示。电压的单位为伏特（V）。

电压的概念

两点之间电压的实际方向是由高电位点指向低电位点，所以电压也常称为电压降。为分析电路方便，与电流一样，引入电压的参考方向。当电压实际方向与其参考方向一致时，电压值为正，即 $U>0$；反之，当电压实际方向与其参考方向相反时，电压值为负，即 $U<0$。

对电压参考方向的标注除了用箭头外，还可用双下标和正（+）、负（−）极性表示。如 U_{ab} 表明电压参考方向从 a 指向 b。若用正负极性表示，电压参考方向从正极指向负极。

提示

- 同一个元件的电压参考方向选择不同，则数值相差一个负号，即 $U_{\mathrm{ab}}=-U_{\mathrm{ba}}$。
- 一个元件上的电流与电压参考方向相同，如图 1-5 所示，则称为关联参考方向，否则为非关联方向。

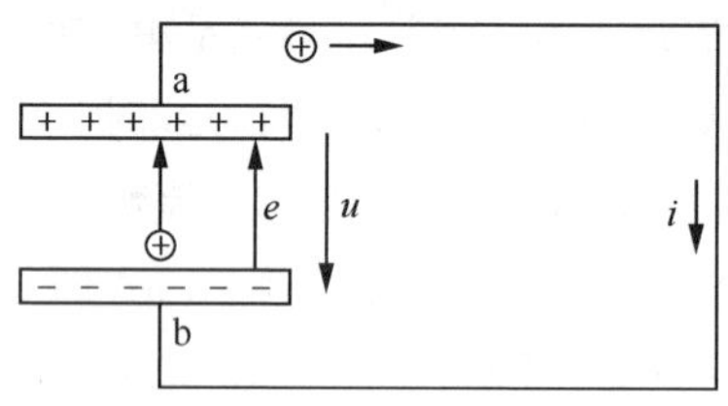

图 1-4 电压与电动势

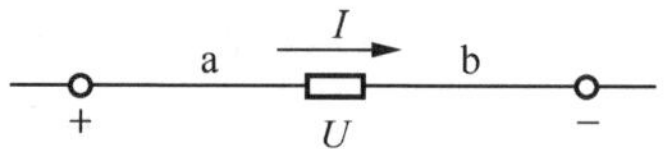

图 1-5 电压电流关联参考方向

电压的表示方法和方向

3. 电位

为了方便分析电压这个物理量，电路中引入了电位的概念。在电路中任选参考点 O，则电路中某点 a 到参考点 O 的电压就称为 a 点的电位。换言之，即电路中某点的电位实际上就是某点相对于参考点的电压，即

$$V_{\mathrm{a}} = U_{\mathrm{aO}} \tag{1-3}$$

电位用 V 表示。电路参考点本身的电位 $V_{\mathrm{O}}=0$，参考点也称为零电位点。

在电路中有 a、b、O 三点，任选 O 点为参考点，则 a、b 两点的电位分别为 $V_{\mathrm{a}}=U_{\mathrm{aO}}$、$V_{\mathrm{b}}=U_{\mathrm{bO}}$。按照做功的定义，电场力把单位正电荷从 a 点移到 b 点所做的功，等于把单位正电荷从 a 点移到 O 点，再从 O 点移到 b 点所做的功的和，即

$$U_{\mathrm{ab}} = U_{\mathrm{aO}} + U_{\mathrm{Ob}} = U_{\mathrm{aO}} - U_{\mathrm{bO}} = V_{\mathrm{a}} - V_{\mathrm{b}}$$

即

$$U_{\mathrm{ab}} = V_{\mathrm{a}} - V_{\mathrm{b}} \tag{1-4}$$

式（1-4）表明，电路中a、b两点间的电压等于a、b两点的电位差，因而电压也称为电位差。

电路中参考点用符号“⊥”表示。电力系统中，通常以大地作为参考点；电子电路中，一般选择电子设备的金属机壳或某公共点作为参考点。在汽车电路中，蓄电池负极直接或间接地通过导线连接在车身金属或车架上，即俗称“搭铁”。通常汽车中的搭铁点就是电路的参考点，电路中任一点的电位就是相对于搭铁点的电压。

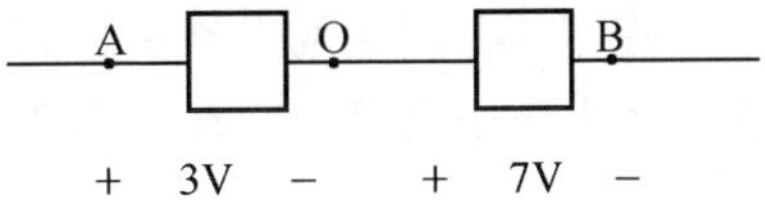

图1-6　电压与电位分析

【例1-1】 如图1-6所示电路，已知U_{AO}=3V，U_{OB}=7V。若选择O点为电位参考点，求A、B两点的电位。若选择B点为参考点，则求A、O两点的电位。

解：（1）若选择O点为参考点，则

$$V_O = 0V$$
$$V_A = U_{AO} = 3V$$
$$V_B = U_{BO} = -U_{OB} = -7V$$

（2）若选择B点为参考点，则

$$V_B = 0V$$
$$V_A = U_{AB} = U_{AO} + U_{OB} = 3V+7V=10V$$
$$V_O = U_{OB} = 7V$$

电位的概念对实际电路的测量十分重要。对于一个实际的复杂电路，往往需要用万用表、示波器等仪器进行电压值测量，通过测量来确定其工作状态。在汽车电路中，某照明电路出现断路故障，需查找电路在何处出现断路，就可以通过测各点电位的方法来判定。测量电位时，用万用表两个表笔中的黑表笔固定接在被测电路选定的参考点（汽车搭铁）上，红表笔搭在测量点，即可测量该点电位，进而得出任意两点间的电压。这种测量方法既方便又安全。

- 选择不同的参考点，同一点的电位数值不同。
- 两点间的电压大小与参考点选择无关，即电位的高低是相对的，而电压值是绝对的。

4. 电动势

衡量电源力克服电场力对电荷做功能力的物理量称为电动势，用符号e表示。如图1-4所示电路中，电动势在数值上等于电源力将单位正电荷由低电位（b点）移到高电位（a点）所做的功。电动势的方向规定为在电源内部由负极板指向正极板，即从低电位点指向高电位点。直流电路中电动势用E表示，单位为伏特（V）。

电源的电动势

- 电动势的实际方向从低电位点指向高电位点，即电位升。而电压的实际方向从高电位点指向低电位点，即电位降。
- 一个元件的电动势和电压是大小相等，方向相反的一对物理量，对外部电路而言，二者没有区别。

在今后的叙述中，电源常常用电压来等效表示电动势对外电路的作用。不同的电源具有不

同的电压，如一般汽车蓄电池的电压通常为12V，干电池的电压为1.5V。

5. 电能和电功率

在图1-5所示的电路中，a、b两点间电压为U，电路中的电流为I，电压、电流为关联方向，由电压定义可知，在t时间内，电场力所做的功，即元件消耗（或吸收）的电能为

$$W = UQ = UIt \tag{1-5}$$

单位时间内消耗的电能称为电功率（简称功率），直流电路中用字母P表示，即

$$P = \frac{W}{t} = UI \tag{1-6}$$

若在电压、电流非关联方向下，则

$$P = -UI \tag{1-7}$$

在我国法定计量单位中，电能的单位是焦耳（J）；功率的单位是瓦特（W）。在实际应用中，有时电能的单位用千瓦时（kW·h）表示，1kW·h俗称一度电。

- 电功率是代数量，可以为正值或负值。
- $P = \pm UI$，根据参考方向关联与否，选择不同的公式，若$P>0$就表示元件实际为吸收功率，$P<0$表示元件实际为发出功率。
- 还可根据元件的实际电压、电流方向，判断元件是否发出或吸收功率。若实际电压、电流方向相同，元件吸收功率；若方向相反，则元件发出功率。

【例1-2】 如图1-7所示电路，已知$U_{S1}=12V$，$U_{S2}=2V$，$I=1A$，$U_1=6V$，$U_2=4V$。求各元件的功率，并说明元件是发出功率还是吸收功率。

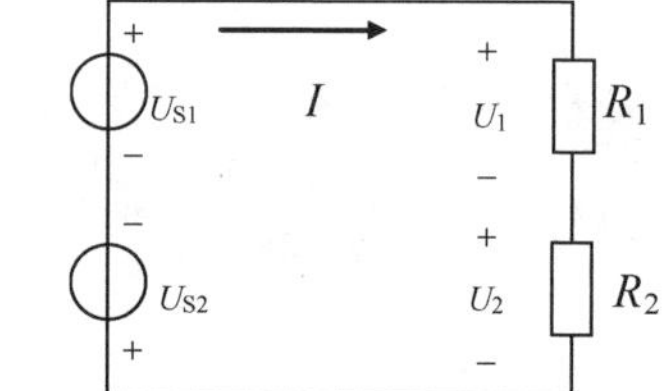

图1-7 例1-2电路图

解：根据功率式（1-6）和式（1-7）得

$P_{U_{S1}} = -U_{S1}I = -12V \times 1A = -12W<0$（发出功率）

$P_{U_{S2}} = U_{S2}I = 2V \times 1A = 2W>0$（吸收功率）

$P_1 = U_1I = 6V \times 1A = 6W>0$（吸收功率）

$P_2 = U_2I = 4V \times 1A = 4W>0$（吸收功率）

$\sum P = P_{U_{S1}} + P_{U_{S2}} + P_1 + P_2 = -12W + 2W + 6W + 4W = 0$，说明电路的功率平衡。

1.1.3 电路的开路和短路

1. 开路状态

开路状态又称断路或空载状态，如图1-8所示，它是电路中开关断开或连接导线折断引起的一种极端运行状态。

电路空载时，外电路所呈现的电阻可视为无穷大，电路中的电流为零，即$I=0$。电源的端电压等于电源电压，即$U_1 = U_S$，此电压称为空载电压或开路电压，用U_0表示。

2. 短路状态

由于电源线绝缘损坏、操作不当等引起电源的两输出端相接触，造成电源被直接短路，如图 1-9 所示。

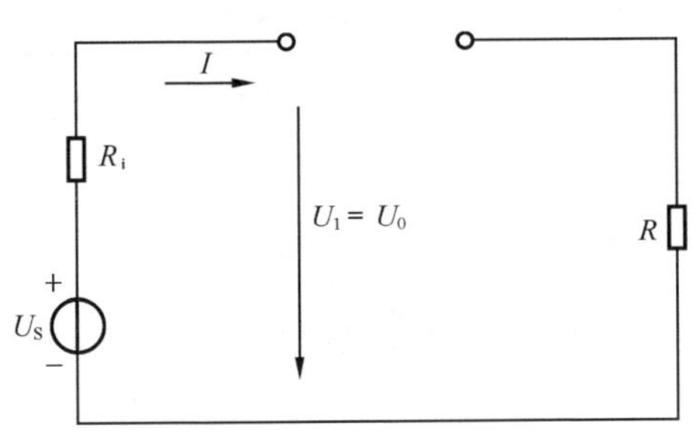

图 1-8 电路的开路状态

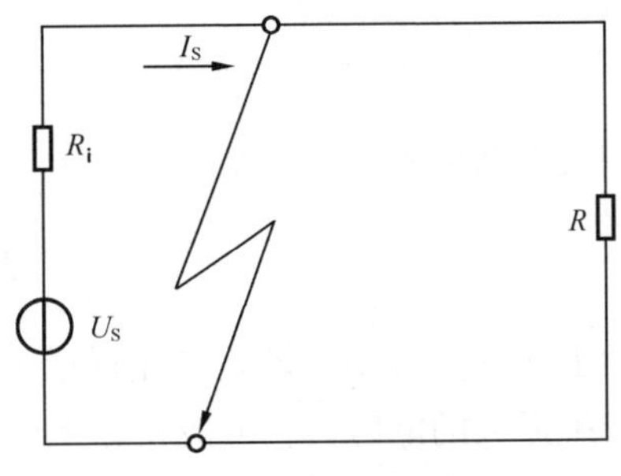

图 1-9 电路的短路状态

当电源直接短路时，外电路所呈现的电阻可近似为零，此时电源中的短路电流（I_S）最大，因为在一般供电系统中，电源的内电阻（R_i）很小，$I_S = \dfrac{U_S}{R_i}$，故短路电流（I_S）很大。由于电路负载被短接，负载的端电压为零，负载 R 上无电流流过。

开路和短路是汽车电路的常见故障。汽车开路故障如图 1-10 所示，电路可能在 1 点～4 点中某一点开路。例如，电路在 3 点处开路，则通过电位测量可知，靠近元件 C 处电位 V_{3C}=0V，靠近元件 B 处电位 V_{3B}=12V（蓄电池电压值）。汽车开路故障可导致电路不能正常工作，但只要排除故障，电路即可恢复正常。

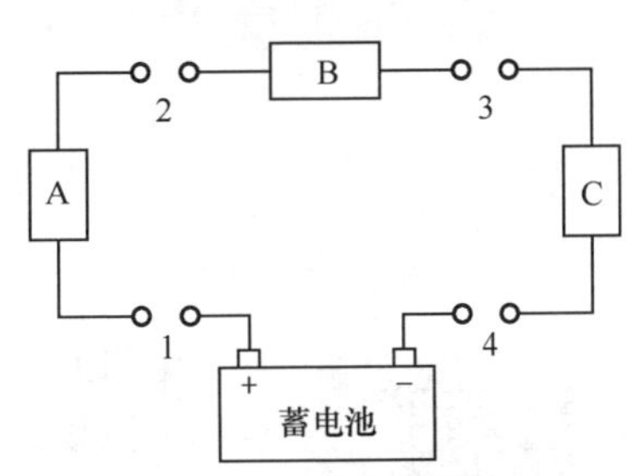

图 1-10 汽车开路故障

汽车中各种短路故障如图 1-11 所示。若元件短接可能会使电路产生过高的短路电流，从而烧毁电路，造成不可逆转的破坏。例如，在图 1-11（a）所示电路中，若元件 A 和元件 C 是开关，元件 B 是负载，B 被短接直接导致电源短路而烧毁。在图 1-11（b）所示电路中，元件 B 和元件 C 一端短接，使元件 B 和元件 C 所在支路的开关失去应有的作用，可能导致元器件损坏。在图 1-11（c）所示电路中，元件 C 被短路，若元件 C 是开关，则开关 C 失去作用，若元件 C 是负载灯泡，元件 A、B 是开关，则电路电源被短接。因此实际电路中必须设置短路保护装置，最常用的是安装熔断器作短路保护。

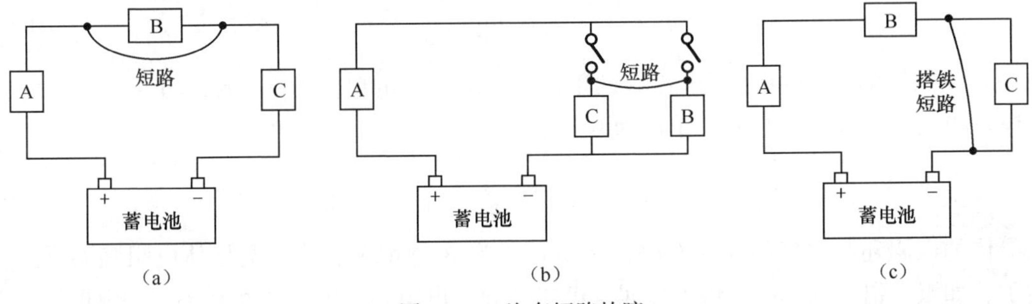

图 1-11 汽车短路故障

【例 1-3】 图 1-12 所示为某汽车门灯电路图，蓄电池电压 $U_S = 12V$，内阻 $R_i = 0.2\Omega$，灯泡为 12V、6W，试求：

（1）空载电压（U_0）；

（2）短路电流（I_S）；

（3）忽略内阻压降，正常工作时的电流（I）。

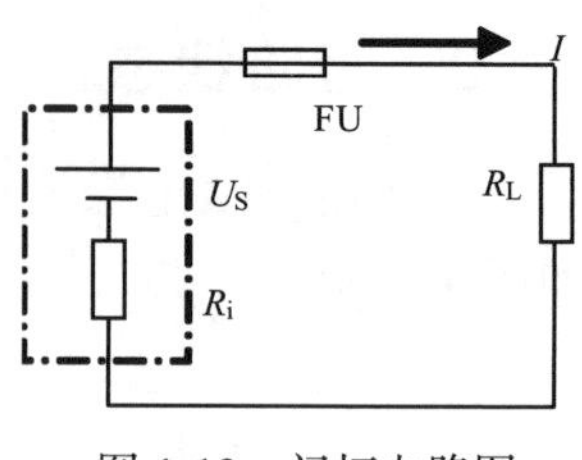

图 1-12　门灯电路图

解：（1）$U_0 = U_S = 12V$

（2）$I_S = \frac{U_S}{R_i} - \frac{12V}{0.2\Omega} = 60A$

（3）忽略内阻压降，则

$$I = \frac{P}{U} = \frac{6W}{12V} = 0.5A$$

由上述计算可知，短路电流远远大于正常工作电流，很容易烧毁电源与设备，同时短路时电流产生强大的电磁力会造成机械上的损失。

汽车电路常见检测工具包括跨接线、试灯、试电笔、万用表等。

1.2 电阻元件和欧姆定律

1.2.1 电阻元件

电阻的认识

电阻元件是构成各类电路最常用的元件之一。物体对电流的阻碍作用，被称为该物体的电阻，用 R 来表示，其单位为欧姆（Ω）。

1. 电阻率和电阻温度系数

实验证明，当温度一定时，金属导体的电阻（R）与导体的长度（l）成正比，与横截面积 S 成反比，还与材料的导电性能有关，如下式所示。

$$R = \rho \frac{l}{S} \tag{1-8}$$

其中，R 的单位为Ω，l 的单位为 m，S 的单位为 mm^2，ρ 的单位为 $\Omega \cdot mm^2/m$。

电阻的倒数称为电导（G），单位为西门子（S）。

$$G = \frac{1}{R} \tag{1-9}$$

导体的电阻还与温度的变化有关，一般可分为 3 种情况。第一类导体电阻随温度的升高而增加，如银、铝、铜、铁、钨等金属。第二类导体电阻随温度升高而减小，如电解液、碳素和半导体材料。第三类导体的电阻几乎不随温度改变而变化，如康铜、锰钢、镍铬合金等。因此用电阻温度系数（α）可反映材料电阻受温度影响的程度。

通常金属导体的电阻随温度的升高而增加，它们的关系是

$$R_2 = R_1\left[1+\alpha\left(t_2-t_1\right)\right] \tag{1-10}$$

式中，t_1—— 参考温度（通常为 20℃）；

t_2—— 导体实际温度（℃）；

R_1、R_2—— t_1、t_2 时的电阻值（Ω）；

α—— 电阻温度系数（1/℃）。

表 1-1 所示为常见材料的电阻率和电阻温度系数。

表 1-1 常见材料的电阻率和电阻温度系数

材料名称	电阻率(ρ)/(Ω · mm^2/m)20℃时	电阻温度系数(α)/(1/℃)0℃ ~ 100℃
银	0.015 9	0.003 8
铜	0.016 9	0.004 0
铝	0.026 5	0.004 23
钢	0.13 ~ 0.25	0.006
锰铜	0.42	0.000 006
康铜	0.4 ~ 0.51	0.000 005
镍铬合金	1.1	0.000 15
铁铬铝合金	1.4	0.000 28

从表 1-1 中可知，银、铜、铝的电阻率很小，表示其对电流的阻碍小，导电能力强。因此，常用铜或铝来制造导线和电气设备的线圈。银因价格昂贵，只在特殊要求的场合使用，如电气触头等。镍铬、铁铬铝合金的电阻率很大，而且耐高温，常用来制造发热器件的电阻丝。工程上，通常用电阻温度系数（α）极小的康铜、锰铜制造标准电阻、电阻箱以及电工仪表中的分流电阻和附加电阻等。

物质的电阻率随其本身温度变化而变化的现象称为热电阻效应。根据热电阻效应制成的传感器叫热电阻式传感器，汽车中很多温度传感器都是用热电阻作检测元件。热电阻按材料特性不同可分为热敏电阻和金属热电阻。热敏电阻常用半导体材料制成。金属热电阻的电阻随温度变化的特性可用于温度的测量。目前常用的金属热电阻有铂电阻和铜电阻等。铂是一种较理想的热电阻材料，在氧化性介质中，甚至在高温下，铂的物理性质和化学性质都很稳定，并且在很宽的温度范围内都可以保持良好的特性。

2. 特殊电阻在汽车传感器中的应用

（1）热敏电阻

热敏电阻是一种用陶瓷半导体制成的温度系数很大的电阻体，在工作温度范围内，按陶瓷半导体的电阻与温度的特性关系，热敏电阻可分为以下 3 种类型。

① 负温度系数（NTC）热敏电阻。在工作范围内，NTC 热敏电阻的电阻值随温度升高而减小，如图 1-13 中曲线 1 所示。这种电阻是由镍、铜、钴、锰等金属氧化物按适当比例混合后，高温烧结而成的，现广泛用于汽车发动机冷却水温度传感器、进气温度传感器、机油温度传感器和空调温度传感器中。

② 正温度系数（PTC）热敏电阻。在工作范围内，PTC 热敏电阻的电阻值随温度升高而按指数函数增加，如图 1-13 中曲线 2 所示。这种电阻在汽车发动机、仪器、仪表等测温部件中被广泛应用。

③ 临界温度系数（CTR）热敏电阻。CTR 热敏电阻的电阻值随温度升高而按指数函数减小，如图 1-13 中曲线 3 所示。

热敏电阻式温度传感器，具有体积小、灵敏度高、安装简单、价格低廉的特点，因此，在汽车电子控制系统中被广泛应用。

（2）光敏电阻

光敏电阻是利用半导体光电效应制成的一种特殊电阻，对光线十分敏感，它的电阻值能随着外界光照强弱（明暗）变化而变化。它在无光照射时，呈高阻状态；当有光照射时，其电阻值迅速减小，即光敏电阻具有光照强度引起电阻值变化的特性。

汽车中的光电式光量传感器就采用了光敏电阻——硫化镉（CdS）光电元件。当光线照射硫化镉（CdS）时，若周围环境的光线暗，则电阻值大；若周围环境的光线亮，则电阻值变小。光量传感器通过硫化镉（CdS）光电元件，将周围光照的变化转换为电阻值的变化，并以电信号的形式输入给控制器。光电元件硫化镉的特性如图 1-14 所示，在汽车上可用于各种灯具亮、灭的自动控制。

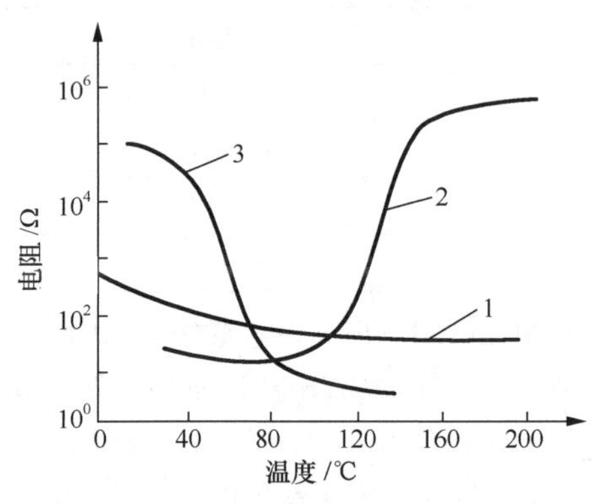

图 1-13　热敏电阻的温度特性

1—NTC　2—PTC　3—CTR

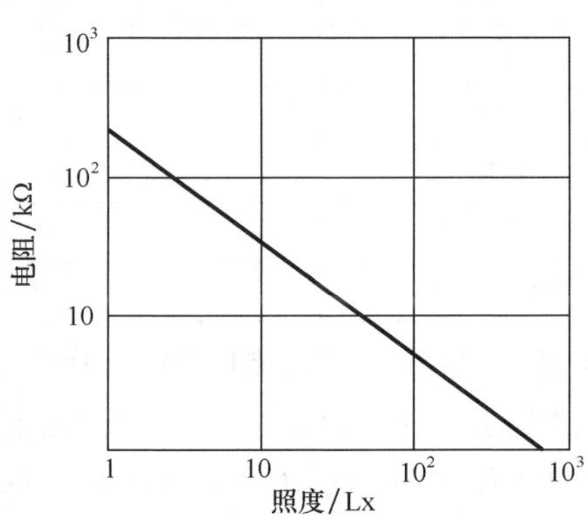

图 1-14　光电元件硫化镉的特性

光电式光量传感器在汽车灯光控制器上的应用如图 1-15 所示。灯光控制器安装在仪表板的上方，到傍晚时，它控制尾灯点亮；当天色更晚时，控制前照灯点亮。

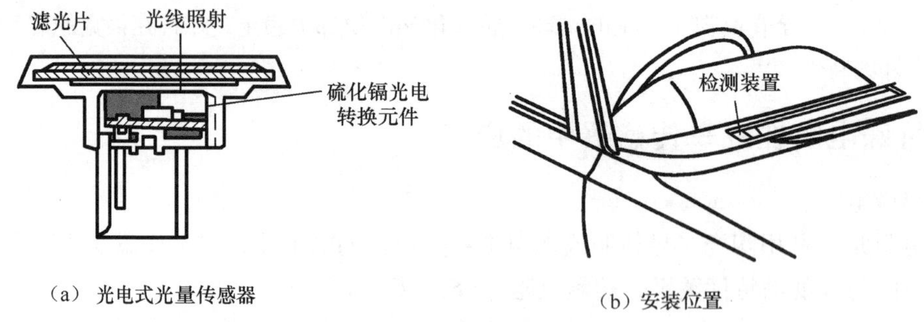

图 1-15　光电式光量传感器在汽车灯光控制器上的应用

1.2.2　欧姆定律

电路中电阻元件流经电流，电阻两端产生电压降。若电压和电流为关联方向，则电阻的电压和电流关系如下：

$$U = IR \tag{1-11}$$

这一规律称之为欧姆定律。式中，R 为元件的电阻。

若电压和电流为非关联方向，则欧姆定律可写为

$$U = -IR \tag{1-12}$$

式（1-11）和式（1-12）反映了电阻元件对其电压与电流的约束关系。

在任何时刻，两端的电压与流过的电流的关系都服从欧姆定律的电阻元件为线性电阻元件，其电阻值一定。如图 1-16 所示，线性电阻元件的伏安特性是通过坐标原点的一条直线，其斜率对应电阻数值。

而非线性电阻元件的伏安特性不再是一条通过原点的直线，而是一条曲线。因此元件上电压和通过元件的电流不服从欧姆定律，它们不成正比，其电阻值是个变量。今后本教材中，若未加说明，电阻都是指线性电阻。

严格来说，所有电阻器、电灯、电炉等实际电路元件的电阻都或多或少是非线性的。但是，对于金属膜电阻、碳膜电阻、线绕电阻等实际元件，在一定范围内，它们的阻值基本不变，若当作线性电阻来处理，可以得出满足实际需要的结果。

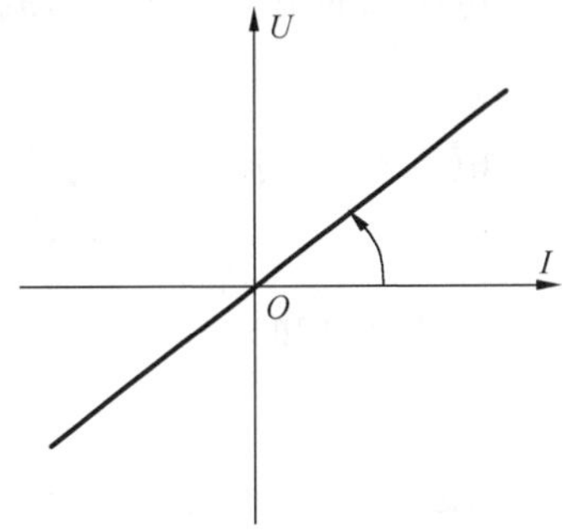

图 1-16　线性电阻元件的伏安特性

汽车温度传感器中的热敏电阻、光电式光量传感器中的光电电阻都是非线性电阻元件，其阻值会随温度、光照强度改变而变化。

在电压和电流的关联方向下，任何时刻线性电阻元件吸收的功率为

$$P = UI = I^2R = \frac{U^2}{R} \tag{1-13}$$

同样，在电压和电流非关联方向下，任何时刻线性电阻元件吸收的功率为

$$P = -UI = I^2R = \frac{U^2}{R} \tag{1-14}$$

从上述两式可见，功率恒为非负值。这说明，任何时刻电阻元件不会发出电能，而是从电路中吸收电能，所以电阻元件是耗能元件。

【例 1-4】　已知一电阻 $R = 10\Omega$，电阻上电压电流为关联方向，流经电流 $I = 2\text{A}$。试求：电阻的电压（U），功率（P）。

解：电压、电流为关联方向，故

$$U = IR = 2\text{A} \times 10\Omega = 20\text{V}$$
$$P = I^2R = (2\text{A})^2 \times 10\Omega = 40\text{W} > 0\text{（吸收功率）}$$

【例 1-5】　如图 1-17 所示，已知电压源电压 $U_S = 5\text{V}$，电流源电流 $I_S = 2\text{A}$，电流源的端电压 $U' = 15\text{V}$，电阻 $R = 5\Omega$。试求：

（1）电阻的电压（U_R）；

（2）电阻、电压源、电流源的功率，并说明是吸收还是发出功率。

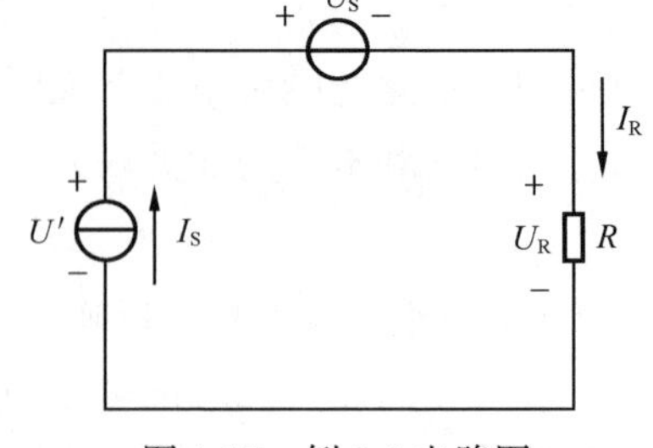

图 1-17　例 1-5 电路图

解：（1）首先在图中标出电阻的电压、电流参考方向。

单回路中电流唯一，电阻电流和电流源的电流方向相同，所以

$$I_R = I_S = 2A$$

电阻的电压、电流参考方向关联，所以

$$U_R = I_R R = 2A \times 5\Omega = 10V$$

（2）$P_R = I^2 R = (2A)^2 \times 5\Omega = 20W>0$（吸收功率）

电压源的电压（U_S）与流经的电流（I_S）参考方向关联，所以

$$P_{U_S} = U_S I_S = 5V \times 2A = 10W>0 \text{（吸收功率）}$$

电流源的电流（I_S）与两端电压（U'）参考方向非关联，所以

$$P_{I_S} = -U' I_S = -15V \times 2A = -30W<0 \text{（发出功率）}$$

由计算可知

$$P_R + P_{U_S} + P_{I_S} = 0$$

电路的功率平衡。

1.2.3　电阻的串并联

1. 电阻的串联

图 1-18（a）所示电路中两个电阻依次首尾相连接，称电阻串联。串联电路中各电阻上流经同一个电流（I）。当多个电阻串联时，可用一个等效电阻来等值代替，如图 1-18（b）所示。根据分析可知，串联电阻的等效电阻（或称总电阻）（R）等于各电阻之和，即

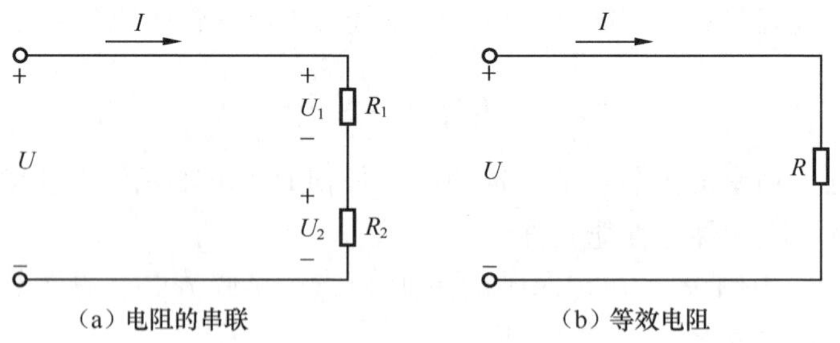

图 1-18　电阻串联

$$U = U_1 + U_2 = (R_1 + R_2)I = RI$$

式中，$R = R_1 + R_2$。

写成一般形式（n 个电阻串联）：

$$R=R_1+R_2+\cdots+R_n \tag{1-15}$$

在电路分析中，常用到两个电阻的分压公式：

$$U_1 = \frac{R_1}{R_1 + R_2} \times U$$

$$U_2 = \frac{R_2}{R_1 + R_2} \times U \qquad (1\text{-}16)$$

由此可见，串联电阻上电压与电阻成正比，电阻串联具有分压特性。

汽车的温度传感器电路常利用电阻串联分压特性来间接测量温度变化。图 1-19 所示为冷却液温度传感器与电控单元（ECU）的连接电路。水温传感器内随温度变化阻值的热敏电阻（R'）与 ECU 内的电阻（R）串联并分压，将冷却液温度的变化转换为电信号输送到 ECU 电路。图 1-20 所示为水温传感器电阻串联分压等效电路，电压（U_O）为传感器输出的电压信号。它的大小间接反映水温的高低变化。

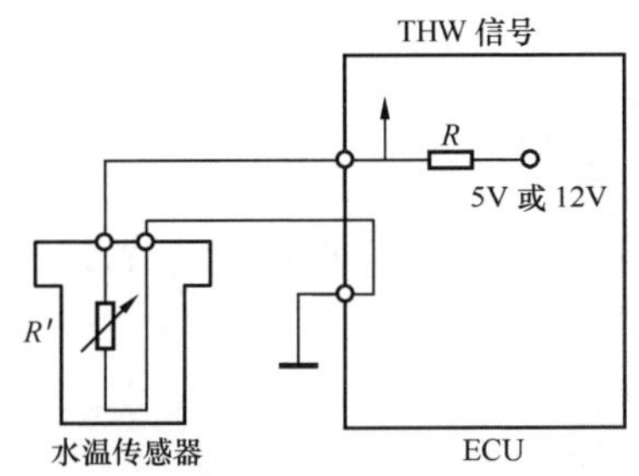

图 1-19　电阻分压在汽车中的应用

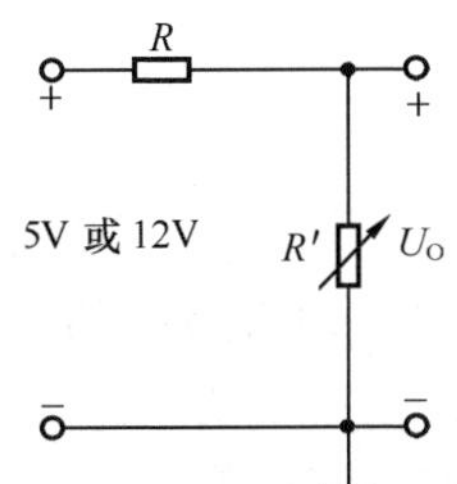

图 1-20　水温传感器电阻等效电路

工程上还常常利用电阻串联分压这一特性扩展电压表的量程。

串联电阻的功率、电压与它们的电阻值成正比，即 $P_1 : P_2 = U_1 : U_2 = R_1 : R_2$。

2. 电阻的并联

如图 1-21（a）所示，电路中电阻的首尾分别连接在一起，称电阻并联。并联电阻两端的电压相同，当多个电阻并联时，可用一个等效电阻来等值代替，如图 1-21（b）所示。根据分析可知，并联电阻的等效电阻（或称总电阻）（R）的倒数等于各电阻倒数之和。

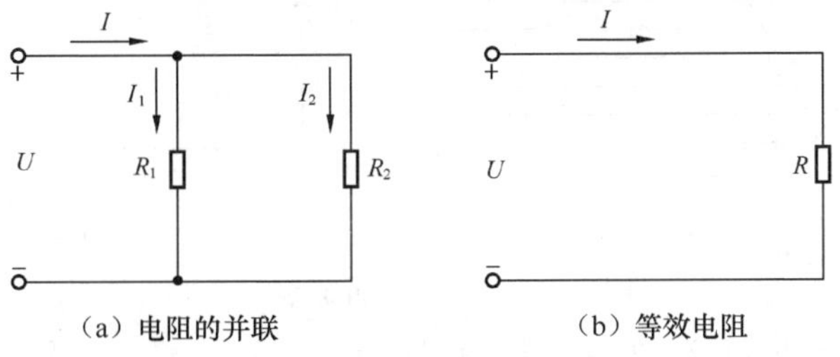

图 1-21　电阻并联

$$\frac{I}{U} = \frac{I_1 + I_2}{U} = \frac{I_1}{U} + \frac{I_2}{U}$$

n 个电阻并联时，可用等效电阻来代替，等效电阻的倒数，等于各并联电阻倒数之和，即经变

换得

$$\frac{1}{R}=\frac{1}{R_1}+\frac{1}{R_2}$$

写成一般形式（n 个电阻并联）

$$\frac{1}{R}=\frac{1}{R_1}+\frac{1}{R_2}+\cdots+\frac{1}{R_n}$$

或

$$G=G_1+G_2+\cdots+G_n \tag{1-17}$$

根据公式可知，等效电阻小于电路中最小的电阻，并联电阻越多，等效电阻值越小。

在电路分析中，常用到两个电阻并联时的分流公式：

$$I_1=\frac{U}{R_1}=\frac{R_2}{R_1+R_2}\times I$$

$$I_2=\frac{U}{R_2}=\frac{R_1}{R_1+R_2}\times I \tag{1-18}$$

由此可见，并联电阻上电流的大小与电阻成反比，电阻并联具有分流特性。工程上常常利用这一特性扩展电流表的量程。

并联电阻的功率、电流与它们的电阻值成反比，即 $P_1:P_2=I_1:I_2=R_2:R_1$。

汽车中并联电阻的电路很多，如图 1-22（a）所示的汽车后窗除霜装置，它由蓄电池、点火开关、熔断器、除霜器开关及指示灯、除霜器（电热丝）组成，其中，除霜器由若干条电热丝并联连接，若将每条电热丝当作一个电阻，则除霜器就可以等效成若干个电阻的并联，其等效的简化电路如图 1-22（b）所示。

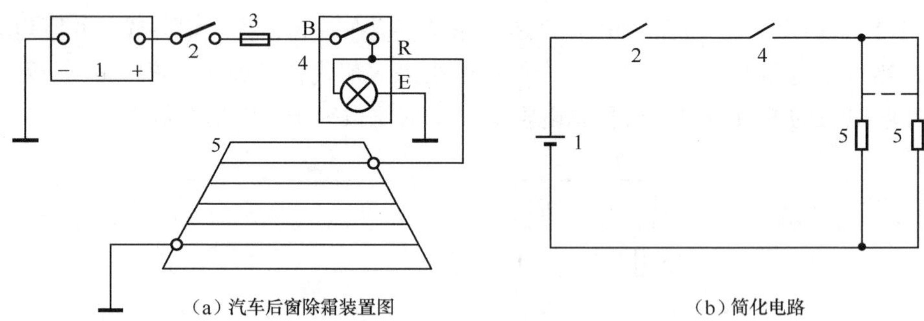

（a）汽车后窗除霜装置图　　（b）简化电路

图 1-22　汽车后窗除霜装置图

1—蓄电池　2—点火开关　3—熔断器　4—除霜器开关及指示灯　5—除霜器（电热丝）

图 1-23 所示为由多个电阻组成的电路，电阻之间既有串联关系，又有并联关系，称为电阻混联电路。

下面通过实例说明电阻的等效和各物理量的求解。

【例 1-6】 如图 1-23 所示电阻电路，已知 $R_1 = 60\Omega$，$R_2 = 40\Omega$，$R_3 = 40\Omega$，$U = 80V$。求电路总电阻 R，电流 I、I_2、I_3，电压 U_1、U_2。

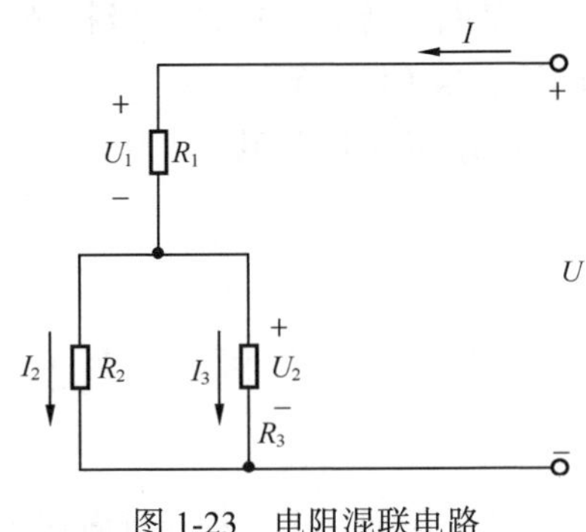

图 1-23 电阻混联电路

解： 等效电阻

$$R = R_1 + \frac{R_2R_3}{R_2 + R_3} = 60\Omega + \frac{40\Omega \times 40\Omega}{40\Omega + 40\Omega} = 60\Omega + 20\Omega = 80\Omega$$

总电流

$$I = \frac{U}{R} = \frac{80V}{80\Omega} = 1A$$

用分流公式可求出 I_2、I_3。

$$I_2 = \frac{R_3}{R_2 + R_3} \times I = \frac{40\Omega}{40\Omega + 40\Omega} \times 1A = 0.5A$$

$$I_3 = I - I_2 = 1A - 0.5A = 0.5A$$

用分压公式可求出 U_1、U_2。

$$U_1 = \frac{R_1}{R} \times U = \frac{60\Omega}{80\Omega} \times 80V = 60V$$

$$U_2 = \frac{R_{23}}{R} \times U = \frac{20\Omega}{80\Omega} \times 80V = 20V$$

式中，$R_{23} = \frac{R_2R_3}{R_2 + R_3} = \frac{40\Omega \times 40\Omega}{40\Omega + 40\Omega} = 20\Omega$。

【例 1-7】 图 1-24（a）所示为汽车前照双丝灯电路，S 为近光灯、远光灯转换开关，当打到 1 挡，接通左右两个近光灯，当打到 2 挡，接通左右两个远光灯。两个近光灯灯丝 R_1、R_3 为 12V 25W，远光灯灯丝 R_2、R_4 为 12V 55W，试求：

（1）近光灯、远光灯电阻值；

（2）正常工作时，近光灯、远光灯流经的电流；

（3）若左前照灯搭铁处 D 点断开，当接通远光灯开关时，有什么现象发生？试说明原因。

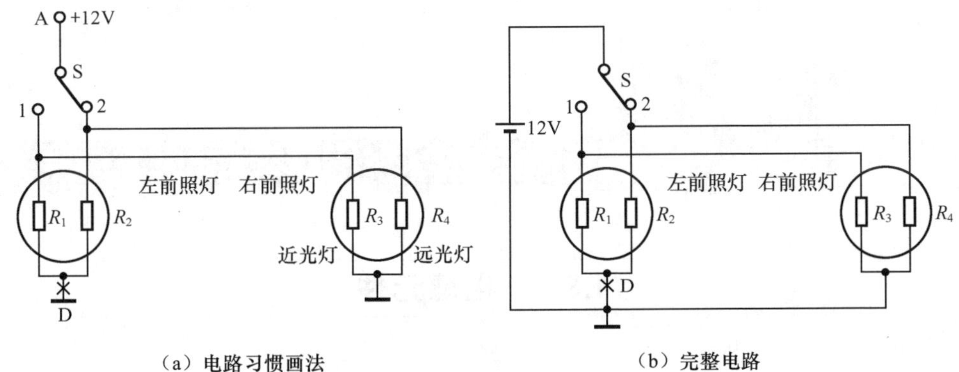

（a）电路习惯画法 （b）完整电路

图 1-24 汽车前照双丝灯电路

解： 图 1-24（a）所示为电路的习惯画法，在图中未出现电压源的图形符号，只是在电路用 A 点的电位来表示电源电压的数值。A 点的电位为+12V，表明 A 点和电路接地参考点之间有一个电压源，其电源正极接A点，电源负极接参考点；若画出电压源图形符号，完整电路如图1-24（b）所示。

（1）近光灯电阻

$$R_{近} = \frac{U^2}{P} = \frac{(12\text{V})^2}{25\text{W}} = 5.76\Omega$$

远光灯电阻

$$R_{远} = \frac{U^2}{P} = \frac{(12\text{V})^2}{55\text{W}} = 2.62\Omega$$

（2）正常工作，近光灯电流为

$$I_1 = \frac{P}{U} = \frac{25\text{W}}{12\text{V}} = 2.08\text{A}$$

正常工作，远光灯电流为

$$I_2 = \frac{P}{U} = \frac{55\text{W}}{12\text{V}} = 4.58\text{A}$$

（3）左前照灯搭铁处D点断开，当接通远光灯开关时，电路发生故障，4只灯全部点亮。其中只有右前照灯的远光灯R_4正常工作，左前照灯的远光灯R_2照度明显不够，其余两只近光灯R_1、R_3也点亮。

通过分析可知，由于电路在D点处断开，故左前照灯的远光灯R_2一端接12V电源正极，另一段不能正常搭铁接地。从图1-24（b）可知，远光灯R_2通过R_1、R_3搭铁，形成新的回路。电流路径为+12V→R_2→R_1→R_3→搭铁。从而接通了3只灯。3个电阻呈现串联关系，电阻电压分别为

$$U_{\text{R}_2} = \frac{2.62\Omega}{5.76\Omega + 5.76\Omega + 2.62\Omega} \times 12\text{V} = 2.2\text{V}$$

$$U_{\text{R}_1} = U_{\text{R}_3} = \frac{5.76\Omega}{5.76\Omega + 5.76\Omega + 2.62\Omega} \times 12\text{V} = 4.9\text{V}$$

由于串联分压，因此每个电阻上的电压都小于额定值，所以左前照灯的远光灯较暗，其余两只近光灯也有电流流过，由于两端电压较低，所以灯光都较暗。

1.3 电感元件和电容元件

1.3.1 电感元件

1. 电感元件的基本特性

用导线绕制的空心线圈或具有铁心的线圈在工程上具有广泛的应用，如电动机绕组、继电器线圈等。若电感线圈中的损耗忽略不计，电感线圈可以看作电感元件。

当线圈中的电流发生变化时，线圈本身就产生感应电动势，这种由于线圈本身的电流发生变化而产生的电磁感应现象，叫作自感现象，简称自感。而互感现象是指一个线圈中的电流变化而使另一个线圈产生感应电动势的现象。

如图 1-25 所示，电感线圈通过电流（i_L），产生磁力线，并与线圈本身交链，此时的磁通称为自感磁通，用Φ_L表示。如果线圈的匝数为N，穿过一匝线圈磁通是Φ_L，则总磁通（Ψ_L）为

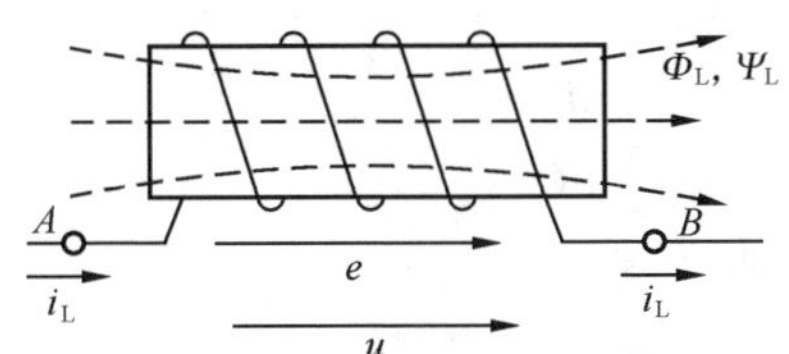

图 1-25　线圈的磁通和磁链

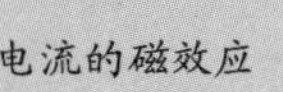

$$\Psi_L = N\Phi_L \tag{1-19}$$

式中，Ψ_L——又称自感磁链，其单位是韦伯（韦），用字母 Wb 表示。

在自感磁通（Φ_L）与电流（i_L）满足右手螺旋关系时，自感磁链（Ψ_L）与电流（i_L）的比就是电感线圈的自感系数（L），简称电感，即

$$L = \frac{\Psi_L}{i_L} \tag{1-20}$$

在国际单位制中，电感的单位是亨利（亨），用符号 H 表示。实际应用中还有微亨（μH）和毫亨（mH）作为电感的单位。电感既代表自感系数，也代表电感线圈。

电感（L）的大小与线圈的匝数、形状、大小及周围介质的磁导率有关。例如，一长直密绕的线圈，电感（L）为

$$L = \frac{\mu S N^2}{l}$$

式中，S——横截面积（m^2）；

l——线圈长度（m）；

N——匝数；

μ——介质磁导率（H/m）。

若自感系数（L）为常数，即磁链与电流的大小成正比的电感线圈称为线性电感，否则称为非线性电感。对于铁心线圈来说，电感（L）不为常数，故称为非线性电感。而空心线圈的电感为常数，故称为线性电感。

自感现象 2

2. 电感元件的电压和电流关系

1831 年，英国物理学家法拉第发现：当穿过导电回路的磁通发生变化时，就会在该导电回路中产生感应电动势和感应电流。感应电动势的大小，正比于回路内磁通对时间的变化率。这称为法拉第电磁感应定律。

1833 年，科学家楞次又对法拉第电磁感应定律进行补充，总结出变化的磁通与感应电动势（或感应电流）在方向上的关系：在电磁感应过程中，感应电流所产生的磁通，总是力图阻止原磁通的变化。这通常称为楞次定律。

法拉第电磁感应定律和楞次定律分别从大小和方向两方面阐述了感应电动势与磁通的关系。

通常设定感应电动势（e）与磁通（Φ_L）的参考方向符合右手螺旋关系，如图1-25所示，对于匝数为N的通电线圈，感应电动势为

$$e=-N\frac{d\Phi_L}{dt}=-\frac{d(N\Phi_L)}{dt}=-\frac{d\Psi_L}{dt} \tag{1-21}$$

将式（1-21）代入式（1-20），得

$$e=-\frac{d\Psi_L}{dt}=-\frac{d(Li_L)}{dt}=-L\frac{di_L}{dt} \tag{1-22}$$

式（1-21）与式（1-22）是感应电动势的两种表达式。

当电感（L）为常数时，多采用公式$e=-L\frac{di_L}{dt}$。而分析非线性电感时，采用公式$e=-N\frac{d\Phi_L}{dt}$。

习惯上选择电感元件上的电流、电压、自感电动势三者参考方向一致，如图1-26所示，则自感电压为

$$u=-e=N\frac{d\Phi_L}{dt}=L\frac{di_L}{dt} \tag{1-23}$$

由式（1-23）可见，电感的电压与其电流的变化率成正比，只有当电流发生变化时，其两端才会有电压。电流变化越快，自感电压越大；电流变化越慢，自感电压越小。当电流不随时间变化时，自感电压为零。

直流稳态电路中，忽略线圈损耗，电感线圈相当于短路。

由于电感上电流变化率与感应电压成正比，因此在断开电感电路时就会在电感两端产生较大的感应电压，有时甚至会烧坏电感线圈或其他设备。因此在实际电路中要采取适当的安全保护电路，如在继电器线圈两端并联续流二极管等。

有电流就有磁场，磁场具有能量。电感元件流经电流，元件就储存有磁场能。当电流由零增加到I时，储存的磁场能（W_L）为

$$W_L=\frac{1}{2}LI^2 \tag{1-24}$$

由上式可知，电感值L一定时，电感电流越大，电感储存的能量越多。

如图1-27所示电路，电感线圈与灯泡串联后接入直流电源，当合上开关后，灯泡慢慢变亮。由日常生活经验我们知道，若电路中无电感线圈，合上开关后灯泡是立即变亮的。这是由于电感是一个储能元件，电感电流的增大，就是电感储存能量的过程，它不会突变，而是需要一定的时间。

电感电路改变电路（开关动作）瞬间，电感电流不会突变。若0_-表示开关动作前最后一个时刻，0_+表示开关动作起始时刻，即$i_L(0_+)=i_L(0_-)$。

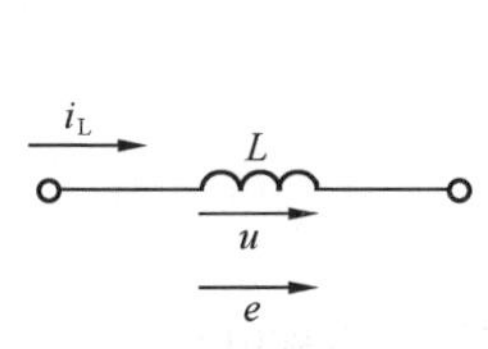

图 1-26　电感元件

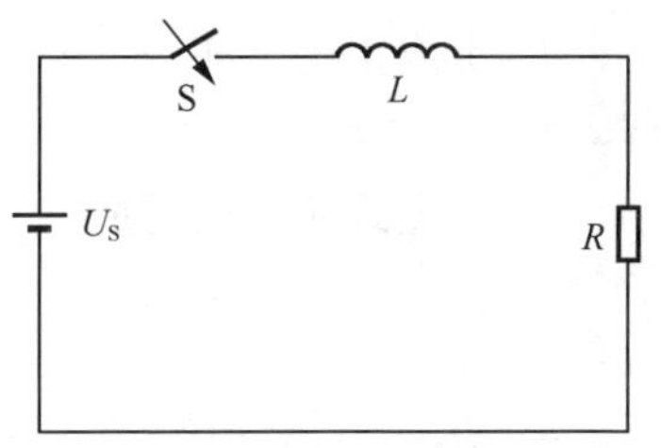

图 1-27　电感线圈与灯泡串联电路

3. 电感元件在汽车传感器中的应用

汽车中溢流环位置传感器用在电子式柴油喷射装置上，用来检测溢流环的位置，从而实现对喷油泵喷油量的控制。图 1-28 所示为可调电感式溢流环位置传感器原理图。在传感器的线圈内部有铁心，铁心与被检测位置的部件一起动作，当铁心上下移动时，线圈的电感发生变化，输出的信号也变化。

线圈的电感数值大小与磁介质的磁导率成正比，由于铁磁性物质的磁导率 μ 远大于非铁磁性物质的磁导率 μ_0，因此与空心线圈相比，铁心线圈的电感较大。如图 1-28（a）所示，当被检测位置的部件移动量小，靠近线圈下部，则电感量 $L_A < L_B$，输出信号较大；如图 1-28（b）所示，当部件移动量大，靠近线圈上部，则电感量 $L_A > L_B$，输出信号较小。因此根据输出信号的大小，即可检测出被测部件的位置。

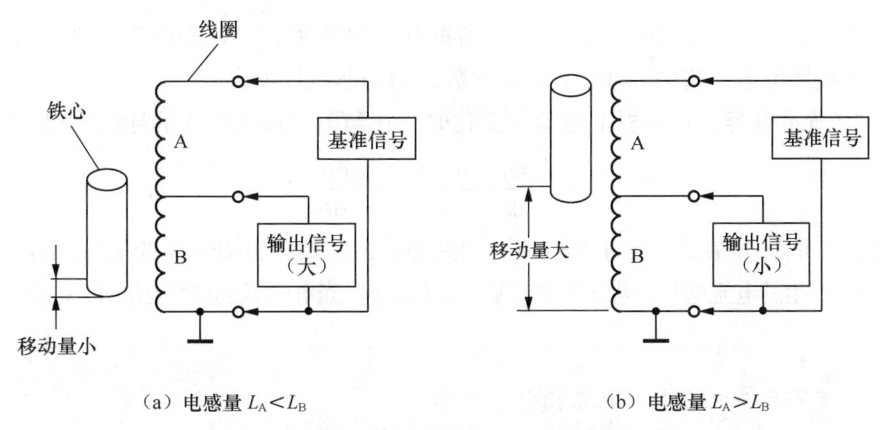

（a）电感量 $L_A<L_B$　（b）电感量 $L_A>L_B$

图 1-28　可调电感式溢流环位置传感器原理图

1.3.2　电容元件

1. 电容元件的基本特性

电容元件是用来存储电荷的装置，通常由两个中间隔以绝缘材料的金属导体组成。金属导体称为极板，中间的绝缘材料称为介质，两个电极从极板引出。

在一个未充过电的电容元件的两个电极上加上电压，电源将对电容元件充电，使两极板带上电量相等而极性相反的电荷，如图 1-29 所示。实验证明，极板上所带的电荷量（q）与电容元件两端的电压

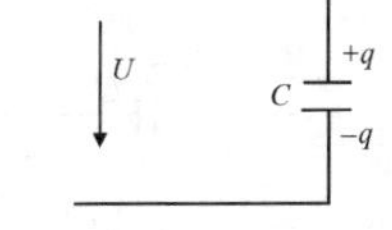

图 1-29　电容元件存储电荷

（u）成正比，即

$$q = Cu$$

上式还可以写成

$$C = \frac{q}{u} \tag{1-25}$$

式中，C 为衡量电容元件存储电荷能力大小的物理量，称为电容量，简称电容。

电容是电容元件固有的参数，它与极板上所带的电荷量（q）以及电容元件两端的电压（u）无关。电容大小与极板面积成正比，与极板间距离成反比，还与极板间的介质有关。例如，有一极板间距离很小的平行板电容元件，电容（C）为

$$C = \frac{\varepsilon S}{d}$$

式中，S——极板面积（m^2）；

d——板间距离（m）；

ε——介电常数（F/m）。

在国际单位制中，电容的单位是法拉（法），用符号 F 表示。由于法拉的单位太大，实际应用中常用微法（μF）和皮法（pF）作为电容的单位。

$$1\mu\mathrm{F} = 10^{-6}\,\mathrm{F}$$

$$1\mathrm{pF} = 10^{-12}\,\mathrm{F}$$

由于常将电容元件简称为电容，因此电容既代表电容量，也代表电容元件。若电容（C）为常数，则为线性电容；若电容（C）不为常数，则为非线性电容。

如图 1-30 所示电容，其极板上电荷量变化时，在与电容极板相连的导线中出现电流，即

$$i = \frac{\mathrm{d}q}{\mathrm{d}t} = \frac{\mathrm{d}(Cu)}{\mathrm{d}t} = C\frac{\mathrm{d}u}{\mathrm{d}t} \tag{1-26}$$

由式（1-26）可见，电容的电流与其电压的变化率成正比，只有当电压发生变化时，电容才会有电流。电压变化越快，产生的电流越大；电压变化越慢，电流越小。当电压不随时间变化时，电流为零。

直流稳态电路中，电容相当于开路。

2. 电容元件的串联和并联

（1）电容元件的串联

电容元件串联电路如图 1-31（a）所示，等效电容如图 1-31（b）所示。

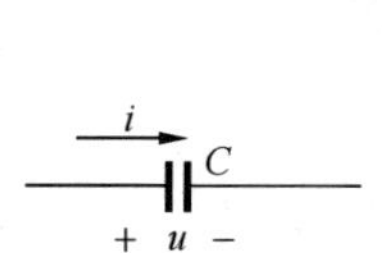

图 1-30 电容的电压、电流关系

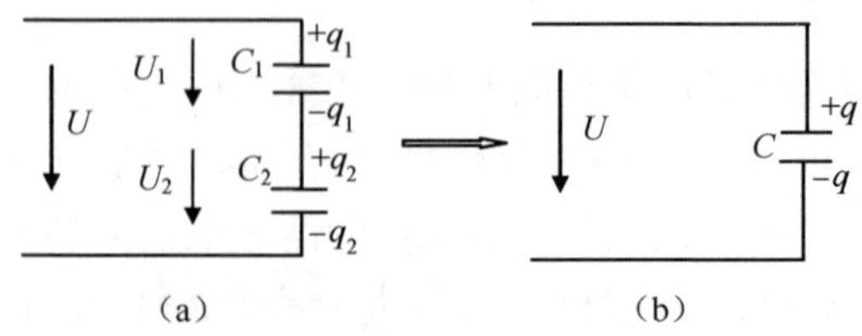

图 1-31 电容元件的串联

该电容串联具有以下特点。

① 等效电容的倒数等于各电容倒数之和。

因为

$$q_1 = q_2 = q$$

$$u = u_1 + u_2$$

所以

$$\frac{u}{q} = \frac{u_1 + u_2}{q} = \frac{u_1}{q} + \frac{u_2}{q}$$

经变换得

$$\frac{1}{C} = \frac{1}{C_1} + \frac{1}{C_2} \tag{1-27}$$

② 每个电容元件分得的电压与其电容量成反比。

每个电容元件上的电压由 $C = \frac{q}{u}$ 可以推出

$$\frac{u_1}{u_2} = \frac{C_2}{C_1} \tag{1-28}$$

C_1、C_2 分得的电压分别为

$$u_1 = \frac{C_2}{C_1 + C_2}u\text{；}\quad u_2 = \frac{C_1}{C_1 + C_2}u$$

串联的电容元件，小电容上所承受的电压高，大电容上所承受的电压低。

（2）电容元件的并联

电容元件并联电路如图 1-32（a）所示，等效电容如图 1-32（b）所示。电容并联具有以下特点。

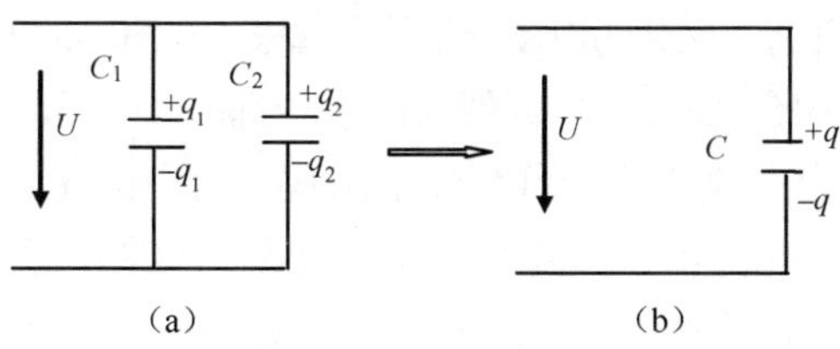

图 1-32　电容元件的并联

电容器的串联和并联

① 等效电容等于各电容之和。每个电容元件两端的电压相等，总电荷等于各电容元件上电荷量之和，即

$$u_1 = u_2 = u$$

$$q = q_1 + q_2$$

则

$$\frac{q}{u} = \frac{q_1 + q_2}{u} = \frac{q_1}{u} + \frac{q_2}{u}$$

即

$$C = C_1 + C_2 \tag{1-29}$$

② 为了使各个电容元件都能够安全工作，工作电压（u）不得超过它们中的最低耐压值。电容元件并联后，等效电容量增大。因此，当电路中单个电容元件的容量不够时，可以通过并联来增加电容量。

【例 1-8】 有两只相同的电解电容元件，外壳标有 470μF/25V，求并联和串联时的等效电容以及允许施加的电压。

解：由外壳标注可知该电容元件的电容量为 470μF，耐压为 25V。

（1）电容元件并联时的等效电容为

$$C = C_1 + C_2 = 470\mu\text{F} + 470\mu\text{F} = 940\mu\text{F}$$

两只相同的电容元件并联，允许施加的电压应不超过其耐压值，即

$$u \leqslant 25\text{V}$$

（2）电容元件串联时的等效电容为

$$C = \frac{C_1 C_2}{C_1 + C_2} = \frac{470 \times 470}{470 + 470}\mu\text{F} = 235\mu\text{F}$$

可见电容元件串联时的等效电容量比单个电容量小。

由于两串联电容元件相同，它们的分压也相同，所以允许施加的电压为

$$u \leqslant (25 + 25)\text{V} = 50\text{V}$$

电容元件串联可以提高耐压值，因而可以解决工作中单个电容元件耐压不够的问题。

3. 电容元件的充电和放电

（1）电容元件的充电

电容元件充电时，吸收电源能量，并将它转化为电场能量储存起来。在图 1-33 所示的电容充放电电路中，开关 S 没有闭合之前，电容元件没有电荷存储，其电压为零，记为 $u_C(0_-)=0\text{V}$，0_-表示开关闭合前的最后一个时刻。在开关 S 合向位置 1 的瞬间（0 时刻），电源通过电阻（R_1）向电容元件充电，由于电荷量不能够突变，因此在充电起始时刻（0_+时刻），电容电压也为零，有 $u_C(0_+) = u_C(0_-) = 0\text{V}$，即

电容器的充电过程

电容元件在接通电源的前后，其电压保持不变。

- 电容电路换路瞬间，电容电压不会突变，即 $u_C(0_+) = u_C(0_-)$。
- 若 $u_C(0_+) = u_C(0_-) = 0\text{V}$，电容电压为零，则此时电容相当于短路。

在充电起始时刻，电容电压 $u_C(0_+)=0\text{V}$，因此充电电流最大，最大为 $i_1 = I_{10} = \dfrac{U}{R_1}$。随着充电的进行，电荷不断积累，$u_C$ 逐渐升高，i_1 随之减小。当电容电压 u_C 趋近于 U 时，充电电流 $i_1 = 0$，充电过程结束，电路进入稳定状态。充电过程中，u_C 和 i_1 均按照指数规律变化，其

变化曲线如图 1-34 所示。

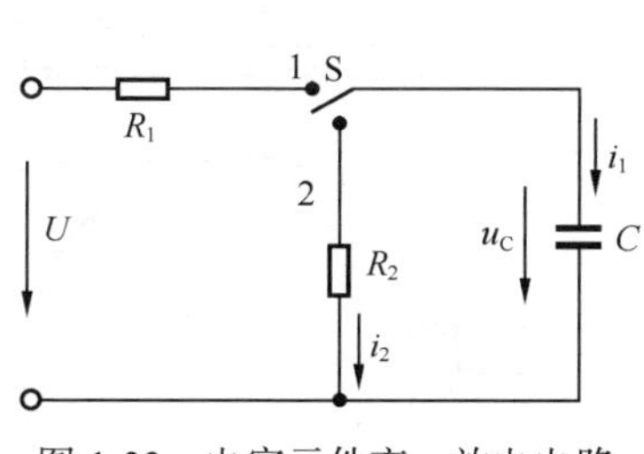

图 1-33 电容元件充、放电电路

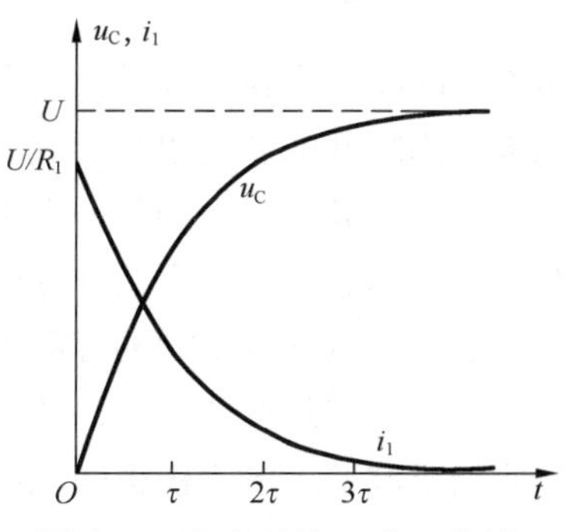

图 1-34 充电时的 u_C 和 i_1 曲线

（2）电容元件的放电

电容元件放电时，把充电时吸收的电源能量逐渐释放出来，并被放电电阻所消耗。在图 1-33 所示电路中，若在电容元件充电后将开关 S 迅速合向位置 2，电容元件就会通过电阻（R_2）放电。在放电开始的瞬间，电容元件两端的电压最高，因此放电电流也最大，$i_2 = I_{20} = \dfrac{U}{R_2}$，方向与 i_1 相反。随着放电的进行，两电极上的电荷不断减少，电容电压（u_C）逐渐下降，放电电流（i_2）随之减小。当电容电压 $u_C = 0$ 时，放电电流 $i_2 = 0$，放电过程结束，电路进入稳定状态。放电过程中的 u_C 和 i_2 均按指数规律变化，其变化曲线如图 1-35 所示。

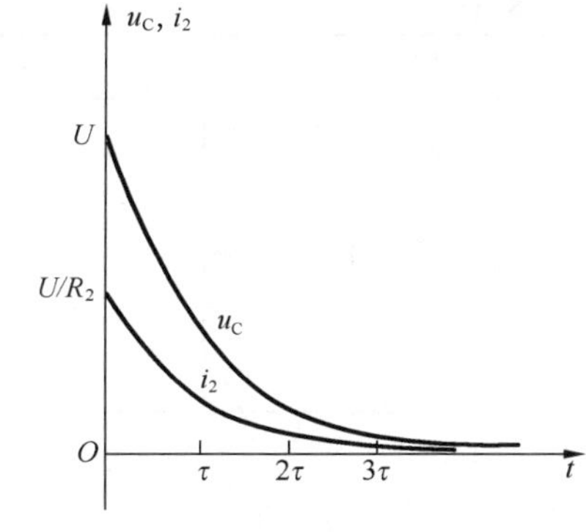

图 1-35 放电时的 u_C 和 i_2 曲线

（3）时间常数

由图 1-34 和图 1-35 的曲线可知，电容器的充电和放电都需要一定的时间。显然，电容量越大，存储电荷越多，电容元件充、放电时间就越长；电阻越大，充、放电电流越小，充、放电时间也越长。即电容元件充、放电时间的长短取决于电路中电阻和电容的大小，把两者的乘积称为时间常数，用字母 τ 表示，即

$$\tau = RC \tag{1-30}$$

从理论分析可知，电容元件的充、放电过程必须经过无限长时间才能结束。但当 $t = 5\tau$ 时，电流已经接近于 0，因此可以认为充、放电过程基本结束。

- 电容元件两端的电压不能突变，要达到新的稳定值，必须有一定的充、放电时间。
- 电容元件在接通电源的瞬间，充电电流最大；电路达到稳定时，电容元件中的电流为 0，相当于开路。
- 选择不同的 R、C 值，可以改变充、放电的快慢。
- 电容是储能元件，不消耗电能，其充、放电过程实际是能量转换过程。

4. 电容元件在汽车传感器中的应用

如图 1-36 所示，电容膜盒式进气歧管压力传感器由两片用绝缘垫圈隔开的氧化铝片组成。在铝片的内表面贴有两片极薄的硅片，分别与一根引线相连。氧化铝片和绝缘垫圈构成中部有个真空腔的膜盒，形成电容。该膜盒装在与进气管相同的容器内。当进气歧管压力变化时，氧化铝片弯曲变形，使硅片间的距离发生改变，相当于改变了电容极板间距离（d），从而引起电容量的改变。通过信号处理，电子控制单元 ECU 便可测量出进气歧管压力。

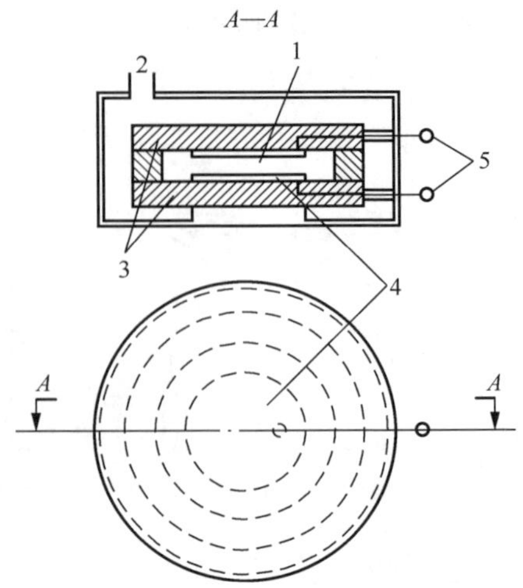

图 1-36 电容膜盒式进气歧管压力传感器

1—真空腔 2—进气歧管 3—氧化铝片 4—硅片 5—引线

此外，电容在汽车电路中应用很广泛，例如，汽车电容式闪光器电路就是利用电容元件的充、放电延时特性，使继电器的两个线圈产生的电磁吸力时而相同叠加，时而相反削减，从而使继电器产生周期性开关动作，使得转向信号灯和指示灯实现闪烁。其具体工作过程可参见第 5 章。

表 1-2 所示为 R、L、C 三个元件基本特性的比较。

表 1-2 R、L、C 元件基本特性

元件名称	参数定义	电压电流关系	能量
电阻元件	$R=\dfrac{u}{i}$	$u=iR$	$\int_0^t Ri^2\mathrm{d}t$
电感元件	$L=\dfrac{N\Phi}{i}$	$u=L\dfrac{\mathrm{d}i}{\mathrm{d}t}$	$\dfrac{1}{2}Li^2$
电容元件	$C=\dfrac{q}{u}$	$i=C\dfrac{\mathrm{d}u}{\mathrm{d}t}$	$\dfrac{1}{2}Cu^2$

1.4 电源及其在汽车中的应用

一个实际的电源对外电路所呈现的特性（外特性），即电源端电压与输出电流之间的关系，可以用电压源模型或电流源模型来表示。

1.4.1 实际电源模型

1. 实际电压源模型

一个实际的电压源模型可以用一个理想电压源（U_S）和内阻（R_i）相串联的模型来表征。图 1-37（a）所示为实际电压源与外电路的连接，其中理想电压源电压（U_S）固定不变，不会因为

它所连接的外电路不同而改变，电源端电压（U）和电流（I）的大小取决于外电路。

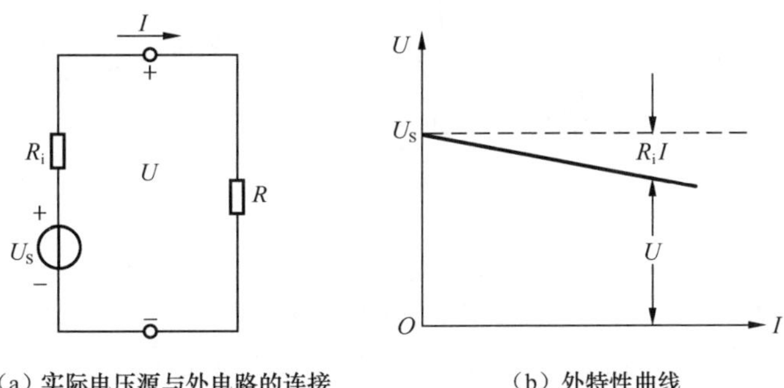

（a）实际电压源与外电路的连接　　（b）外特性曲线

图 1-37　实际电压源与外特性曲线

电压源（U_S）、电流（I）及其端电压（U）的关系为

$$U = U_S - IR_i \tag{1-31}$$

这是表征直流电压源端电压（U）和电流（I）的外特性方程。图 1-37（b）所示为实际电压源的外特性曲线。从外特性方程可知，电源开路时，$I = 0$，$U = U_S$；电源短路时，$U = 0$，$I = I_S = U_S/R_i$。

根据电压源的表达式和外特性可知如下两点。

① 当输出电流（I）增大时，端电压（U）随之下降。R_i 越小，则直线越平坦。

② 在理想情况下，$R_i = 0$，电源的端电压恒等于电源电压，$U = U_S$，即为理想电压源。

电压源

理想电压源实际上是不存在的，但如果电源的内阻远小于负载电阻（$R_i << R$），则端电压基本恒定，就可忽略 R_i 的影响，认为是一个理想电压源。通常，稳压电源、新的干电池、汽车蓄电池都可近似地认为是理想电压源。

2. 实际电流源模型

电源的电路模型除了用电压源表示外，还可以用电流源来表示。

变换上述直流电压源的外特性方程可得到如下关系式：

$$I = \frac{U_S}{R_i} - \frac{U}{R_i} = I_S - \frac{U}{R_i} \tag{1-32}$$

式（1-32）表明：一个实际电源的电流源模型也可以用图 1-38（a）所示的电路模型来表示，即可用一个电流为 I_S 的理想电流源和电阻（R_i）并联的电路模型来代替。图 1-38（b）所示为电流源模型与外电路的连接。图 1-38（c）所示为电流源的外特性曲线。

在理想情况下，$R_i = \infty$，表明负载变化时，电流源的输出电流恒等于理想电流源的电流，即 $I = I_S$，这种输出电流恒定，输出电流与端电压无关的电源称为理想电流源，也称恒流源。

在工程上，如果电源的内阻远大于负载电阻（$R_i >> R$），则电流基本恒定，即可认为是理想电流源。

通常，稳流器和光电池等都可近似地认为是理想电流源。

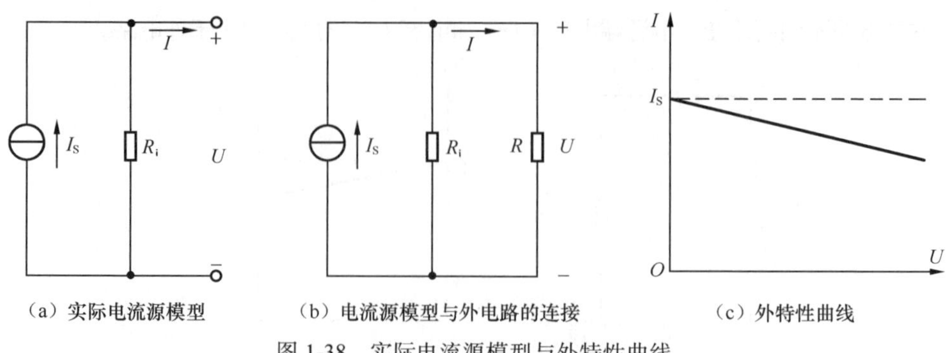

图 1-38　实际电流源模型与外特性曲线

1.4.2　蓄电池

汽车电路采用直流电源供电。其额定电压一般有 12V、24V。汽油车普遍采用 12V 电源，柴油车多采用 24V 电源。汽车上有两个直流低压电源，一个是起动型蓄电池，另一个是发电机。发电机由发动机带动发出三相交流电，再通过整流电路将三相交流电变成汽车中使用的低压直流电。蓄电池是靠内部的化学反应来存储电能和向外供电的，在汽车上与发电机并联，如图 1-39 所示汽车电源电路。下面主要介绍汽车中的蓄电池，汽车发电机在后续章节中作简要介绍。

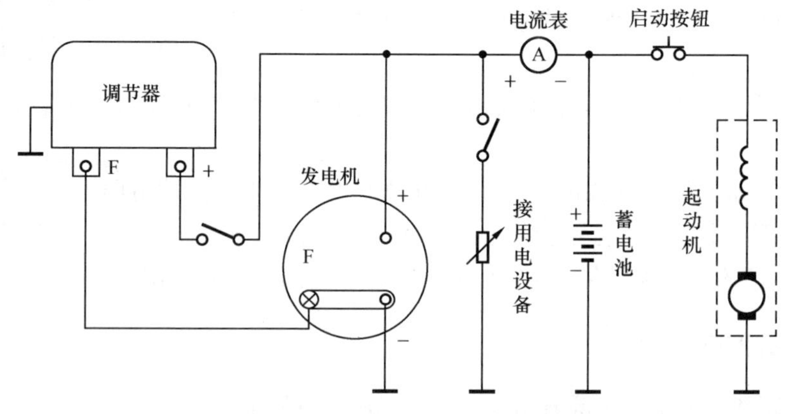

图 1-39　汽车电源电路

1. 蓄电池的作用

蓄电池是汽车电气系统的心脏，它的作用主要有以下几个方面。

① 在发动机未运转时，蓄电池供给用电设备所需的全部电能，同时向硅整流发电机供给励磁电流。

② 当用电设备同时接入较多，发电机超载时，蓄电池协助发电机共同向用电设备供电。

③ 当发电机的端电压高于蓄电池的电压时，蓄电池充电。

④ 吸收发电机的过电压，保护车用电子产品。

蓄电池种类较多，在汽车上广泛采用铅酸蓄电池。铅酸蓄电池内阻小，电压稳定，在短时间内能供给较大的起动电流（汽油机一般为 200～600A，柴油机高达 1 000A），而且结构简单，价格较低。

2. 蓄电池的构造及型号

铅酸蓄电池主要由正、负极板，隔板，电解液，外壳等部件构成，如图1-40所示。

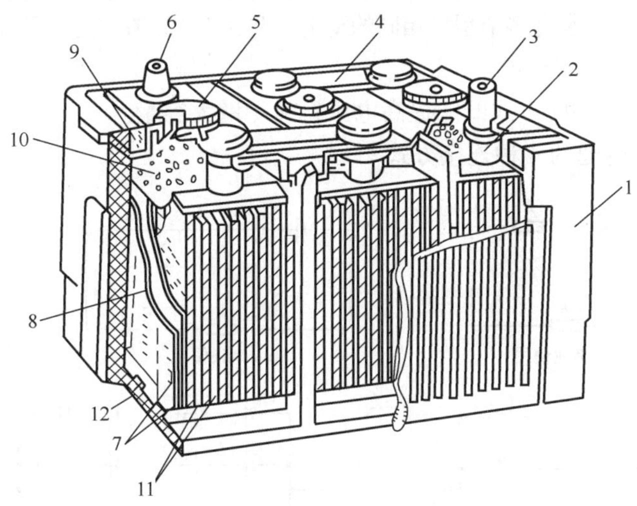

图1-40 蓄电池的构造

1—蓄电池的外壳 2—电极衬套 3—正极接线柱 4—连接条 5—加液孔螺塞

6—负极接线柱 7—负极板 8—隔板 9—封料 10—护板 11—正极板 12—肋条

6V和12V起动型铅酸蓄电池一般由3个或6个单格蓄电池串联构成。每个单格的标称电压为2V，由若干单格蓄电池串联组成蓄电池总成，以满足汽车用电设备的需要。

在标准JB/T 2599—2012《铅酸蓄电池名称、型号编制方法》中规定了铅酸蓄电池型号、名称的编制方法。产品型号由3部分组成，其排列格式及含义如下。

串联的单格蓄电池数	-	蓄电池类型	蓄电池结构特征	-	额定容量	特殊性能
1		2			3	

① 串联的单格蓄电池数——用数字表示一个整体蓄电池内串联的单格蓄电池的个数。

② 蓄电池类型——根据蓄电池主要用途，用汉语拼音字母表示蓄电池类型。起动蓄电池用Q表示。

③ 蓄电池结构特征——用汉语拼音字母作代号，表示需要注明的蓄电池结构特征。如干式荷电用A表示，湿式荷电用H表示，免维护用W表示。

④ 额定容量——用阿拉伯数字表示的蓄电池的额定容量（A·h），A·h标量可以省略。

⑤ 特殊性能——用字母表示蓄电池具有的特殊性能，如Q—高起动率，S—塑料槽，D—低温起动性能好。

例如，6-QA-60型蓄电池，即由6个单格蓄电池串联，额定电压为12V，额定容量为60A·h的干荷式起动型蓄电池。

3. 蓄电池的接线方式

铅酸蓄电池的选用必须符合汽车电气系统的额定电压，能供给起动机所需要的较大起动电流的容量，保证可靠起动。起动型铅酸蓄电池对不同汽车采用的个数及接线方式也不同，一般有以下4种连接方式。

① 单独使用。汽车上只装一个蓄电池，如 CA141 只装一个 6-QA-100 型干荷式蓄电池。

② 串联使用。汽车上装有多个型号完全相同的蓄电池，串联起来供电，以满足汽车电气系统的需要。如 NJ230 汽车装两个 3-Q-75 型蓄电池串联成 12V。

③ 并联使用。汽车上装有多个型号相同的蓄电池并联供电。在供电电压不变的同时，提高了总电流。

④ 串并联使用。串并联方式既能提高电压，又能增大容量。

图 1-41 所示为蓄电池的 4 种连接方式。

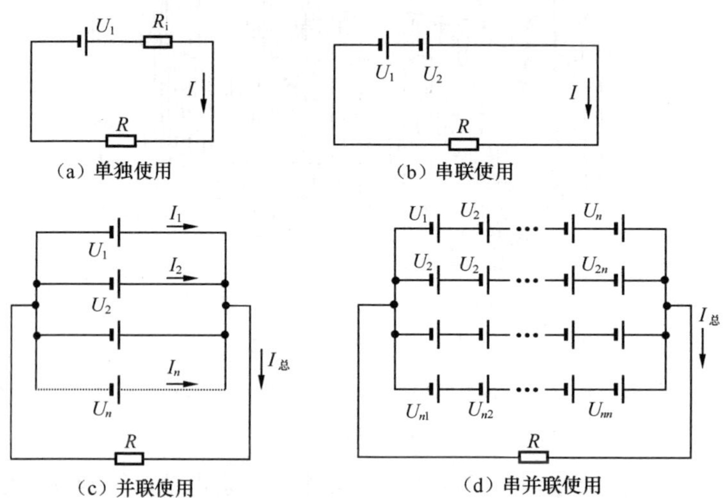

图 1-41　蓄电池的 4 种连接方式

1.4.3　实际电压源模型与实际电流源模型的等效变换

图 1-42 所示为两种实际电源模型的等效变换。如果实际电压源与实际电流源的外特性相同，即当与外部相连的端子 a、b 之间具有相同的电压时，流经端子的电流也相等，此时实际电压源与实际电流源之间可以互相等效变换。

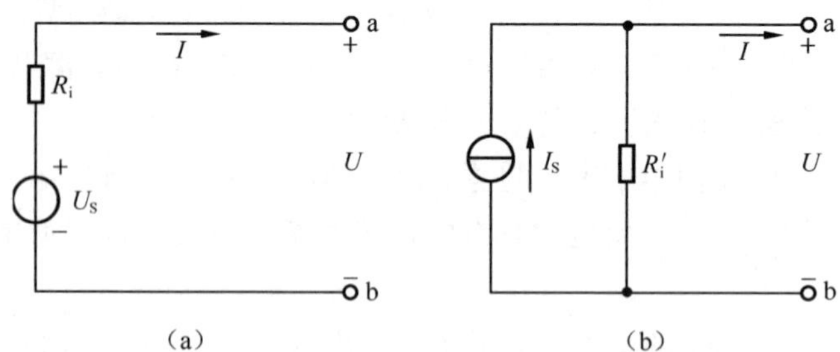

图 1-42　两种实际电源模型的等效变换

由图 1-42（a）得

$$I=\frac{U_S}{R_i}-\frac{U}{R_i}$$

由图 1-42（b）得

$$I = I_{S} - \frac{U}{R_{i}'}$$

根据分析可知，实际电压源与实际电流源之间等效变换的条件是

$$I_{S} = \frac{U_{S}}{R_{i}} \tag{1-33}$$

$$R_{i} = R_{i}' \tag{1-34}$$

在电路分析中，为便于计算，有时要求用电流源与电阻并联组合去等效代替电压源与电阻的串联组合，有时又有相反的要求。

- 变换时两种电路模型的电源极性必须保持一致，即电流源流出电流的一端与电压源的正极性端相对应。
- 等效变换仅对外电路适用，其电源内部是不等效的。
- 理想电压源与理想电流源不能相互转换。

【例 1-9】 求图 1-43（a）所示电路的等效电流源模型和图 1-43（b）所示电路的等效电压源模型。

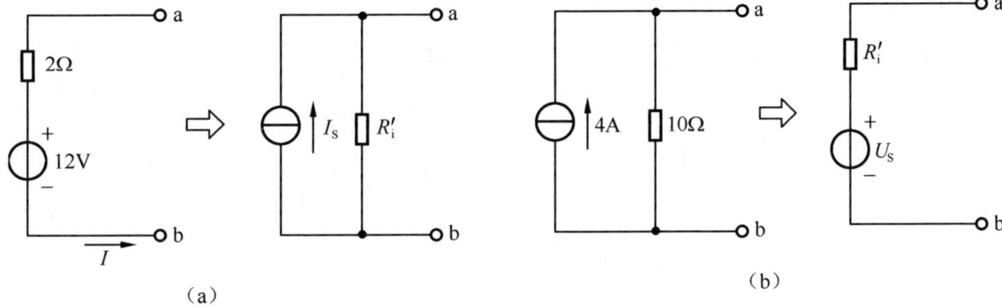

图 1-43　电路与等效模型

解：（1）图 1-43（a）所示电路的等效电流源模型：

$$I_{S} = \frac{U_{S}}{R_{i}} = \frac{12\text{V}}{2\Omega} = 6\text{A}$$

$$R_{i}' = R_{i} = 2\Omega$$

（2）图 1-43（b）所示电路的等效电压源模型：

$$U_{S} = I_{S}R_{i} = 4\text{A} \times 10\Omega = 40\text{V}$$

$$R_{i}' = R_{i} = 10\Omega$$

【例 1-10】 化简图 1-44 所示电路。

解：（1）图 1-44（a）所示电路，根据 KCL，有

$$I = 9\text{A} - 3\text{A} = 6\text{A}$$

即不论端口电压是多少，端口电流均等于 6A。其等效电路是一个 6A 电流源，如图 1-44（b）所示。

（2）图 1-44（c）所示电路，端口电压为

$$U = 7\text{V} - 4\text{V} = 3\text{V}$$

即不论端口电流是多少，端口电压均等于 3V。其等效电路是一个 3V 电压源，如图 1-44（d）所示。

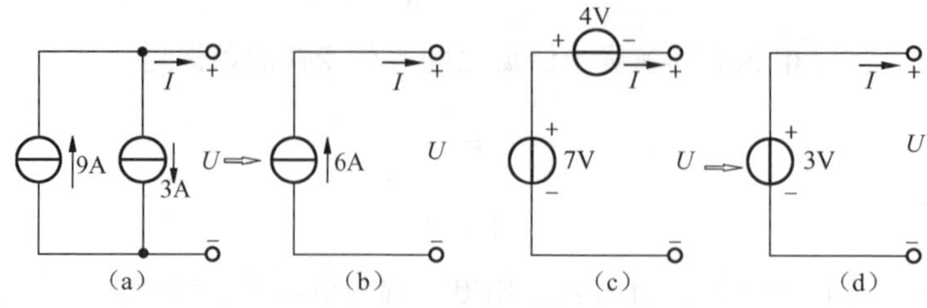

图 1-44　电路与等效电路

【例 1-11】　如图 1-45（a）所示电路，试用电源等效变换求 U_{ab}。

解：首先将 20V 2Ω的电压源模型转换成 10A 2Ω的电流源模型，如图 1-45（b）所示，10A 电流源方向向下。然后再将 10A 和 6A 电流源合并为 4A 的电流源，方向向下，如图 1-45（c）所示电流源与电阻并联电路，即可求出电压数值 U_{ab}。或者继续将电路变换为 8V 电压源和 2Ω 电阻串联电路，注意电压源方向为下正上负，如图 1-45（d）所示。

$$U_{ab} = -2\Omega \times 4A = -8V$$

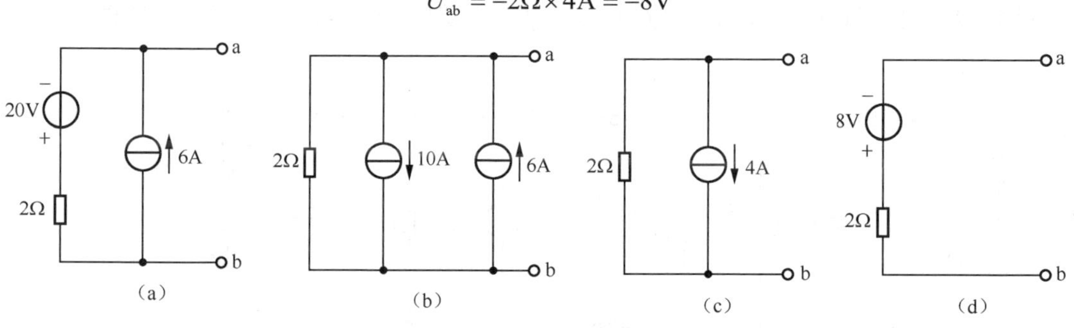

图 1-45　例 1-11 图

1.5 基尔霍夫定律及其应用

前面已经介绍了电阻、电感、电容、电压源和电流源的基本规律，即元件对其流经的电流与其两端电压间形成的约束关系，如电阻的欧姆定律。电路作为整体还应有其相互约束的规律，基尔霍夫定律就是研究这一规律的。基尔霍夫定律包含两个定律，分别为基尔霍夫电流定律（KCL）和基尔霍夫电压定律（KVL）。

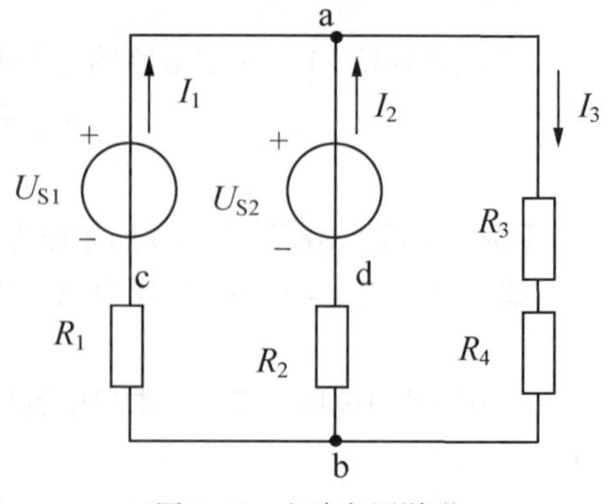

图 1-46　电路名词说明

首先以图 1-46 为例，介绍几个电路相关名词。

支路：电路中的每个分支即为一条支路，每条支路流过一个电流，如 acb 支路。节点：3 条及 3 条以上支路的连接点称为节点，如 a 点和 b 点。回路：就是由若干支路所组成的闭合路径。网孔也是一种回路，它是平面电路内不再存在其他支路的回路，如由 U_{S1}、R_1 支路和 U_{S2}、R_2 支路构成的回路是网孔，而由 U_{S1}、R_1 支路和 R_3、R_4 支路构成的就不是网孔。

电路结构中的名词

1.5.1 基尔霍夫电流定律

基尔霍夫电流定律（KCL）是约束流经节点的所有电流的定律，定律可叙述为：在任一时刻，电路中流入任一个节点的电流之和等于流出该节点的电流之和。

如图 1-47 所示，选定各支路电流的参考方向，对于节点，流入电流的有 I_1 和 I_2，流出电流的有 I_3 和 I_4，那么根据基尔霍夫电流定律（KCL）可写出

$$I_1 + I_2 = I_3 + I_4$$

写出一般表达式

$$\sum I_{入} = \sum I_{出} \tag{1-35}$$

定律还可叙述为：任一瞬间，电路中流经任一节点的电流代数和恒等于零，即

$$\sum I = 0$$

上式中，若流入节点的电流前面取正号，则流出节点的电流前取负号，即

$$I_1 + I_2 - I_3 - I_4 = 0$$

在图 1-47 中，若 $I_1 = 1\text{A}$，$I_2 = -3\text{A}$，$I_3 = -4\text{A}$，则根据 KCL 可知

$$I_1 + I_2 = I_3 + I_4$$

经变换写出

$$I_4 = I_1 + I_2 - I_3 = 1\text{A} + (-3\text{A}) - (-4\text{A}) = 2\text{A}$$

基尔霍夫电流定律反映了电流的连续性原理，即电荷守恒的逻辑推论。

KCL 是应用于节点的定律，还可以把它推广运用于电路中包含几个节点的任一假设的封闭面。

基尔霍夫定律

例如，图 1-48 所示为一三相负载三角形连接，3 个线电流 i_U、i_V、i_W 的参考方向如图所示。用一封闭面包围住 3 个线电流，把封闭面看作是一个扩大的节点，应用 KCL 可得 3 个电流之间的关系为

$$i_U + i_V + i_W = 0$$

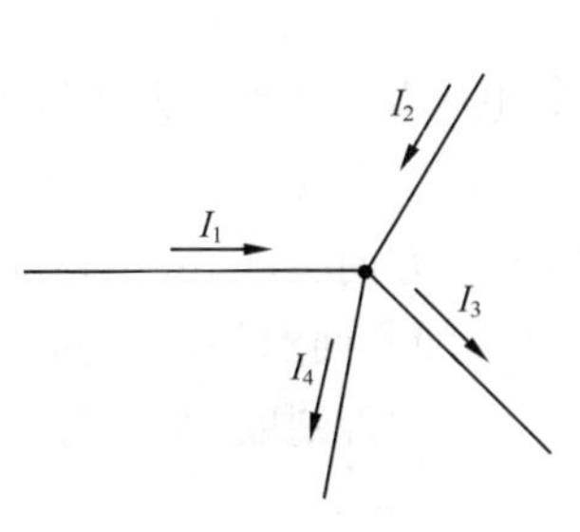

图 1-47 KCL 应用

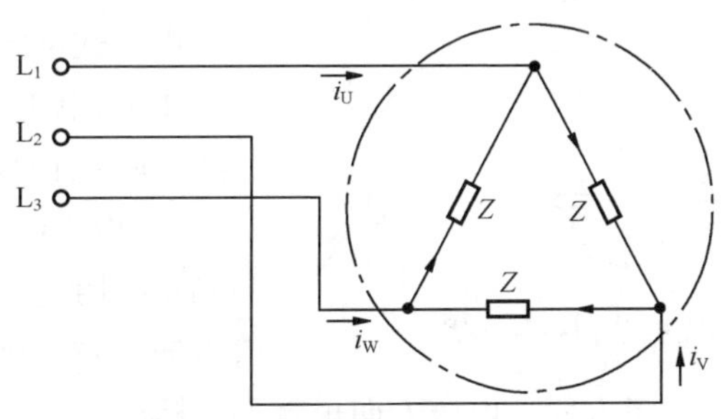

图 1-48 三相负载三角形连接

KCL反映了电路中任一节点处各支路电流必须服从的约束关系，与各支路上是什么元件无关。

【例 1-12】 在图 1-49 所示的电路中，$I_1=2\text{A}$，$I_2=4\text{A}$，$I_3=6\text{A}$，试求 I_4、I_5 和 I_6。

解：（1）节点 E：

$$I_4=I_1+I_2=2\text{A}+4\text{A}=6\text{A}$$

（2）节点 B：

$$I_5=I_2+I_3=4\text{A}+6\text{A}=10\text{A}$$

（3）节点 F：

$$I_6=I_3+I_4=6\text{A}+6\text{A}=12\text{A}$$

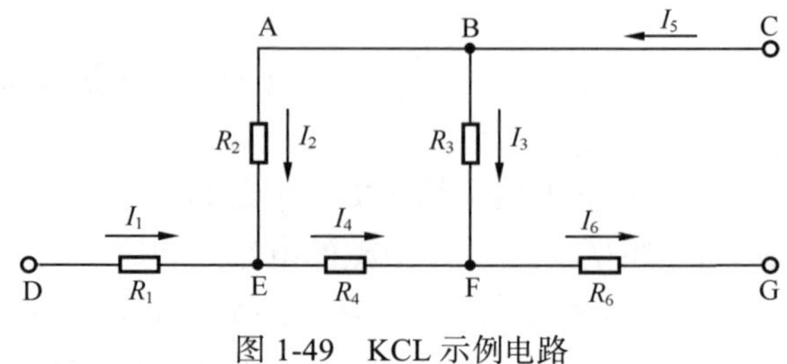

图 1-49 KCL 示例电路

1.5.2 基尔霍夫电压定律

基尔霍夫电压定律（KVL）是反映电路的任一回路中各支路电压之间的关系。定律可叙述为：任一瞬时，作用于电路中任一回路各支路电压的代数和恒等于零。

用数学式来表达，即

$$\sum U_{\text{i}}=0 \tag{1-36}$$

式中，U_{i}——组成该回路的各支路电压，$i=1，2，\cdots，m$（设该回路有 m 个支路电压）。

一般列 KVL 方程可按以下步骤进行。

① 首先指定回路的绕行方向，可以为顺时针或逆时针。

② 设定各支路元件电压的参考方向。电路中电阻的电压电流选择关联方向。

③ 列方程。首先比较元件电压参考方向和回路绕行方向是否相同，当元件电压参考方向与回路绕行方向一致时，电压前符号取“+”，否则取“−”。

图 1-50 所示为某电路的一个回路，选定绕行方向如图所示。按图选定各元件电压的参考方向，从 a 点出发绕行一周，有

$$U_1+U_{\text{S1}}-U_2+U_{\text{S2}}=0$$

式中，$U_1=I_1R_1$，$U_2=I_2R_2$。

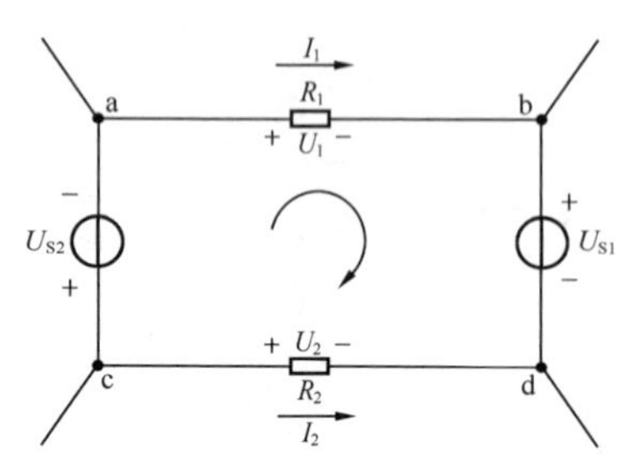

图 1-50 KVL 应用

把各元件的电压和电流的约束关系代入上式，可得

$$I_1R_1+U_{\text{S1}}-I_2R_2+U_{\text{S2}}=0$$

由上式可知：

① 对电压源上的电压，若电压源电压参考方向与绕行方向一致，则 U_{S} 前取“+”号，反之取“−”号。

② 由于电阻元件的电压电流方向关联，故可根据电流方向确定电阻电压 IR 前的正负号，即当回路绕行方向与电阻电流方向一致，则 IR 前取“+”号，否则取“−”号。电阻元件有电流参考方向，电压方向也就不必标出了。

KVL 还有另一表达式，将上式整理，将电源电压写到等式右边，得

$$I_1R_1 - I_2R_2 = -U_{S1} - U_{S2}$$

可归纳为

$$\sum IR = \sum U \quad (1\text{-}37)$$

可以将上式描述为：任一回路内，电阻上电压的代数和等于电压源电压的代数和。在使用时需注意，由于电压源电压写到等式右边，所以电压源电压前的正负号要做变化，即若电压源电压参考方向与绕行方向一致，则 U_S 前取“–”号，反之取“+”号。

KVL 规定了电路中任一回路内电压必须服从的约束关系，至于回路内是什么元件与定律无关。因此，不论是线性电路还是非线性电路，定律都是适用的。

此外，基尔霍夫电压定律可以由真实回路扩展到虚拟回路。如图 1-51 所示，从虚拟回路的 A 点出发，A→R→U_S→B→A 逆时针绕行，将 A、B 两点间的电压（U_{AB}）写入电压平衡式，则有

$$-IR + U_S - U_{AB} = 0，即\ U_{AB} = U_S - IR$$

【例 1-13】 如图 1-52 所示电路，已知 $R_1 = 20\Omega$，$R_2 = 10\Omega$，$R_3 = 10\Omega$，$U_{S1} = 30V$，$U_{S2} = 10V$，求 I 和 U_{AC}。

解：选定电流（I）的参考方向及绕行方向如图 1-52 所示。根据 KVL 可写出

$$IR_1 + IR_3 + IR_2 - U_{S2} - U_{S1} = 0$$

即

$$I(R_1 + R_2 + R_3) = U_{S1} + U_{S2}$$

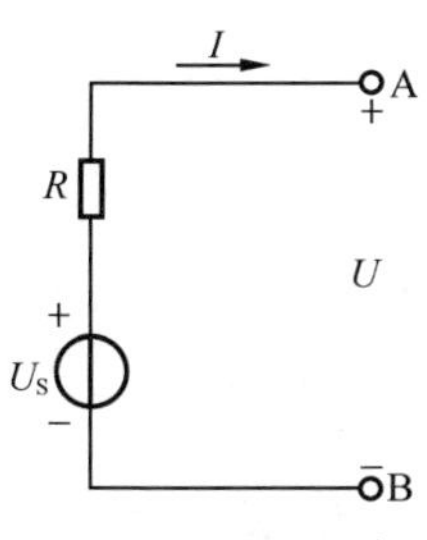

图 1-51　开口电路

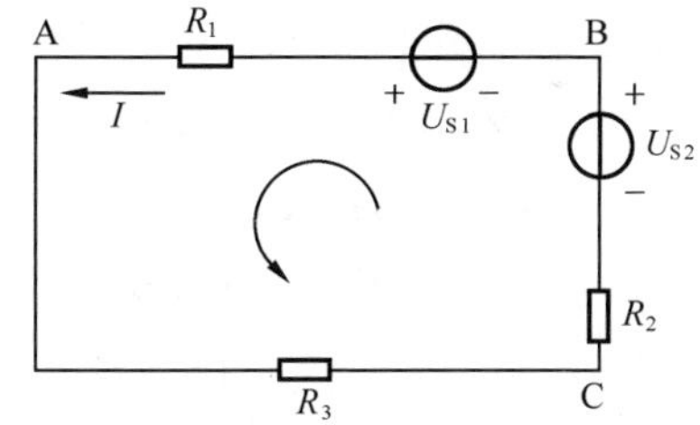

图 1-52　KVL 示例电路

代入数据，得

$$I(20\Omega + 10\Omega + 10\Omega) = (30 + 10)V$$

$$(40\Omega)I = 40V$$

$$I = 1A$$

电流为正值，说明电流的实际方向与参考方向一致。

求 U_{AC} 有两条路径可走。顺时针从 A→B→C，逆时针从 A→C，为了对比两条路径的电压数值，先沿顺时针方向，求 U_{AC}。

$$U_{AC} = -IR_1 + U_{S1} + U_{S2} - IR_2 = (-20 \times 1 + 30 + 10 - 10 \times 1)V = 10V$$

再沿逆时针方向，求 U_{AC}。

$$U_{AC} = IR_3 = 1A \times 10\Omega = 10V$$

由此可见，两点间电压与路径无关。在计算时，尽量选择元件较少，计算较容易的路径。

1.5.3　支路电流法

支路电流法是以支路电流为待求量，利用基尔霍夫电流定律和基尔霍夫电压定律列出电路的方程式，从而解出支路电流的一种方法，其分析步骤如下。

① 假定各支路电流的参考方向，对选定的回路标出回路绕行方向。若有 n 个节点，根据基尔霍夫电流定律列（$n-1$）个独立的节点电流方程。

② 若有 m 条支路，根据基尔霍夫电压定律列（$m-n+1$）个独立回路电压方程。为了计算方便，通常选网孔作为回路。对于平面电路，独立的基尔霍夫电压方程数等于网孔数。

③ 解方程组，求出支路电流。

下面通过实例来说明支路电流法的应用。

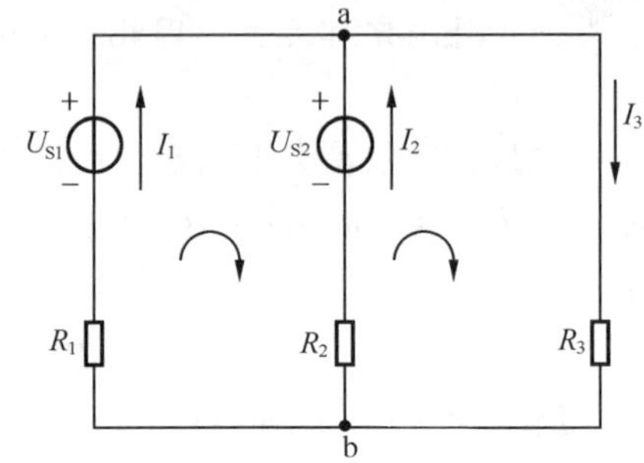

图 1-53　支路电流法示例电路

【例 1-14】 图 1-53 所示电路为汽车上的发电机（U_{S1}）、蓄电池（U_{S2}）和负载（R_3）并联的原理图。已知 $U_{S1}=14V$，$U_{S2}=12V$，$R_1=0.5\Omega$，$R_2=0.1\Omega$，$R_3=5\Omega$，求各支路电流。

解：支路数 $m=3$；节点数 $n=2$；网孔数 = 2。各支路电流的参考方向如图 1-53 所示，回路绕行方向顺时针。电路 3 条支路，需要求解 3 个电流未知数，因此需要 3 个方程式。

（1）根据 KCL，列节点电流方程（列 1 个独立方程）：

a 节点：　　$I_1+I_2=I_3$

（2）根据 KVL，列回路电压方程（列 2 个独立方程）：

网孔 1：　　$I_1R_1-U_{S1}+U_{S2}-I_2R_2=0$

网孔 2：　　$I_3R_3+I_2R_2-U_{S2}=0$

（3）联立上述 3 式，代入数值，经整理得

$$\begin{cases} I_1+I_2=I_3 \\ 0.5I_1-0.1I_2=14-12 \\ 0.1I_2+5I_3=12 \end{cases}$$

可得

$$I_1=3.74\text{A},\ I_2=-1.31\text{A},\ I_3=2.43\text{A}$$

I_1、I_3 的电流为正值，表示该支路电流的实际流向与参考方向相同；I_2 为负值，表示该支路电流的实际流向与参考方向相反。这表明汽车行驶时，车上的发电机（U_{S1}）既对负载（R_3）供电（如照明灯等），又对蓄电池（U_{S2}）充电，此时蓄电池是发电机的负载，蓄电池吸收发电机的电能并转变为化学能存储。

若电源的电压和内阻数值调整，则电路各电流和各电源的功率会有所不同。

① 若上题中，U_{S1} 改为 12V，其他条件不变，则 $I_1=0.39A$，$I_2=1.97A$，$I_3=2.36A$。显然两个同样的 12V 电源流出的电流不同，所以发出的电功率大小不同，内阻小的电源发出的功率大。

② 若上题中，$U_{S1}=U_{S2}=12V$，$R_1=R_2=0.2\Omega$，其他条件不变，则 $I_1=I_2=1.18A$，$I_3=2.35A$。两个电源发出同样的电功率。

- 若两组电源的电压相等，而内阻不等，则发出的功率各不相同，供给负载的电能不均等；若两组电源中的一组电源电压过低，则电压过低的电源不仅不供电，反而要消耗电能。
- 当两组电源并联使用时，若要求它们同时向负载供电，应选择两组电压和内阻都相等的电源。

1.6 直流电路分析计算

1.6.1 运用实际电源等效变换求解支路电流

工程上，分析电路时常常用到电源等效变换，特别是在求解电路中的某一条支路电流时，用电源等效变换可以很方便地化简电路，因此在电路分析过程中电源等效变换得到广泛应用。

【例 1-15】 用电源等效变换求图 1-54（a）所示电路中 5Ω 电阻支路的电流 I_3。

解：（1）首先需要求解的 5Ω电阻支路始终保持不变，对其他支路进行变换。将图 1-54（a）中左边两并联支路——电压源模型变换成电流源模型，形成 4 条支路的并联，如图 1-54（b）所示。其中，

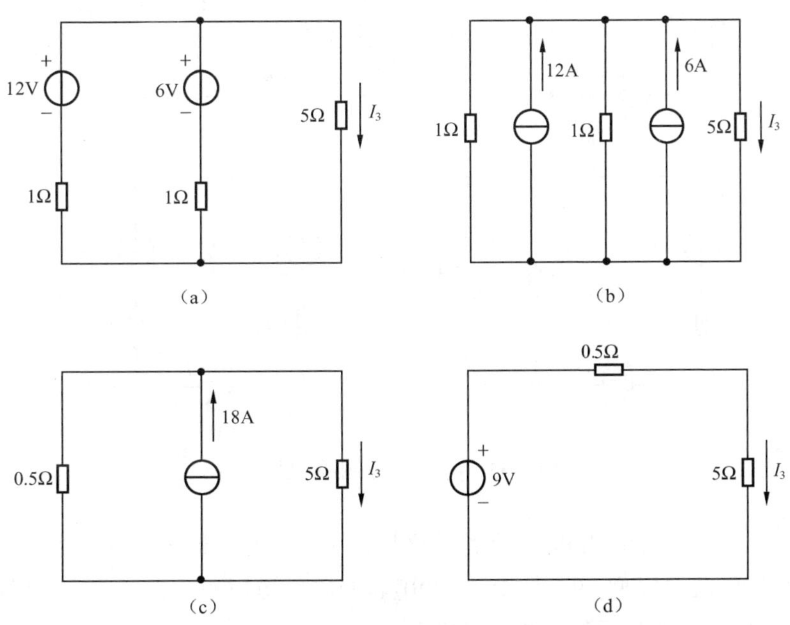

图 1-54 电源等效变换电路

$$I_{S1}=\frac{12V}{1\Omega}=12A$$（12A 电流源与 1Ω电阻并联）

$$I_{S2}=\frac{6V}{1\Omega}=6A\text{（6A 电流源与 1Ω电阻并联）}$$

两个电阻值不变。

（2）合并并联电流源 I_{S1} 和 I_{S2}，同时两个 1Ω电阻并联为等效电阻 R_i，如图 1-54（c）所示。

$$I_S=I_{S1}+I_{S2}=12A+6A=18A$$

$$R_i=\frac{1\times1}{1+1}\Omega=0.5\Omega$$

（3）合并后的电流源 I_S 与电阻 R_i 并联，可进一步变换成电压源与电阻的串联，如图 1-54（d）所示。

$$U=I_SR_i=18A\times0.5\Omega=9V$$

（4）根据图 1-54（d），求得 5Ω 电阻的支路电流。

$$I_3=\frac{U}{R_i+R_3}=\frac{9V}{0.5\Omega+5\Omega}=1.6A$$

显然，与支路电流法相比，求解电路某一条支路的电流，用电源等效变换求解更加方便。

【例 1-16】 如图 1-55 所示电路中，用电源等效变换求解电流 I。

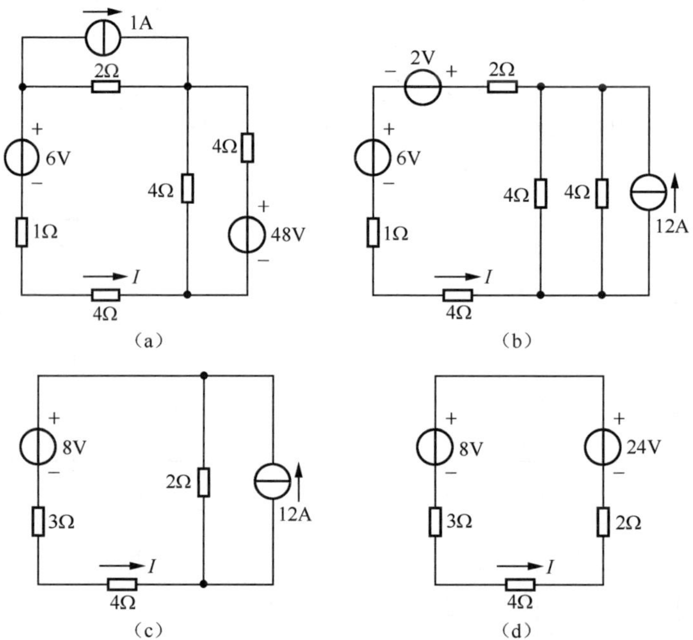

图 1-55 电源等效变换例题电路

解：（1）首先需要求解的 4Ω电阻支路始终保持不变，对其他支路进行变换。将图 1-55（a）中 1A、2Ω并联的电流源模型变换为 2V、2Ω串联的电压源模型，将 48V、4Ω串联的电压源模型变换为 12A、4Ω并联的电流源模型，如图 1-55（b）所示。

（2）在图 1-55（b）中将同一支路中串联的 2V、6V 电压源合并为一个 8V 的电压源，1Ω 和 2Ω串联电阻等效为一个 3Ω电阻。同时两个并联的 4Ω电阻等效为一个 2Ω电阻，如图 1-55（c）所示。

（3）在图 1-55（c）中，12A、2Ω并联的电流源模型变换为 24V、2Ω串联的电压源模型，如图 1-55（d）所示。

（4）在图 1-55（d）中，计算电流 I 数值

$$I=\frac{24\text{V}-8\text{V}}{3\Omega+4\Omega+2\Omega}=\frac{16\text{V}}{9\Omega}=1.78\text{A}$$

在分析过程中，要特别注意电源等效变换过程中，电压源和电流源方向的匹配。

1.6.2 叠加定理

所谓叠加定理就是当线性电路中有几个电源共同作用,各支路电流(或电压）等于各个电源单独作用时在该条支路产生的支路电流（或电压）的代数和。

在应用叠加定理时，应注意以下几点。

① 在考虑某一电源单独作用时，要假设其他独立电源不作用。即电压源不作用——令电源电压 $U_S=0$，相当于电压源短路；电流源不作用——令电流源电流 $I_S=0$，相当于电流源开路。

② 电路中所有电阻不变，元件的连接方式不变，如图 1-56 所示。

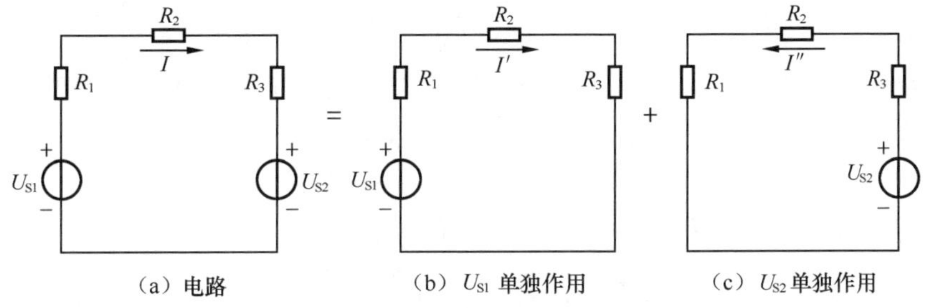

图 1-56　叠加定理示例电路

③ 在叠加时需注意电压和电流参考方向。当分电压、分电流参考方向与原电路相应电压、电流物理量参考方向一致，则叠加时分量数值为代数加；否则为代数减。

④ 叠加定理只能用于计算线性电路的电压和电流,不能计算功率等与电压或电流之间不是线性关系的参数。例如，$P=I^2\times R=(I'+I'')^2R\neq I'^2R+I''^2R=P'^2+P''^2$。

⑤ 受控源不属于独立电源，必须全部保留在各自的支路中。

【例 1-17】 在图 1-56 所示电路中，已知 $U_{S1}=20\text{V}$，$U_{S2}=10\text{V}$，$R_1=2\Omega$，$R_2=3\Omega$，$R_3=5\Omega$，用叠加定理求电路中的电流 I。

解：（1）根据图 1-56（a）所示电路分别画出两个电源单独作用时的分电路图，如图 1-56（b）、（c）所示。

（2）U_{S1} 单独作用时，求出 I'。

$$I'=\frac{U_{S1}}{R_1+R_2+R_3}=\frac{20\text{V}}{2\Omega+3\Omega+5\Omega}=2\text{A}$$

（3）U_{S2} 单独作用时，求出 I''。

$$I''=\frac{U_{S2}}{R_1+R_2+R_3}=\frac{10V}{2\Omega+3\Omega+5\Omega}=1A$$

（4）根据分电流参考方向，求出总电流。

$$I=I'-I''=2A-1A=1A$$

【例 1-18】 图 1-57 所示的电路，用叠加定理求解电流 I。

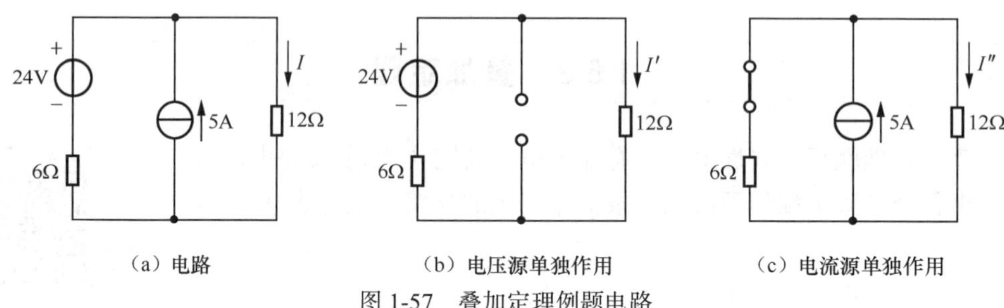

图 1-57　叠加定理例题电路

解：（1）根据图 1-57（a）所示电路分别画出两个电源单独作用时的分电路图，如图 1-57（b）、（c）所示。

（2）24V 电压源单独作用时，电流源开路，求出 I'。

$$I'=\frac{24V}{6\Omega+12\Omega}=\frac{4}{3}A$$

（3）5A 电流源单独作用时，电压源短路，根据电阻并联分流公式，求出 I''。

$$I''=\frac{6\Omega}{6\Omega+12\Omega}\times 5A=\frac{5}{3}A$$

（4）求出总电流。I'、I''参考方向与 I 一致，故

$$I=I'+I''=\frac{4}{3}A+\frac{5}{3}A=3A$$

*1.6.3　戴维南定理

在电路分析时，有些网络（电路）引出两个引出端与外电路连接。我们把具有两个引出端子的网络称为二端网络。图 1-58（a）所示为不含电源的无源二端网络；图 1-58（b）所示为含有电源的有源二端网络。显然，对二端网络来讲，从一个引出端子流出的电流等于从另一个引出端子流入的电流。

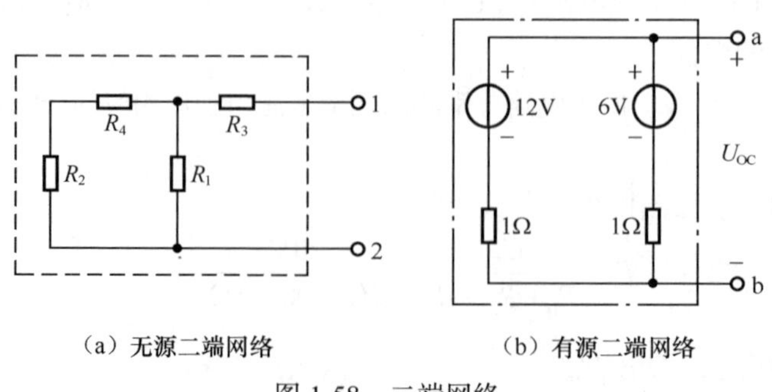

图 1-58　二端网络

戴维南定理可叙述为，任何一个线性有源二端电阻网络，对外电路来说，总可以用电压源和电阻相串联的模型来替代。电压源的电压等于有源二端网络的开路电压 U_{OC}，其电阻等于该网络中所有电压源短路，电流源开路时的等效电阻 R_i。

如图 1-59（a）所示，有源的二端网络 A 与外电路相连接，若要求二端网络 A 的戴维南等效电路，首先断开外电路，如图 1-59（b）所示，求出其开路电压 U_{OC}；其次令有源二端网络 A 中的电压源短接（$U_S=0$）、电流源开路（$I_S=0$），将有源网络 A 变为无源网络 P，如图 1-59（c）所示，从 a、b 端处求出其等效电阻 R_i。最后得到由电压源 U_{OC} 和等效电阻 R_i 串联而成的戴维南等效电路，如图 1-59（d）所示。

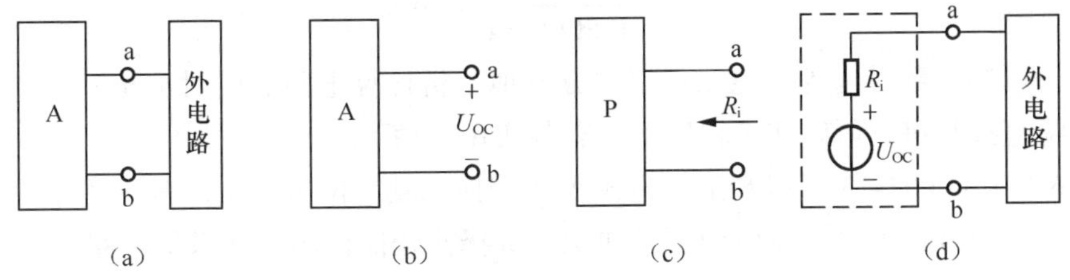

图 1-59　有源二端网络的开路电压和入端电阻

【例 1-19】　如图 1-60（a）所示，求虚线框对应二端网络的戴维南等效电路，并求出电流 I_3。

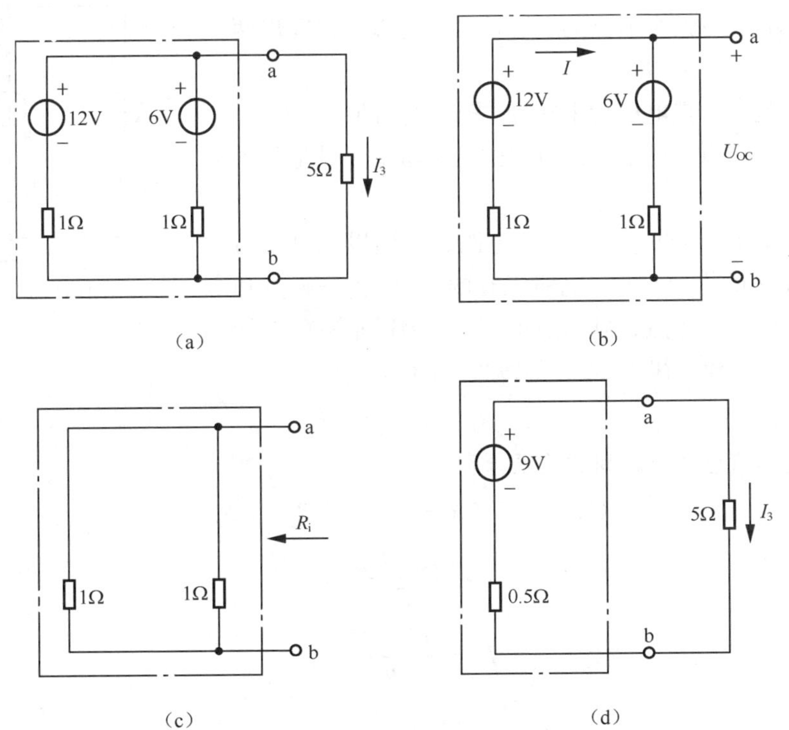

图 1-60　戴维南等效电路

解：（1）首先断开 5Ω 电阻所在外电路，如图 1-60（b）所示，求出其开路电压 U_{OC}。

$$I = \frac{12\text{V} - 6\text{V}}{1\Omega + 1\Omega} = 3\text{A}$$

$$U_{\text{OC}} = 6\text{V} + 3\text{A} \times 1\Omega = 9\text{V}$$

（2）令 12V、6V 电压源短接，将有源网络变为无源网络，如图 1-60（c）所示，从 a、b 端处求出其等效电阻 R_i。

$$R_i = \frac{1\Omega \times 1\Omega}{1\Omega + 1\Omega} = 0.5\Omega$$

（3）最后得到由电压源 U_{OC} 和等效电阻 R_i 串联而成的戴维南等效电路，如图 1-60（d）所示，求出电流 I_3。

$$I_3 = \frac{9\text{V}}{0.5\Omega + 5\Omega} = 1.6\text{A}$$

通过分析可知，戴维南等效电路可以很方便地分析计算电路。同时由于其等效电路的参数可以通过实验直接测得，所以在工程实践中有其实用价值。

对照 1.6.1 中的例 1-15 可以知道，电源等效变换和戴维南等效电路都可用于简化电路。因此在计算电路参数时，可以灵活应用所学知识，选择比较简便的方法求解电路。

*1.6.4 节点电压法

对支路数较多，而节点较少的电路，采用节点电压法求解较为简单。特别是只有两个节点的电路计算，可以直接写出两个节点间的电压。

节点电压法是以节点电压为未知量，求解电路的一种方法。求出节点电压后，就可方便地求出电路的支路电流及其他待求物理量。

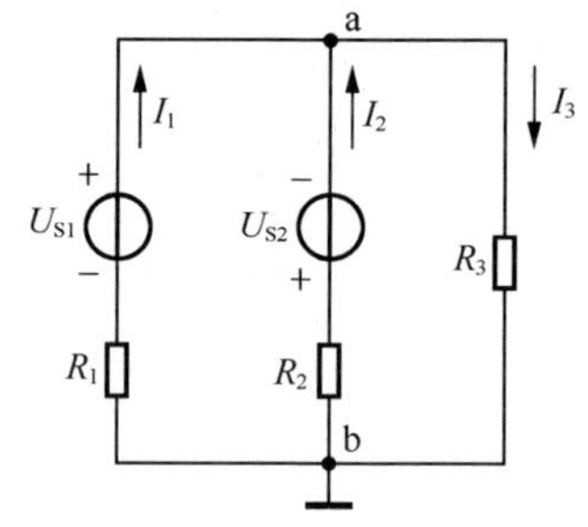

图 1-61 节点电压法

图 1-61 所示为两节点三支路并联电路，下面以此电路为例分析节点电压法的推导过程。电路中有两个节点——a 点和 b 点。选择 b 点作为参考点，则节点电压 U_{ab} 为需求解的未知量。根据基尔霍夫电流定律（KCL）可知，对于 a 点

$$I_1 + I_2 - I_3 = 0$$

各支路电流与节点电压之间的关系分别为

$$U_{ab} = U_{S1} - I_1R_1 = -U_{S2} - I_2R_2 = I_3R_3$$

$$I_1 = \frac{U_{S1} - U_{ab}}{R_1}$$

$$I_2 = \frac{-U_{ab} - U_{S2}}{R_2}$$

$$I_3 = \frac{U_{ab}}{R_3}$$

将各支路电流表达式代入 KCL 方程，经整理计算得节点电压计算公式

$$U_{ab}=\frac{\frac{U_{S1}}{R_1}-\frac{U_{S2}}{R_2}}{\frac{1}{R_1}+\frac{1}{R_2}+\frac{1}{R_3}}=\frac{\sum\frac{U_S}{R}}{\sum\frac{1}{R}} \tag{1-38}$$

在式（1-38）中，分母各项为各条支路电阻的倒数之和，有几条支路就有几个分母项。分子各项为有源支路中电压源与电阻比值的代数和，其正负号可根据各条支路的电源电压和节点电压的参考方向是否一致来决定，一致者取“+”号，相反者取“−”号。

电路中只有两个节点时，其节点电压公式又称为弥尔曼定理。

【例 1-20】 用节点电压法求例 1-14 中各支路电流。

解：（1）以 b 点为参考点，首先求出节点电压 U_{ab}

$$U_{ab}=\frac{\frac{U_{S1}}{R_1}+\frac{U_{S2}}{R_2}}{\frac{1}{R_1}+\frac{1}{R_2}+\frac{1}{R_3}}=\frac{\frac{14V}{0.5\Omega}+\frac{12V}{0.1\Omega}}{\frac{1}{0.5\Omega}+\frac{1}{0.1\Omega}+\frac{1}{5\Omega}}=12.13V$$

（2）求出各支路电流

因为

$$U_{ab}=U_{S1}-I_1R_1=U_{S2}-I_2R_2=I_3R_3$$

所以

$$I_1=\frac{U_{S1}-U_{ab}}{R_1}=\frac{14V-12.13V}{0.5\Omega}=3.74A$$

$$I_2=\frac{U_{S2}-U_{ab}}{R_2}=\frac{12V-12.13V}{0.1\Omega}=-1.3A$$

$$I_3=\frac{U_{ab}}{R_3}=\frac{12.13V}{5\Omega}=2.43A$$

所得结果与支路电流法的计算是一致的。显然对只有两个节点的电路，用节点电压法不需要列方程，计算过程较简便。

1.7 汽车电路分析

1.7.1 发动机冷却液温度传感器电路分析

发动机冷却液温度传感器（水温传感器）大多采用负温度系数热敏电阻制成，当冷却液温度升高时，传感器的电阻值随之减小；反之，当冷却液温度降低时，传感器的电阻值增大。它一般安装在发动机缸体、缸盖的水套或节温器内并伸入水套中，水温传感器接头有两个端子与电控单元 ECU 连接，其中一条是信号线，输出电压随热敏电阻阻值的变化而变化，根据电压的变化测得发动机的水温；另一条是地线。水温传感器的结构和特性如图 1-62 所示。

图 1-63 所示为北京切诺基汽车发动机热敏电阻式水温传感器与电控单元 ECU 的连接电路。ECU 内部三极管与 1kΩ电阻串联后与 10kΩ电阻并联。三极管有两种工作状态——饱和导通或截止，相当于一个开关，连接或断开 5V 电压与 1kΩ电阻（三极管特性的分析将在后续章节中

展开）。工作过程的具体分析如下。

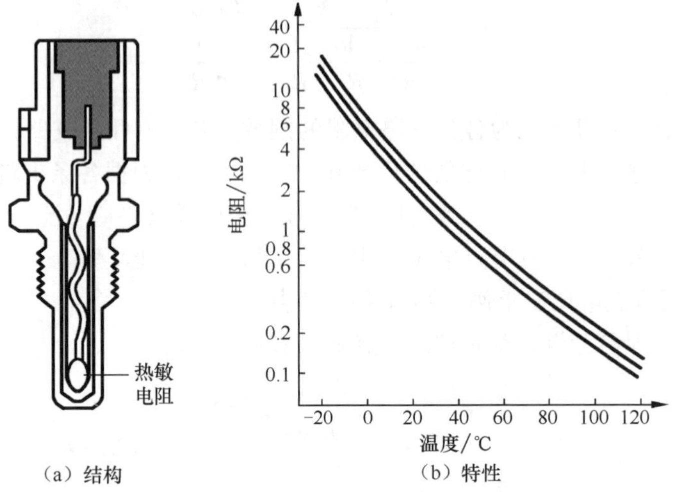

图 1-62　水温传感器的结构和特性

① 在发动机水温低于 51.6℃时，传感器热敏电阻阻值较大。ECU 内部三极管截止，5V 电压只通过 10kΩ电阻与热敏电阻串联，分压后得到相应的电压值，通过 ECU 的两端得到传感器信号。

② 当发动机水温升高后，由于 10kΩ电阻值大，传感器热敏电阻阻值小，传感器测定的数据不再准确。因此当发动机水温达 51.6℃时，ECU 控制三极管导通，此时 ECU 内部 10kΩ电阻与 1kΩ电阻并联后，总电阻变小，为 909Ω。5V 电压则通过较小的并联等效电阻和热敏电阻分压，得到传感器信号，使得水温传感器在高温时，测量结果也相对准确。水温信号输入 ECU 为修正喷油量及确定喷油时刻提供准确依据。北京切诺基车用冷却水温度传感器各种温度下的部分电压值如表 1-3 所示。

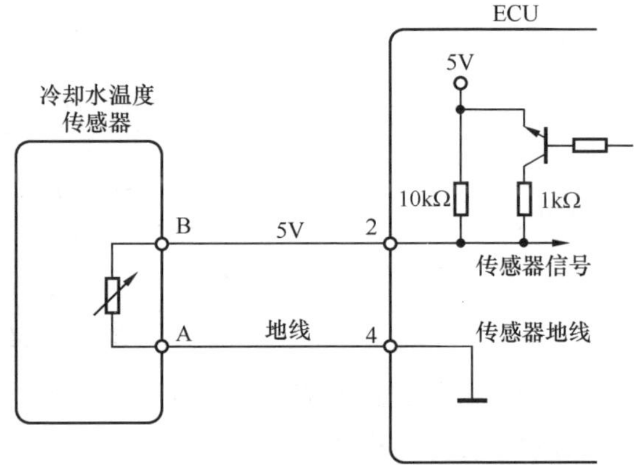

图 1-63　北京切诺基汽车发动机热敏电阻式水温传感器与 ECU 的连接电路

表 1-3　　北京切诺基车用冷却水温度传感器各种温度下的部分电压值

冷态曲线（用 10kΩ电阻）		热态曲线（用 909Ω并联电阻）	
温度/℃	电压/V	温度/℃	电压/V
−28.8	4.70	51.6	4.00
−23.3	4.57	54.4	3.77
10	3.3	87.7	2.6
37.7	1.83	110	1.8

【例 1-21】　如图 1-64 所示电阻电路为汽车水温传感器等效电路，采用负温度系数的电阻 R 为可调电阻。

（1）开关断开状态，R=4kΩ时，求传感器信号电压 U。

（2）开关断开状态，R=0.4kΩ时，求传感器信号电压 U。

（3）开关闭合状态，R=0.4kΩ时，求传感器信号电压 U。

解：（1）开关断开状态下，R=4kΩ时，根据分压公式得

$$U=\frac{4\text{k}\Omega}{10\text{k}\Omega+4\text{k}\Omega}\times5\text{V}=1.43\text{V}$$

（2）开关断开状态下，R=0.4kΩ时

$$U=\frac{0.4\text{k}\Omega}{10\text{k}\Omega+0.4\text{k}\Omega}\times5\text{V}=0.19\text{V}$$

（3）开关闭合状态下，R=0.4kΩ时

$$\frac{10\text{k}\Omega\times1\text{k}\Omega}{10\text{k}\Omega+1\text{k}\Omega}=0.909\text{k}\Omega$$

$$U=\frac{0.4\text{k}\Omega}{0.909\text{k}\Omega+0.4\text{k}\Omega}\times5\text{V}=1.53\text{V}$$

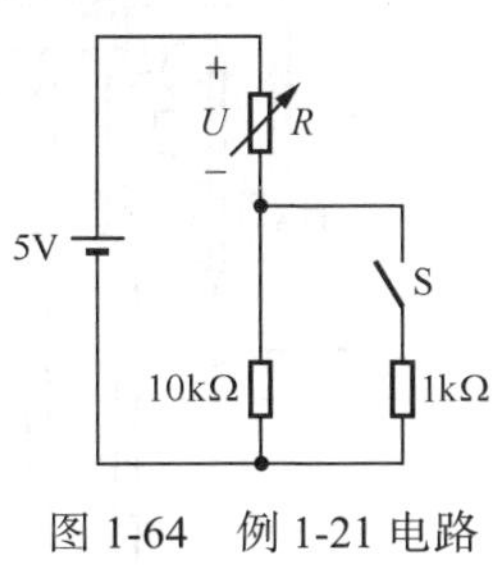

图 1-64　例 1-21 电路

对比（2）和（3）的结果可知，开关闭合时，同样数值热敏电阻的电压大许多。在热敏电阻值较小（温度较高）的情况下，降低电路中的分压电阻值（由 10kΩ变为 0.909kΩ），热敏电阻电压比开关断开时高出许多，使测量更为准确。

1.7.2　压阻效应式歧管压力传感器电路分析

压力传感器能将气体或液体的压力信号转换为电信号。检测压力较低的进气歧管压力和大气压力一般采用半导体压阻效应式传感器。压阻效应式歧管压力传感器的内部结构如图 1-65（a）所示，主要由硅膜片、真空室、硅杯、底座、真空接头和引线电极等组成。

单晶硅材料在受到应力作用后，其电阻率发生明显变化的现象，称为压阻效应。压力传感器大多数都是测定压差的，检测原理都是将压力的变化转换为电阻值的变化。

硅膜片是压力转换元件，用单晶硅制成，其结构如图 1-65（b）所示。硅膜片的长和宽约为 3mm、厚度约为 160μm，在硅膜片的中央部位采用腐蚀方法制作有一个直径为 2mm、厚度约为 50pm 的薄膜片。在薄膜片表面的圆周上，有 4 只阻值相等的应变电阻片，简称应变片，连接成惠斯顿电桥电路，如图 1-65（c）所示，然后再与传感器内部的温度补偿电路和信号放大电路等混合集成电路连接。

压阻效应式压力传感器的硅膜片一面通真空室，另一面导入进气歧管压力。在压力作用下，硅膜片就会产生机械应变而产生应力，应变电阻的阻值在膜片应力的作用下就会发生变化，惠斯顿电桥上电阻值的平衡就被打破，当电桥的输入端输入一定的电压或电流时，在电桥的输出端就可得到变化的信号电压或信号电流。

由于 4 只电阻在硅膜片上所处位置不同，那么在膜片拉应力作用下，R_2、R_4将产生正向增量ΔR，R_1、R_3将产生负向增量−ΔR，如图 1-65（c）所示。当电桥的输入端加上固定的 U_{CC}，在电桥的输出端得到信号电压 U_{o}。U_{o}为

$$U_{\text{o}}=V_{\text{A}}-V_{\text{B}}=\frac{1}{2}I(R-\Delta R)-\frac{1}{2}I(R+\Delta R)=-I\Delta R=-\frac{U_{\text{CC}}}{R}\Delta R$$

式中，R——应变电阻的初始阻值；

ΔR——应变电阻 R 的阻值变化量。

由此可见，当传感器结构和输入电压一定时，作用在圆形硅片上的压力越高，电阻的增量越大，则输出电压越高。当发动机工作时，进气歧管内的部分空气经传感器进气口和滤清器作用在硅膜片上，硅膜片就会产生变形，应变电阻的阻值就会发生变化，电桥输出电压随之变化。

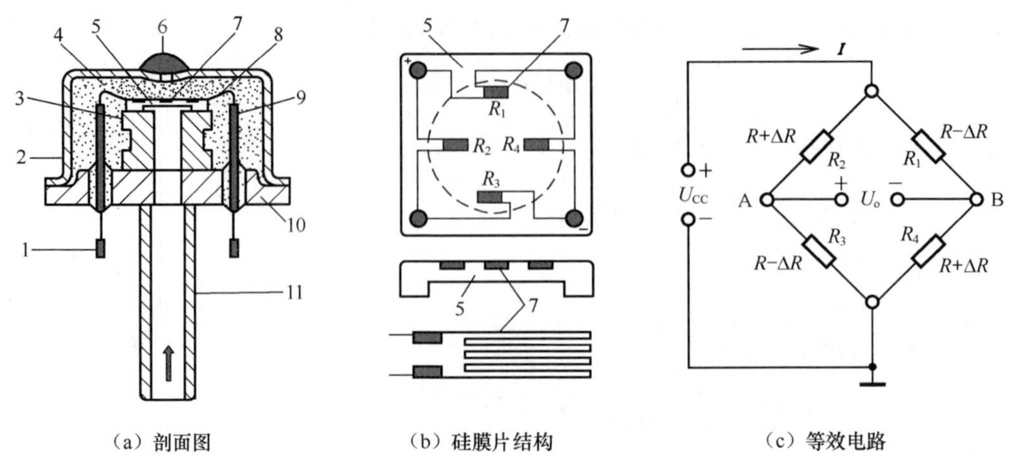

（a）剖面图　（b）硅膜片结构　（c）等效电路

图 1-65　歧管压力传感器的结构与工作原理特性

1—引线端子　2—壳体　3—硅杯　4—真空室　5—硅膜片　6—锡焊封口

7—应变电阻　8—金线电极　9—引线电极　10—底座　11—真空管

1.7.3　电磁式水温表工作分析

图 1-66 所示为电磁式水温表工作原理图。温度传感器用负温度系数热敏电阻制成，其阻值随温度的升高而减小。在水温表内，有两个线圈——L_1 和 L_2（内阻分别为 R_1、R_2，阻值较小），L_1 与热敏电阻并联，再与 L_2 串联。两个线圈中间装着带有指针的衔铁 4，线圈 L_2 放在指针表 0℃刻度处附近，线圈 L_1 放在指针表满偏刻度处附近。电阻 R 为电路限流电阻。

电磁式水温表等效电路如图 1-67 所示。根据温度的变化，电路中热敏电阻阻值变化，从而引起两个线圈中电流变化，继而在两个线圈中产生不同的电磁力，引起衔铁和指针动作。根据 KCL 可知，总电流 $I_2 = I_{敏} + I_1$。当水温低时，热敏电阻阻值大，根据电阻并联分流原理，$I_{敏}$较小，$I_1 \approx I_2$，但由于 L_1 匝数多，产生磁场力较强，吸引衔铁使指针偏向 0℃。当水温增高时，热敏电阻阻值减小，分流作用增强，$I_{敏}$变大，相对于流经线圈 L_2 的总电流 I_2，流经 L_1 的电流 I_1 减小，其磁场力减弱，衔铁被线圈 L_2 吸引，使指针向右偏转指向较高温度。

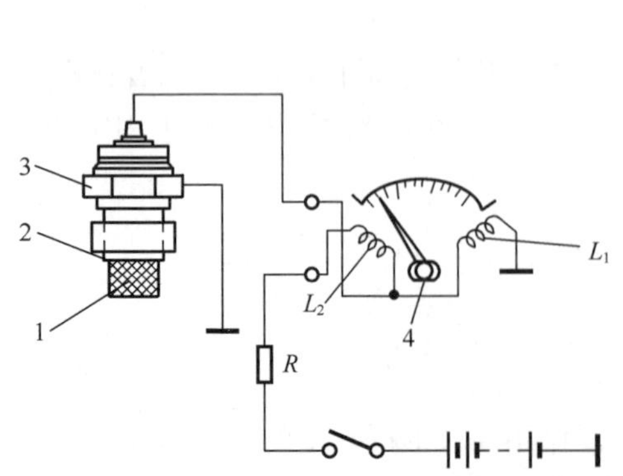

图 1-66　电磁式水温表工作原理图

1—热敏电阻　2—弹簧　3—传感器壳体　4—衔铁

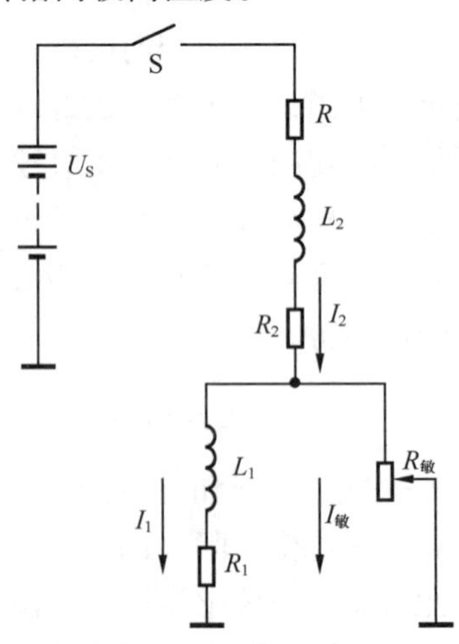

图 1-67　电磁式水温表等效电路

1.7.4 汽车照明电路分析

图 1-68 所示为汽车常用照明系统电路，在图中根据不同的控制要求，许多照明灯并联在一起。示宽灯、尾灯、牌照灯等并联；远光灯、前照灯（远光）和远光指示灯并联，前照灯（近光）并联。照明灯由灯光开关（9）控制，灯光开关（9）有 3 个挡位——0 挡、1 挡和 2 挡。灯光开关在 0 挡关断；1 挡为示宽灯、尾灯、牌照灯等小灯亮；2 挡配合变光开关控制前照灯、远光灯亮灭，同时示宽灯、尾灯、牌照灯等小灯亮。

【例 1-22】 如图 1-68 所示电路中，蓄电池电压为 12V，前照双丝灯中近光灯丝为 12V、25W。试分析前照灯（近光）电流路径，并计算前照灯近光正常工作时的总电流 I。

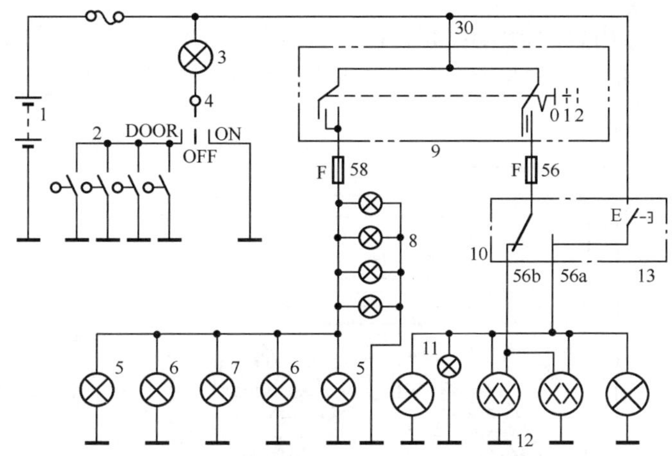

图 1-68 汽车常用照明系统电路

1—蓄电池 2—门控开关 3—室内灯 4—室内灯控开关 5—示宽灯 6—尾灯 7—牌照灯 8—仪表灯 9—灯光开关 10—变光开关 11—远光指示灯 12—前照灯（4 灯亮远光、2 灯亮近光） 13—超车灯开关

解：（1）电路分析：由图 1-68 可知，前照灯（近光）电流路径：从蓄电池（+）→前照灯易熔线→灯光开关 9→变光开关 10（近光）→左右前照灯 12→搭铁→蓄电池（−）。

（2）近光时，接通 12V、25W 灯泡，该灯泡在额定电压下工作，正常发光，消耗电功率应为 25W，左右前照灯通过总电流为

$$I = \frac{P}{U} \times 2 = \frac{25\text{W}}{12\text{V}} \times 2 \approx 4.16\text{A}$$

实训 1 电压和电位的测量

一、实训目的

① 了解实验室基本配置。

② 学会使用万用表测量交、直流电压。

③ 学会测量电路中的电位。

④ 了解基本故障的检测。

二、实训条件

TS-B 通用电工实验台、直流稳压电源、数字式万用表、实训线路板。

三、实训内容及步骤

1. 数字式万用表的认识

DT-830 型数字式万用表面板结构如图 1-69 所示。DT-830 型数字式万用表共有 28 个挡位，能自动调零，具有显示极性、超量程显示以及低电压指示等功能，并装有快速熔断器过电流保护电路和过电压保护元件。

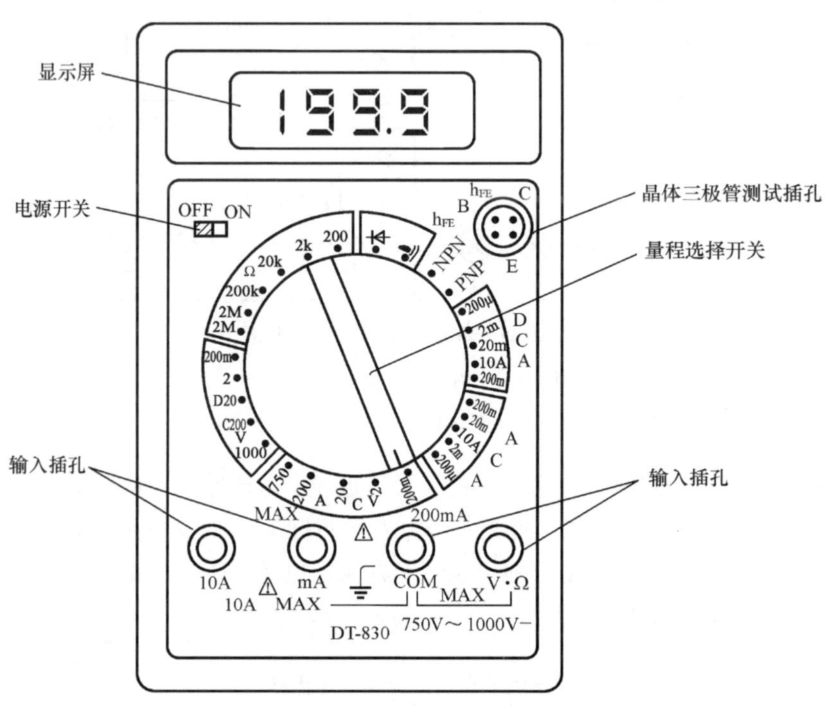

图 1-69　DT-830 型数字式万用表面板结构

（1）面板功能

① 电源开关。当开关置于“ON”位置时，电源接通。不用时，应置于“OFF”位置。

② 量程选择开关。所有量程均由一个旋转开关进行选择。数字万用表用于测量交直流电压、交直流电流、电阻，并配有三极管 h_{FE}、二极管检验插口及通断测试。根据被测信号的性质和大小，将量程选择开关置于所需要的挡位。

③ LCD 显示器。在 LCD 屏上显示数字、小数点、“—”及“←”符号，其最大显示为+1 999 或−1 999。若表内电池电压低于仪表电路工作电压时，则显示屏左端将出现“←”，提醒使用人员更换电池。若显示屏左端出现“1”或“−1”时，说明输入已经超过量程。

④ 输入插孔。从左到右插孔依次为“10A”“mA”“COM”“V·Ω”。“COM”是公用插孔，为黑表笔专用；其他插孔可插红表笔。

另外仪表面板上还有3个较为特别的符号，其含义如图1-70所示。

（a）通路蜂鸣器符号

（b）不得超越符号

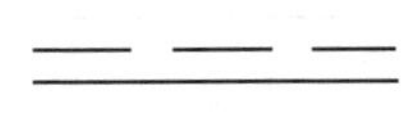

（c）直流符号

图1-70　特别符号

（2）测量使用方法

① 测量直流电压。根据被测电源电压的高低，将量程选择开关有短黑线的那端旋至“DCV”内适当的挡位，黑表笔的插头插入“COM”插孔，红表笔的插头插入“V·Ω”插孔，红、黑表笔分别接在直流电源的正、负极上，此时显示屏上便会显示测得的直流电压值。

- 在测量前如果不知被测电压范围，应先将量程选择开关置于最高量程挡，先观察测量值，然后再适当调低。
- 如果屏幕只显示“1”，说明被测电压已超过量程，量程开关需要调高。
- 不要输入高于1 000V的电压，虽然可能有读数，但有损坏仪表内部线路和触电的危险。

② 测量交流电压。表笔的使用方法与测直流电压时相同。根据被测交流电压的估计数值，将量程选择开关转至“ACV”内适当的挡位上。红、黑表笔分别接在交流电源两端上，这时显示屏上便会显示测得的交流电压值。

不要输入高于750V的交流电压，虽然可能有读数，但有损坏仪表内部线路和触电的危险。

③ 测量电阻值。红表笔的插头插入“V·Ω”插孔，把量程选择开关置于“Ω”范围的适当挡位上，接通电源开关，红、黑表笔分别接到被测电阻的两端，显示屏即可显示出电阻值。如果输入端开路，测出的结果为无穷大，或者阻值超过所选量程，则显示屏左端将出现“1”的字样。因此开始最好是采用大挡位量程来进行测试。

使用数字式万用表的200Ω挡测电阻时，应先将两支表笔短路，测出两表笔导线的电阻值（一般为0.2Ω），然后从测得的阻值中减去此值，那才是该电阻的实际阻值。

④ 测量直流电流。红表笔插入“mA”插孔（最大为200mA），或插入“10A”插孔（最大为10A）将量程选择开关拨至“DCA”相应的挡位，然后将仪表串联到被测电路中。

⑤ 测量交流电流。测交流电流与测直流电流的方法相同，将量程选择开关置于“ACA”范围内的适当挡位即可。

2. 测量电压

① 打开三相漏电保护开关及三相开关，分别测量电源线电压和相电压，记入表 1-4 中。

表 1-4　　电源线电压和相电压测量

被测量 直流降压电源输出	线电压/V			相电压/V		
	U_{UV}	U_{VW}	U_{WU}	U_{UN}	U_{VN}	U_{WN}
万用表						

② 打开直流稳压电源，测量其输出电压，记入表 1-5 中。

表 1-5　　直流电压测量

直流稳压电源输出 直流降压电源输出	1V 以下	1～10V	10V 以上
万用表			

3. 检测

按图 1-71 所示电路接线，并按下列步骤进行测量检测。

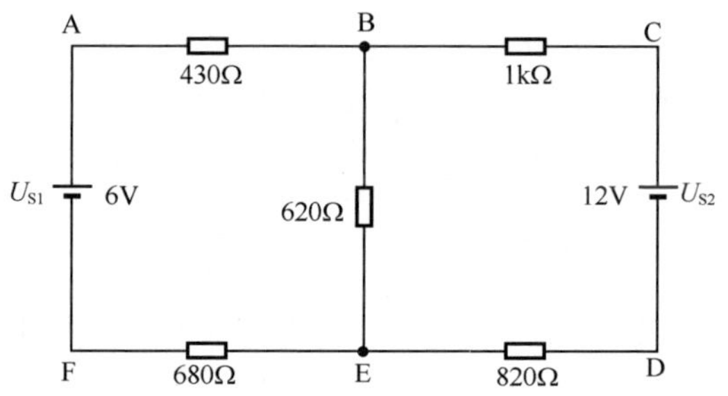

图 1-71　直流电压、电位的测量

① 先调准两路直流稳压电源输出电压值，令 $U_{S1}=6V$，$U_{S2}=12V$，再将两组电源接入实训线路中。

② 以图 1-71 中的 B 点作为电位的参考点，分别测量 A、C、D、E、F 各点的电位值及相邻两点之间的电压值 U_{AB}、U_{BC}、U_{CD}、U_{DE}、U_{EF} 及 U_{FA}，数据记入表 1-6 中。

表 1-6　　电位变化测量表

电位参考点	被测量	V_A	V_B	V_C	V_D	V_E	V_F	U_{AB}	U_{BC}	U_{CD}	U_{DE}	U_{EF}	U_{FA}
B	测量值												
	故障值												
E	测量值												
	故障值												

③ 以 E 点作为参考点，重复实训内容②的测量，数据记入表 1-6 中。

④ 用导线把 A、B 两点短接，以 B 点为参考点测各点电位，观察电位的变化，数据记入表 1-6 中。

⑤ 使 BE 支路断开，以 E 点为参考点测各点电位，观察电位的变化，数据记入表 1-6 中。

四、分析讨论

① 根据测量值，说明电压和电位的关系。

② 根据故障测量值，说明支路短路、开路时的特点。

实训2 汽车温度传感器热敏电阻的检测

一、实训目的

① 掌握电阻测量方法。

② 掌握使用万用表检测汽车温度传感器热敏电阻的方法。

二、实训条件

万用表、酒精灯、烧杯、玻璃温度计、汽车水温传感器、汽车进气温度传感器。

三、实训内容及步骤

1. 水温传感器的检测

水温传感器用负电阻系数（NTC）的热敏电阻制成，即其阻值在温度低时大，在温度高时小。

如图1-72所示，将被测传感器放到烧杯里的水中，水中同时放置了一支玻璃温度计。用酒精灯加热杯中的水，用万用表的欧姆挡测量在不同温度下传感器两端子间的电阻值，并记录在表1-7中，同时画出电阻-温度曲线。表1-8所示为水温传感器热敏电阻的规定值，试进行比较。

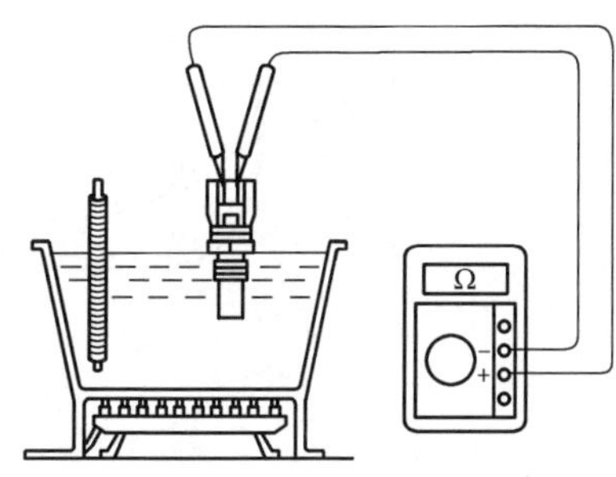

图1-72 水温传感器的检测

表1-7 水温传感器的检测

温度/℃	10	20	30	40	50	60	70
电阻值/kΩ							

表1-8 冷却水温度/进气温度传感器热敏电阻的规定值

温度/℃	电阻/kΩ		温度/℃	电阻/kΩ	
	最　小	最　大		最　小	最　大
−40	291.49	381.71	50	3.33	3.88
−20	85.85	108.39	60	2.31	2.67
−10	49.25	61.43	71	1.63	1.87
0	29.33	35.99	80	1.17	1.34
10	17.99	21.81	90	0.86	0.97
20	11.37	13.61	100	0.64	0.72
25	9.12	10.88	110	0.48	0.51
30	7.37	8.75	120	0.37	0.41
40	4.90	5.75			

用热水加热温度传感器时，应将传感器和温度计悬空于加热水中，不可将两者置于烧杯底部，以免损坏传感器或影响测量精度。

2. 进气温度传感器的检测

进气温度传感器也是具有负电阻系数（NTC）特性的热敏电阻。如图 1-73 所示，可以用电吹风或热水等方法对传感器进行加热。当温度计达到表 1-9 相应温度时，用万用表的欧姆挡测量对应的传感器电阻值，并记录在表 1-9 中。同时与表 1-8 的进气温度传感器热敏电阻的规定值做比较。

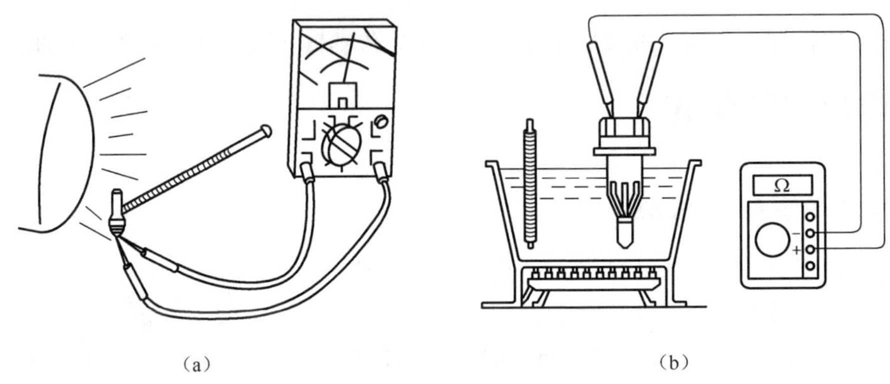

图 1-73　进气温度传感器的检测

表 1-9　　进气温度传感器的检测

温度/℃	10	20	30	40	50	60	70
电阻值/kΩ							

小　　结

（1）电路一般由电源、负载以及中间环节等部分组成。电路能实现能量的转换、传输和分配，还能实现电信号的处理与传递。

（2）电压、电流是电路的基本物理量。在电路分析时，引入了参考方向的概念。当物理量的参考方向与实际方向一致时，数值为正值；当物理量的参考方向与实际方向相反时，数值为负值。$I_{ab}=-I_{ba}$，$U_{ab}=-U_{ba}$。单位时间内消耗的电能称为电功率（P）。在电压和电流的关联参考方向下，$P=UI$。在非关联参考方向下，$P=-UI$。

（3）电位是电路中某点到参考点的电压。参考点在电路中可任意选择，两点间的电压大小与参考点的选择无关，即电位的高低是相对的，而电压值是绝对的。电路中 a、b 两点间的电压等于 a、b 两点的电位差，即 $U_{ab}=V_a-V_b$。选择不同的参考点，同一点的电位数值不同。电位的概念对实际电路的测量十分重要。对于一个实际复杂电路，往往需要用万用表等仪表进行电位值测量，通过测量来确定其工作状态。

（4）电路的3种状态包括开路、短路、负载。

（5）在电压和电流的关联方向下，电阻的电压和电流关系为 $U=IR$，这一规律称为欧姆定律。线性电阻元件吸收的功率 $P=UI=I^2R=U^2/R$。

串联电阻的等效电阻（或称总电阻）（R）等于各电阻之和。电阻串联具有分压特性，电压与电阻成正比，电阻的功率与电阻值成正比，$P_1:P_2=U_1:U_2=R_1:R_2$。电阻并联时，等效电阻的倒数等于各并联电阻倒数之和。电阻并联具有分流特性，并联电阻的功率与电流值成正比、与电阻值成反比，$P_1:P_2=I_1:I_2=R_2:R_1$。在汽车中，电阻的串并联电路有非常广泛的应用，遍布全车的照明灯、后窗除霜装置中的电热丝都可等效为电阻元件。

（6）电感元件（L），若 i_L、u、e 三者方向一致，自感电压为 $u=-e=N\dfrac{\mathrm{d}\Phi}{\mathrm{d}t}=L\dfrac{\mathrm{d}i_L}{\mathrm{d}t}$。电感的电压与其电流的变化率成正比。直流电路中，电感线圈相当于短路。

（7）电容元件的串联，等效电容的倒数等于各电容倒数之和。电容元件的并联，等效电容等于各电容之和。关联方向下，$i=\dfrac{\mathrm{d}q}{\mathrm{d}t}=\dfrac{\mathrm{d}(Cu)}{\mathrm{d}t}=C\dfrac{\mathrm{d}u}{\mathrm{d}t}$，电容的电流与其电压的变化率成正比。直流电路中，电容相当于开路。

（8）实际电压源模型可以用一个理想电压源（U_S）和内阻（R_i）相串联的模型来表征。通常，稳压电源、新的干电池、汽车蓄电池都可近似地认为是理想电压源。实际电流源模型也可以用一个电流为（I_S）的理想电流源和电阻（R_i）并联的电路模型来代替。实际电压源模型与实际电流源模型之间可以进行等效变换。

（9）基尔霍夫电流定律（KCL）就是约束流经节点的所有电流的定律，在任一时刻，流入一个节点的电流之和等于从该节点流出的电流之和，即 $\sum I_{入}=\sum I_{出}$。KCL 还可以把它推广运用于电路中的任一假设的封闭面。基尔霍夫电压定律（KVL）是反映电路的任一回路中各支路电压之间的关系，任一瞬时，作用于电路中任一回路各支路电压的代数和恒等于零。即 $\sum U_i=0$。基尔霍夫电压定律可以由真实回路扩展到虚拟回路。

（10）对于较复杂的电路，可采用支路电流法、叠加定理、戴维南定理、节点电压法等方法来求解电路。支路电流法是以支路电流为待求量，利用基尔霍夫两定律列出电路的方程式，从而解出支路电流的一种方法。叠加定理是指在线性电路中，所有独立电源共同作用产生的电压（或电流），等于各个电源单独作用所产生的电压（或电流）的叠加。叠加定理只能用于计算线性电路的电压和电流，而不能计算功率。戴维南定理是指任何一个线性有源二端电阻网络，对外电路来说，总可以用电压源和电阻相串联的模型来替代。电压源的电压等于有源二端网络的开路电压 U_{OC}，其电阻等于该网络中所有电压源短路，电流源开路时的等效电阻 R_i。节点电压法以节点电压为未知量进行电路分析，并进一步求出各支路电流。在求解电路中的某一条支路电流时，用电源等效变换可以很方便地简化电路。

（11）汽车电路特别是汽车传感器电路中常用到各类电阻、电感、电容。热敏电阻常用于温度传感器中作为测温部件。根据电阻与温度的特性关系，热敏电阻可分为负温度系数（NTC）热敏电阻、正温度系数（PTC）热敏电阻、临界温度系数（CTR）热敏电阻。光敏电阻是利用半导体光电效应制成的一种特殊电阻，用于光电式光量传感器。

习 题

1. 图 1-74 中，试求开关 S 打开和闭合时的电压 U。

2. 试求图 1-75 中等效电阻 R_{ab}。

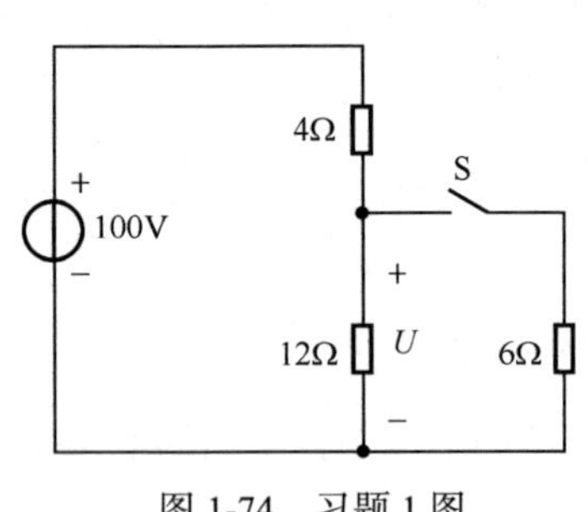

图 1-74 习题 1 图

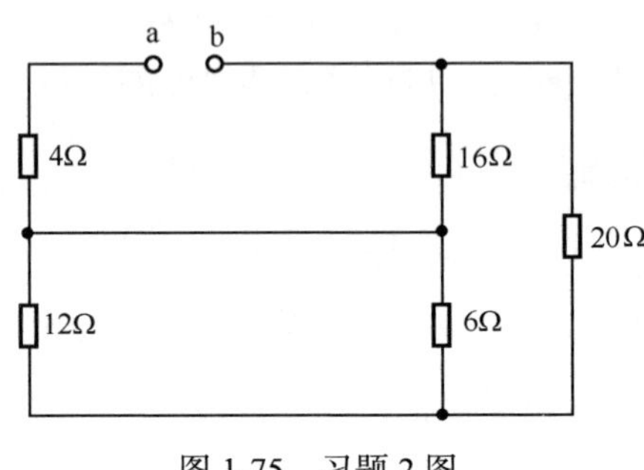

图 1-75 习题 2 图

3. 如图 1-76 所示电路，求各等效电阻 R_{ab}。

4. 图 1-77 所示电路为直流电动机励磁回路。设电动机励磁绕组电阻 R_f= 315Ω，其额定电压为 220V。变阻器 R 调节励磁回路电流 I_f，若要求励磁电流在 0.4～0.7A 的范围内变动，试在下列三个变阻器中选用一个合适的电阻：（1）1000Ω，0.5A；（2）200Ω，1A；（3）350Ω，1A。

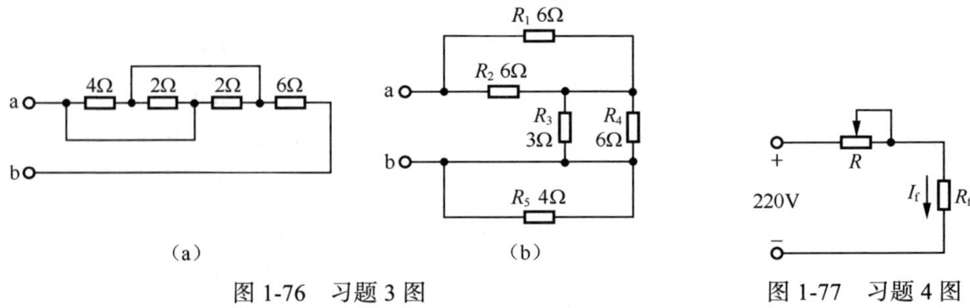

图 1-76 习题 3 图　　图 1-77 习题 4 图

5. 图 1-78 所示电路中，电压 U_S = 20V，I = 4A，R = 1Ω，试计算 U_{AB} 和电路中各元件的功率，并说明元件吸收功率还是发出功率。

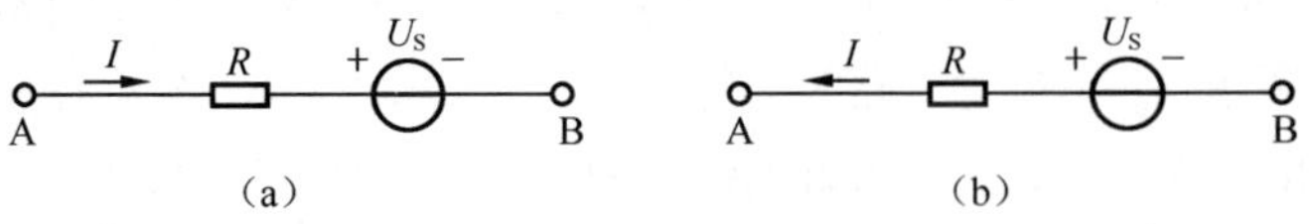

图 1-78 习题 5 电路图

6. 试分别计算图 1-79 所示电路中每个电阻消耗的功率及每个电源所产生的功率。

7. 图 1-80 所示为一直流电源，其额定功率 P_N=200W，额定电压 U_N=50V，内阻 R_i=0.5Ω，负载电阻 R_L 可调，试求：

（1）开路状态下的电源端电压；

（2）电源短路状态下的电流；

（3）额定工作状态下的电流及负载电阻。

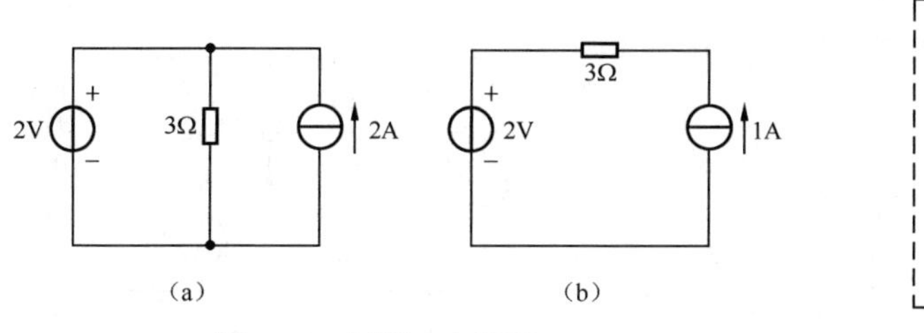

图 1-79　习题 6 电路图

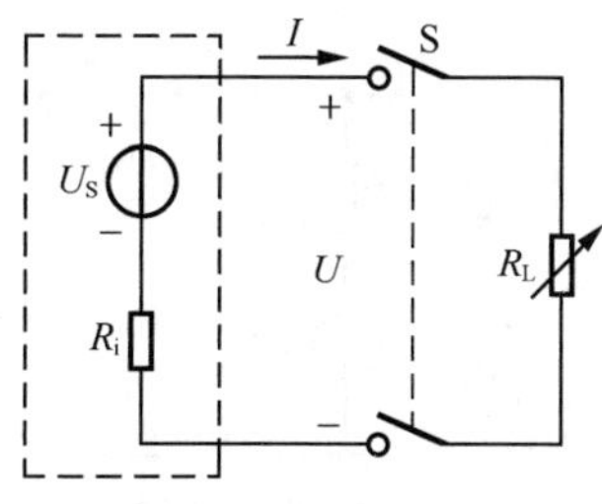

图 1-80　习题 7 电路图

8. 求如图 1-81 所示电路中，各有源支路的未知量。

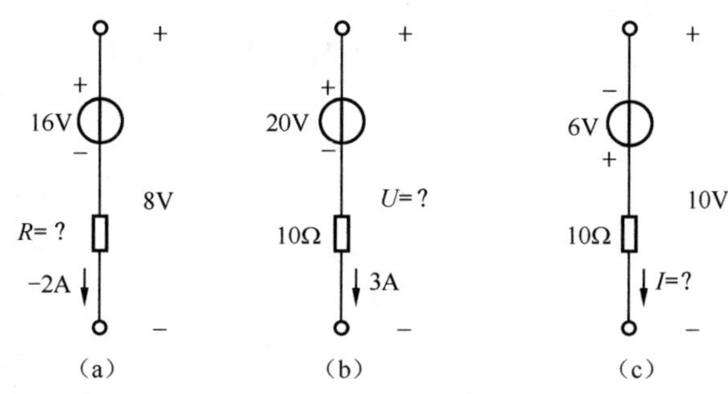

图 1-81　习题 8 电路图

9. 如图 1-82 所示电路，试化简电路。

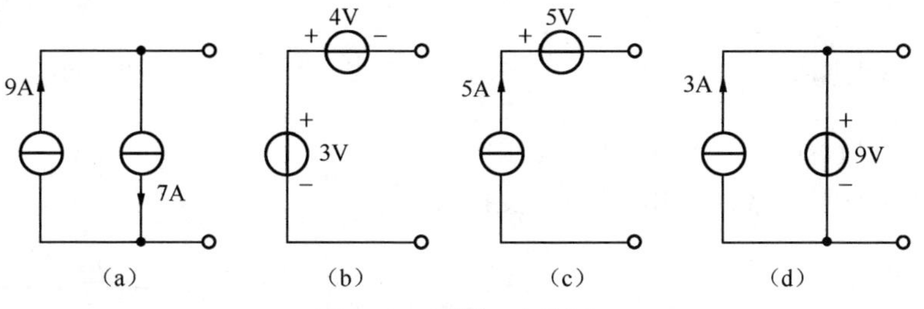

图 1-82　习题 9 电路图

10. 如图 1-83 所示电路，根据电源等效变换，试求电路中的未知量。

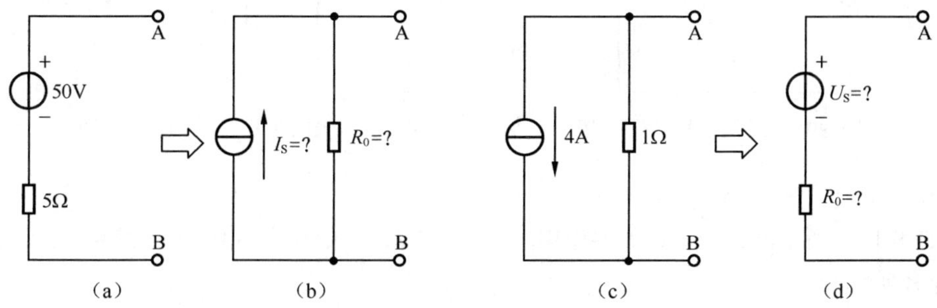

图 1-83　习题 10 电路图

11. 如图 1-84 所示电路，试用电源等效变换求电压 U。

12. 如图 1-85 所示电路，试用叠加定理或戴维南定理求解电流 I。

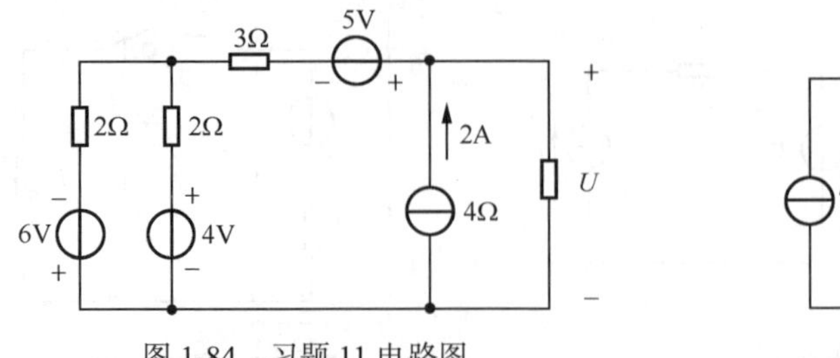

图 1-84　习题 11 电路图

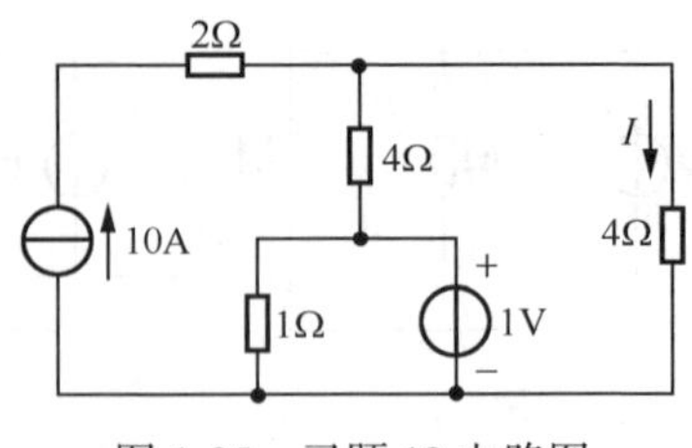

图 1-85　习题 12 电路图

13. 如图 1-86 所示电路，用戴维南定理或节点电压法求电流 I。

14. 试求如图 1-87 所示电路中的电流 I 和 I_1。

15. 试求如图 1-88 所示电路中电流 I_1、I_2、I 以及 a、b 点的电位。

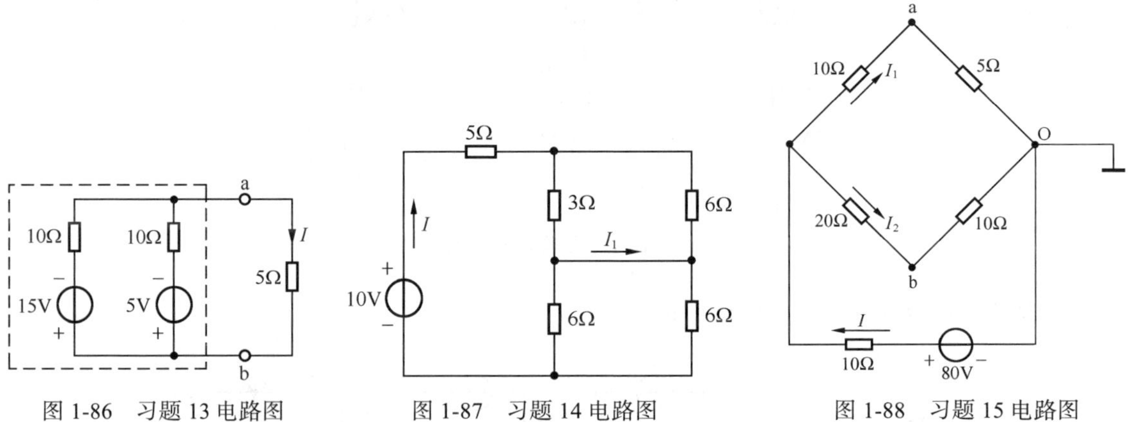

图 1-86　习题 13 电路图　　图 1-87　习题 14 电路图　　图 1-88　习题 15 电路图

16. 如图 1-89 所示电路，试用叠加定理求电流 I。

17. 如图 1-90 所示电路，试用电源等效变换求 U。

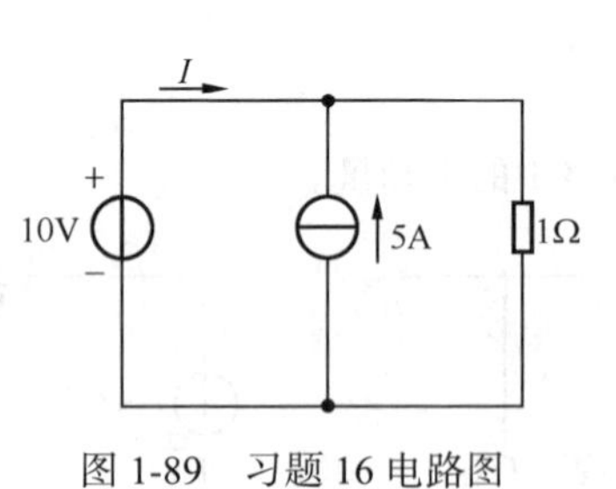

图 1-89　习题 16 电路图

图 1-90　习题 17 电路图

18. 如图 1-91 所示电路，试求支路电流 I_3。

19. 如图 1-92 所示电路中，I_{S1} 单独作用时，$U=15\text{V}$，I_{S2} 单独作用时，$U=25\text{V}$，I_{S1} 比 I_{S2} 小 4A，则 I_{S1} 应为多少？

20. 试求如图 1-93 所示电路中的电流 I。

21. 如图 1-94 所示电路，在下列两种情况下，试用戴维南定理求解电流 I。

（1）$R_x=0.2\Omega$；（2）$R_x=5.2\Omega$。

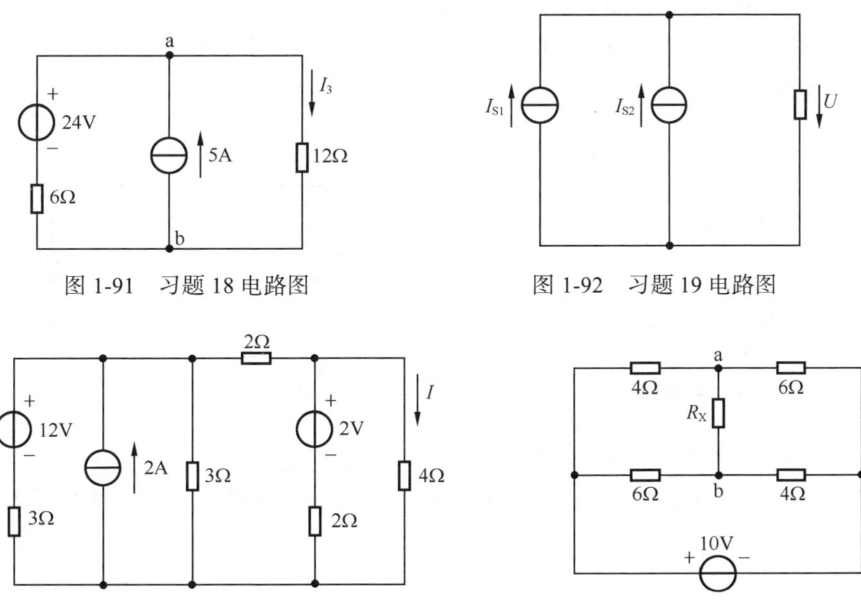

图 1-91　习题 18 电路图

图 1-92　习题 19 电路图

图 1-93　习题 20 电路图

图 1-94　习题 21 电路图

22. 如图 1-95 所示电路，在开关 S 断开和闭合两种情况下，试求电路中 a 点的电位。

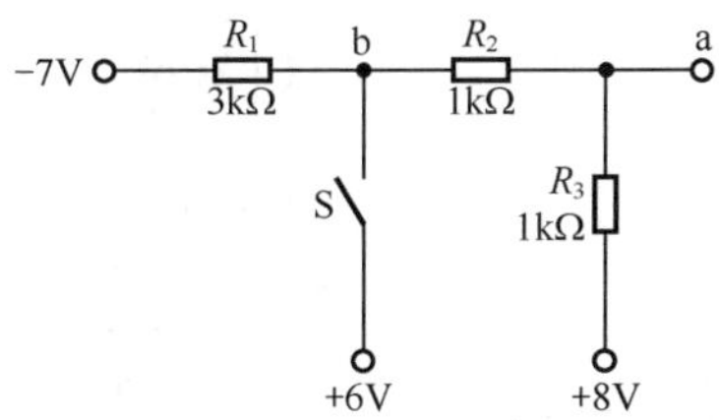

图 1-95　习题 22 电路图

自 测 题

一、填空题

1. 两个电阻 R_1、R_2 并联，$R_1:R_2=2:3$，当电阻两端加一定电压时，对应电流之比 $I_1:I_2=$________，对应功率之比为 $P_1:P_2=$________。

2. 若 A 点电位 $V_A=20V$，B 点电位 $V_B=6V$，则电压 $U_{AB}=$________V。

3. 两个电阻 R_1、R_2 串联，$R_1:R_2=2:7$，电流流过时，对应电压之比 $U_1:U_2=$________，对应功率之比为 $P_1:P_2=$________。

4. 一节点连有 3 条支路，其电流分别为 I_1、I_2 和 I_3，参考方向均离开节点，如果 $I_1=4I_3=8A$，则 $I_2=$________。

5. 一般人体的电阻值为 800Ω，当通过人体的电流超过 45mA 时，就会引起触电死亡，这样安全工作电压为________。

6. 图 1-96 所示电路中，已知 $U_{ab}=24V$，则 $I=$________。

7. 图 1-97 所示电路中，当 U_S 单独作用时，$I=$________；当 I_S 单独作用时，$I=$________；当 U_S 与 I_S 同时作用时，$I=$________。

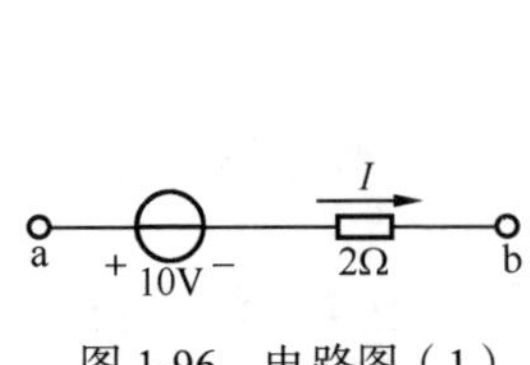

图 1-96　电路图（1）

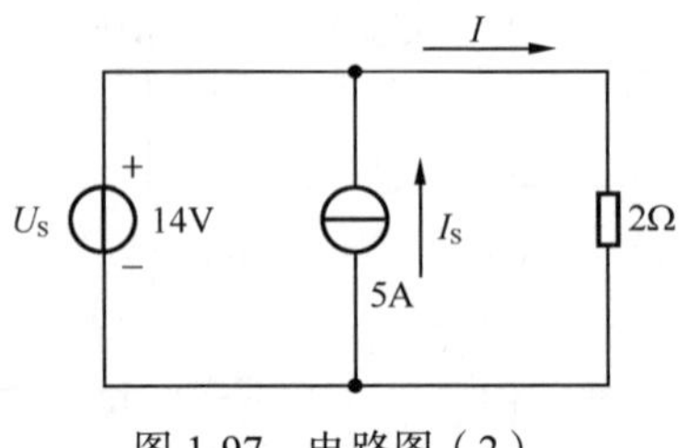

图 1-97　电路图（2）

8. 图 1-98 所示电路中，按给定的参考方向，$I_1=$________，$I_2=$________。

9. 图 1-99（a）所示电路中，根据电源的等效变换，则如图 1-99（b）所示电路中 $I_S=$________，$R_0=$________。

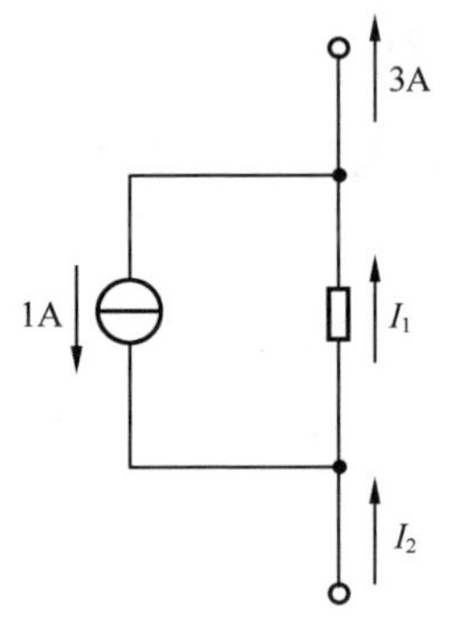

图 1-98　电路图（3）

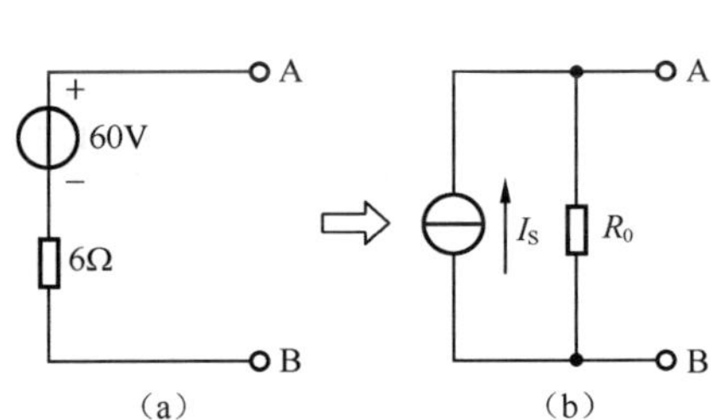

图 1-99　电路图（4）

10. 某一电阻元件，当电流减为原来的一半时，其功率为原来的________。

二、判断题

1. 实际电源模型的等效变换是对负载而言，电源内部并不等效。　（　　）

2. “220V 100W”的灯泡比“220V 40W”的灯泡功率大，因为前者电阻值大。　（　　）

3. 所有流入某节点的电流之和一定等于所有流出某节点的电流之和。　（　　）

4. 一节点连有 3 条支路，其电流分别为 I_1、I_2 和 I_3，参考方向均离开节点，如果 I_1、I_2 均为正值，则 I_3 一定为负值。　（　　）

5. 对于任意闭合回路，所有元件电压代数之和一定为零。　（　　）

6. 基尔霍夫定律只适用于线性电路。　（　　）

7. 电路中有 3 点 A、B、C，已知电压 $U_{AB}=8V$，$U_{BC}=-7V$，则电压 U_{AC} 为 15V。　（　　）

三、计算题

1. 试求如图 1-100 所示电路中 a、b 两点的电位。

2. 试求如图 1-101 所示电路中的电流（I）。

3. 试求如图 1-102 所示电路中的电流（I_1、I_2 和 I_3）以及 A 点的电位（V_A）。

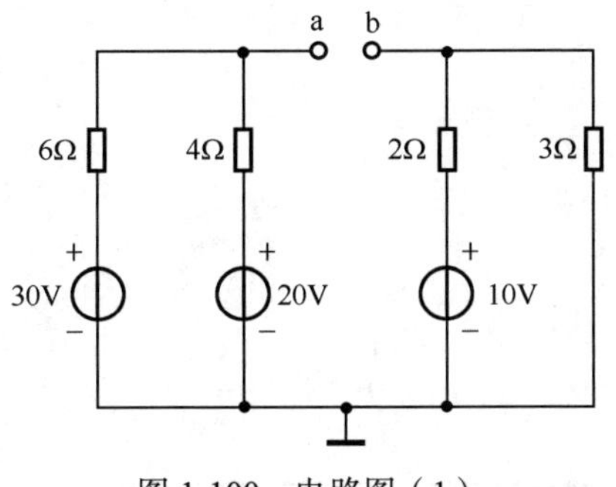

图 1-100　电路图（1）

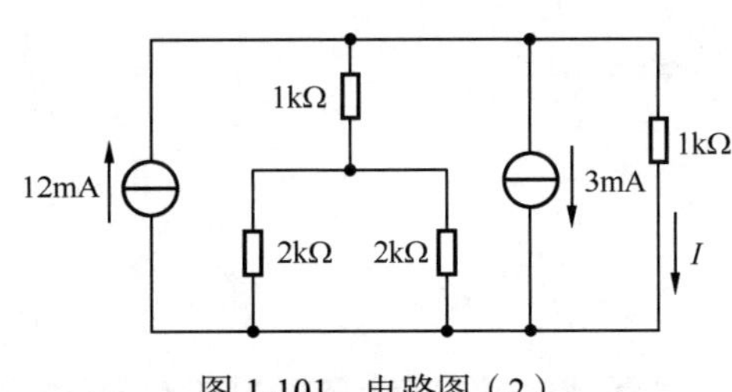

图 1-101　电路图（2）

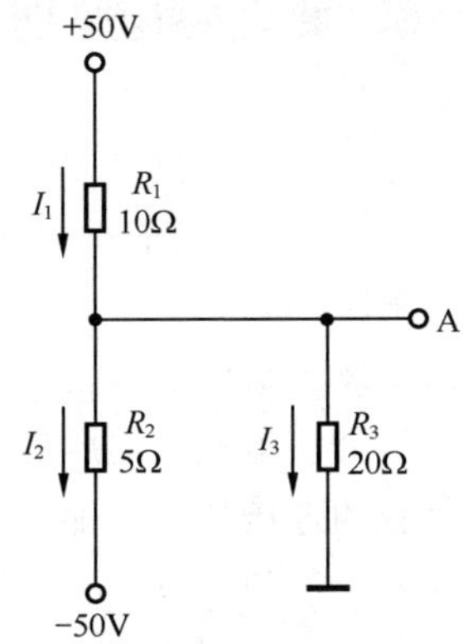

图 1-102　电路图（3）

第2章 正弦交流电路

【学习目标】

1. 了解正弦交流电的基本知识
2. 了解正弦交流电的相量分析法
3. 了解单一元件的正弦交流电路的电压电流关系
4. 了解三相电源与负载的连接方法，能进行一般的分析计算

2.1 正弦交流电及其相量表示

正弦交流电路是电工、电子电路中最基本的交流电路，正弦交流电易于产生，便于输送和使用，在生产和生活的各个领域中的应用也最为广泛。

2.1.1 正弦交流电的三要素

正弦交流电随时间按正弦规律变化，可用正弦函数或波形图表示。其任一瞬间的值称为瞬时值，通常以小写字母 e、u、i 分别表示电动势、电压和电流的瞬时值。图 2-1 所示为某正弦交流电流的波形图，其瞬时值的函数表达式为

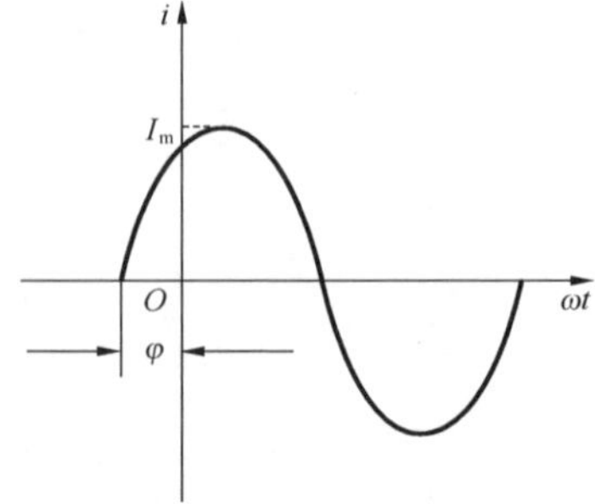

图 2-1　正弦交流电流的波形图

$$i = I_m \sin(\omega t + \varphi) \tag{2-1}$$

由式（2-1）可见，电流（i）与时间（t）的关系由幅值（I_m），角频率（ω）和初相（φ）决定。幅值、角频率、初相称为正弦交流电的三要素。

幅值、角频率、初相是正弦交流电之间进行比较和区别的依据。

1. 幅值与有效值

幅值是交流瞬时值中的最大值，也称峰值。通常用大写字母加下标“m”表示，如 E_m、U_m、I_m 等。

交流电的大小随时间变化，某一时刻的值显然难以作为衡量交流电大小的标准。由于电路的重要作用之一是能量转换，所以其大小可以用交流电在一定时间内的热效应来衡量。让直流电流和交流电流分别通过阻值完全相同的电阻，如果在相同的时间内，两个电阻产生的热量相等，就把这个直流电流的数值定义为交流电流的有效值。电动势、电压和电流的有效值分别用大写字母 E、U、I 表示。

根据数学分析，正弦交流电的有效值与最大值的关系为

$$\text{有效值} = \frac{\text{最大值}}{\sqrt{2}} \tag{2-2}$$

平时所说的交流电的大小和交流电压表、电流表的读数等，都是指有效值。电气设备铭牌上标注的额定值，例如，交流电压 220V，也是指有效值。

【例 2-1】 某同学为提高电路的功率因数，将一耐压为 250V 的电容元件并接在交流 220V 的负载上。请问这种做法是否正确？

解：因为 220V 正弦交流电的幅值为 311V，超过了电容元件的 250V 耐压值，电容元件可能击穿，所以不能将该电容元件并接在 220V 的负载上。

正弦交流电的有效值和平均值

工程上，有时还会用到交流电的平均值。由于交流电变化一周时平均值为零，所以规定交流电的平均值为由零点开始的半个周期内的平均值，如图 2-2 所示。平均值用大写字母加下标“av”表示，如 E_{av}、U_{av}、I_{av} 等。通过数学分析可知，正弦交流电的平均值约为最大值的 0.637 倍。

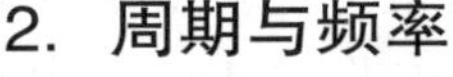

2. 周期与频率

周期是正弦交流电重复变化一次所需要的时间，用字母 T 表示，单位是秒（s），如图 2-2 所示。正弦交流电每秒内变化的次数称为频率，用字母 f 表示，单位是赫兹（Hz）。

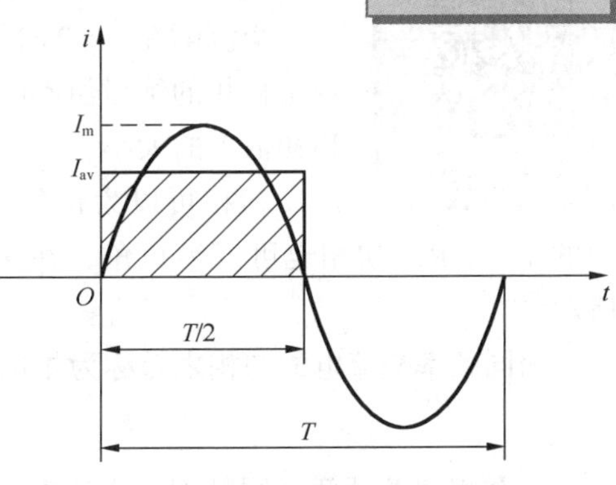

图 2-2 交流电的周期和平均值

频率和周期之间满足如下关系：

$$f=\frac{1}{T} \tag{2-3}$$

我国和世界上大多数国家工业用电的标准频率，即“工频”是 50Hz，它的周期是 0.02s，也有少数国家（美国、日本等）的工频为 60Hz。

正弦交流电的变化快慢除用周期和频率表示外，还可用角频率（ω）来表示，角频率是交流电每秒变化的弧度数，单位是弧度/秒（rad/s）。

由于正弦交流电在一个周期（T）内，其电角度变化了 2π 弧度，所以有

$$\omega=\frac{2\pi}{T}=2\pi f \tag{2-4}$$

式（2-4）表明了角频率（ω）与频率（f）、周期（T）的关系。ω、f、T 都是表示交流电变化快慢的量，只要知道其中一个，另外两个就可以求得。

在汽车检测技术中，频率是一个重要参数，如图 2-3（a）所示车速检测装置中，当自动变速器输出轴转动时，安装在轴上的停止锁止齿轮的凸齿交替靠近或离开车速传感器，使感应线圈输出交流电压如图 2-3（b）所示。车速越高，输出轴转速也越高，感应电压频率也越高，电控单元根据该电压的频率就可以计算出汽车行驶的速度。

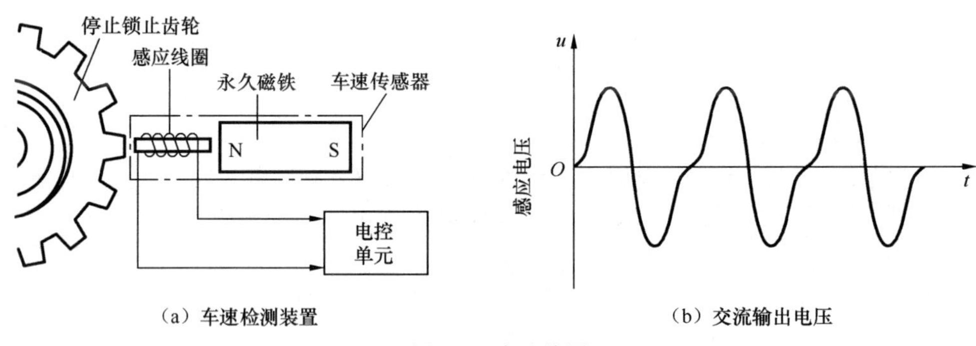

（a）车速检测装置　　（b）交流输出电压

图 2-3　车速检测

3. 相位与初相

由正弦交流电的瞬时表达式（2-1）可知，交流电在任一时刻的瞬时值取决于电角度（$\omega t+\varphi$），这个电角度称为交流电的相位。

正弦交流电的相位差

交流电在 $t=0$ 时所具有的相位称为初相，用 φ 表示，单位是弧度或度，规定初相的绝对值不超过 π 弧度。显然，初相决定了 $t=0$ 时刻的瞬时值（又称初值）的大小。

初相可以为正角，这时交流电在 $t=0$ 时的瞬时值为正，如图 2-4（a）中的 u_1 所示。初相也可以为负角，在 $t=0$ 时交流电的瞬时值为负，如图 2-4（a）中的 u_2 所示。

两同频率交流电的初相之差称为相位差，即

$$\Delta\varphi=\varphi_1-\varphi_2 \tag{2-5}$$

存在相位差的两个同频率的交流电，在变化的过程中到达最大值（U_m）（或零值）的时间

是不同的。如图 2-4（a）所示，u_1 比 u_2 先到达最大值（U_m），称 u_1 比 u_2 超前$\Delta\varphi$角度或 u_2 比 u_1 滞后$\Delta\varphi$角度。当 u_1 和 u_2 同时到达最大值（U_m）时，u_1 与 u_2 同相，如图 2-4（b）所示，此时$\varphi_1=\varphi_2=\varphi$。当一个交流电达到正的最大值，另一个达到负的最大值时，称 u_1 与 u_2 反相，如图 2-4（c）所示，此时 $\Delta\varphi=\varphi_1-\varphi_2=180^\circ$。

在一个正弦交流电路中，电压和电流的频率是相同的，但初相不一定相同。只有同频率的正弦量才能进行相位比较，为避免混乱，规定相位差的范围为 $[-\pi,\pi]$。

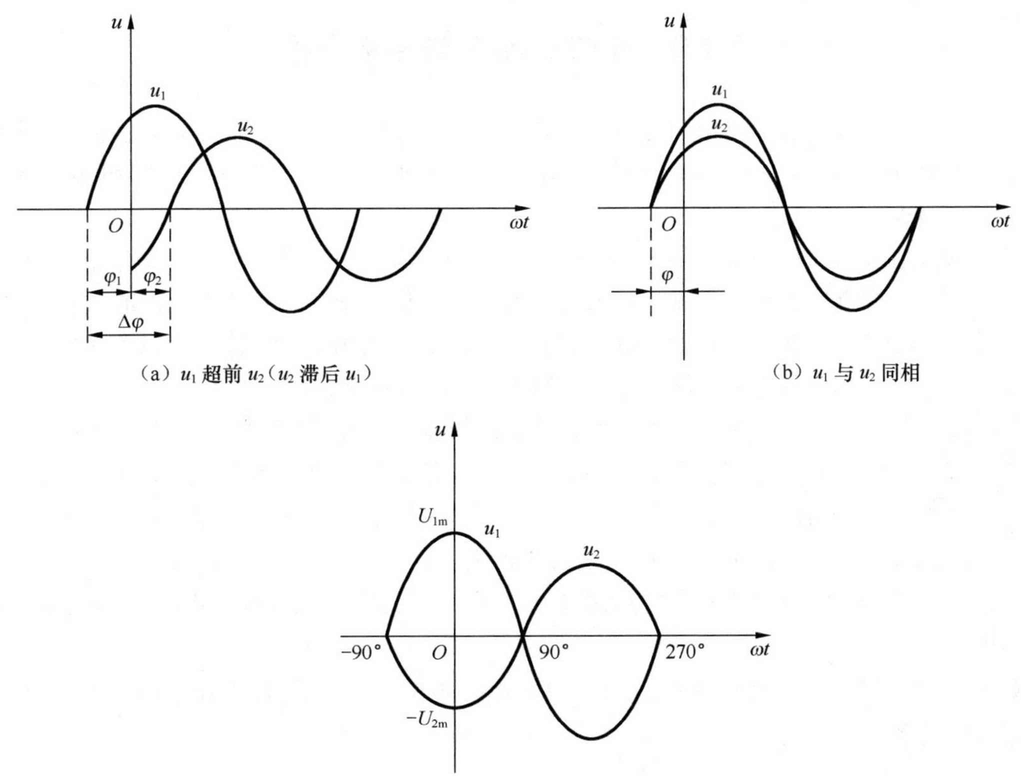

图 2-4　交流电的初相和相位差

【例 2-2】　某电源电动势 $e=141\sin(314t+45^\circ)$ V，该电动势的角频率、频率、周期、幅值、有效值、初相位各为多少？画出波形图。

解： 由电动势的瞬时表达式可知，该电动势的角频率 $\omega=314\text{rad/s}$，最大值 $E_m=141\text{V}$，所以频率为

$$f=\frac{\omega}{2\pi}=\frac{314}{2\pi}\text{Hz}=50\text{Hz}$$

周期：

$$T=\frac{1}{f}=\frac{1}{50\text{Hz}}=0.02\text{s}$$

有效值：

$$E=\frac{E_{\text{m}}}{\sqrt{2}}=\frac{141\text{V}}{\sqrt{2}}=100\text{V}$$

初相：

$$\varphi=45^{\circ}$$

波形图如图 2-5 所示。

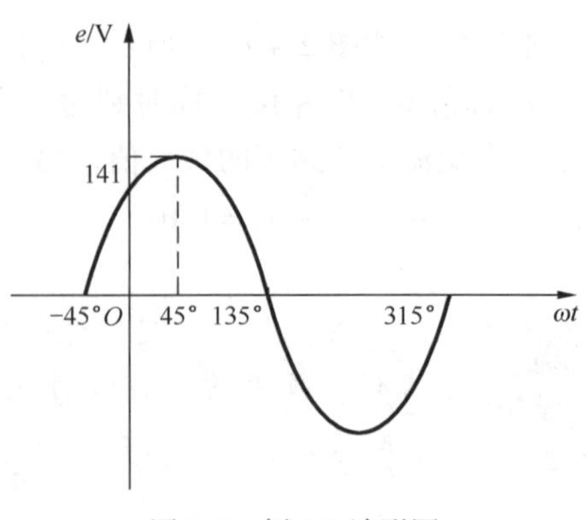

图 2-5　例 2-2 波形图

2.1.2　正弦交流电的相量表示

由上所述，正弦交流电可以用三角函数表示，也可以用波形图表示。前者是基本的表示方法，但运算烦琐；后者直观、形象，但运算不便。为了便于分析计算正弦电路，电路中常用相量来表示正弦交流电。

以正弦交流电流 $i=I_{\text{m}}\sin(\omega t+\varphi)$ 为例，在直角坐标系（复平面）中画一个带箭头的直线，如图 2-6 所示，该直线满足以下条件：①直线长度按比例等于正弦交流电流的有效值（I）[或幅值（I_{m}）]；②直线与正横轴的夹角等于正弦交流电流的初相（φ）；③直线以角频率（ω）按逆时针方向旋转。这个带箭头的直线就称为相量。

在一个交流电路中，所有的电压和电流都是同频率的正弦交流电，它们的频率与正弦电源的频率相同，往往是已知的。因此，在使用相量分析和计算正弦交流电路时，可以不考虑相量的旋转。这样，正弦交流电 $i=I_{\text{m}}\sin(\omega t+\varphi)$ 可以表示成极坐标形式 $I\angle\varphi$，记为相量 $\dot{I}=I\angle\varphi$。需要注意的是，这里 I 是有效值，因此 $\dot{I}=I\angle\varphi$ 称为有效值相量，我们也可以用幅值相量 $\dot{I}_{\text{m}}=I_{\text{m}}I\angle\varphi$ 来表示正弦交流电。

【例 2-3】　图 2-7 所示电路中，已知：$i_1=10\sqrt{2}\sin314t$ A，$i_2=10\sqrt{2}\sin(314t+90^{\circ})$ A，试用相量法求总电流（i）。

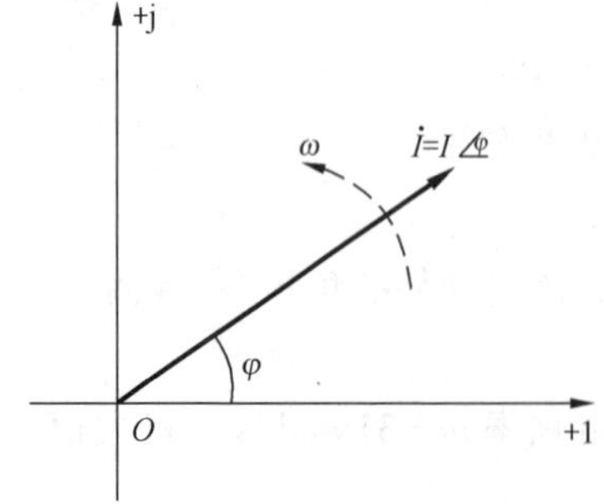

图 2-6　正弦交流电的相量表示

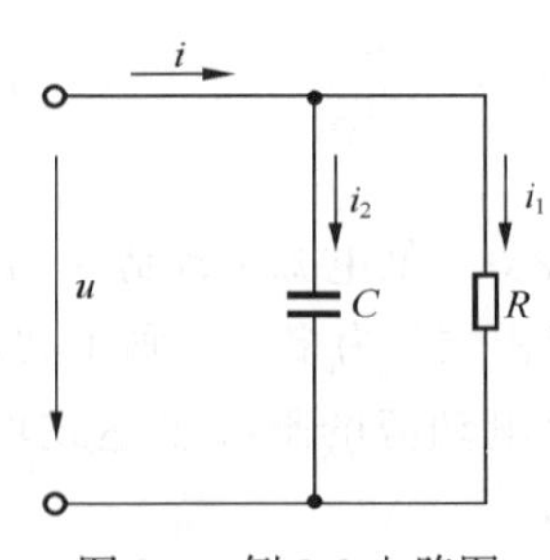

图 2-7　例 2-3 电路图

解：根据基尔霍夫电流定律，有

$$i=i_1+i_2$$

其相量表示为

$$\dot{I}=\dot{I}_1+\dot{I}_2=(10\angle 0^\circ+10\angle 90^\circ)\text{A}$$

上述相量可以用相量图法或代数法进行求和运算。

用相量图法求和的步骤如下。

① 作相量图。将同频率的正弦交流电画在同一个坐标系中所得的图形称为相量图，相量图可以直观地反映各相量之间的关系，有助于电路的分析，也可以在相量图上进行同频率正弦交流电之间的运算，特别是加减运算。

作图时，规定以正横轴为起点，逆时针角度为正，顺时针角度为负。相量可以在坐标系内平行移动，为了方便起见，允许省略坐标轴。

分别作相量 $\dot{I}_1$ 和 $\dot{I}_2$ 的相量图如图 2-8 所示。

② 求相量和。在相量图上求两相量之和时需遵守平行四边形法则，即以 $\dot{I}_1$ 和 $\dot{I}_2$ 为边作平行四边形 $OABC$，对角线 OB 就是相量和 $\dot{I}$。

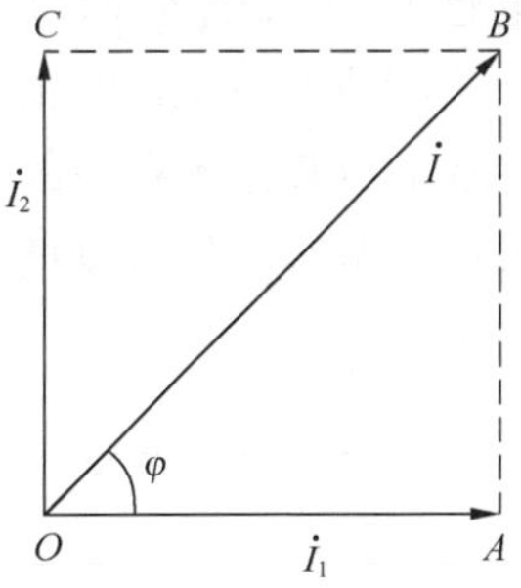

图 2-8 例 2-3 相量图

根据三角形运算的结果，$\dot{I}=10\sqrt{2}\angle 45^\circ$ A，因此

$$\dot{I}_\text{m}=20\angle 45^\circ\ \text{A}$$

即

$$i=20\sin(314t+45^\circ)\ \text{A}$$

进行相量运算的另一种方法是代数法。具体做法如下。

① 将相量分解为实部和虚部两个部分（虚部前加虚数单位 j，且 $\text{j}^2=-1$），分别对应复平面上实轴（横轴）和虚轴（纵轴），即

$$\dot{I}_1=I_1\angle\varphi_1=I_1\cos\varphi_1+\text{j}I_1\sin\varphi_1$$

$$\dot{I}_2=I_2\angle\varphi_2=I_2\cos\varphi_2+\text{j}I_2\sin\varphi_2$$

② 将实部和虚部分别进行运算，即实部和实部相加，虚部和虚部相加。

$$\dot{I}_1+\dot{I}_2=\left(I_1\cos\varphi_1+I_2\cos\varphi_2\right)+\text{j}\left(I_1\sin\varphi_1+I_2\sin\varphi_2\right)=I_x+\text{j}I_y$$

其中，

$$I_x=I_1\cos\varphi_1+I_2\cos\varphi_2$$

$$I_y=I_1\sin\varphi_1+I_2\sin\varphi_2$$

③ 求电流 I 及初相 φ。

$$\dot{I}=\dot{I}_1+\dot{I}_2$$

$$I\angle\varphi=I_x+\text{j}I_y$$

其中，

$$I=\sqrt{I_x^2+I_y^2},\quad \varphi=\tan^{-1}\frac{I_y}{I_x}$$

例 2-3 中，

$$\dot{I}_1=10\angle 0^\circ\ \text{A}=(10\cos 0^\circ+\text{j}10\sin 0^\circ)\text{A}=10\text{A}$$

$$\dot{I}_2=10\angle 90^\circ\ \text{A}=(10\cos 90^\circ+\text{j}10\sin 90^\circ)\text{A}=\text{j}10\text{A}$$

$$\dot{I}=I\angle\varphi=\dot{I}_1+\dot{I}_2=(10+\text{j}10)\text{A}=10\sqrt{2}\angle 45^\circ\ \text{A}$$

因此，$i=20\sin\left(314t+45^\circ\right)$ A，与相量图法结果相同。

利用相量法不仅可进行正弦量相加，还可进行相减、乘、除等运算，此处不再赘述，同学们可自行查阅相关资料。

2.2 单一元件正弦交流电路

交流电路由交流电源及其负载组成，交流负载一般由电阻、电感、电容以及它们的组合按照一定的方式连接而成。由于电感中的交变电流产生交变磁场，会引起感应电动势的产生；电容极板间的交变电压，会引起电荷在与电容极板相连的导线中移动形成电流，因此，电阻（R）、电感（L）及电容（C）对交流电路中的电压、电流都会产生影响。

所谓单一元件的正弦交流电路就是指纯电阻、纯电感和纯电容电路。严格来说，只含单一参数的负载是不存在的，但如果负载中只有一个参数起主要作用，其余两个参数由于影响小而可以忽略时，就可以把它看作单一参数负载。如电阻炉，其电感和电容较小，因而可视为纯电阻负载。

2.2.1 纯电阻电路

交流负载是电阻炉、电烙铁、白炽灯等的电路属于纯电阻电路。

1. 电压和电流关系

图 2-9（a）所示电路中，电压和电流的参考方向一致，设电阻电压为

$$u_{\mathrm{R}}=\sqrt{2}U_{\mathrm{R}}\sin\omega t$$

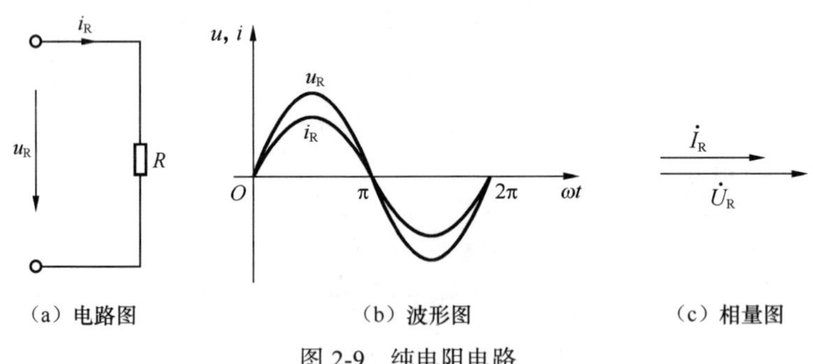

图 2-9 纯电阻电路

根据欧姆定律，流过纯电阻负载的电流为

$$i_{\mathrm{R}}=\frac{u_{\mathrm{R}}}{R}=\frac{\sqrt{2}U_{\mathrm{R}}}{R}\sin\omega t=\sqrt{2}I_{\mathrm{R}}\sin\omega t \tag{2-6}$$

可见，纯电阻电路中，电阻两端电压和电流是同频率的正弦量，并且相位相同，其有效值关系为

$$U_{\mathrm{R}}=RI_{\mathrm{R}} \tag{2-7}$$

即交流电路中电阻元件的电流有效值（I_R）、电压有效值（U_R）和电阻（R）之间满足欧姆定律关系。显然，其幅值之间也满足欧姆定律关系。

用相量形式表示的电压和电流关系式为

$$\dot{U}_R = R\dot{I}_R \tag{2-8}$$

根据以上分析，作 u_R、i_R 的波形图、相量图如图 2-9（b）、（c）所示。

相量表达式 $\dot{U}_R = R\dot{I}_R$ 既包含有效值关系 $U_R = RI_R$，又包含电压和电流的相位关系，这里电压与电流同相。

2. 电路的功率和能量转换

在任意瞬间，电压瞬时值与电流瞬时值的乘积称为瞬时功率，即

$$p = ui$$

显然，瞬时功率是一个随时间变化的量。对于电阻元件，有

$$p_R = u_R i_R = U_{Rm} I_{Rm} \sin^2 \omega t = U_R I_R (1-\cos 2\omega t) \tag{2-9}$$

在实际应用中，通常用 p 在一个周期内的平均值来衡量交流功率的大小，称为平均功率或有功功率，用大写字母 P 表示。由式（2-9）可得纯电阻电路的有功功率为

$$P_R = U_R I_R = I_R^2 R = \frac{U_R^2}{R} \tag{2-10}$$

交流电阻电路和直流电阻电路具有相同的有功功率表达式，因此计算电阻消耗电能的表达式也一致。

【例 2-4】 功率为 100W 的白炽灯，接在 $u = 311\sin(314t + 120°)\text{V}$ 的电源上，试求电流有效值。

解： 白炽灯的电压有效值为

$$U_R = U = \frac{311\text{V}}{\sqrt{2}} = 220\text{V}$$

根据式（2-10），可推导出电流有效值为

$$I_R = \frac{P}{U_R} = \frac{100\text{W}}{220\text{V}} = 0.455\text{A}$$

2.2.2 纯电感电路

交流负载是电阻很小的线圈（如空心线圈）的电路，属于纯电感电路。

纯电感元件的交流电路

1. 电压和电流的关系

纯电感线圈接在直流电路中时，由于电流和磁通均为直流恒定值，所以线圈两端无感应电势，对电流无阻碍作用，线圈相当于一根短路导线。而在交流电路中，线圈中的交变电流引起交变磁通，产生自感电动势，从

而在线圈两端建立起电压，阻碍电流的变化，所以电感线圈的电流变化总是滞后于电压的变化。

纯电感电路如图 2-10（a）所示，电感电流与电压参考方向一致，设电感电流为

$$i_L = \sqrt{2} I_L \sin \omega t$$

根据电感元件的电压电流关系 $u_L = L\dfrac{di_L}{dt}$，可以推导出电感两端的电压为

$$u_L = \sqrt{2}\omega L I_L \sin(\omega t + 90°) = \sqrt{2} U_L \sin(\omega t + 90°) \tag{2-11}$$

可见，纯电感电路中，电感电压和电流是同频率的正弦量，并且电压超前电流 90°，其有效值关系为

$$U_L = \omega L I_L = X_L I_L \tag{2-12}$$

式中，X_L——电感的感抗，单位为欧姆（Ω）。

$$X_L = \omega L = 2\pi f L \tag{2-13}$$

纯电感电路实验

感抗的概念

感抗（X_L）表示电感对电流的阻碍作用，由式（2-13）可见，X_L 与交流电的频率（f）和电感（L）成正比，即频率越高或电感越大，感抗越大，线圈对交流电的阻碍作用越强，故电感常被用作交流限流元件。对于直流电，$f = 0$，$X_L = 0$，电感相当于短路，因此电感具有阻交流通直流的作用，在电子电路中常被用作选频和滤波元件。

提示 感抗是电压和电流的有效值之比，而不是它们的瞬时值之比。纯电感电路中，电压和电流之间成导数关系，而非正比关系。

纯电感电路中，电压和电流关系的相量表达式为

$$\dot{U}_L = j\omega L \dot{I}_L = jX_L \dot{I}_L \tag{2-14}$$

提示 $j\omega L$ 称为电感元件的阻抗，"j" 表示电压超前电流 90°。

u_L 和 i_L 的波形图、相量图如图 2-10（b）、（c）所示。

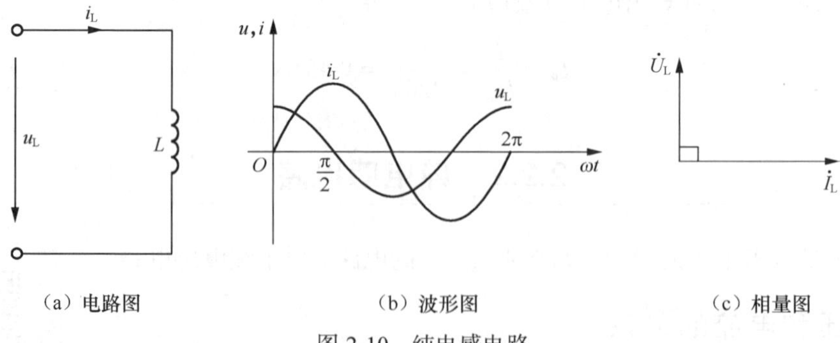

（a）电路图　（b）波形图　（c）相量图

图 2-10　纯电感电路

2. 电路的功率和能量转换

根据交流电路瞬时功率的关系式 $p = ui$，有

$$p_L = u_L i_L = U_{Lm} I_{Lm} \sin(\omega t + 90°)\sin\omega t = U_L I_L \sin 2\omega t \tag{2-15}$$

电感元件的瞬时功率按正弦规律做周期性变化。$p_L > 0$ 时，线圈从电源吸收能量，转化为磁场能存储；$p_L < 0$ 时，线圈将存储的能量释放，磁场能转变成电能返还给电源。因此，在交流电路中，电感线圈只起能量转换的作用，它本身并不消耗能量，其有功功率 $P_L = 0$。

由以上分析可知，电感线圈在交流电路中虽无能量消耗，但存在与电源之间的能量交换。通常用瞬时功率的最大值来衡量能量交换的速率，称为无功功率，用 Q_L 表示，其单位是乏（var）。

$$Q_L = U_L I_L = I_L^2 X_L = \frac{U_L^2}{X_L} \tag{2-16}$$

【例 2-5】 一个电感为 0.2H 的线圈，接到频率为 50Hz，电压为 10V 的正弦交流电源上，求线圈的感抗、电流和无功功率。若电源电压不变，频率提高到 5 000Hz，求这时的感抗和电流。

解： 当 $f = 50\text{Hz}$ 时，

$$X_L = 2\pi f L = 2 \times 3.14 \times 50\,\text{Hz} \times 0.2\,\text{H} = 62.8\Omega$$

$$I_L = \frac{U_L}{X_L} = \frac{10\text{V}}{62.8\Omega} \approx 0.159\text{A}$$

$$Q_L = U_L I_L = 10\text{V} \times 0.159\text{A} = 1.59\,\text{var}$$

当 $f = 5\,000\text{Hz}$ 时，

$$X_L = 2\pi f L = 2 \times 3.14 \times 5\,000\,\text{Hz} \times 0.2\,\text{H} = 6\,280\Omega$$

$$I_L = \frac{U_L}{X_L} = \frac{10\text{V}}{6\,280\Omega} \approx 0.001\,59\text{A} = 1.59\text{mA}$$

可见，对于同样的电感，当频率提高 100 倍时，感抗增大 100 倍。相同电压下，电流减小为 1/100。

2.2.3 纯电容电路

忽略电容损耗的电容电路就是纯电容电路。

纯电容元件的交流电路

1. 电压和电流的关系

在直流电路中，电容只有在接通电源和切断电源时有充电电流和放电电流，电路稳定后，电流就等于零。在交流电路中，电容两端电压的大小和方向不断变化，因而电容不断地充电和放电，从而形成大小和方向不断变化的电流。

纯电容电路如图 2-11（a）所示，电容电压与电流参考方向一致，设电容两端的电压为

$$u_C = \sqrt{2}U_C \sin\omega t$$

根据电容元件的电压电流关系 $i_C = C\frac{du_C}{dt}$，可以推导出电容中的电流为

$$i_C = \sqrt{2}I_C \sin(\omega t + 90°) = \sqrt{2}U_C \omega C \sin(\omega t + 90°) \tag{2-17}$$

可见，纯电容电路中，电容电压和电流是同频率的正弦量，并且电流超前电压 90°，其有

效值关系：

$$U_C = \frac{I_C}{\omega C} = X_C I_C \tag{2-18}$$

式中，X_C——电容的容抗，单位是欧姆（Ω）。

显然

$$X_C = \frac{1}{\omega C} = \frac{1}{2\pi f C} \tag{2-19}$$

容抗（X_C）表示电容对交流电的阻碍作用。由式（2-19）可见，X_C 与交流电的频率和电容量成反比，频率越高或电容量越大，则容抗越小，对交流电的阻碍作用越弱，所以高频电流易于从电容通过。对于直流电，$f=0$，$X_C=\infty$，电容器相当于开路，直流不能通过，因此电容具有阻直流通交流的作用，在电子电路中常用作高频电流的通路，作选频和滤波电路的元件。

容抗的概念

纯电容电路中，电压和电流关系的相量表达式为

$$\dot{U}_C = -j\frac{1}{\omega C}\dot{I}_C = -jX_C\dot{I}_C \tag{2-20}$$

提示

$-j\frac{1}{\omega C}$ 称为电容元件的阻抗，"$-j$"表示电压滞后电流 90°。

u_C 和 i_C 的波形图、相量图如图 2-11（b）、（c）所示。

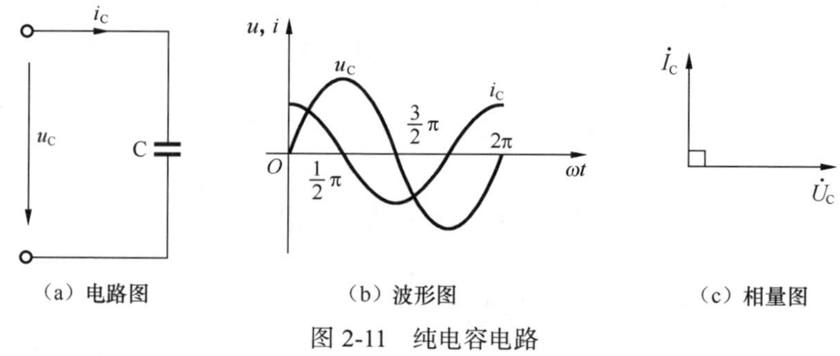

图 2-11　纯电容电路

2. 电路的功率和能量转换

电容器的瞬时功率为

$$p_C = u_C i_C = U_{Cm} I_{Cm} \sin\omega t \sin(\omega t + 90°) = U_C I_C \sin 2\omega t \tag{2-21}$$

提示

与电感线圈一样，电容元件的瞬时功率也按正弦规律做周期性变化。$p_C>0$ 时，电容元件从电源吸收能量，转化为电场能存储；$p_C<0$ 时，电容元件将电场能释放，并返还给电源。所以，电容元件本身不消耗能量，其有功功率 $P_C=0$。

电容元件是一种储能元件，它与电源之间能量交换的最大速率，即电容元件的无功功率（Q_C）为

$$Q_C = U_C I_C = I_C^2 X_C = \frac{U_C^2}{X_C} \tag{2-22}$$

【例 2-6】 一个容量为 10μF 的电容元件，接到频率为 50Hz，电压为 50V 的正弦交流电源上，求容抗、电流和无功功率。若电源电压不变，频率提高到 5 000Hz，求这时的容抗和电流。

解：当 $f = 50\text{Hz}$ 时，

$$X_C = \frac{1}{2\pi fC} = \frac{1}{2\times 3.14\times 50\times 10\times 10^{-6}}\Omega \approx 319\Omega$$

$$I_C = \frac{U_C}{X_C} = \frac{50\text{V}}{319\Omega} \approx 0.157\text{A}$$

$$Q_C = U_C I_C = 50\text{V}\times 0.157\text{A} = 7.85\,\text{var}$$

当 $f = 5\,000\text{Hz}$ 时，

$$X_C = \frac{1}{2\pi fC} = \frac{1}{2\times 3.14\times 5\,000\times 10\times 10^{-6}}\Omega \approx 3.19\Omega$$

$$I_C = \frac{U_C}{X_C} = \frac{50\text{V}}{3.19\Omega} \approx 15.7\text{A}$$

可见，对于同样的电容元件，当频率提高 100 倍时，容抗减小为 1/100。相同电压下，电流增大为原来的 100 倍。

作为储能元件，电感线圈和电容器在汽车点火电路中得到广泛应用。图 2-12（a）、（b）所示分别为电感储能式和电容储能式电子点火电路简化示意图。图（a）中，点火系统产生高压点火前从电源获取的能量以电感线圈建立磁场能量的方式储存，电感线圈初级点火能量 W_L 与线圈电感量 L 以及所形成的电流 I_L 的平方成正比；图（b）中，点火系统从电源获取的能量以电容器建立电场能量的方式储存，能量的大小与电容 C 以及电容电压 U_C 的平方成正比。

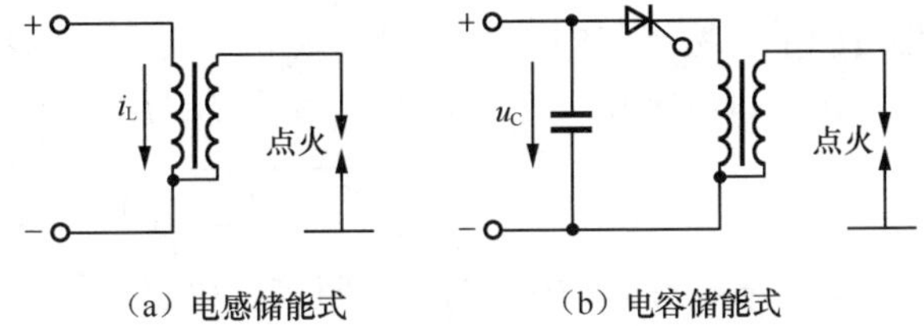

图 2-12　电子点火电路简化示意图

为了便于比较，现将纯电阻、纯电感和纯电容电路的阻抗、电压电流关系及功率列于表 2-1。

表 2-1　　单一元件正弦交流电路的比较

电路	阻抗	电压电流关系		功率	
		有效值关系	相位关系	有功功率	无功功率
纯电阻电路	电阻 R	$I_R = \frac{U_R}{X_R}$	$\dot{U}_R$ 与 $\dot{I}_R$ 同相	$P_R = I_R^2 R$	0
纯电感电路	感抗 $X_L = 2\pi fL$	$I_L = \frac{U_L}{X_L}$	$\dot{U}_L$ 超前 $\dot{I}_L$ 90°	0	$Q_L = I_L^2 X_L$
纯电容电路	容抗 $X_C = \frac{1}{2\pi fC}$	$I_C = \frac{U_C}{X_C}$	$\dot{I}_C$ 超前 $\dot{U}_C$ 90°	0	$Q_C = I_C^2 X_C$

2.3 RLC 串联电路

只含单一参数的交流电路实际是不存在的。实际应用中的交流电路，其负载往往是电阻、电感和电容元件的组合。

2.3.1 电压和电流关系

RLC 串联电路如图 2-13 所示，取电压和电流的参考方向一致。为便于分析，电路中各量均采用相量表示，各元件也采用相量化模型。

RLC 串联电路

用相量法分析电路如下。

（1）作相量图

RLC 串联电路两端外加正弦电压（$\dot{U}$），在电路中产生电流（$\dot{I}$）。设电流（$\dot{I}$）的初相为零，电阻电压（$\dot{U}_R$）与电流（$\dot{I}$）相位相同，电感电压（$\dot{U}_L$）超前电流（$\dot{I}$）90°，电容器电压（$\dot{U}_C$）滞后电流（$\dot{I}$）90°，根据 U_L 和 U_C 的大小不同，作相量图如图 2-14（a）、（b）所示。

（2）求相量和

根据串联电路的性质，总电压为电路各部分电压之和，即 $\dot{U}=\dot{U}_R+\dot{U}_L+\dot{U}_C$。在图 2-14 的相量图上，按平行四边形法则作总电压（$\dot{U}$）的相量。

由相量图可见，$\dot{U}_L$ 与 $\dot{U}_C$ 反相。根据 $\dot{U}_R$、$\dot{U}_L+\dot{U}_C$ 和 $\dot{U}$ 构成的电压三角形，有

$$U=\sqrt{U_R^2+\left(U_L-U_C\right)^2}=I\sqrt{R^2+\left(X_L-X_C\right)^2}=I\left|Z\right|$$

式中，$|Z|$——RLC 串联电路的阻抗，单位为欧姆（Ω）。

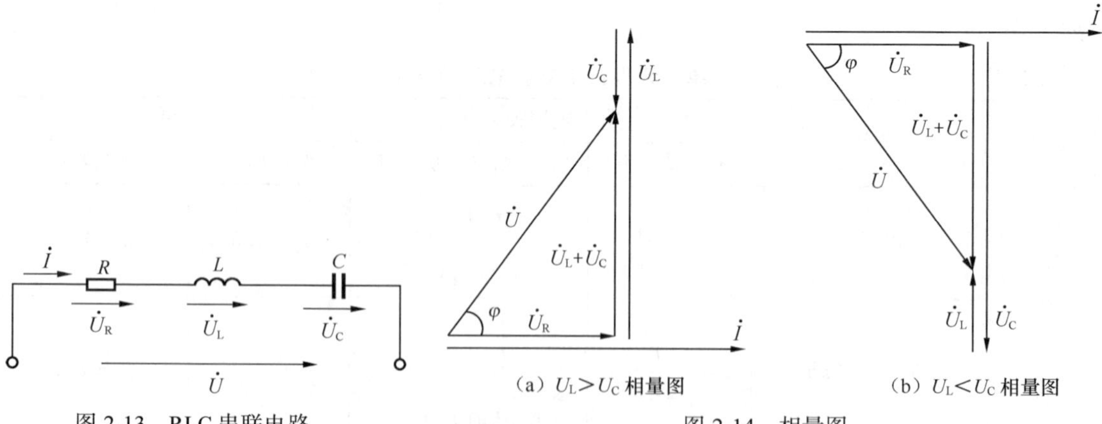

（a）$U_L>U_C$ 相量图　（b）$U_L<U_C$ 相量图

图 2-13　RLC 串联电路

图 2-14　相量图

$$|Z|=\sqrt{R^2+\left(X_L-X_C\right)^2} \tag{2-23}$$

由以上分析可得出以下结论。

① RLC 串联电路中，总电压与电流的相位差为φ，由图 2-14 所示的相量图，有

$$\varphi = \arctan\frac{U_L - U_C}{U_R} = \arctan\frac{X_L - X_C}{R} \tag{2-24}$$

当$X_L > X_C$时，$\varphi > 0$，总电压超前电流φ，如图 2-14（a）所示，这时电路呈感性；当$X_L < X_C$时，$\varphi < 0$，总电压滞后电流φ，如图 2-14（b）所示，这时电路呈容性；当$X_L = X_C$时，$\varphi = 0$，总电压与电流同相，这时电路呈电阻性，产生串联谐振。

② 总电压的有效值与电流有效值以及阻抗$|Z|$之间满足欧姆定律关系，即

$$I = \frac{U}{|Z|} \tag{2-25}$$

提示

严格来讲，阻抗应包含阻抗的模以及阻抗角两部分内容，$|Z|$是阻抗的模，这里为方便起见简称为阻抗。纯电阻电路中，$|Z| = R$；纯电感电路中，$|Z| = X_L$；纯电容电路中，$|Z| = X_C$。

2.3.2 电路的功率和能量转换

1. 有功功率

RLC 串联电路中，只有电阻消耗电能，因此电路的有功功率为

$$P = P_R = IU_R = I^2R$$

由电压三角形可知

$$U_R = U\cos\varphi$$

所以

$$P = UI\cos\varphi \tag{2-26}$$

2. 无功功率

无功功率是表示电感、电容以及电源之间能量交换的量，由于电感电压与电容电压反相，因此 RLC 串联电路的无功功率应为电感与电容无功功率之差，即

$$Q = (U_L - U_C)I = I^2(X_L - X_C) = UI\sin\varphi \tag{2-27}$$

3. 视在功率

电源电压有效值（U）与电流有效值（I）的乘积，称为视在功率，用S表示，即

$$S = UI \tag{2-28}$$

视在功率的单位是伏安（V·A），通常用来表示电气设备的容量。例如，50kV·A 的变压器，就是指它的视在功率（S）为 50kV·A。

由式（2-26）、式（2-27）和式（2-28）可知

$$S = \sqrt{P^2 + Q^2} \tag{2-29}$$

由于电路的有功功率 $P = UI\cos\varphi = S\cos\varphi$，因此有

$$\frac{P}{S} = \cos\varphi = \lambda \tag{2-30}$$

功率因数

式中，λ——电路的功率因数。

由式（2-30）可见，λ 越大，则电源的容量中转换成有功功率的部分越大，电源的利用率越高；当 $\lambda = 1$ 时，电源的容量全部转换成有功功率。

提示 电动机、日光灯等感性负载的功率因数通常较低，为了增加电源的利用率，通常在这类负载的两端并联电容元件以提高电路的功率因数。

【例 2-7】 一个交流中间继电器线圈，电阻为 2kΩ，电感为 43.3H，接在 50Hz、380V 的电源上。求通过线圈的电流、有功功率、视在功率和功率因数。

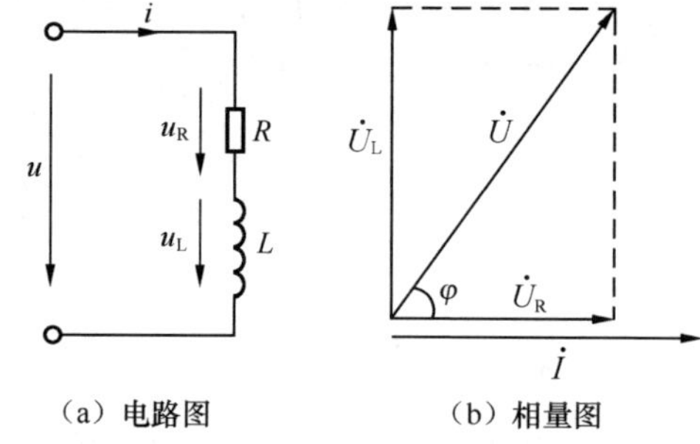

（a）电路图 （b）相量图

图 2-15 电阻、电感串联电路

解：中间继电器线圈可等效为 RL 串联电路，电路及相量图如图 2-15 所示。

等效电感的感抗为

$$X_L = 2\pi fL = 2\times3.14\times50\text{Hz}\times43.3\text{H} \approx 13.6\text{k}\Omega$$

线圈的阻抗为

$$|Z| = \sqrt{R^2 + X_L^2} = \sqrt{2^2 + 13.6^2}\text{k}\Omega \approx 13.75\text{k}\Omega$$

线圈的电流为

$$I = \frac{U}{|Z|} = \frac{380\text{V}}{13.75\text{k}\Omega} \approx 27.64\text{mA}$$

有功功率为

$$P = P_R = I^2R = (27.64\times10^{-3}\text{A})^2\times2\,000\Omega \approx 1.53\text{W}$$

视在功率为

$$S = UI = 380\text{V}\times27.6\times10^{-3}\text{A} \approx 10.5\text{V}\cdot\text{A}$$

功率因数为

$$\lambda = \frac{P}{S} = \frac{1.53\text{W}}{10.5\text{V}\cdot\text{A}} = 0.145$$

【例 2-8】 有 RLC 串联电路如图 2-13 所示。已知 R=30Ω，L=382mH，C=40μF，外加电压 U=100V，f=50Hz。求电路的阻抗、电流以及各元件上的电压，并画相量图。

解：电路的阻抗为

$$|Z| = \sqrt{R^2 + (X_L - X_C)^2}$$

因为

$$X_L = 2\pi fL = 2\times3.14\times50\text{Hz}\times382\times10^{-3}\text{H} = 120\Omega$$

$$X_C = \frac{1}{2\pi fC} = \frac{1}{2\times3.14\times50\text{Hz}\times40\times10^{-6}\text{F}}\Omega = 80\Omega$$

所以

$$|Z| = \sqrt{R^2 + (X_L - X_C)^2} = \sqrt{30^2 + (120-80)^2}\Omega = 50\Omega$$

电流为

$$I = \frac{U}{|Z|} = \frac{100\text{V}}{50\Omega} = 2\text{A}$$

电阻电压为

$$U_R = IR = 2\text{A}\times30\Omega = 60\text{V}$$

电感电压为

$$U_L = IX_L = 2\text{A}\times120\Omega = 240\text{V}$$

电容电压为

$$U_C = IX_C = 2\text{A}\times80\Omega = 160\text{V}$$

由此可见，$U \neq U_R + U_L + U_C$，而应为相量之和。设电流的初相为0°，根据各元件电压和电流的关系，绘制相量图如图 2-16 所示。

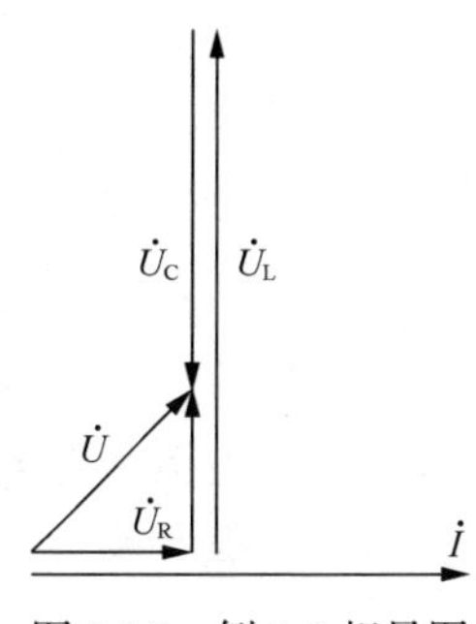

图 2-16 例 2-8 相量图

*2.3.3 串联谐振

1. 谐振

谐振是指电压与电流参考方向一致的情况下，电路端电压与电流同相位的现象。发生在串联电路中的谐振称为串联谐振。

2. 谐振条件和谐振频率

由式（2-24）可知，在 RLC 串联电路中，当 $X_L = X_C$ 时，$\varphi = 0$，总电压（$\dot{U}$）与电流（$\dot{I}$）同相，所以串联电路谐振的条件是

$$X_L = X_C$$

即

$$2\pi fL = \frac{1}{2\pi fC}$$

由此可得串联谐振的频率为

$$f = f_0 = \frac{1}{2\pi\sqrt{LC}} \tag{2-31}$$

由式（2-31）可见，谐振频率 f_0 是由电路本身的参数 L 和 C 决定的，所以 f_0 又称为电路的固有频率。改变电源频率 f，使之与电路的固有频率 f_0 相等，可使电路发生谐振；当电源频率不变时，改变电路参数 L 或 C，使固有频率 f_0 与电源频率 f 相等，也能产生串联谐振。

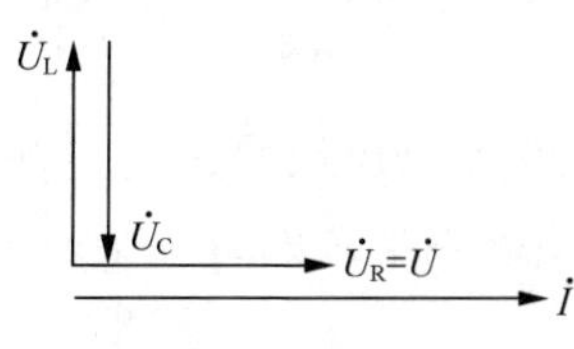

图 2-17 串联谐振相量图

串联谐振的相量图如图 2-17 所示。

3. 串联谐振的特点

（1）谐振时，电路的阻抗最小，且为纯电阻。

$$|Z| = \sqrt{R^2 + (X_L - X_C)^2} = R \tag{2-32}$$

（2）谐振时，电路的电流最大，且与端电压同相位。

$$I = I_0 = \frac{U}{R} \tag{2-33}$$

（3）谐振时，电感和电容两端的电压相等。

由于 $X_L = X_C$，电感电压 $U_L = I_0 X_L$，电容电压 $U_C = I_0 X_C$，所以 $U_L = U_C$，且

$$U_L = U_C = \frac{\omega_0 L}{R} U = \frac{1}{\omega_0 RC} U \tag{2-34}$$

【例 2-9】 已知 RLC 串联电路中的 R=4.7Ω，L=30μH，C=211pF，U=100μV。求谐振时的电源频率、电流和电容器上的电压。

解：谐振频率为

$$f_0 = \frac{1}{2\pi\sqrt{LC}} = \frac{1}{2\times 3.14\times\sqrt{30\times 10^{-6}\,\text{H}\times 211\times 10^{-12}\,\text{F}}} = 2\times 10^6\,\text{Hz} = 2\,\text{MHz}$$

谐振电流为

$$I_0 = \frac{U}{R} = \frac{100\,\mu\text{V}}{4.7\,\Omega} = 21.3\,\mu\text{A}$$

电容器上的电压为

$$U_C = \frac{1}{2\pi f_0 RC} U = \frac{1}{2\times 3.14\times 2\times 10^6\,\text{Hz}\times 4.7\,\Omega\times 211\times 10^{-12}\,\text{F}} \times 100\times 10^{-6}\,\text{V} = 8\,\text{mV}$$

本电路中，电容器电压是电源电压的 80 倍。

谐振时，电感或电容电压可比电源电压高很多倍，过高的电压有可能把电容器和电感线圈的绝缘击穿，因此在电力工程中应避免产生电压谐振。但在无线电工程中，电压谐振却得到广泛应用，通过谐振，可以从电感或电容两端获得比信号电压高很多的电压。谐振是电动汽车的无线电供电技术的理论基础。

2.4 三相交流电路

三相交流电路由 3 个幅值相同、频率相同、相位互差 120° 的正弦交流电压按照一定的方式连接起来作为三相交流电源向负载供电。采用三相制供电时，可大大节省输电线的有色金属，降低输电成本。

2.4.1 三相电源

1. 三相交流电动势

三相交流电动势由三相交流发电机产生。三相交流发电机由定子和转子两部分组成，其原理示意图如图 2-18（a）所示。定子铁心的内圆表面有槽，槽内放置的 3 个尺寸和匝数完全相同的绕组 U1-U2、V1-V2、W1-W2，称为三相绕组。其中，U1、V1、W1 是绕组的首端，U2、V2、W2 是绕组的末端。三相绕组在空间位置上互成 120° 放置，称为 U 相、V 相和 W 相，图 2-18（b）所示为其中的一相绕组。定子铁心内部的磁极是转动的，称为转子。

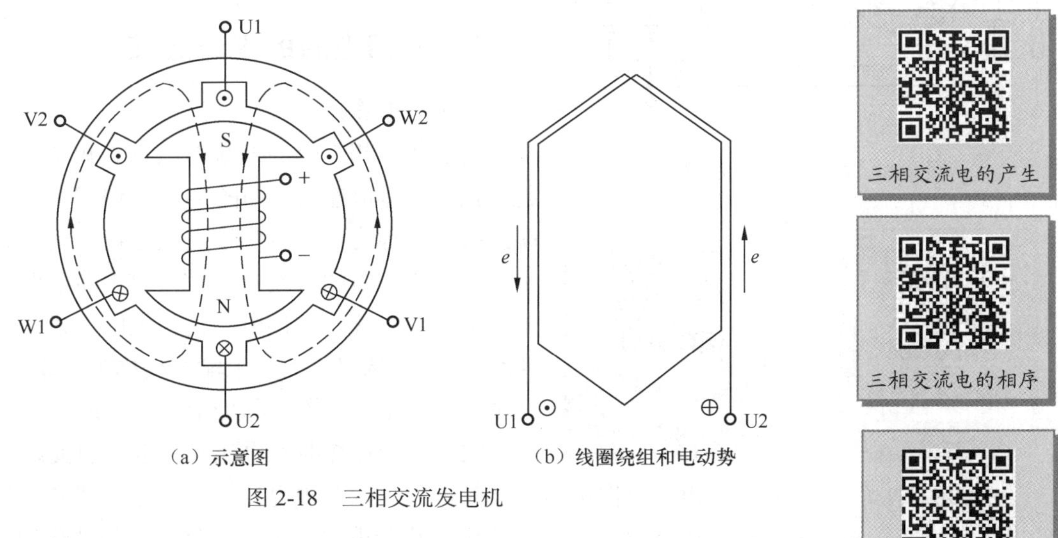

（a）示意图　（b）线圈绕组和电动势

图 2-18　三相交流发电机

当转子在原动机（汽轮机、水轮机）带动下以角频率（ω）匀速旋转时，三相绕组依次切割磁力线，产生频率相同、幅值相等、相位差互成 120° 的三相对称正弦电动势。选定电动势的参考方向由绕组的末端指向首端，如图 2-18（b）所示，则

$$\begin{cases} e_{\mathrm{U}} = E_{\mathrm{m}} \sin \omega t \\ e_{\mathrm{V}} = E_{\mathrm{m}} \sin(\omega t - 120^\circ) \\ e_{\mathrm{W}} = E_{\mathrm{m}} \sin(\omega t + 120^\circ) \end{cases} \tag{2-35}$$

相应的波形图、相量图如图 2-19（a）、（b）所示。

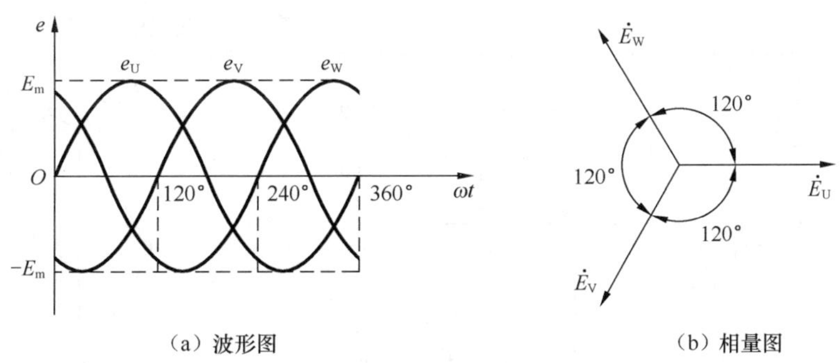

（a）波形图　（b）相量图

图 2-19　三相对称电动势

由波形图可见，三相电动势达到最大值的先后次序是不同的。这种达到最大值的先后次序，

称为三相电动势的相序。上述三相电动势的相序是 U—V—W—U。在工厂或企业配电站的三相电源裸铜排上，涂有黄、绿、红 3 种颜色，分别表示 U、V、W 三相。

由相量图可见，三相对称电动势的相量和为零，即

$$\dot{E}_{\mathrm{U}}+\dot{E}_{\mathrm{V}}+\dot{E}_{\mathrm{W}}=0 \tag{2-36}$$

汽车用三相同步交流发电机工作原理如图 2-20 所示。发电机的转子绕组通过电刷和滑环引入直流电而产生磁场，三相定子绕组按照一定的规律分布在定子槽中，彼此相差 120° 电角度。发电机产生的三相感应电动势通过硅整流二极管整流成直流电压输出，该发电机也称为硅整流发电机。

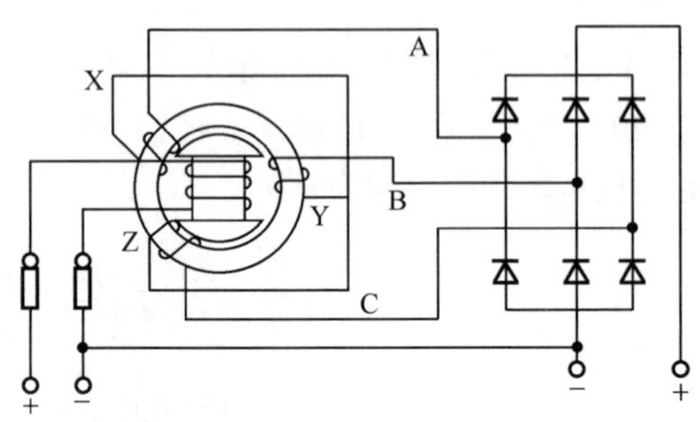

图 2-20　汽车用交流发电机

2. 三相电源的星形连接

（1）星形连接

把上述三相绕组的末端 U2、V2 和 W2 连在一起，就构成星形连接，如图 2-21（a）所示。3 个末端连接的点称为电源的中性点或零点，用 N 表示。由 3 个电源绕组的首端 U1、V1、W1 和中性点（N）分别引出 4 根线对外供电，这种供电方式称为三相四线制。从首端引出的 3 根输电线称为端线（火线），从中性点引出的输电线称为中线（零线）。

（2）星形连接时线电压和相电压的关系

由图 2-21（a）可见，三相电源作星形连接时可以提供两组电压：一组是端线和中线之间的电压，用 u_1、u_2、u_3 或统一用有效值（U_{P}）表示，称为电源相电压；另一组是端线和端线之间的电压，用 u_{12}、u_{23}、u_{31} 或统一用有效值（U_{L}）表示，称为线电压。显然，相电压和电源电动势相等，为频率相同、幅值相等、相位差互成 120° 的三相对称交流电压。

由于电路对称，因此线电压（u_{12}、u_{23} 和 u_{31}）也是对称的，其频率相同、幅值相等、相位互差 120°。图 2-21（b）所示为三相电源作星形连接时的电压相量图，由图可见，星形连接时，线电压是相电压的 $\sqrt{3}$ 倍，即

$$U_{\mathrm{L}}=\sqrt{3}U_{\mathrm{P}} \tag{2-37}$$

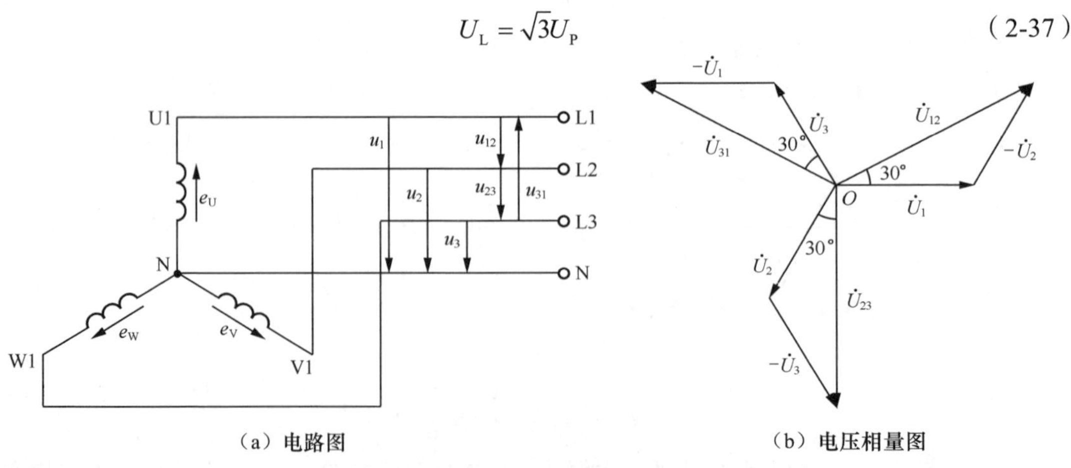

（a）电路图　　（b）电压相量图

图 2-21　三相电源的星形连接

工矿企业的低压供电系统中，三相电源都是作星形连接，其相电压 U_P 为 220V，相应的线电压为 $U_L=\sqrt{3}\,U_P=\sqrt{3}\times220V=380V$。220V 的相电压可供照明、家用电器使用，380V 的线电压则可供三相负载，如三相电动机等动力使用。

需要说明的是，三相电源也可以作三角形连接。如图 2-22 所示，将一相绕组的末端与另一相绕组的首端依次相连，构成闭合回路，然后由 3 个连接点引出 3 条端线，就成为三角形连接。这种连接下，电源只能以三相三线制方式对外供电，其线电压和电源相电压的关系为

$$U_L=U_P \tag{2-38}$$

即三相电源作三角形连接时，只能提供一组电压。

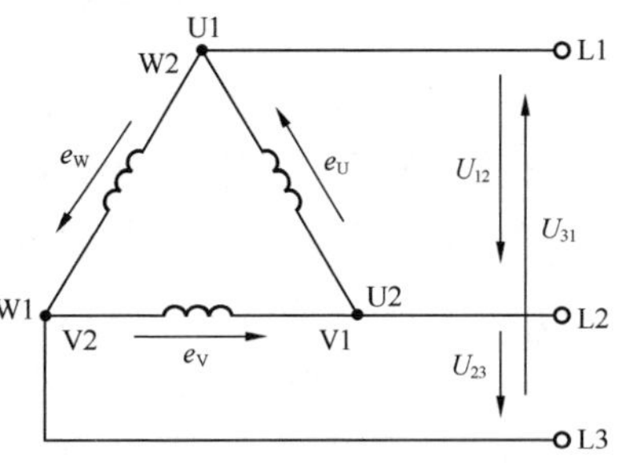

图 2-22　三相电源的三角形连接

2.4.2　三相负载的连接

使用交流电源的负载很多，有的需要单相供电，通常其功率较小，如照明灯、电风扇、电冰箱等，这类负载称为单相负载，可将它们接在三相电源的某一相上使用。有的需要三相供电，通常其功率较大，如三相电动机、三相电炉、三相整流装置等，这类负载称为三相负载。

在三相负载中，如果各相负载的大小和性质相同，称为三相对称负载，如三相电炉、三相电动机等。如果各相负载的大小或性质不同，称为三相不对称负载，如三相照明电路等。

三相负载有星形连接和三角形连接两种连接方式。

1. 三相负载的星形连接

图 2-23 所示为三相负载的星形连接原理图，由图可见，在电源相电压（u_1、u_2、u_3）作用下，各端线上有电流从电源流向负载，再经中线流回电源。把流过端线的电流称为线电流，用 i_L 表示；流过负载的电流称为相电流，用 i_P 表示；中线电流用 i_N 表示。显然，当负载作星形连接时，线电流和对应的相电流为同一个电流，即

$$i_L=i_P$$

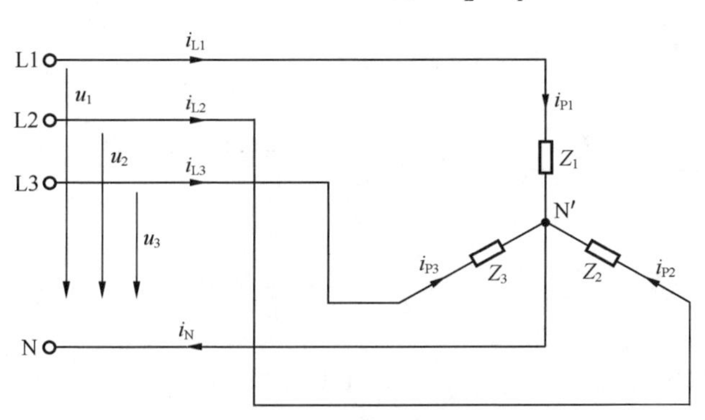

图 2-23　三相负载的星形连接原理图

用有效值表示为

$$I_{\rm L}=I_{\rm P} \tag{2-39}$$

从图 2-23 不难看出，这种三相四线制的供电方式中，三相负载分别与中线构成独立的单相闭合回路，各相负载的相电压就是对称电源的相电压（$U_{\rm P}$），因此，各相负载的相电流分别为

$$I_{\rm P1}=\frac{U_{\rm P}}{|Z_1|},\ \ I_{\rm P2}=\frac{U_{\rm P}}{|Z_2|},\ \ I_{\rm P3}=\frac{U_{\rm P}}{|Z_3|} \tag{2-40}$$

显然，对称三相负载的各相电流相等，即 $I_{\rm P1}=I_{\rm P2}=I_{\rm P3}$。

根据基尔霍夫电流定律，中线电流应为 3 个相电流之和，即

$$i_{\rm N}=i_{\rm P1}+i_{\rm P2}+i_{\rm P3} \tag{2-41}$$

用相量表示为

$$\dot{I}_{\rm N}=\dot{I}_{\rm P1}+\dot{I}_{\rm P2}+\dot{I}_{\rm P3} \tag{2-42}$$

【例 2-10】 三相电源作星形连接，线电压是 380V，负载是额定电压为 220V 的电灯组，问：

（1）三相负载采用什么连接方式；

（2）若三相负载的等效电阻 $R_1=R_2=R_3=510\Omega$，求相电流、线电流和中线电流；

（3）若三相负载的等效电阻分别为 $R_1=510\Omega$，$R_2=510\Omega$，$R_3=2{\rm k}\Omega$，求中线电流。

解：（1）由三相电源的星形连接可知，电源线电压为 380V 时，相应的相电压为 $U_{\rm P}$=380/$\sqrt{3}$V =220V，负载的额定电压等于电源相电压 $U_{\rm P}$，因此三相负载应接在端线和中线之间，即负载采用星形连接，如图 2-23 所示。

（2）当 $R_1=R_2=R_3=510\Omega$时，负载为对称三相负载，各负载的相电流相等，即

$$I_{\rm P1}=I_{\rm P2}=I_{\rm P3}=\frac{U_{\rm P}}{R_1}=\frac{220{\rm V}}{510\Omega}\approx 0.43{\rm A}$$

负载作星形连接，线电流等于相电流，即

$$I_{\rm L1}=I_{\rm L2}=I_{\rm L3}=0.43{\rm A}$$

由于电灯组是电阻性负载，所以负载相电流和相电压的相位相同，因此可作相量图如图 2-24（a）所示。根据平行四边形法则，$\dot{I}_{\rm P1}+\dot{I}_{\rm P2}$ 所得相量的有效值为 0.43A，相位与 $\dot{I}_{\rm P3}$ 相反。因此，中线电流 $I_{\rm N}=0.43{\rm A}-0.43{\rm A}=0{\rm A}$。

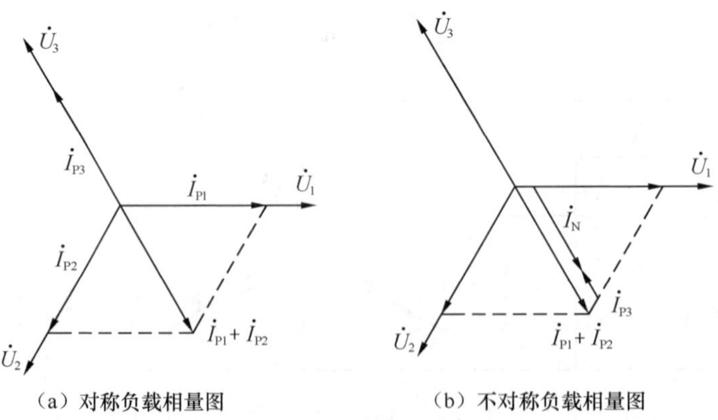

（a）对称负载相量图　　（b）不对称负载相量图

图 2-24　例 2-10 相量图

可见，三相负载星形连接时，若负载对称，则中线电流为零，取消中线不会影响各相负载

工作，因此可以采用省略中线的三相三线制供电。

（3）当 $R_3 = 2\text{k}\Omega$时，

$$I_{P3} = \frac{U_P}{R_3} = \frac{220\text{V}}{2\text{k}\Omega} = 0.11\text{A}$$

$$I_{L3} = I_{P3} = 0.11\text{A}$$

作相量图如图 2-24（b）所示，中线电流 $I_N = 0.44\text{A} - 0.11\text{A} = 0.33\text{A}$。

可见，在三相不对称负载星形连接时，中线电流不等于零。

在三相不对称负载作星形连接时，各相负载经过中线构成独立回路，其电压均为三相电源的对称相电压，因而负载可以在额定电压下正常工作。中线一旦断开，各相负载电压将不再对称。有的负载电压高于额定电压，负载可能损坏；有的负载电压低于额定电压，使负载不能正常工作。因此，在中线上不允许接熔断器和开关，以确保中线不断，构成三相四线制。

2. 三相负载的三角形连接

三相负载的三角形连接电路如图 2-25 所示，由图可见，各负载直接接在电源的线电压上，所以无论负载是否对称，负载的相电压均为电源的线电压，即

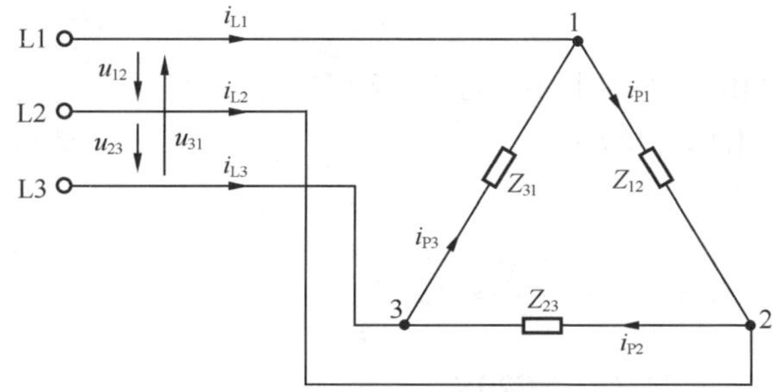

图 2-25　三相负载的三角形连接电路

三相负载的三角形连接

$$U_P = U_L \tag{2-43}$$

由图 2-25 还可以看出，负载作三角形连接时，流过端线的线电流不等于流过负载的相电流，根据分析，对称负载时两者的有效值关系：

$$I_L = \sqrt{3} I_P \tag{2-44}$$

即三相对称负载三角形连接时，线电流是相电流的 $\sqrt{3}$ 倍。

三相负载具有星形连接和三角形连接两种连接方式，在实际应用中采用星形连接还是三角形连接，取决于三相负载的额定电压和三相电源的线电压。当负载的额定电压等于电源的线电压时，采用三角形连接；当负载的额定电压等于电源线电压的 $1/\sqrt{3}$ 时，则应采用星形连接。例如，我国低压电网的线电压为 380V，所以额定相电压为 380V 的三相异步电动机应接成三角形，而额定相电压为 220V 的三相异步电动机应接成星形。

2.4.3 三相交流电路的功率

无论是星形连接还是三角形连接，三相负载总的有功功率都是各负载有功功率之和，即

三相电路的功率

$$P = P_1 + P_2 + P_3 \tag{2-45}$$

当负载对称时，各相的有功功率相等，总的有攻功率为单相有功功率的 3 倍，即

$$P = 3P_\text{P} = 3U_\text{P} I_\text{P} \cos\varphi_\text{P} \tag{2-46}$$

式中，$\cos\varphi_\text{P}$——各相负载的功率因数。

由于对称负载星形连接时，$U_\text{L} = \sqrt{3}\ U_\text{P}$，$I_\text{L} = I_\text{P}$；对称负载作三角形连接时，$I_\text{L} = \sqrt{3}\ I_\text{P}$，$U_\text{L} = U_\text{P}$，因此，无论三相对称负载是星形连接还是三角形连接，三相总的有功功率为

$$P = 3P_\text{P} = 3U_\text{P} I_\text{P} \cos\varphi_\text{P} = \sqrt{3} U_\text{L} I_\text{L} \cos\varphi_\text{P} \tag{2-47}$$

同理，三相对称负载总的无功功率（Q）和视在功率（S）为

$$Q = 3U_\text{P} I_\text{P} \sin\varphi_\text{P} = \sqrt{3} U_\text{L} I_\text{L} \sin\varphi_\text{P} \tag{2-48}$$

$$S = 3U_\text{P} I_\text{P} = \sqrt{3} U_\text{L} I_\text{L} = \sqrt{P^2 + Q^2} \tag{2-49}$$

【例 2-11】 三相交流异步电动机每相阻抗为 10Ω，额定相电压为 380V，功率因数为 0.6。电源的线电压为 380V。

（1）分别计算电动机接成星形和三角形时的线电流和功率。

（2）电动机正常工作时，应采用哪种接法？

解：（1）电动机接成星形时，

$$U_\text{P} = \frac{U_\text{L}}{\sqrt{3}} = \frac{380\text{V}}{\sqrt{3}} = 220\text{V}$$

$$I_\text{L} = I_\text{P} = \frac{U_\text{P}}{|Z_\text{P}|} = \frac{220\text{V}}{10\Omega} = 22\text{A}$$

$$P = \sqrt{3} U_\text{L} I_\text{L} \cos\varphi_\text{P} = \sqrt{3} \times 380\text{V} \times 22\text{A} \times 0.6 \approx 8.7\text{kW}$$

电动机接成三角形时，

$$U_\text{P} = U_\text{L} = 380\text{V}$$

$$I_\text{L} = \sqrt{3} I_\text{P} = \sqrt{3} \frac{U_\text{P}}{|Z_\text{P}|} = \sqrt{3} \times \frac{380\text{V}}{10\Omega} \approx 65.8\text{A}$$

$$P = \sqrt{3} U_\text{L} I_\text{L} \cos\varphi_\text{P} = \sqrt{3} \times 380\text{V} \times 65.8\text{A} \times 0.6 \approx 26\text{kW}$$

可见，在相同的电源线电压下，同一负载作三角形连接时的线电流和功率是星形连接时的 3 倍。

（2）由于电动机的额定电压等于电源的线电压，因此电动机正常工作时应接成三角形。为了减小电动机起动电流，可在起动时接成星形，起动完毕正常运行时改接成三角形。

实训 3 日光灯电路及功率因数的提高

一、实训目的

① 学会装接日光灯，并了解启辉器、镇流器的作用及日光灯的工作原理。

② 通过实训了解功率因数提高的意义和方法。

二、实训条件

通用电工实训台、日光灯、万用表。

荧光灯的安装

三、实训内容及步骤

1. 实训内容

按图 2-26 所示实训电路接线，测量在不接电容（C）和接电容（C）两种情况下电路的有功功率和功率因数，并比较得出提高功率因数的方法。

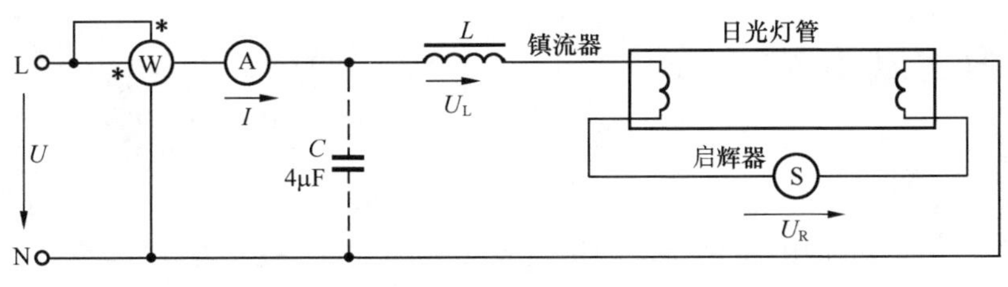

图 2-26　日光灯电路接线图

2. 实训步骤

① 按图 2-26 连接线路［电容（C）不接］。

② 分别测量电流（I）以及电源电压（U）、镇流器电压（U_L）、灯管电压（U_R）和有功功率（P），计算功率因数（$\cos\varphi$），并将所得数据记入表 2-2。

表 2-2　　电容开路时的测量值

被测量 / 电容值	电流（I）/A	电源电压（U）/V	镇流器电压（U_L）/V	灯管电压（U_R）/V	有功功率（P）/W	功率因数 $\cos\varphi$
C 开路						

③ 在图 2-26 所示电路中，接入一个 4μF/400V 的电容，打开电源，观察各电压和电流的变化，计算功率因数 $\cos\varphi$，并将所得数据记入表 2-3。

表 2-3　　并联电容后的电路测量值

被测量 / 电容值	电流（I）/A	电源电压（U）/V	镇流器电压（U_L）/V	灯管电压（U_R）/V	有功功率（P）/W	功率因数 $\cos\varphi$
$C = 4\mu F$						

四、分析讨论

① 电源电压（U）是否为镇流器电压（U_L）和灯管电压（U_R）之和？为什么？

② 电路中并入电容后电流（I）有什么变化？有何实际意义？

*实训 4　三相负载的星形连接

一、实训目的

① 进一步理解对称星形电路中，线电压和相电压、线电流和相电流的关系。

② 观察不对称星形电路中的中点移位现象，了解中线的作用。

二、实训条件

通用电工实训台、万用表。

三、实训内容及步骤

1. 实训内容

按照图 2-27 所示实训电路接线，测量负载对称和不对称两种情况下的电压和电流，观察两种情况下，中线断开时的电路现象。

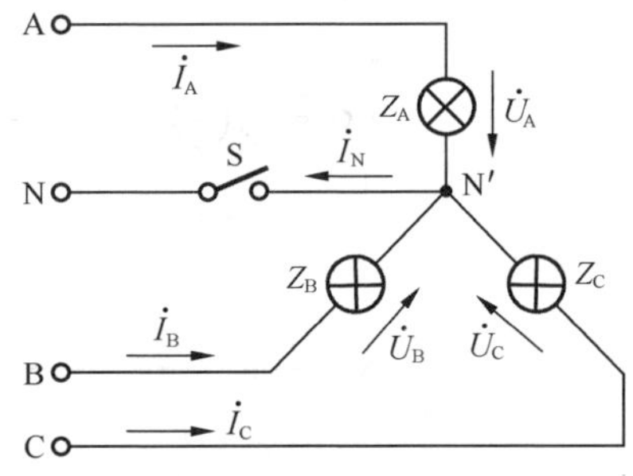

图 2-27　三相负载的星形连接

2. 实训步骤

① 将 3 只相同规格的电灯按图 2-27 所示连接。合上开关（S），测量对称星形负载在三相四线制电路（有中线）中的线电压、负载相电压、各线（相）电流和中线电流，测量数据记入表 2-4 中。

表 2-4　　测量对称星形负载在三相四线制电路中的各项指标

测量项目 / 分类		线电压/V			负载相电压/V			线（相）电流/A			中线电流/A	中点移位电压/V
		U_{AB}	U_{BC}	U_{CA}	U_A	U_B	U_C	I_A	I_B	I_C	I_N	$U_{N'N}$
对称负载	有中线											
	无中线											
不对称负载	有中线											
	无中线											

② 打开开关（S），测量对称星形负载在三相三线制电路（无中线）中的线电压、负载相电压、各线（相）电流和中点移位电压，测量数据记入表 2-4 中。

③ 用一只不同规格的灯泡换下上述实训电路中的 A 相灯泡。合上开关（S），测量不对称星形负载在三相四线制电路（有中线）中的线电压、负载相电压、各线（相）电流和中线电流，测量数据记入表 2-4 中。

④ 打开开关（S），测量不对称星形负载在三相三线制电路（无中线）中的线电压、负载相电压、各线（相）电流和中点移位电压，测量数据记入表 2-4 中。

四、分析讨论

① 根据实训数据，分析说明中线在各种负载情况下的作用。

② 通过实训分析，说明中线上是否能装熔丝或开关。

小 结

（1）随时间按正弦规律变化的交流电称为正弦交流电，幅值（或有效值）、角频率、初相是正弦交流电的三要素。平时所说的交流电的大小和交流电压表、电流表的读数等，都是指有效值，有效值约为最大值的 0.707 倍；角频率（ω）、频率（f）和周期（T）都是表示交流电变化快慢的量，我国和世界上大多数国家工业用电的标准频率，即“工频”是 50Hz。两同频率交流电的初相之差称为相位差，由相位差可判断同频率正弦交流电之间的超前、滞后，即相位关系。正弦交流电可以有三角函数、波形以及相量等表示方式，为了便于分析计算正弦电路，电路中常用相量来表示正弦交流电。将同频率正弦交流电的相量画在同一个坐标系中所得的图形称为相量图。相量图可以直观地反映各相量之间的关系，有助于电路的分析，也可以在相量图上进行同频率正弦交流电之间的运算，特别是加减运算。

（2）交流电路由交流电源及其负载组成，交流负载一般由电阻、电感、电容以及它们的组合按照一定的方式连接而成。交流负载的电压有效值与电流有效值之间满足欧姆定律关系，即

$$I=\frac{U}{|Z|}$$

式中，$|Z|$——阻抗的模。对于纯电阻电路，$|Z|=R$；对于纯电感电路，$|Z|=X_{\mathrm{L}}=\omega L$，$X_{\mathrm{L}}$ 称为感抗；对于纯电容电路，$|Z|=X_{\mathrm{C}}=\dfrac{1}{\omega C}$，$X_{\mathrm{C}}$ 称为容抗；对于 RLC 串联电路，$|Z|=\sqrt{R^2+\left(X_{\mathrm{L}}-X_{\mathrm{C}}\right)^2}$。

（3）纯电阻电路中，电压和电流相位相同；纯电感电路中，电压超前电流 90°；纯电容电路中，电流超前电压 90°。RLC 串联电路中，电压超前电流φ，当$\varphi>0$时，电路呈感性；当$\varphi<0$时，电路呈容性；当$\varphi=0$时，电路呈电阻性。电压与电流参考方向一致的情况下，电路端电压与电流同相位的现象称为谐振。

（4）电阻元件的有功功率 $P_{\mathrm{R}}=I_{\mathrm{R}}^2R$，电感元件和电容元件不消耗功率，其有功功率均为 0。RLC 串联电路的有功功率 $P=UI\cos\varphi$；无功功率 $Q=UI\sin\varphi$，它表示电路与电源的能量交换

情况；视在功率（$S=UI$）通常用来表示电气设备的容量。功率因数（λ）是有功功率与视在功率的比值，λ 越大，则电源的容量中转换成有功功率的部分越大，电源的利用率越高。提高功率因数最简便的方法是用电容元件与感性负载并联。

（5）三相交流电路由 3 个幅值相同、频率相同、相位互差 120° 的正弦交流电压，按照一定的方式连接起来作为三相交流电源向负载供电。三相交流电动势由三相交流发电机产生。三相电源有星形（Y）连接和三角形（△）连接两种连接方式。星形（Y）连接的三相电源可以提供相电压和线电压两组电压，并且线电压是相电压的 $\sqrt{3}$ 倍；三角形（△）连接的三相电源只能提供一组电压，其线电压等于相电压。三相负载的连接方法也有两种：星形（Y）连接和三角形（△）连接。星形（Y）连接时线电流等于相电流，对称负载三角形（△）连接时，线电流是相电流的 $\sqrt{3}$ 倍。星形（Y）连接的三相电路一般有 4 根引出线，即 3 根端线和 1 根中线，称为三相四线制，各相负载经过中线构成独立回路，其电压均为三相电源的对称相电压，因而负载可以在额定电压下正常工作。当三相负载为对称负载时，中线电流为 0，可以省略，电路成为三相三线制。但当负载不对称时，如果中线断开将引起负载过载损坏，因此中线上不允许接熔断器和开关。三相交流电路的功率为各相负载功率之和，当负载对称时，无论三相负载是星形连接还是三角形连接，负载功率均可以按照下式计算，即

$$P=\sqrt{3}U_{\mathrm{L}}I_{\mathrm{L}}\cos\varphi$$

习　题

1. 正弦交流电流的有效值为 5A，周期为 20ms，初相位 150°，试写出其解析式，并画出波形图和相量图。

2. 已知两个正弦电压 $u_1=30\sin(100\pi t+30°)\mathrm{V}$，$u_2=40\sin(100\pi t-60°)\mathrm{V}$。试求：

（1）求它们的有效值、频率、初相及相位差；

（2）画相量图，并求 u_1+u_2 的有效值。

3. 有 5A 的直流电流和最大值为 5A 的交流电流通过阻值相等的两个电阻炉，在交流电流的一个周期内哪个电阻炉发热大？为什么？

4. 20W 日光灯镇流器工作时的电压为 198V，电流为 0.35A，交流电的频率为 50Hz，求镇流器的电感（忽略镇流器电阻）。

5. 一电感元件 $L=0.1\mathrm{H}$，已知其电压 $u=10\sqrt{2}\sin(10^4t+30°)\ \mathrm{V}$，求感抗 X_{L} 和 $\dot{I}_{\mathrm{L}}$，并画出相量图。

6. 流过 50μF 电容的电流为 $i=141\sin(1\,000t+60°)\mathrm{mA}$，求容抗 X_{C} 和电容两端电压的瞬时表达式。

7. 交流接触器线圈的电阻 $R=200\Omega$，电感 $L=7.3\mathrm{H}$，额定电流 $I_{\mathrm{N}}=0.1\mathrm{A}$，接在 $U=220\mathrm{V}$，$f=50\mathrm{Hz}$ 的交流电源上，求流过线圈的电流 I。如果误接在 $U=220\mathrm{V}$ 的直流电源上，求这时通过线圈的电流 I，并分析其后果。

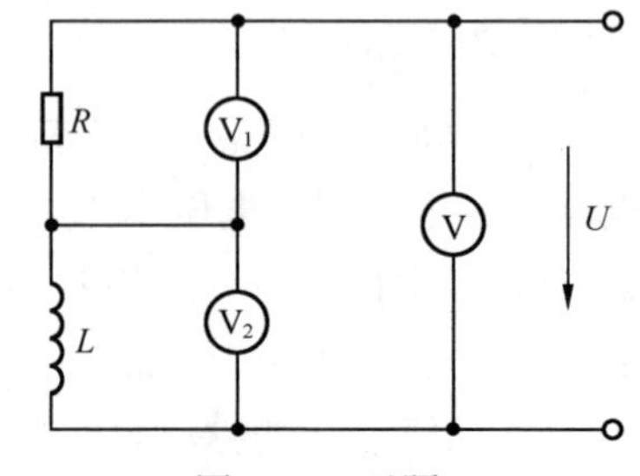

图 2-28　习题 8

8. 图 2-28 所示电路中，已知电压表 $\mathrm{V_1}$ 的读数为 40V，电压

表 V_2 的读数为 30V，求电压表 V 的读数。

9. 有一电阻炉，其额定电压为 110V，额定功率为 2.2kW，现欲接入 220V、50Hz 的交流电源上使用，为此选用一个电容与电阻炉串联，以保证电阻炉两端电压仍为 110V，求电容的电容量和耐压。

10. 在 RLC 串联电路中，设 $R=20\Omega$，$L=63.5\text{mH}$，$C=30\mu\text{F}$，外加电压 $U=220\text{V}$，$f=50\text{Hz}$。试求：

（1）电路的阻抗；

（2）电路中的电流和各元件的电压有效值；

（3）电路的有功功率、无功功率、视在功率和功率因数。

11. 在 RLC 串联电路中，已知 $R=10\Omega$，$L=250\mu\text{H}$，$C=150\text{pF}$，外加有效值为 1V 的正弦交流电压，求电路的谐振频率、谐振时的电流以及各元件上的电压。

12. 在三相交流电源线电压 $U_L=380\text{V}$ 的电网中，接有星形对称三相负载，已知各相负载的电阻 $R=60\Omega$，感抗 $X_L=80\Omega$，求相电流 I_P、线电流 I_L 以及电路的有功功率。

13. 在三相交流电源线电压 $U_L=380\text{V}$ 的电网中，接有三角形对称三相负载，已知各相负载的电阻 $R=60\Omega$，感抗 $X_L=80\Omega$，求相电流 I_P、线电流 I_L 以及电路的有功功率。

14. 图 2-23 所示三相电路中，已知电源线电压 $U_L=380\text{V}$，三相负载电阻分别为 $Z_1=R_1=11\Omega$，$Z_2=Z_3=R_2=22\Omega$。试求：

（1）各负载的相电压、相电流、各线电流和中线电流；

（2）如果 Z_1 断路，对 Z_2 和 Z_3 的工作有无影响；

（3）如果 Z_1 断路，中线也断开，求 Z_2 和 Z_3 的电压，并说明负载能否正常工作。

15. 线电压为 380V 的三相四线制电源，给照明负载和动力负载供电。照明负载每相为 50 盏额定电压为 220V、额定功率为 100W 的白炽灯，动力负载为一台三相交流电动机，其额定相电压为 380V、功率因数为 0.8、吸收的功率为 8kW。试求：

（1）上述负载应如何接入三相电源？绘出总接线图；

（2）照明负载和动力负载的线电流。

自 测 题

一、填空题

1. 已知正弦交流电压 $u=310\sin(314t-45°)\text{V}$，则幅值 $U_m=$________，有效值 $U=$________；角频率 $\omega=$________；频率 $f=$________；周期 $T=$________；初相 $\varphi=$________。

2. 正弦量的三要素是________、________、________。

3. 由 ω 与 X_L、X_C 的关系可知，在直流电路中，电感元件相当于________状态，电容元件相当于________状态。在交流电路中，频率越高，感抗越________，容抗越________。

4. RL 串联电路，$U_R=30\text{V}$，$U_L=40\text{V}$，则 $U=$________，$\cos\varphi=$________。

5. RLC 串联电路在关联参考方向下，如果阻抗角 $\varphi>0$，则电路呈________性；如果阻抗角 $\varphi<0$，则电路呈________性；如果阻抗角 $\varphi=0$，则电路呈________性。

6. RLC 串联电路，当频率$f=f_0=$________时电路发生谐振，此时电路呈________性；当$f>f_0$时电路呈________性，当$f<f_0$时电路呈________性。

7. 图 2-29 所示电路中，已知$u(t)=14.14\sin(400t-130°)$V，$i(t)=1.414\sin(400t+140°)$A，则图中所示元件是________，元件参数值为________，一周期内元件吸收的功率是________。

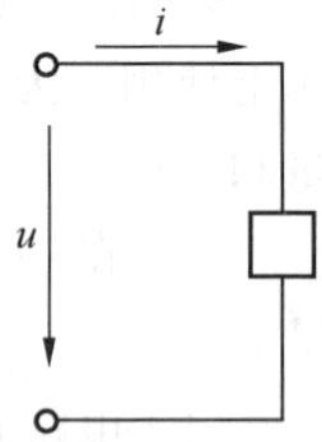

图 2-29

8. 一线圈（以 RL 串联电路为其电路模型）接到 36V 直流电源上，测得$I=0.6$A；接到工频 220V 电源上，测得$I=2.2$A。则线圈电阻$R=$________，感抗$X_L=$________，电感$L=$________。

9. 某教室装有 40W 日光灯 8 盏，已知电源电压 220V，$f=50$Hz，电路总电流 3.2A，则日光灯的功率因数$\lambda=$________。

10. 三相四线制正弦交流电路中，已知电源线电压（U_L）为 380V，则电源相电压（U_P）=________。

二、选择题

1. 用万用表测量正弦交流信号，所得数值是该正弦量的（　　）。

A. 最大值　　B. 有效值　　C. 峰值　　D. 平均值

2. 电感量L=0.1H 的电感元件，在工频下的感抗（X_L）为（　　）。

A. 10Ω　　B. 5Ω　　C. 31.4Ω　　D. 15.7Ω

3. RC 串联电路的阻抗（$|Z|$）等于（　　）。

A. $R-j\omega C$　　B. $R+\frac{1}{j\omega C}$　　C. $\sqrt{R^2+(\omega C)^2}$　　D. $\sqrt{R^2+\left(\frac{1}{\omega C}\right)^2}$

4. RLC 串联电路中，$U_R=30$V、$U_L=80$V、$U_C=40$V，则U为（　　）。

A. 10V　　B. 50V　　C. 90V　　D. 150V

5. RLC 串联电路中，电路的性质取决于（　　）。

A. 电路的外加电压的大小　　B. 电路的连接形式

C. 电路各元件参数和电源频率　　D. 电路的功率因数

6. 电器铭牌上标注的功率值均是（　　）。

A. 有功功率　　B. 无功功率　　C. 视在功率　　D. 瞬时功率

7. 欲提高感性负载电路的功率因数，可以采取的措施是（　　）。

A. 并联电容C　　B. 串联电容C　　C. 并联电感L　　D. 串联电感L

8. 下列关于三相电路的说法中，错误的是（　　）。

A. 当负载作星形连接时，必须有中线

B. 当三相负载为对称负载时，中线电流等于 0

C. 当负载作星形连接时，线电流等于相电流

D. 当负载作三角形连接时，线电压等于相电压

三、判断题

1. 周期性交流量的周期T越大，表示此交流量循环得越快。（　　）

2. 直流电流可看作频率为∞的交流电流。（　　）

3. 同频率正弦量i_1、i_2、i_3，当i_1滞后i_2，i_2滞后i_3时，则i_1一定滞后i_3。（　　）

4. 已知i的初相为 30°，则$-i$的初相为−30°。（　　）

5. 初始值为 0 的正弦量，其初相一定为 0°。（　　）

6. 任何交流量的有效值总是最大值的 $1/\sqrt{2}$ 。 ( )

7. 正弦量的有效值与初相无关。 ( )

8. 只有同频率的正弦量，才能用相量加减。 ( )

9. 已知 $I_1 = I_2 = I_3$，则 $\dot{I}_1 + \dot{I}_2 + \dot{I}_3 = 0$ 是不可能的。 ( )

10. 根据电感元件的电压电流关系 $X_L = \dfrac{U_L}{I_L}$ 可知，电压越大则感抗越大。 ( )

11. 对于正弦交流电路中的电容 C 而言，当频率增加时，容抗减小。 ( )

12. 感抗和容抗的大小都与电源频率成正比。 ( )

13. 正弦交流电路中，电容元件的瞬时功率的平均值就是无功功率。 ( )

14. 线性电感元件中的电流为正弦波时，其上电压一定也是正弦波。 ( )

15. 一电感元件中通有正弦交流电流，当电流大小不变而频率增加一倍时，电压幅值也将增加一倍。 ( )

16. RLC 串联的正弦交流电路，已知 $R = 10\Omega$，$X_L= 20\Omega$，$X_C= 30\Omega$，则 $|Z| = 0$。 ( )

17. RLC 串联的正弦交流电路，总电压 $U = 100V$，$R = 10\Omega$，则有功功率 $P = 1\,000W$。 ( )

18. 无功功率的单位是乏（var），视在功率的单位是伏安（V · A）。 ( )

19. 视在功率通常被用来表示电气设备的容量。 ( )

20. 负载的功率因数越高，则电源设备的利用率就越高。 ( )

21. RLC 串联电路呈纯电阻性，必定是发生了谐振。 ( )

22. 三相对称正弦电源，在任何瞬间总有 $u_A+u_B+u_C=0$。 ( )

23. 三相四线制电路中的端线和中线都必须接保险丝。 ( )

24. 三相四线制电路中，若相电压等于 220V，则线电压等于 380V。 ( )

25. 对称三相负载无论是接成星形还是三角形，其有功功率的计算公式是一致的。 ( )

四、计算题

1. 写出图 2-30 所示各波形对应的正弦量表达式，已知频率 $f = 50Hz$。

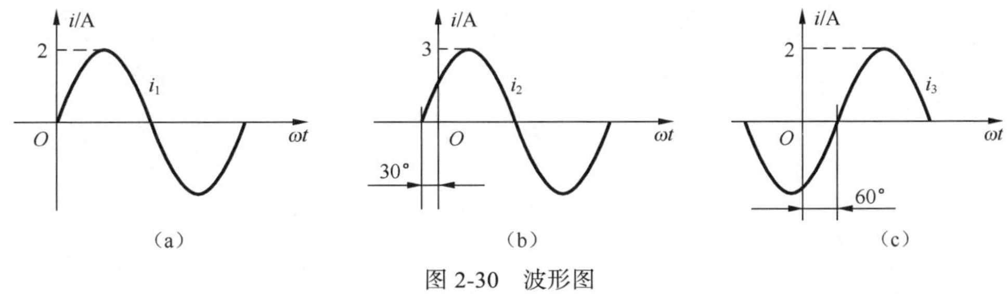

图 2-30 波形图

2. 纯电感电路中，电感元件 $L = 0.1H$，已知 $u_L = 10\sqrt{2}\sin(10^4 t + 30°)$ V，电压和电流为关联参考方向，试求感抗 X_L 和电感中的电流 i_L 及相量 $\dot{I}_L$，并画出相量图。

3. 纯电容电路中，电容两端电压 $\dot{U}_C = 10\angle 30°$ V，电容电流 $\dot{I}_C = 2\angle 120°$ mA，频率 $f = 10\,000Hz$，求电容 C。

4. RL 串联电路中，已知电源电压 $u = 14.14\sin \omega t$V，$R = 4\Omega$，$X_L = 4\Omega$，求电感元件两端的电压 u_L。

5. 图 2-13 所示 RLC 串联电路中，已知 $u = 3112\sin(1\,000t + 30°)$ V，$R = 60\Omega$，$L = 90mH$，$C = 100\mu F$，试求：

（1）总电流 $\dot{I}$ 、$\dot{U}_R$ 、$\dot{U}_L$ 、$\dot{U}_C$ ，画出相量图；

（2）功率因数 λ、有功功率 P 和无功功率 Q。

6. 对称三相电阻炉作三角形连接，每相电阻为 38Ω，接于线电压为 380V 的对称三相电源上，试求负载相电流 I_P、线电流 I_L 和三相有功功率 P。

第3章 磁路和铁心线圈电路

【学习目标】

1. 了解磁场的 4 个基本物理量，熟悉铁磁性材料特性及其应用
2. 理解磁路欧姆定律和基尔霍夫定律，熟悉磁路定律在汽车中的应用
3. 熟悉含铁心线圈交流电路的分析，熟悉电磁铁的工作特性
4. 掌握变压器的基本结构和基本工作原理
5. 了解汽车点火线圈和传统点火系统工作过程

3.1 磁路和铁磁性材料

电气设备的工作都是基于电磁的相互作用，如变压器、交流电动机等。电流能产生磁场，磁场在一定条件下又能产生电，二者密不可分。因此在分析电气设备工作过程时，既要分析电路，还要分析磁路。

所谓磁路，就是约束在铁心及其气隙所限定的范围内的磁通路径。图 3-1 所示为两极直流电动机、变压器的磁路示意图，虚线表示磁通路径。根据磁力线在磁路中的分布状况，磁路可分为有空气隙和无空气隙磁路；有分支和无分支（即单回路）磁路；截面积相同和截面积不同磁路。从图 3-1 中可看出两极直流电动机的磁路中有空气隙和分支，而变压器的磁路中无空气隙、无分支。

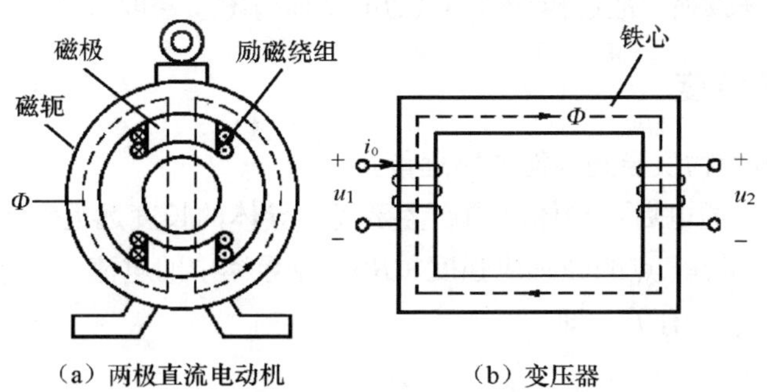

图 3-1　磁路示意图

为了分析磁场，下面简要介绍有关磁路的基础知识。

3.1.1 磁场的基本物理量

磁场的基本物理量包括磁感应强度（B）、磁通（Φ）、磁导率（μ）、磁场强度（H）。

1. 磁感应强度和磁通

磁感应强度（B）是反映磁场性质的参数。它的大小反映磁场强弱，它的方向就是磁场的方向。磁场的强弱和方向可通过磁场对载流导体所作用的电磁力来说明。

一载流导体在磁场中受电磁力的作用，如图 3-2 所示。磁场与载流导体垂直，电磁力的方向可用左手定则来确定。电磁力的大小就与磁感应强度（B）、电流（I）、垂直于磁场的导体有效长度（L）成正比，公式为

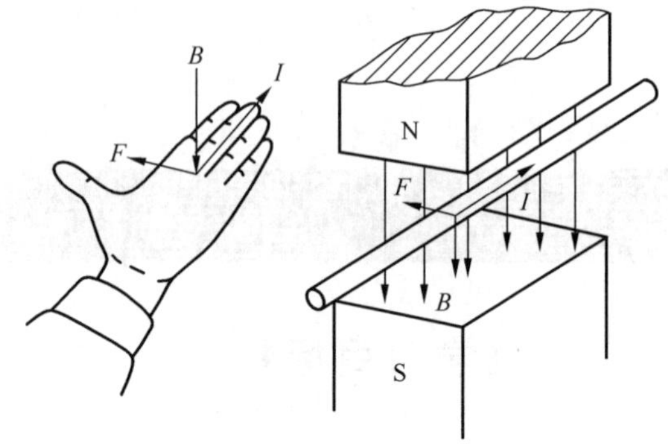

图 3-2 载流导体受电磁力作用

$$F = BIL \tag{3-1}$$

式中，B——磁感应强度，单位是特斯拉（T），工程上也曾用高斯（Gs）。两个单位的大小关系：$1\text{Gs} = 10^{-4}\text{T}$。

电流的磁效应

若在磁场中某一区域，磁力线疏密一致，且方向相同，则称该区域为均匀磁场。在均匀磁场内，磁感应强度处处相同，场内某点磁力线的方向即磁感应强度的方向。

磁通（Φ）是一个反映一定区域磁场强弱、方向等状况的物理量。若磁场为均匀磁场，磁力线垂直穿过面积为 S 的截面，磁感应强度（B）和面积（S）的乘积称为该截面的磁通（Φ）。Φ的大小为

$$\Phi = BS \tag{3-2}$$

磁通（Φ）的单位为韦伯（Wb），工程上过去常用麦克斯韦（Mx），两个单位的大小关系：$1\text{Mx} = 10^{-8}\text{Wb}$。

在均匀磁场中，磁力线多少反映磁感应强度（B）的大小。磁通（Φ）的大小常可用垂直穿过某一封闭面的磁力线根数来反映。垂直穿过的磁力线根数越多，就表明磁通越大；磁通越大就表明在一定范围中磁场越强。故磁感应强度（B）又称为磁通密度。

2. 磁导率和磁场强度

磁导率（μ）是用来衡量物质导磁性能的物理量。

图 3-3 所示为直导体，通电后在导体周围产生磁场。导体的长度远远大于图示半径（r），由试验可知，在导体附近一处 x 点的磁感应强度（B），与导体中的电流（I）、x 点到导体轴线间垂直距离（r）、磁导率（μ）有关，即

$$B_x = \mu \frac{I}{2\pi r} \tag{3-3}$$

由式（3-3）可知，磁导率（μ）越大，在同样的导体电流和几何位置下，磁场越强，磁感应强度（B）越大，说明磁介质的导磁性能越好。

不同的介质，磁导率（μ）也不同，例如，真空中的磁导率$\mu_0 = 4\pi \times 10^{-7}$H/m。一般磁介质的磁导率（$\mu$）与真空中磁导率（$\mu_0$）的比值，称为相对磁导率（$\mu_r$），即

$$\mu_r = \frac{\mu}{\mu_0} \tag{3-4}$$

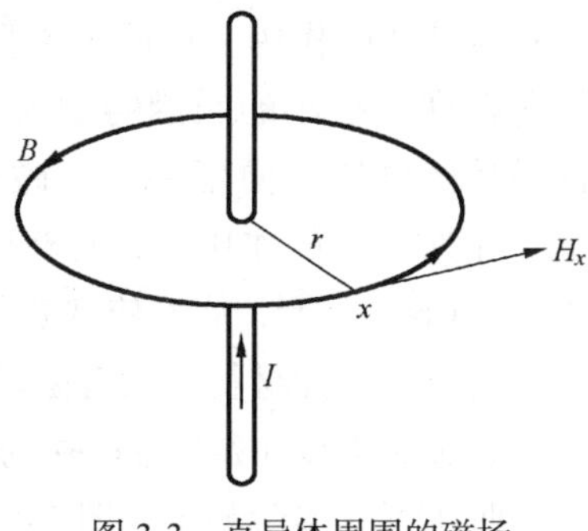

图 3-3 直导体周围的磁场

式中，磁导率（μ）的单位为亨/米（H/m）。

根据相对磁导率不同，往往把材料分成两大类，第一类为铁磁性材料，如铁、钴、镍及其合金等，它们的磁导率很高，相对磁导率（μ_r）远远大于 1，可达几百到上万，根据试验可知，硅钢片的最大相对磁导率（μ_{rmax}）为 8 000 ~ 10 000，坡莫合金（78.5%Ni）的μ_{rmax}为 20 000 ~ 200 000。第二类为非铁磁性材料，相对磁导率（μ_r）约等于 1，其中有些材料μ_r略小于 1，如铜、银等，有些材料μ_r略大于 1，如各类气体、非金属材料、铝等。

磁场强度（H）是一个与磁介质无关的物理量。磁场内某点的磁场强度（H）与该点磁感应强度（B）、磁导率（μ）的关系为

$$H = \frac{B}{\mu} \tag{3-5}$$

式中，磁场强度（H）的单位为安/米（A/m）。

磁场强度（H）的方向就是该点磁感应强度（B）的方向。由式（3-5）可知，图 3-3 中 x 点的磁场强度（H）为

$$H_x = \frac{B_x}{\mu} = \frac{I}{2\pi r} \tag{3-6}$$

由此可见，磁场强度的大小只取决于电流的大小、载流导体的形状及几何位置，而与磁介质无关。即当导体通过某电流时，磁场内某一点的磁场强度不会因材料的导磁性能不同而不同。

铁磁性材料的磁导率（μ）是个变量，它随磁场的强弱而变化；而非铁磁性材料的磁导率（μ_0）是个常量。磁感应强度（B）、磁场强度（H）都是反映磁场的物理量，只是磁场强度（H）与磁介质的磁导率（μ）无关，而磁感应强度（B）的大小是与磁介质的磁导率（μ）有关的。

3.1.2 铁磁性材料

1. 铁磁性材料特点

铁磁性材料具有高导磁性、磁饱和性和磁滞性等特点。

（1）磁化曲线——高导磁性和磁饱和性

铁磁性材料被放入磁场强度为 H 的磁场内，会受到强烈的磁化。所谓磁化，就是指由于

受外界磁场的作用，使原来不显磁性的材料具有了磁性。如图 3-4（a）所示，铁磁性物质内部存在许多很小的叫磁畴的天然磁化区，在其放入磁场前，这些磁畴杂乱无意地排列着。各磁畴的轴线方向不一致，磁效应相互抵消，对外就显示不出磁性。当铁磁物质放入磁场后，在外磁场的作用下，磁畴的方向渐渐趋于一致，形成一个附加磁场，与外磁场叠加，如图 3-4（b）所示。从而使铁磁物质内的磁感应强度大大增加，这就是说磁性物质被强烈磁化了。而非铁磁性材料，没有磁畴结构，所以不具备磁化的特性。

磁感应强度（B）随外磁场强度（H）的变化关系可以用铁磁性材料的磁化曲线来表征。磁化曲线可由实验测定。图 3-5 所示为 $B=f(H)$ 起始磁化曲线。

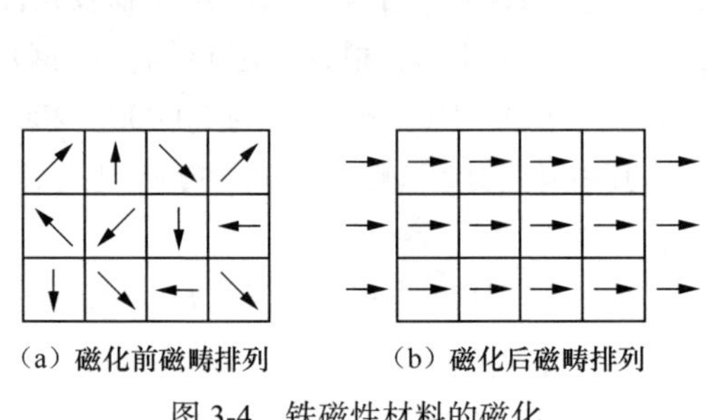

图 3-4　铁磁性材料的磁化

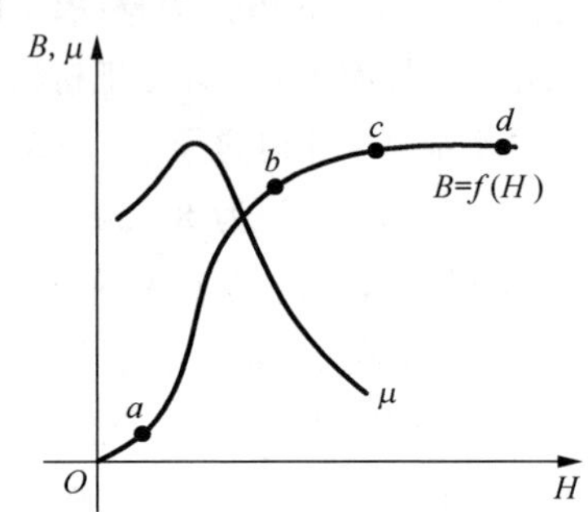

图 3-5　$B=f(H)$ 起始磁化曲线

$B=f(H)$ 曲线大致可分为 4 段：Oa 段、ab 段、bc 段和 cd 段。Oa 段，磁感应强度（B）随磁场强度（H）的增加而增长缓慢；ab 段，B 随 H 的增加而迅速增长；bc 段，B 已经很高，其随 H 的增长趋势变缓，也就是说铁心开始进入饱和状态，这段称为磁化曲线的膝部，电动机、变压器等铁心的磁感应强度（B）数值多数选择在这个部位，以便充分利用铁磁性材料的高导磁性。c 点称饱和点，该点的磁感应强度（B）随材料而异，一般为 0.8～1.8T。而在 cd 段，磁感应强度（B）随磁场强度（H）增加得极少，这时铁磁性材料处于饱和状态。

许多电气设备的线圈都绕制在铁磁性材料上，以便用较小的励磁电流（与 H 有关）产生较大的磁场、磁通。在相同的励磁绕组匝数和励磁电流的条件下，采用铁心后可使磁感应强度（B）增强几百倍甚至几千倍。

从图 3-5 中也可以看出，铁磁性材料的 B 和 H 的关系为非线性的，由 $B=\mu H$ 可知，其磁导率（μ）是个变量。铁磁性材料未饱和时磁导率（μ）较大，而越趋于饱和，磁导率（μ）越小。

（2）磁滞回线——磁滞性

铁磁性材料在多次反复交变磁化过程中，铁心中磁感应强度随磁场强度的变化关系如图 3-6 所示。

当磁场强度从 0 增至最大值 H_m 后，再逐渐减小 H，而 B 的减小并不按原有曲线下降，而是沿着位于其上部的另一条轨迹减弱。当磁场强度 $H=0$ 时，磁感应强度 $B\neq 0$，其大小为 B_r，称为剩余磁感应强度，简称剩磁。只有当 H 反方向变化到 H_c，B 才下降到零，此时 H_c 称为矫顽磁力。这种磁感应强度（B）滞后于磁场强度（H）的变化的性质称为铁磁性材料的磁滞性。

如果继续增大反向磁场强度直至 $-H_m$ 时，把反向磁场强度逐渐减小至 0，之后再继续把正向磁场强度逐渐增加到 $+H_m$，如此在 $+H_m$ 和 $-H_m$ 之间进行反复磁化，得到的是一条图 3-6 所示的闭合曲线，这条对称于坐标原点的闭合曲线，称为铁磁性材料的磁滞回线。

铁磁性材料在反复磁化过程中产生的损耗称为磁滞损耗，它是导致铁磁性材料发热的原因之一，对电动机、变压器等电气设备的运行不利。因此常采用磁滞损耗小的铁磁材料作它们的铁心。

通过试验可知，不同的铁磁性材料，其磁化曲线和磁滞回线都不一样。通常磁滞回线所围出的面积越小，其铁心中的磁滞损耗就越小。

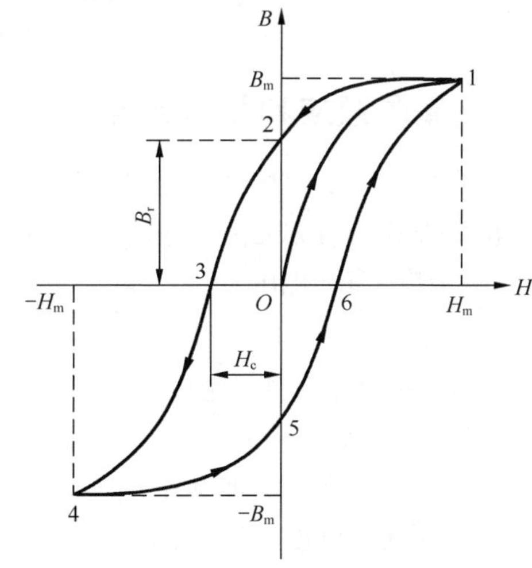

图 3-6　磁滞回线

2. 铁磁性材料分类

按照铁磁性材料磁滞回线的形状以及在工程中的用途不同，铁磁性材料可分为 3 大类，即软磁材料、硬磁材料和矩磁材料。

软磁材料的磁导率（μ）高，磁滞回线狭窄、面积小，磁滞损耗小。磁滞回线如图 3-7（a）所示。软磁材料还分为高频和低频两种。用于低频的软磁材料有铸钢、硅钢、坡莫合金等。一般电动机、变压器的铁心都是用硅钢片叠成的。

硬磁材料的磁滞回线较宽、面积大，磁滞损耗大。其剩磁和矫顽磁力均较大。磁滞回线如图 3-7（b）所示。这类材料在磁化后能保持很强的剩磁，适宜于制作永久磁铁。常用的有铝镍钴合金、钴钢等。在磁电式仪表、电声器材、永磁发电机等设备器材中所用的磁铁就是硬磁材料制成的。

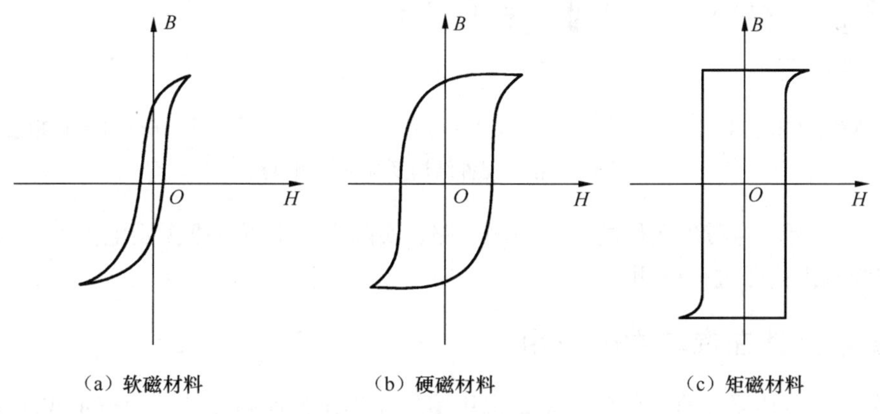

（a）软磁材料　　（b）硬磁材料　　（c）矩磁材料

图 3-7　铁磁性材料分类

矩磁材料的特点为受到较小的外磁场作用时，就能磁化达到饱和程度；当外磁场消失后，磁性仍能保持。磁滞回线形状几乎为矩形，磁滞回线如图 3-7（c）所示。计算机中的存储磁芯就是用矩磁材料制成的。

铁磁性材料具有高导磁性、磁饱和性和磁滞性。电气设备的工作都是基于电路与磁路的共同作用，了解铁磁性材料特性有助于对电路故障现象的分析判断。

3.1.3 汽车中的霍尔元件

1. 霍尔效应和霍尔元件

如图 3-8 所示，磁场中的半导体基片中有电流（I）通过，电流（I）方向和磁场方向垂直；在垂直于电流和磁场的霍尔元件横向侧面上产生一个电压，该电压称为霍尔电压，记为 U_{H}。这种现象就称为霍尔效应。霍尔电压为

$$U_{\mathrm{H}} = K_{\mathrm{H}}BI \tag{3-7}$$

式中，K_{H}——霍尔元件灵敏度，大小由霍尔元件的半导体材料及几何尺寸决定。

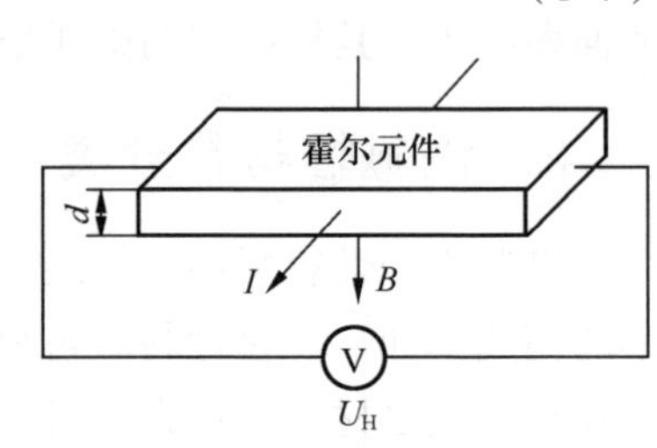

图 3-8 霍尔效应

由式（3-7）可知，霍尔电压（U_{H}）的高低与通过的电流（I）和磁感应强度（B）成正比。

霍尔元件由具有霍尔效应的半导体薄片、电极引线及壳体组成，如图 3-9（a）所示。霍尔片是一块矩形半导体单晶薄片，在两个相互垂直方向侧面上，分别引出一对电极，共 4 个电极：1、1′线加激励电压或电流，称为激励电极（或控制电极）；2、2′线为霍尔输出引线，称为霍尔电极。霍尔元件的壳体是用非导磁金属、陶瓷或环氧树脂封装的。在电路中，霍尔元件一般可用两种符号表示，如图 3-9（b）所示。

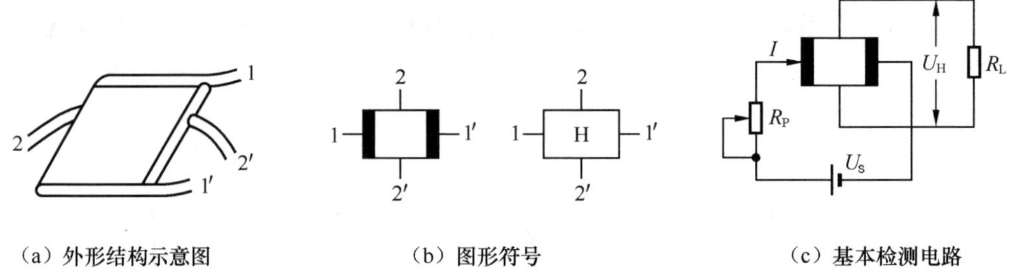

（a）外形结构示意图　（b）图形符号　（c）基本检测电路

图 3-9 霍尔元件结构及基本检测电路

图 3-9（c）所示为霍尔元件的基本检测电路，实际应用中可以把激励电流（I）或磁感应强度（B）作为输入信号进行检测。

2. 霍尔元件在汽车中的应用

在汽车位置传感器和速度传感器中常常用霍尔元件作为检测元件，如霍尔式曲轴位置传感器、霍尔式轮速传感器。下面介绍一下汽车中的霍尔式曲轴位置传感器工作原理。

霍尔式曲轴位置传感器利用触发叶片或轮齿改变通过霍尔元件的磁感应强度（B），从而使霍尔元件产生脉冲的霍尔电压信号，经放大整形后即为曲轴位置传感器的输出信号。

图 3-10 所示为安装在分电器内的霍尔式曲轴位置传感器。霍尔元件固定在陶瓷支座上，它有 4 个电接头，电源由 A、B 端输入，霍尔电压由 C、D 端输出，霍尔元件的对面装有一个永久磁体，它和霍尔元件之间留有一定的空气隙。

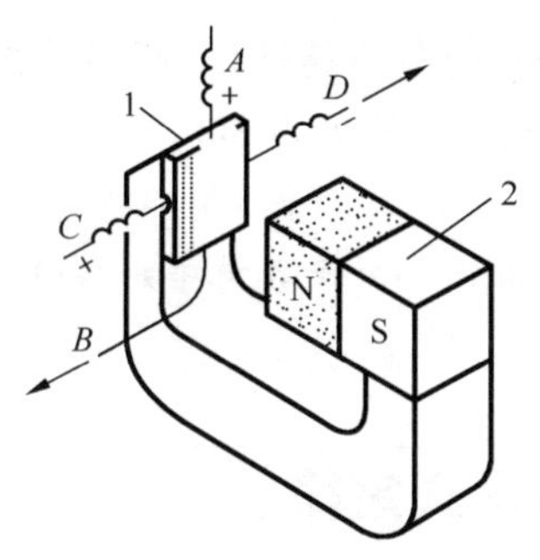

（a）磁场通过霍尔元件

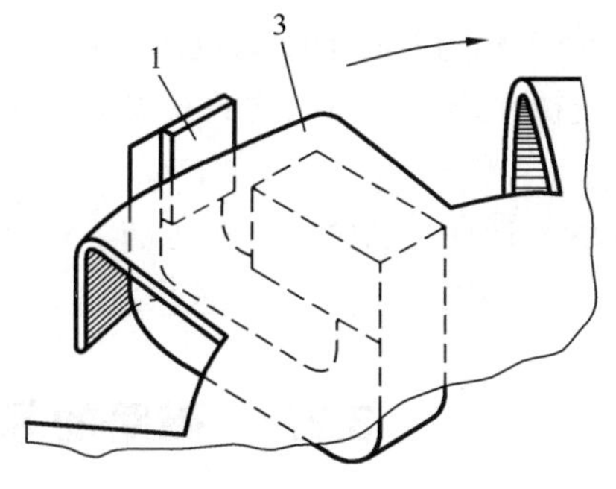

（b）转子叶片隔断磁场

图 3-10 霍尔式曲轴位置传感器

1—霍尔元件 2—磁极 3—转子叶片

传感器转子由分电器轴驱动，转子上有和气缸数目相同的叶片。当叶片离开磁极和霍尔元件之间的气隙时，磁场通过霍尔元件，其 C、D 端产生霍尔电压，如图 3-10（a）所示。当叶片进入磁极和霍尔元件之间的气隙时，磁力线被隔断，不能通过霍尔半导体基片，使霍尔电压下降为 0，如图 3-10（b）所示。分电器轴转动一圈的过程中，传感器输出和气缸数目相同个数的矩形电压脉冲信号。

3.2 磁路基本定律及其应用

3.2.1 磁路的欧姆定律

一段磁路，设长为 l，磁路截面积为 S，磁力线均匀分布于横截面上，可知

$$H=\frac{B}{\mu}=\frac{\Phi}{\mu S}$$

经变换，得磁通（Φ）为

$$\Phi=H\mu S=\frac{Hl}{\frac{l}{\mu S}}=\frac{U_{\mathrm{m}}}{R_{\mathrm{m}}} \tag{3-8}$$

式中，U_{m}——磁路的磁位差，单位为安培（A），$U_{\mathrm{m}}=Hl$；

R_{m}——磁路的磁阻，单位为 1/亨（1/H），$R_{\mathrm{m}}=\frac{l}{\mu S}$。

磁阻（R_{m}）与磁路的几何尺寸、磁介质的磁导率有关。不同磁介质下，磁阻（R_{m}）数值相差很大。由于铁磁性材料的磁导率（μ）很大且不是常数，所以铁磁性材料的磁阻数值很小，且随磁路实际情况而变化，是非线性的；而空气隙的磁导率（μ_0）很小且是常数，所以空气隙中的磁阻是线性的，且数值很大。例如，在图 3-1（a）所示磁路中，虽然空气隙磁路很短，但是其磁阻却远远大于其他各段铁磁性材料构成磁路的磁阻。

通常把式（3-8）称为磁路的欧姆定律。它是磁路进行分析与计算所要遵循的基本定律。

磁路的欧姆定律在形式上与电路的欧姆定律非常相似，详见表3-1。

铁磁性材料的磁阻是非线性的，故磁路的欧姆定律多用于对磁路的定性分析。

3.2.2 磁路的基尔霍夫定律

1. 基尔霍夫磁通定律

如图3-11所示磁路，设在磁路分支处作一闭合面（S），则穿过此闭合面的磁通应满足磁通连续性原理，即

$$\Phi_1 = \Phi_2 + \Phi_3$$

写成一般形式为

$$\sum \Phi = 0 \tag{3-9}$$

上两式表明对于任一闭合面，穿出闭合面的磁通等于穿入闭合面的磁通，也可以表述为穿过某一闭合面的磁通的代数和等于零，它反映了磁通的连续性，实质是反映了磁场中磁力线的闭合性。式（3-9）称为基尔霍夫磁通定律。

2. 基尔霍夫磁位差定律

图3-12所示为闭合磁路 $abca$，一个闭合磁路通常由几段截面积（S）不同或者材料不同（如空气隙与铁磁性材料）的磁路构成，因此要分析磁路，就必须首先对磁路进行分段处理。

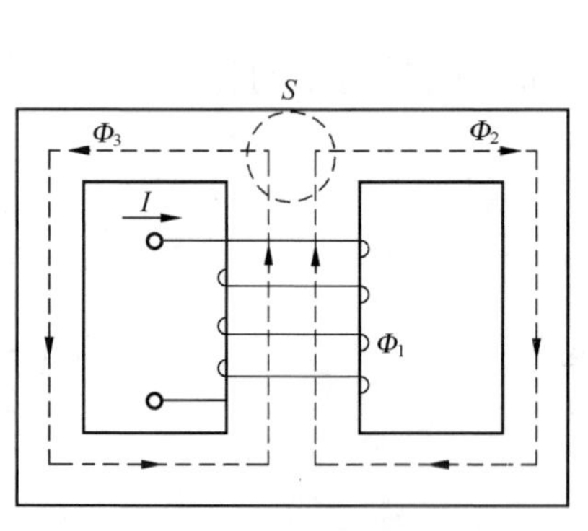

图3-11 基尔霍夫磁通定律

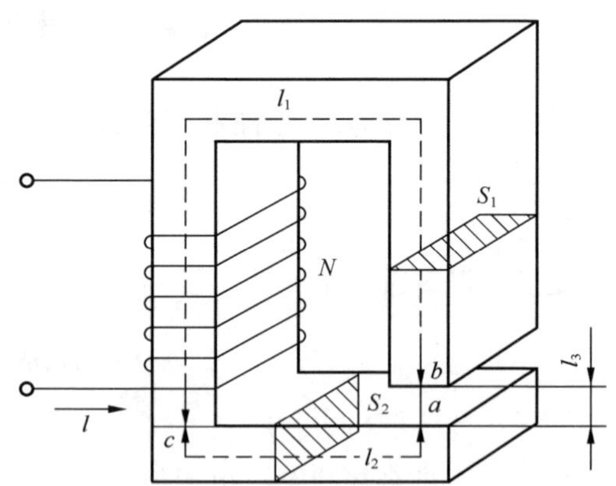

图3-12 基尔霍夫磁位差定律

磁路分段的原则是磁路中截面积（S）与材料相同的磁路分为一段。根据截面积和材料不同，如图3-12所示，磁路可分为3段：ab 段、bc 段和 ca 段。在每一段里磁感应强度（B）和磁场强度（H）相等。设磁路中磁场均匀，各段的磁场强度分别为 H_1、H_2、H_3，各段长度分别为 l_1、l_2、l_3，磁场强度方向与各段路径重合，根据试验可得

$$H_1 l_1 + H_2 l_2 + H_3 l_3 = NI$$

一般情况下可以写成

$$\Sigma(Hl)=\Sigma(NI)=\Sigma(F) \quad (3\text{-}10)$$

式中，NI——磁路的磁动势或磁通势（F），单位为安培（A）；

Hl——磁位差 U_m。

式（3-10）称为基尔霍夫磁位差定律。它表明闭合磁路中各段磁位差的代数和等于各磁动势的代数和。任选磁路绕行方向，当某段的磁力线方向与闭合路径绕行方向一致时，磁位差（Hl）取正，否则取负。电流（I）方向与闭合路径绕行方向满足右手螺旋定则时，磁动势（F）取正，否则取负。

【例 3-1】 图 3-13 所示为一无分支磁路，磁路由铁磁性材料和空气隙构成，截面积 $S_1 \neq S_2$，磁路中磁通为顺时针方向，试对磁路进行分段，并写出该磁路的磁位差平衡式。

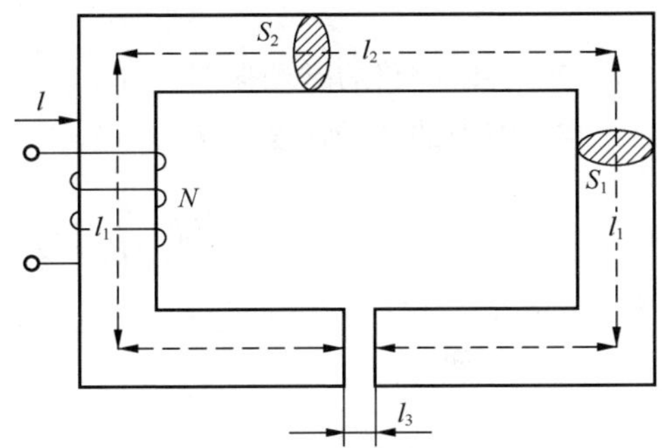

图 3-13 无分支磁路

解：（1）根据材料、截面积的不同，磁路分为 3 段：

第一段磁路：截面积为 S_1，铁磁性材料；

第二段磁路：截面积为 S_2，材料与第一段相同；

第三段磁路：截面积为 S_2，非铁磁性材料—空气隙。

（2）根据磁路欧姆定律写出各段磁路的磁位差的表达式，由于无分支磁路中各段的磁通相同，可得

$$U_{m1}=2H_1l_1=\Phi R_{m1}$$
$$U_{m2}=H_2(2l_2-l_3)=\Phi R_{m2}$$
$$U_{m3}=H_3l_3=\Phi R_{m3}$$

根据基尔霍夫磁位差定律可得

$$NI=\Sigma(Hl)=U_{m1}+U_{m2}+U_{m3}=\Phi(R_{m1}+R_{m2}+R_{m3})=\Phi R_m$$

即

$$\Phi=\frac{NI}{R_m}=\frac{F}{R_m} \quad (3\text{-}11)$$

式中，磁路总磁阻（R_m）为

$$R_m=R_{m1}+R_{m2}+R_{m3} \quad (3\text{-}12)$$

由于空气隙中的磁阻（R_{m3}）远远大于铁磁性材料中的磁阻（R_{m1} 与 R_{m2}），因此在工程上，在求磁路总磁阻（R_m）时，往往忽略铁磁性材料中的磁阻，这样磁路总磁阻（R_m）就近似等于空气隙中的磁阻（R_{m3}），即

$$R_m=R_{m1}+R_{m2}+R_{m3}\approx R_{m3} \quad (3\text{-}13)$$

由单一电流励磁的闭合单磁路，$\Phi=\dfrac{NI}{R_m}$ 是磁路欧姆定律的另一种表达形式，可方便地用于磁路的定性分析。

【例 3-2】 图 3-14 所示为由铸钢铁心和空气隙构成的磁路，磁路各段长度分别为 L_0=1cm，

L_1=30cm，L_2=10cm，截面积分别为 S_0=S_1=10cm^2，S_2=8cm^2。空气隙中的磁感应强度 B_0=1T，试问需多大的磁动势 NI。

解：（1）磁路的磁通

$$\Phi = BS_0 = 1\text{T} \times 10 \times 10^{-4}\text{m}^2 = 0.001\text{Wb}$$

（2）各段磁路的磁感应强度

$$B_0 = 1\text{T}$$

$$B_1 = \frac{\Phi}{S_1} = \frac{0.001\text{Wb}}{10 \times 10^{-4}\text{m}^2} = 1\text{T}$$

$$B_2 = \frac{\Phi}{S_2} = \frac{0.001\text{Wb}}{8 \times 10^{-4}\text{m}^2} = 1.25\text{T}$$

（3）各段磁路的磁场强度

空气隙中的磁场强度（H_0）

$$H_0 = \frac{B_0}{\mu_0} = \frac{1\text{T}}{4\pi \times 10^{-7}\text{H/m}} = 7.96 \times 10^5\text{A/m}$$

由图 3-15 所示磁化曲线查表，可得两段铸钢铁心材料中的磁场强度

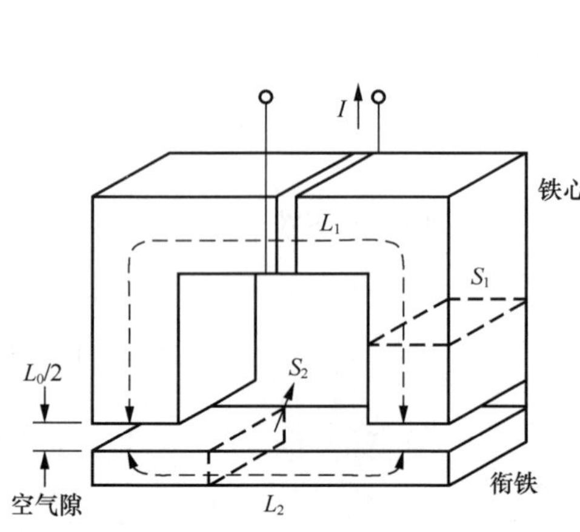

图 3-14 磁路计算

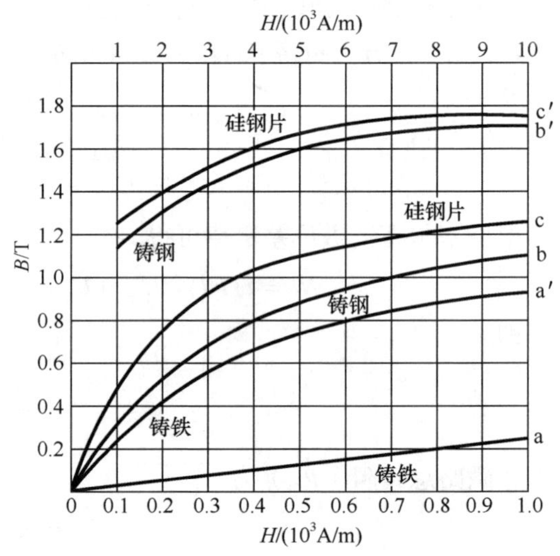

图 3-15 几种铁磁性材料磁化曲线

$$H_1 = 700\text{A/m},\quad H_2 = 1500\text{ A/m}$$

（4）各段磁路的磁压降

$$H_0L_0 = 7.96 \times 10^5\text{A/m} \times 0.01\text{m} = 7960\text{A}$$

$$H_1L_1 = 700\text{A/m} \times 0.3\text{m} = 210\text{A}$$

$$H_2L_2 = 1500\text{A/m} \times 0.1\text{m} = 150\text{A}$$

（5）磁动势 NI

$$NI = H_0L_0 + H_1L_1 + H_2L_2 = 7960\text{A} + 210\text{A} + 150\text{A} = 8320\text{A}$$

由例 3-2 分析可知，在有空气隙的磁路中，由于空气隙磁阻大，所以 H_0L_0 远大于 H_1L_1 和 H_2L_2，磁动势差不多都消耗在空气隙上。

通过上述分析可知，磁路与电路有许多相似之处。以无分支磁路为例，与单回路的电阻电路相对比，磁阻的串联可对应电阻的串联；磁路的磁通可对应电路的电流等。为便于理解和记忆，现将磁路和电路的物理量和有关定律列表对比，详见表 3-1。

表 3-1　磁路与电路对照表

磁　路	电　路	磁　路	电　路
磁通（Φ）	电流（I）	磁导率（μ）	电导率（r）
磁位差（U_m）	电压（U）	欧姆定律 $\Phi=U_m/R_m$	欧姆定律 $I=U/R$
磁动势（F）	电动势（E）	基尔霍夫定律 $\sum\Phi=0$ $\sum Hl=\sum NI$	基尔霍夫定律 $\sum I=0$ $\sum IR=\sum U_s$
磁阻 $R_m=l/(\mu S)$	电阻 $R=l/(rS)$		

3.2.3　磁路定律在汽车中的应用——磁感应点火信号发生器

汽车点火系统的作用是为汽油发动机气缸内已压缩的可燃混合气提供足够能量的电火花，使发动机能及时、迅速地燃烧做功。点火系统应在发动机各种工况和使用条件下，均应保证可靠而准确地点火。汽车点火系统的类型很多，下面以日本丰田汽车发动机所装用的典型的无触点磁感应式电子点火系统为例，分析系统主要部件——磁感应式点火信号发生器的工作原理。

如图 3-16 所示，磁感应式点火信号发生器主要由装在分电器轴上的信号转子、永久磁铁、铁心（支座）和绕在铁心上的感应线圈等组成。信号转子由分电器轴驱动，转子上的凸齿数与发动机气缸数相等。

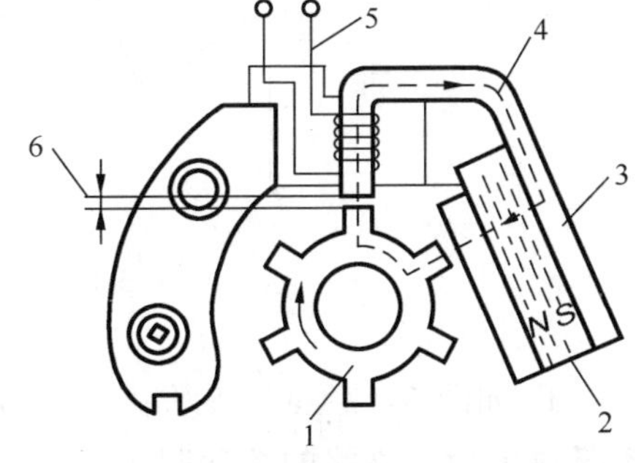

图 3-16　磁感应式点火信号发生器

1—信号转子　2—永久磁铁　3—铁心
4—磁通　5—传感线圈　6—空气隙

磁感应式点火信号发生器是利用电磁感应原理工作的。在信号转子转动时，通过传感线圈的磁通发生变化，使线圈内感应电动势的方向发生交变变化，此时将线圈两端输出交变信号（正脉冲或负脉冲信号）送至点火模块输入端，就可控制点火装置的工作。

信号发生器磁通路径：永久磁铁 N 极—空气隙—信号转子—空气隙—铁心（通过传感线圈）—永久磁铁 S 极。

根据磁路欧姆定律，当磁通势一定的情况下，磁通与磁阻成反比。在信号转子旋转时，信号转子的凸齿与铁心间的空气隙将发生变化，从而引起磁阻的不断变化，使通过传感线圈的磁通发生变化，因此，在传感线圈中便产生感应电动势。

如图 3-17 所示，通过对信号转子旋转的 3 个不同状态的分析，得到传感线圈中磁通和感应电动势的波形变化如图 3-18 所示。

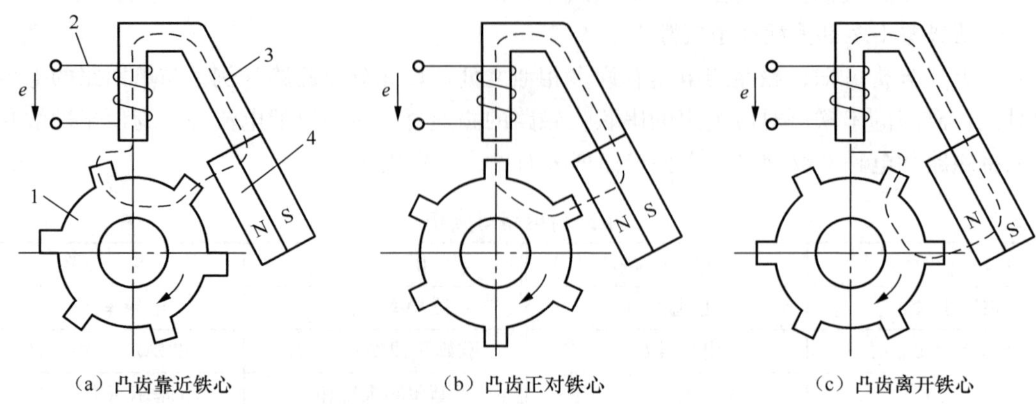

（a）凸齿靠近铁心　（b）凸齿正对铁心　（c）凸齿离开铁心

图 3-17　信号转子旋转的 3 个不同状态

1—信号转子　2—传感线圈　3—铁心　4—永久磁铁

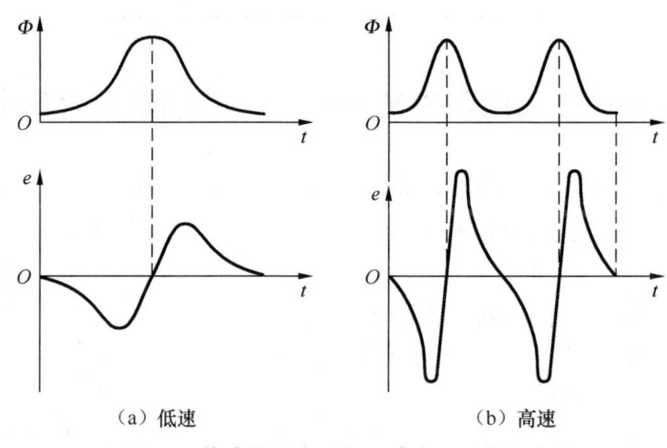

（a）低速　（b）高速

图 3-18　传感线圈中磁通和感应电动势的波形

① 如图 3-17（a）所示，当信号转子凸齿逐渐靠近铁心时，凸齿与铁心之间的空气隙逐渐减小，主磁路的总磁阻（R_m）逐渐减小，通过传感线圈的磁通量（Φ）逐渐增大，磁通变化率 $d\Phi/dt>0$。

② 如图 3-17（b）所示，当信号转子凸轮与铁心中心线正好对正时，凸齿与铁心之间的空气隙最小，主磁路的总磁阻（R_m）最小，通过传感线圈的磁通量（Φ）最大，但磁通量的变化率 $d\Phi/dt=0$。

③ 当信号转子从图 3-17（b）位置向图 3-17（c）位置转动时，信号转子凸齿逐渐离开铁心，凸齿与铁心之间的空气隙逐渐增大，主磁路的总磁阻（R_m）逐渐增大，通过传感线圈的磁通量（Φ）逐渐减小，磁通变化率 $d\Phi/dt<0$。

根据电磁感应定律 $e=-N\dfrac{d\Phi}{dt}$，磁通交变，在传感线圈中会产生一个感应电动势，传感线圈中磁通和感应电动势的波形如图 3-18 所示。

通过分析可知，对于 6 缸发动机，转子每转过一圈就会产生 6 次周期交变电动势信号，而且其幅值与转速成正比。

3.3 铁心线圈和电磁铁

3.3.1 交流铁心线圈的电路分析

如图 3-19 所示，交流铁心线圈在正弦电压作用下，有电流（i）通过，产生交变磁通，其中绝大部分磁通将沿铁心而闭合，这部分沿铁心闭合的磁通称为主磁通（Φ），此外，还有极少部分磁通经过空气而闭合，这部分磁通称为漏磁通，用 Φ_σ 表示。这两部分磁通将分别在线圈中产生感应电动势即主磁电动势（e）和漏磁电动势（e_σ）。

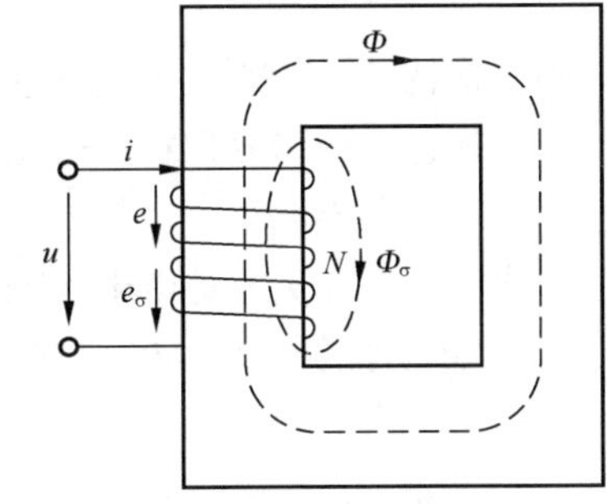

图 3-19 铁心线圈电路

电压、电流与电动势的参考方向标于图 3-19 中，根据基尔霍夫定律得

$$u=-e-e_\sigma+Ri \tag{3-14}$$

式中，R —— 铁心线圈的电阻。

设主磁通正弦交变，即

$$\Phi=\Phi_m \sin\omega t$$

则根据电磁感应定律，主磁感应电动势为

$$\begin{aligned} e&=-N\frac{\mathrm{d}\Phi}{\mathrm{d}t}=-N\frac{\mathrm{d}(\Phi_m\sin\omega t)}{\mathrm{d}t}=-N\omega\Phi_m\cos\omega t \\ &=2\pi fN\Phi_m\sin(\omega t-90°)=E_m\sin(\omega t-90°) \end{aligned} \tag{3-15}$$

主磁电动势（e）的有效值为

$$E=\frac{E_m}{\sqrt{2}}=\frac{2\pi}{\sqrt{2}}f\,N\Phi_m=4.44f\,N\Phi_m \tag{3-16}$$

式中，N——线圈匝数；

f——电源频率；

Φ_m——磁通最大值。

由于铁心线圈的电阻（R）与铁心的漏磁电动势（e_σ）数值很小，可以忽略不计，得

$$u\approx-e$$

则

$$U\approx E=4.44fN\Phi_m \tag{3-17}$$

提示

- 在交流铁心线圈电路中，当频率（f）、匝数（N）一定时，主磁通（Φ）正比于电源电压（U）；当电源电压（U）一定时，主磁通（Φ）基本保持恒定。
- 在交流铁心线圈电路中，主磁通（Φ）的大小与磁路无关。磁路的变化（如气隙大小）直接影响的是励磁电流的大小。
- $U\approx E=4.44fN\Phi_m$ 称为恒磁通公式。

变压器、交流电动机、交流电磁铁等电气设备，它们的线圈都是绕制在铁磁性材料上的，在工作过程中利用磁通的交变来传递或转换能量，恒磁通的概念常常被运用于电路的分析中。

3.3.2 铁心线圈的功率损耗

在交流铁心线圈中有两部分功率损耗，即线圈电阻上的铜耗（p_{Cu}）和铁心中的铁耗（p_{Fe}）。线圈的功率损耗可写为

$$p = p_{Cu} + p_{Fe}$$

式中，铜耗 $p_{Cu} = RI^2$，它与电流的平方成正比。

铁耗包含两部分损耗——磁滞损耗（p_h）和涡流损耗（p_e）。

（1）磁滞损耗

磁滞损耗（p_h）是由于铁磁性材料反复磁化而引起的损耗，磁滞损耗（p_h）的大小与频率（f）、磁感应强度幅值（B_m）有关，即

$$p_h \propto f B_m^2 \tag{3-18}$$

铁磁性材料磁滞回线所包含的面积的大小也可以直观地反映磁滞损耗大小，面积越大，损耗越大。

（2）涡流损耗

铁心既能导磁，也能导电，因此当磁通交变时，在铁心截面中产生感应电动势，继而产生漩涡状的感应电流，称之为涡流。涡流是电磁感应的一种特殊形式，如图 3-20 所示。

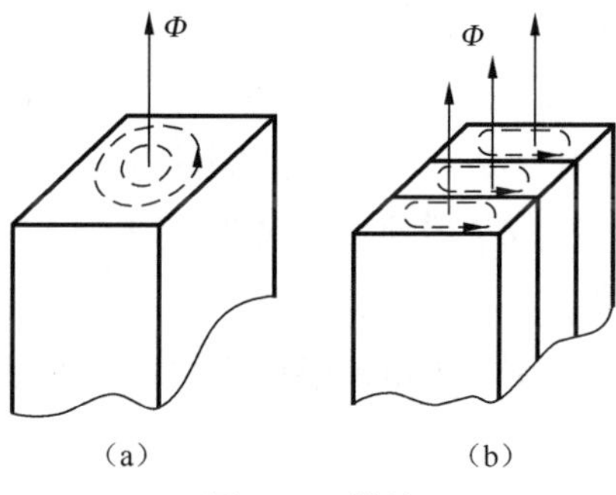

图 3-20 涡流

涡流损耗（p_e）大小与频率（f）、磁感应强度幅值（B_m）、硅钢片厚度（d）和材料的电阻率（ρ）有关。

$$p_e \propto \frac{f^2 B_m^2 d^2}{\rho} \tag{3-19}$$

涡流损耗不仅会造成电能的浪费，设备本身也容易遭受到损坏。因此变压器等电气设备为减小损耗，其铁心通常不用整块的铁心，而采用厚度薄、电阻率较大、涂有绝缘漆的硅钢片来叠装铁心。这样做可以将涡流限制在狭窄的薄片之内，而且由于硅钢材料具有较大的电阻率，可使涡流大为减弱。

结合磁滞损耗（p_h）和涡流损耗（p_e）公式，总的来说，已知的电气设备，其铁耗（p_{Fe}）正比于频率的 1.2 ~ 1.6 次方、磁感应强度幅值的平方，即

$$p_{Fe} \propto f^{\beta} B_m^2 \tag{3-20}$$

一般取 $\beta = 1.2 \sim 1.6$。

由于 Φ 正比于 B，励磁电流（i）正比于 H，为便于理解，一定条件下，由磁化曲线 $B = f(H)$ 可以得到曲线 $\Phi = f(i)$，如图 3-21 所示。从图中可知，当线圈所加电压超过额定电压不多时，理论上磁通也会成比例增加，而此时铁心趋向于深度饱和，磁通增加缓慢，励磁电流却急剧增加。

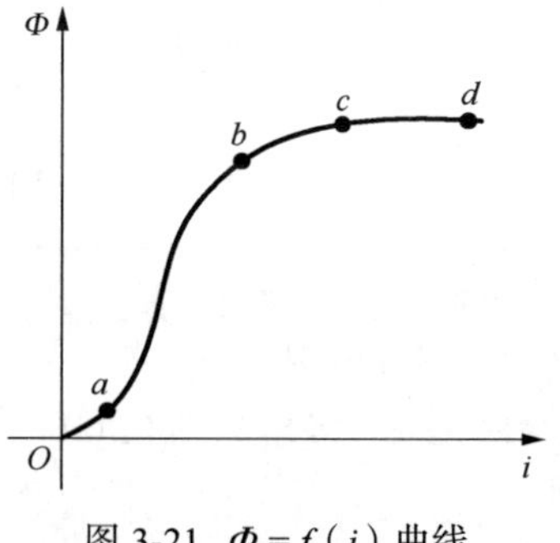

图 3-21 $\Phi = f(i)$ 曲线

在电动机、变压器等设备的设计时，都希望尽量减小涡流损耗，提高效率。但从另一方面讲，也可以充分利用涡流使铁心发热的这一特性。例如，汽车上的电涡流缓速器就是利用涡流，使高速行进中汽车的动能转化为由于转盘中的涡流而产生的热能，从而达到使车辆减速的目的。

涡流

由于铁磁性材料具有饱和性，所以即使铁心线圈上的电压超过额定电压不多，也会导致线圈中的电流大幅度地增加，磁路深度饱和，引起铜耗和铁耗大幅度地增加，使线圈温度快速上升，绝缘受到严重的损坏。

3.3.3 电磁铁

电磁铁是利用通电的铁心线圈所产生的强磁场来吸引铁磁性材料（衔铁）动作的电器。它广泛地应用在继电器、接触器及自动装置中。电磁铁由励磁线圈、铁心和衔铁组成，其结构如图3-22所示。电磁铁工作时，电流通入励磁线圈产生磁场，使铁心和衔铁都被磁化，衔铁受到电磁力的作用与铁心吸合，同时电磁铁的衔铁可带动其他机械零件或触点动作，实现各种控制和保护。断电时，磁场消失，衔铁在弹力的作用下释放。

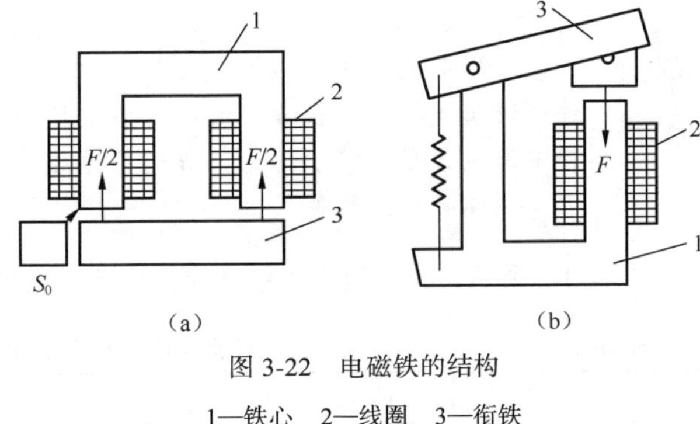

图3-22　电磁铁的结构

1—铁心　2—线圈　3—衔铁

当衔铁为被加工的工件时，则起到固定工件位置的作用，如磨床中常用的电磁吸盘。因此电磁铁在生产上的应用非常广泛。

根据电磁铁线圈中所通过的电流不同，可分为直流电磁铁和交流电磁铁两大类。

1. 直流电磁铁

直流电磁铁的励磁电流是直流。可以证明，直流电磁铁的衔铁所受吸力为

$$F = 4B_0^2 S \times 10^5 \tag{3-21}$$

式中，B_0——空气隙磁感应强度（T）；

S——空气隙磁场截面积（m^2）；

F——电磁铁的吸力（N）。

直流电磁铁采用直流电流励磁，线圈的励磁电流由电源电压和线圈内阻决定。若电源电压和线圈内阻不变，则励磁电流不变，磁动势（NI）也不变。

根据磁路欧姆定律（$\Phi = NI/R_m$）可知，励磁电流不变时，在衔铁吸合过程中磁阻逐渐变小，磁通逐渐变大，因此直流电磁铁的吸力（F）也逐渐变大。

2. 交流电磁铁

交流电磁铁是用交流电励磁的，气隙中的磁感应强度随时间而变化，所以交流电磁铁的吸力也要

随时间而变化。一般计算时，只考虑其平均值（F_{av}）（平均吸力是最大吸力的一半），其计算公式为

$$F_{av} = 2B_m^2 S \times 10^5 \tag{3-22}$$

由于交流电磁铁的吸力随时间在0与最大值之间变化，因而衔铁要发生震动而引起噪声。为改善电磁铁工作时的震动和噪声现象，可以在铁心的局部端面上嵌装一个短路环，又称分磁环，如图3-23所示。

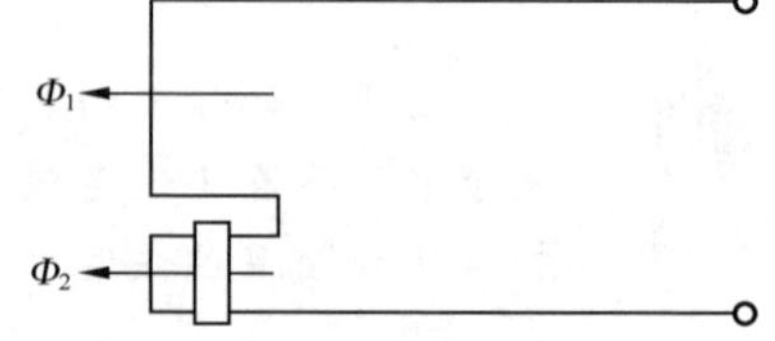

图3-23　交流电磁铁的短路环

短路环将原来铁心中的磁通（Φ）分成Φ_1和Φ_2两部分，Φ_2穿过短路环，在短路环中产生感应电流，感应电流阻碍Φ_2的变化，使Φ_1和Φ_2产生相位差。这样，穿过空气隙的总磁通就不会同时为零，吸力瞬时值也不会为零。

根据恒磁通公式可知，当电压有效值和频率不变时，铁心中磁通的最大值亦保持恒定不变。故在衔铁吸合过程中，交流电磁铁吸力（F）的大小基本不变，与磁路无关。但是由于交流电磁铁吸合前后的空气隙不同，引起磁阻不同，因此交流电磁铁在起动（开始吸合）时的电流，要比工作时（吸合后）的电流大很多。

U形交流电磁铁的衔铁打开时，其励磁电流是吸合后的10～15倍，而线圈的允许电流值是按衔铁吸合后的电流值设计的。因此，如果线圈得电而衔铁由于种种原因不能吸合或频繁操作时，线圈易过热甚至烧坏，这也是交流电磁铁比直流电磁铁容易烧坏的原因之一。

如表3-2所示，将直流电磁铁和交流电磁铁的特点作比较。

表3-2　直流电磁铁和交流电磁铁的比较

电　磁　铁	铁心结构	吸合过程	吸　合　后	吸合不好时
直流电磁铁	整块软钢制成，无短路环	电流不变，吸力变大，磁阻变小	无震动	线圈不会过热
交流电磁铁	硅钢片叠成，有短路环	吸力不变，电流变小，磁阻变小	有震动	线圈会过热，可能烧坏

利用电磁铁磁性强、控制方便等特点，可制成许多控制部件或执行部件应用到汽车上。图3-24所示为汽车电控燃油喷射系统中的喷油器，其中电磁铁中的衔铁与针阀是一体的，喷油器就是采用电磁铁的电磁吸力来打开或关闭燃油计柱塞，从而控制喷油器的喷油量。

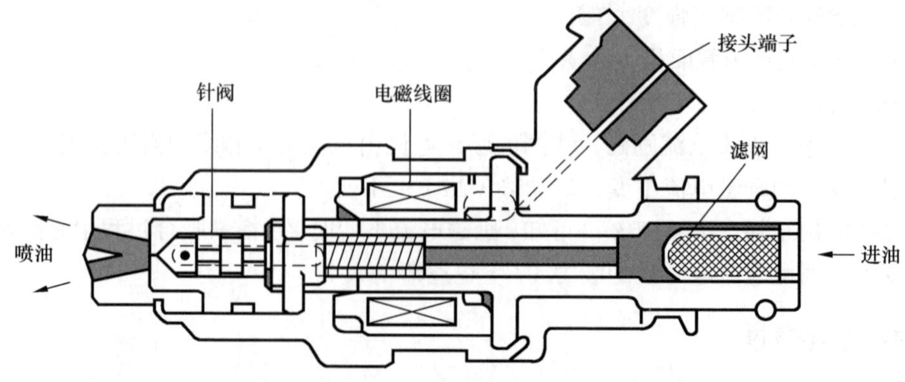

图3-24　汽车电控燃油喷射系统中的喷油器

3.4 变压器

变压器是将一种等级的交流电压变换成频率相同的另一种等级的交流电压的静止电气设备。变压器在电力系统、通信、广播、冶金、焊接、电子实验、电气测量、自动控制等方面有着广泛的应用。例如，在电力系统中，将从发电厂发出的电能输送到用户，通常需要经过很长的输电线，为减小输电线路的损耗，常常采用高压输电——将发电机发出的电压用变压器升高后再传输。当电能输送到用户时，考虑到安全用电、降低电器的绝缘等级及成本，再用降压变压器将电压降到配电电压，供各种动力和照明等设备使用。

根据变压器用途和结构的不同，变压器可分电力变压器、自耦变压器、仪用互感器、电焊变压器等多种。

虽然变压器的种类很多，但其工作原理是相同的，都是通过电磁感应来传递能量或信号的。下面主要介绍单相变压器的结构、原理与应用。

3.4.1 单相变压器的基本结构

单相变压器主要由铁心和绕组两个基本部分组成。根据铁心的结构不同，变压器可分为心式和壳式两种。心式的线圈包围铁心，壳式的铁心包围线圈，如图 3-25 所示。一般小功率单相变压器多采用壳式结构，容量较大的单相变压器常采用心式结构。

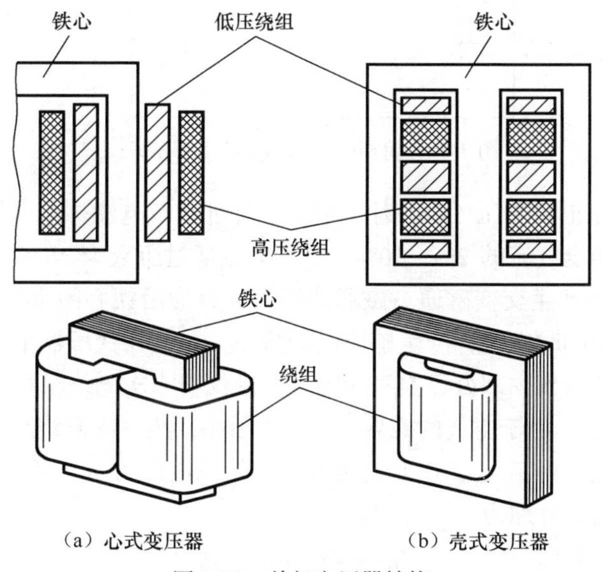

（a）心式变压器　　（b）壳式变压器

图 3-25 单相变压器结构

1. 铁心

铁心构成了变压器的磁路，使绕组之间实现电磁耦合。为了提高铁心导磁性能，减少铁心损耗，铁心通常采用厚度为 0.35～0.5mm 且表面涂有绝缘漆的硅钢片交错叠装而成。

2. 绕组

绕组构成变压器的电路，与电源相连接的绕组称为一次侧绕组或初级绕组，与负载相连的绕组称为二次侧绕组或次级绕组。根据两侧绕组匝数的不同，也可将匝数多的称为高压绕组，匝数少的称为低压绕组。

单相小容量变压器的绕组多用高强度漆包线绕制。为了降低绕组和铁心间的绝缘要求，一般高压绕组同心地套在低压绕组的外面。

3.4.2 单相变压器的工作原理

为了便于分析问题，将互相绝缘的两个绕组分别画在两个铁心柱上。

1. 变压器的空载运行——电压变换

图 3-26 所示为单相变压器的空载运行示意图。图中标注了各物理量的参考方向。一次侧绕组接额定电压为 U_{N1} 的交流电源，二次侧绕组处于开路状态，称为变压器的空载运行。

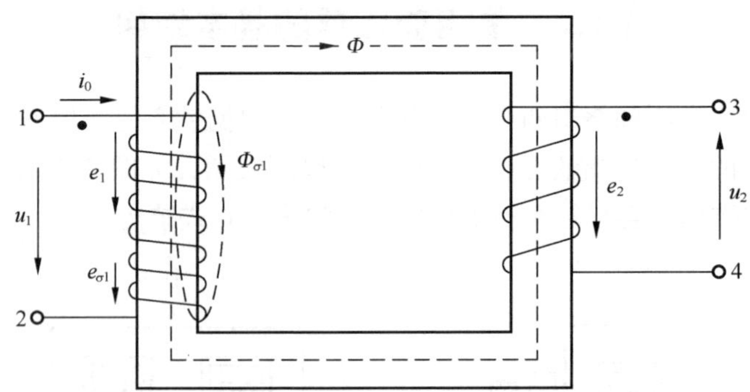

图 3-26　单相变压器的空载运行示意图

当一次侧绕组外加正弦电压（u_1）时，绕组中流过空载电流（i_0），空载电流（i_0）一般很小，仅为一次侧绕组额定电流的 2%～10%。空载电流通过匝数为 N_1 的一次侧绕组，产生磁动势（N_1i_0），并在铁心中产生交变磁通。磁通的绝大部分为沿铁心闭合的变压器主磁通（Φ），与一次侧、二次侧绕组同时交链，产生感应电动势 e_1、e_2。在变压器中，通过主磁通（Φ）进行能量的传递。此外还有极少部分经空气而闭合，且仅与一次侧绕组相交链的漏磁通（$\Phi_{\sigma1}$），产生漏磁感应电动势 $e_{\sigma1}$。由于空气的磁导率（μ_0）很小，故一次侧绕组的漏磁通是极少的。

设一次侧绕组的电阻为 R_1，二次侧绕组空载时的端电压为 u_2，根据 KVL，可写出这两个绕组电路的电压方程式，分别为

$$u_1 = -e_1 - e_{\sigma1} + i_0R_1 \qquad (3\text{-}23)$$

$$u_2 = e_2 \qquad (3\text{-}24)$$

在略去很小的漏磁电动势和一次侧绕组电阻的电压降时，可得

$$u_1 \approx -e_1 \qquad (3\text{-}25)$$

u_1、u_2 有效值大小分别为

$$\begin{aligned} U_1 &\approx E_1 = 4.44 f N_1 \Phi_m \\ U_2 &= E_2 = 4.44 f N_2 \Phi_m \\ \frac{U_1}{U_2} &\approx \frac{E_1}{E_2} = \frac{N_1}{N_2} = k \end{aligned} \tag{3-26}$$

式中，k——变压器匝数比，也可称为变比。

式（3-26）说明变压器空载时一、二次侧绕组的电压比近似等于它的变比（匝数比）（k）。高压绕组匝数多，低压绕组匝数少。由于一、二次侧绕组匝数的不同，从而实现了变压器变换电压的目的。

根据图 3-26 中的感应电动势（e_1、e_2）的参考方向，在任一瞬间，一次侧绕组中的感应电动势（e_1）为正值时，二次侧绕组中的感应电动势（e_2）也为正值，反之亦然。因此可知一、二次侧绕组对应的 1、3 端子（e_1、e_2 参考方向箭头的起始端）与对应的 2、4 端子（e_1、e_2 参考方向箭头的终端）的感应电动势实际极性相同。为了表明端子之间的这种关系，在有磁耦合的不同绕组上，把电动势实际极性始终保持一致的端子称为同名端，也称同极性端。图 3-27（a）中，1、3 端为同名端，用"·"作标记。同理都不打点的 2、4 端也为同名端。而 1、4 端和 2、3 端称为异名端。

一台制造好的变压器，其同名端已确定，当从外观上无法看清绕组的绕向时，可以采用实验的方法来判别同名端。

- 变压器绕组的同名端与一、二次侧绕组的相对位置以及其在铁心上的绕向有关，如图 3-27 所示。
- 若一、二次侧绕组的电流都从同名端流入，如图 3-27（a）的 1、3 端或图 3-27（b）的 1、4 端，则产生的磁通相互增强。用此方法可判别同名端。

2. 变压器的负载运行——电流变换

图 3-28 所示为单相变压器的负载运行示意图。图中标注了各物理量的参考方向。一次侧绕组接额定电压为 U_{N1} 的交流电源，二次侧绕组与负载相连接。

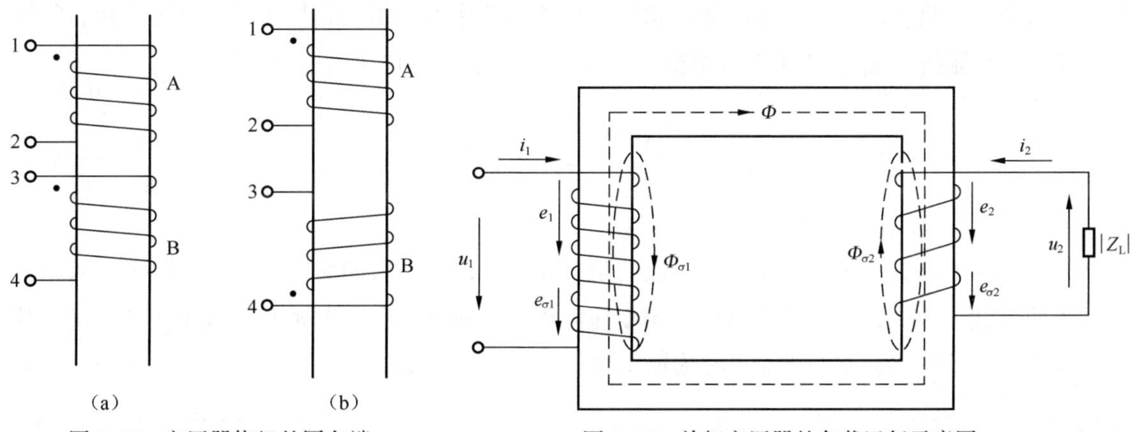

图 3-27 变压器绕组的同名端

图 3-28 单相变压器的负载运行示意图

负载时，二次侧绕组流经电流（i_2），产生磁动势（$N_2 i_2$），同时一次侧绕组电流由空载电流

（i_0）变为 i_1，磁动势（N_1i_1）作用在磁路上，产生主磁通（Φ）。而根据恒磁通概念，从空载到负载，在电源电压（U_1）不变的情况下，主磁通（Φ）基本保持不变，因此磁动势也保持不变。磁动势的平衡关系式为

$$N_1i_1 + N_2i_2 = N_1i_0 \tag{3-27}$$

因为空载电流很小，变压器接近满载时，空载电流远远小于负载时电流，因此近似计算时可以忽略不计空载磁动势，即

$$N_1i_1 + N_2i_2 \approx 0 \tag{3-28}$$

电流大小关系为

$$\frac{I_1}{I_2} \approx \frac{N_2}{N_1} = \frac{1}{k} \tag{3-29}$$

式（3-29）反映了变压器变换电流的作用，即一次侧、二次侧绕组电流之比近似等于匝数的反比。

变压器越接近满载运行，$\frac{I_1}{I_2} \approx \frac{N_2}{N_1} = \frac{1}{k}$ 的比值关系越准确。

同样，在忽略一、二次侧绕组的漏抗压降和电阻压降时，一次侧、二次侧绕组的电动势平衡式为

$$u_1 \approx -e_1$$
$$u_2 \approx e_2$$

同样可得到有效值大小之比为

$$\frac{U_1}{U_2} \approx \frac{E_1}{E_2} = \frac{N_1}{N_2} = k \tag{3-30}$$

式（3-30）说明，与空载运行一样，负载运行时，电压比也近似等于绕组匝数比，只是误差相对大了一些。

3. 变压器的阻抗变换

变压器除了可以变换电压、电流之外，还可以变换负载阻抗，从而实现阻抗匹配。如图 3-29 所示，负载复阻抗（Z_L）接于二次侧，忽略一次侧、二次侧绕组的漏抗压降和电阻压降，阻抗模（$|Z_L'|$）与阻抗（$|Z_L|$）的关系可根据式（3-29）和式（3-30）得到。

$$\left|Z_L'\right| = \frac{U_1}{I_1} = \frac{\frac{N_1}{N_2}U_2}{\frac{N_2}{N_1}I_2} = \left(\frac{N_1}{N_2}\right)^2 \frac{U_2}{I_2} = k^2\left|Z_L\right| \tag{3-31}$$

式（3-31）说明，接在变压器二次侧的阻抗（$|Z_L|$），对一次侧而言，相当于接上等效阻抗为$|Z_L'|$的负载。因此，在电子电路中常用变压器作为阻抗变换器来实现与负载阻抗的匹配，使负载获得最大的功率。此变压器也称为输出变压器。

变压器变换阻抗时，只改变复阻抗的模，而不改变阻抗角，即 $Z_L' = k^2 Z_L$

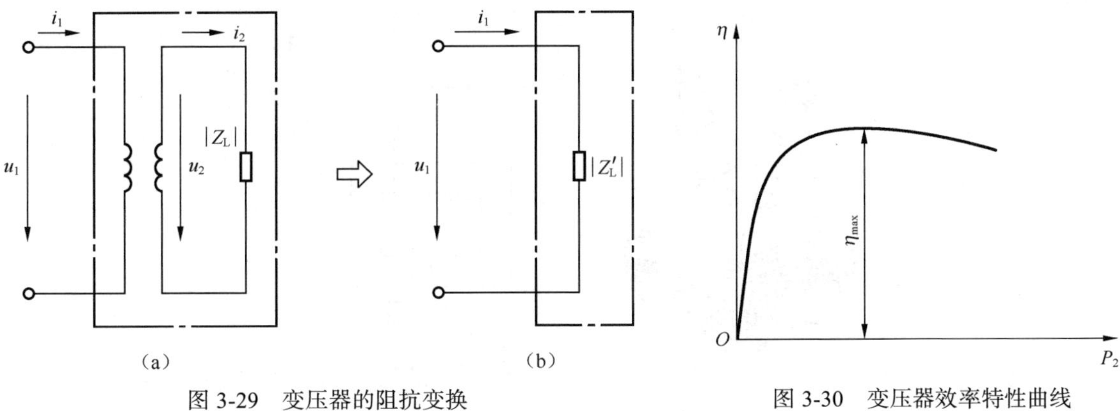

图 3-29　变压器的阻抗变换

图 3-30　变压器效率特性曲线

4. 变压器的损耗与效率

变压器在传递能量时存在损耗，包括铜耗和铁耗。铜耗（p_{Cu}）为一、二次侧绕组电阻产生的损耗，大小为

$$p_{Cu} = p_{Cu1} + p_{Cu2} = I_1^2 R_1 + I_2^2 R_2 \tag{3-32}$$

它随负载电流的变化而变化，因此称铜耗（p_{Cu}）为可变损耗。

铁耗（p_{Fe}）为交变磁通在铁心中产生的损耗，它包括磁滞损耗（p_h）和涡流损耗（p_e）两部分。在一定电源电压下，铁耗为不变损耗。

变压器的效率为输出功率与输入功率之比，用百分比表示。

$$\eta = \frac{P_2}{P_1} \times 100\% \tag{3-33}$$

它的效率特性曲线 $\eta = f(P_2)$，如图 3-30 所示，可以看出，当负载变化到某一数值时，将出现最大效率。

当变压器的可变损耗等于不变损耗，即铜耗（p_{Cu}）等于铁耗（p_{Fe}）时，对应效率最大，此时所带负载为额定负载的 50%～60%。

3.4.3　仪表用互感器

仪表用互感器是特殊的变压器，用来测量一次侧的大电流或大电压，使测量回路与高压隔离，确保测量人员和仪表安全；可以扩大测量仪表（电压表、电流表）的测量范围，便于仪表标准化；还可为二次侧计量及保护等设备提供电流及电压信号。仪表用互感器又分为电压互感器和电流互感器两种。

1. 电压互感器

电压互感器的外形和原理图如图 3-31 所示。高压绕组作一次侧绕组，与被测电路并联。低压绕组作二次侧绕组，接电压表等负载。高压绕组匝数多、导线细，低压绕组匝数少、导线粗。由于电压表等负载阻抗非常大，电压互感器相当于工作在空载状态，因而

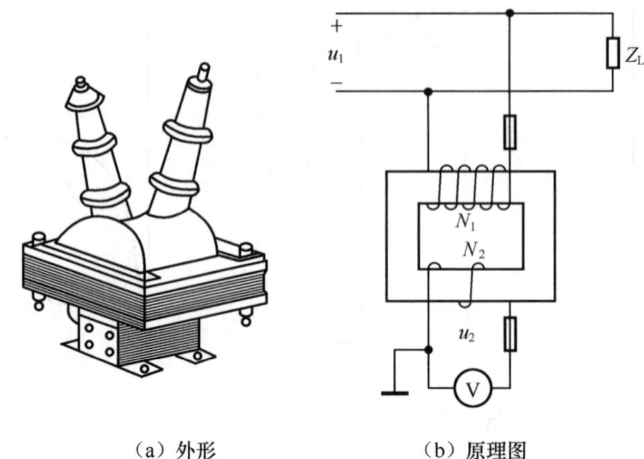

（a）外形　　（b）原理图

图 3-31　电压互感器的外形和原理图

$$U_1 = \frac{N_1}{N_2}U_2 = k_u U_2 \tag{3-34}$$

式中，k_u——电压互感器的变压比。

只要选择合适的 k_u，就可以将高电压变为低电压，使之便于测量。通常二次侧绕组的额定电压大多为统一的标准值 100V，配 100V 量程的电压表。电压表表面刻度按一次侧绕组额定电压来刻度，故可直接读出 U_1。

电压互感器使用注意事项如下。

- 二次侧绕组绝对不允许短路，否则会烧毁绕组。
- 二次侧绕组和铁心必须可靠接地。
- 二次侧绕组不宜接入过多仪表，以免影响测量精度。

2. 电流互感器

电流互感器的外形和原理图如图 3-32 所示。低压绕组作一次侧绕组与被测电路串联，二次侧绕组接电流表等负载。一次侧绕组导线粗，匝数很少，一般只有 1 至几匝；二次侧绕组导线细，匝数很多。由于电流表等负载阻抗非常小，电流互感器相当于工作在短路状态。由于一次侧绕组电压很低，产生的主磁通很小，励磁电流很小。

$$I_1 = \frac{N_2}{N_1}I_2 = k_i I_2 \tag{3-35}$$

式中，k_i —— 电流互感器的变流比。

只要选择合适的 k_i，就可以将大电流变为小电流，使之便于测量。通常二次侧绕组的额定电流大多为统一标准值 5A，配 5A 量程的电流表。

钳形电流表是电流互感器和电流表组成的测量仪表，用它来测量电流时不必断开被测电路，使用十分方便。图 3-33 所示为钳形电流表的外形和原理图，它的铁心可以张合，像一把钳子。测量时，先按下扳手使可动的钳形铁心张开，把通有被测电流的导线套进铁心内，再闭合铁心，这样，被套进的载流导体就成为电流互感器的一次侧绕组（即 $N_1 = 1$），而绕在铁心上的二次侧绕组与电流表构成闭合回路，从电流表上可直接读出被测电流的大小。

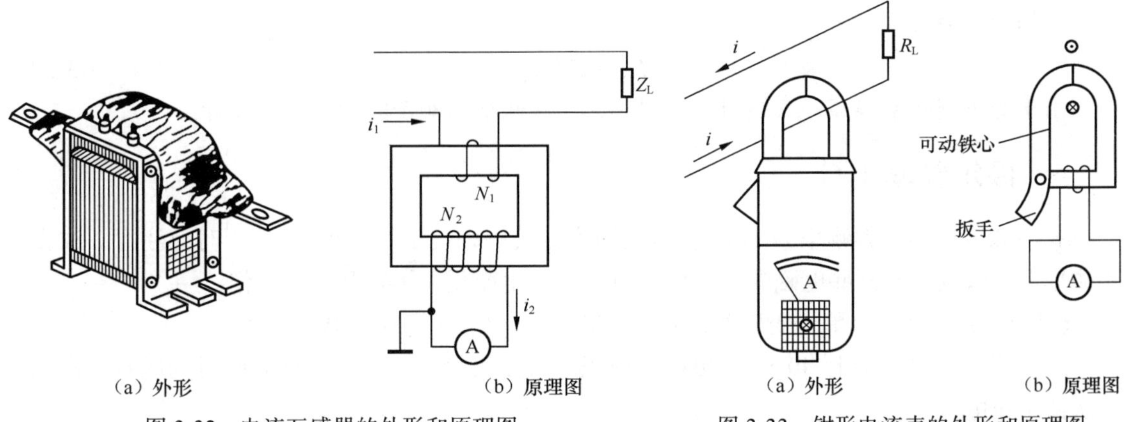

（a）外形 （b）原理图

图 3-32 电流互感器的外形和原理图

（a）外形 （b）原理图

图 3-33 钳形电流表的外形和原理图

电流互感器使用注意事项如下。

- 二次侧绕组绝对不允许开路。若二次侧绕组开路，被测大电流全部成为励磁电流，使铁心中磁通剧增，会烧毁绕组，同时在二次侧绕组上产生很大电动势，会使绝缘击穿，同时危及人员和设备安全。
- 铁心与二次侧绕组一端必须同时可靠接地。
- 电流表的内阻抗必须很小，否则会影响测量精度。

3.4.4 变压器技术参数

为了正确使用变压器，应了解和掌握变压器的一些技术参数。设备在给定的工作条件下能长期正常运行而规定的容许数值，称为额定值，它们通常标注在电器产品的铭牌和说明书上，并用下标“N”表示，如额定电压（U_N）、额定电流（I_N）、额定容量（S_N）。

1. 额定电压（U_{N1}、U_{N2}）

额定电压是根据变压器的绝缘强度和允许温升而规定的电压值，单位为 V 或 kV。U_{N1} 为一次侧绕组额定电压，U_{N2} 为二次侧绕组额定电压。其中，U_{N2} 指一次侧加上额定电压（U_{N1}）时二次侧绕组的空载电压。

应该注意，三相变压器的额定电压都是指其线电压。

2. 额定电流（I_{N1}、I_{N2}）

额定电流是根据变压器允许温升而规定的电流值，单位为 A 或 kA。同样应注意，三相变压器中额定电流都是指其线电流。使用变压器时，不要超过其额定电流值。变压器长期超负荷运行将缩短其使用寿命。

3. 额定容量（S_N）

变压器额定容量是指在额定电压和额定电流情况下，其输出的额定视在功率。

单相变压器为

$$S_N = U_{2N} I_{2N} \tag{3-36}$$

三相变压器为

$$S_N = \sqrt{3}U_{2N}I_{2N} \tag{3-37}$$

由于变压器效率很高，双绕组变压器一、二次侧绕组额定容量按相等设计。

4. 额定频率（f）

我国规定标准工频频率为 50Hz，有些国家如美国则规定为 60Hz，使用时应注意。改变使用频率会导致变压器某些电磁参数（如磁通等）发生变化，影响其正常工作。

【例 3-3】 有一台单相变压器，$S_N = 10\text{kV}\cdot\text{A}$，$U_{N1}/U_{N2} = 380\text{V}/220\text{V}$。

（1）若在二次侧接上 40W，220V 的白炽灯最多可接多少盏？试计算此时变压器一次侧、二次侧工作电流。

（2）若在二次侧接上 $\cos\varphi = 0.46$，$U_N = 220\text{V}$，$P_N = 40\text{W}$ 的日光灯（设每灯含有镇流器的功耗 7W），问最多可接多少盏？

解：（1）白炽灯可看成是纯电阻，$\cos\varphi = 1$，故 $P_N = S_N$。

因此可接白炽灯数量为

$$\frac{10\times 1\,000\text{V}\cdot\text{A}}{40\text{W}} = 250\text{ 盏}$$

$$I_1 = \frac{10\times 1\,000\text{V}\cdot\text{A}}{380\text{V}} \approx 26.3\text{A}$$

$$I_2 = \frac{10\times 1\,000\text{V}\cdot\text{A}}{220\text{V}} \approx 45.5\text{A}$$

（2）因为

$$P_N = \cos\varphi \times S_N = 0.46\times 10\times 1\,000\text{W} = 4\,600\text{W}$$

故可接日光灯数量为

$$\frac{4\,600}{40+7} \approx 98\text{ 盏}$$

从以上计算分析可见，负载的功率因数低，变压器容量就不能很好地利用。

3.5 汽车点火线圈和传统点火系统工作过程

在汽车的汽油发电机中，气缸内的可燃混合气体是由高压电火花点燃的，保证按时产生电火花的全部设备就是发动机的点火系统。其中点火线圈是汽车点火系统中一个组成部件，在汽车点火系统中与其他部件配合，将电源供给的 12V 或 24V 低压直流电转变为 15 ~ 20kV 的高压直流电。

3.5.1 点火线圈

1. 点火线圈的分类

点火线圈按冷却方式不同，可分为沥青式、油浸式和气冷式；按有无附加电阻，可分为带附加电阻型和不带附加电阻型；按接线柱的多少，可分为两接柱式和三接柱式；按铁心形状不同，可分为开磁路式和闭磁路式；按功能差异，可分为普通型和高能型。

2. 传统点火线圈——开磁路点火线圈

点火线圈的内部结构如图 3-34 所示，主要由铁心、一次侧与二次侧绕组、壳体及附加电阻等组成。

点火线圈的铁心导磁性良好，用高磁导率硅钢片叠成，以减少涡流损耗。在铁心外面套上绝缘的纸板套管，二次侧绕组就分层绕在这个套管上，为了加强绝缘和免受机械性伤害，每层高压绕组间都用电缆纸隔开，并且最外层还要多包几层或套上纸板套管。

一次侧绕组通过的电流较大，为便于散热，将其分层绕在二次侧绕组外面，绕组两端则分别连接在盖子上的低压接线柱上。在一次侧绕组与外壳之间夹有数层导磁钢套，用以减小磁路磁阻。二次侧绕组的一端连接在盖子上高压插孔中的弹簧片上，另一端与一次侧绕组的一端相连。

一次侧绕组导线较粗，直径为 0.5～1.0mm，圈数较少，一般为 240～370 匝。二次侧绕组的导线较细，直径为 0.06～0.10mm，圈数较多，一般为 11 000～23 000 匝漆包线。

点火线圈壳体外部装有一附加电阻，附加电阻又称热敏电阻，用电阻温度系数较大的低碳钢丝或镍铬丝制成，具有受热时电阻阻值迅速增大，冷却时电阻阻值迅速减小的特性。因此在发动机工作时，可利用此特点来自动调节一次侧电流，改善点火系统的工作特性。

传统点火线圈的磁路如图 3-35 所示。从图中可见，磁路的上、下部分是从空气中通过的，因此漏磁较多。这种点火线圈常称为开磁路点火线圈。

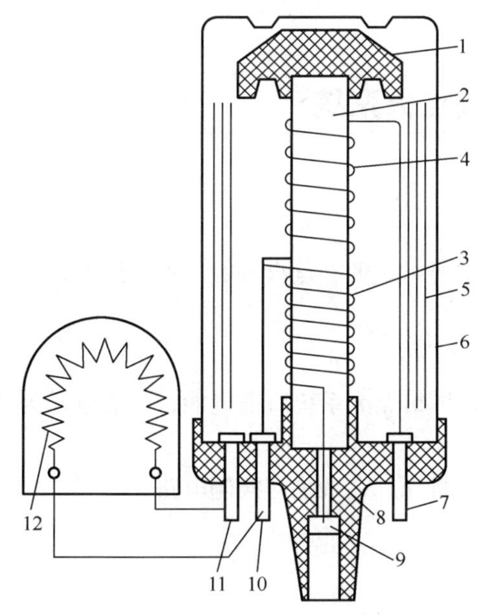

图 3-34　点火线圈的内部结构

1—绝缘座　2—铁心　3—二次侧绕组　4—一次侧绕组
5—导磁钢套　6—外壳　7—接线柱（接断路器）8—胶木盖
9—高压线接头　10—接线柱（接附加电阻及短路开关）
11—接线柱（接电源、附加电阻及短路开关）12—附加电阻

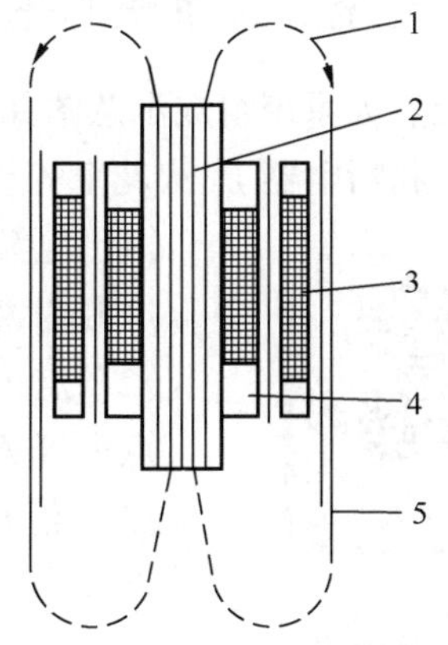

图 3-35　开磁路点火线圈的磁路

1—磁力线　2—铁心　3—一次侧绕组
4—二次侧绕组　5—导磁钢片

3. 闭磁路点火线圈

闭磁路点火线圈的结构如图 3-36（a）所示，它的结构与开磁路点火线圈不同。在“曰”字形的铁心内绕有一次侧绕组，在一次侧绕组外面绕有二次侧绕组，其磁路如图 3-36（b）所示。由于闭合磁路基本由铁心构成，漏磁少，磁路磁阻相对于开磁路点火线圈小很多，在同样的磁通下需要的磁动势（NI）比较小，因此绕组匝数或励磁电流就比较小，这样一方面使得点火线圈能量转换效率高，约为 75%（开磁路的点火线圈变换效率只有 60%）；另一方面减少了绕组匝数，使得点火线圈体积变小，结构紧凑。两种点火线圈变换效率的比较如图 3-37 所示。

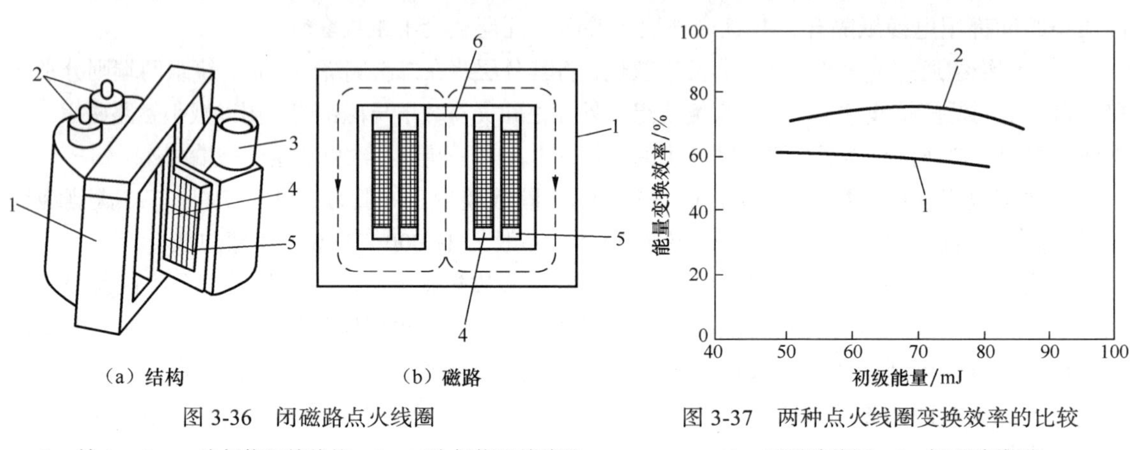

（a）结构　（b）磁路

图 3-36　闭磁路点火线圈

1—铁心　2—一次侧绕组接线柱　3—二次侧绕组接线柱　4—一次侧绕组　5—二次侧绕组　6—空气隙

图 3-37　两种点火线圈变换效率的比较

1—开磁路线圈　2—闭磁路线圈

3.5.2　传统点火系统

1. 传统点火系统的基本组成

传统点火系统组成示意图如图 3-38 所示，主要由电源、点火开关、点火线圈、分电器（包括配电器和断电器）、火花塞等组成。

（1）电源

电源为蓄电池和发电机，供给点火系统所需电能，一般电压为 12V。

（2）点火开关

点火开关的作用是接通或断开点火系统一次侧电路。

（3）点火线圈

点火线圈就是一个升压变压器。

（4）分电器

分电器包括配电器和断电器，作用是接通和切断低压电路，使点火线圈及时产生高压电，按发动机各气缸的点火顺序送至火花塞。

（5）电容器

电容器与断电器触点并联，用来减小断电器触点断开时的火花，延长触点的使用寿命，提高点火线圈的高电压。

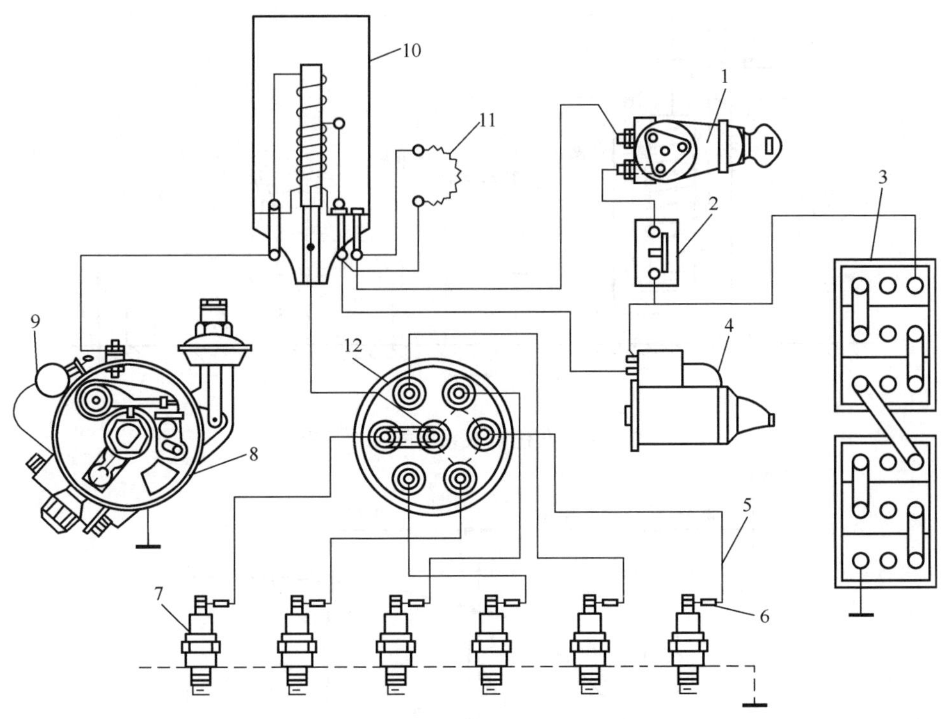

图 3-38　传统点火系统组成示意图

1—点火开关　2—电流表　3—蓄电池　4—起动机　5—高压导线　6—阻尼电阻　7—火花塞　8—断电器　9—电容器　10—点火线圈　11—附加电阻　12—配电器

2. 传统点火系统的工作原理

传统点火系统是基于电磁感应原理进行工作的。它把蓄电池或发电机的 12V 低压电转变为 15～20kV 的高压电，同时按一定规律送入各缸火花塞，经过火花塞电极间火花放电点燃混合气。

通常把传统点火系统工作过程分为 3 个阶段，具体分析如下。

（1）断电器触点闭合，一次侧绕组电流按指数规律增长

接通点火开关，发动机开始运转。发动机运转过程中，断电器凸轮不断旋转，使断电器触点不断地开、闭。当断电器触点闭合时，蓄电池的电流从蓄电池正极→电流表→点火开关→附加电阻→点火线圈一次侧绕组 N_1→断电器触点 K→分电器壳体搭铁→蓄电池负极。在图 3-39 中用实线表示一次侧电流 i_1，同时随着电流的增强引起磁通的增强，从而一次侧绕组产生自感电动势 e_L。

根据分析，可知

$$i_1 = \frac{U}{R}(1 - e^{-\frac{t}{\tau}}) \tag{3-38}$$

式中，U —— 蓄电池端电压；

R —— 一次侧电路总电阻，包括绕组电阻（R_1）和附加电阻（R_f）；

τ —— 电路的时间常数，大小为 $\tau = \dfrac{L}{R}$；

t —— 触点（K）闭合所经历的时间。

式（3-38）描述了一次侧绕组电流按指数规律从 0 上升到一稳定极限数值 U/R 的全过程，也是一次侧绕组存储磁场能量的过程，如图 3-40（a）所示。

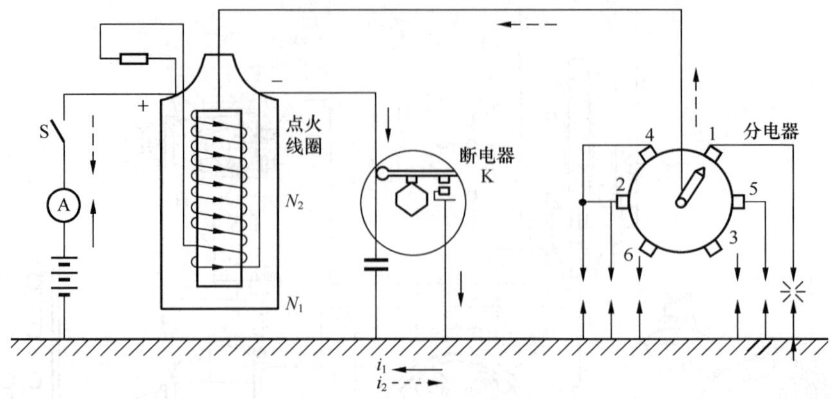

图 3-39　传统点火系统的工作过程

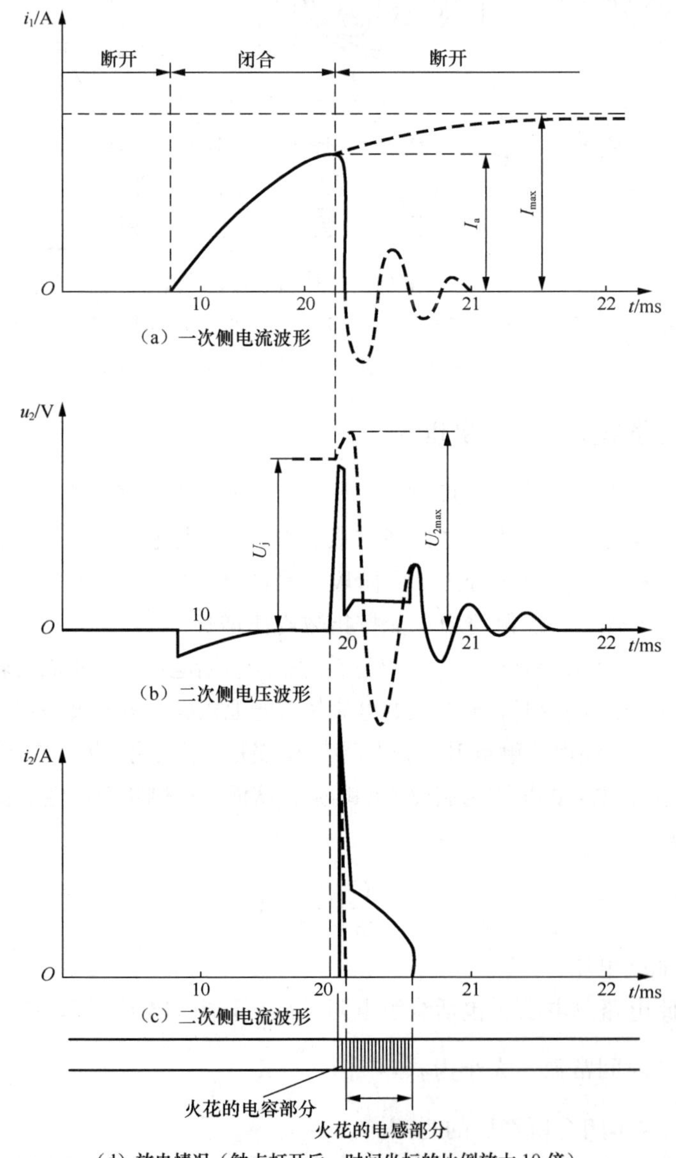

图 3-40　传统点火系统工作过程波形图

电流上升的速度与时间常数（τ）有关，理论上要经过无限长时间才能达到极限值，而一般对点火线圈而言，在触点闭合后约 20ms，i_1 就接近于极限值。

一次侧电流增长时，不仅在一次侧绕组 N_1 中产生自感电动势 e_L，同时也在二次侧绕组 N_2 中感应出互感电动势 e_M。

$$e_M = \frac{N_2}{N_1} e_L$$

由图 3-40（b）可见，当断电器触点闭合瞬间，e_M 可达到此阶段的最大值（1.5 ~ 3kV），但不能击穿火花塞间隙。

（2）断电器触点打开，二次侧绕组产生高电压

当断电器的触点被凸轮顶开时，点火线圈一次侧电路被切断，一次侧电流迅速下降到 0，磁通也随之迅速衰减以至消失，因此在点火线圈的一次侧绕组感应电动势大小为 200 ~ 300V。在触点断开的瞬间，此电动势作用在触点间，击穿触点间隙形成火花，使一次侧电流 i_1 通过触点间火花放电继续形成通路，阻碍 i_1 快速下降，从而降低了二次侧绕组的感应电动势数值。

为避免这种不良后果，可在触点 K 两旁并接一电容 C_1。在触点分开瞬间，一次侧电流迅速向电容充电，避免了触点间的火花，同时又加速一次侧电流的衰减，提高二次侧绕组感应电动势，数值可达到 15 ~ 20kV。

如图 3-41 所示，比较了触点间有无电容时一次侧电流的变化情况。触点打开后点火线圈的等效电路如图 3-42 所示，一次侧电路由电感 L_1、电阻 R 和电容 C_1 组成振荡回路，电感 L_1 与电容 C_1 之间进行磁场能与电场能的交换，形成了衰减振荡。

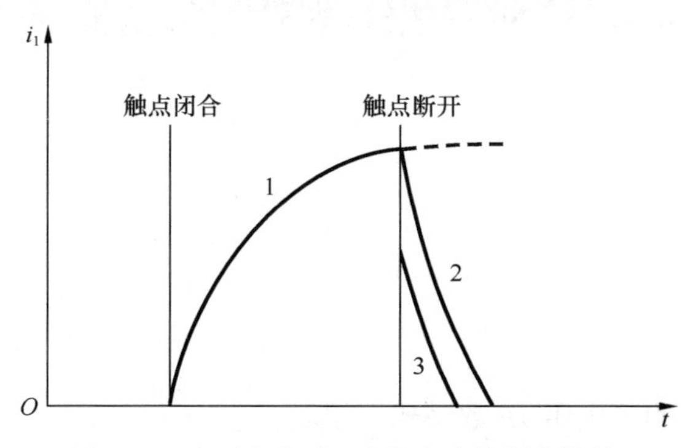

图 3-41　有无电容时一次侧电流的变化情况

1—触点闭合　2—触点断开（无电容）3—触点断开（有电容）

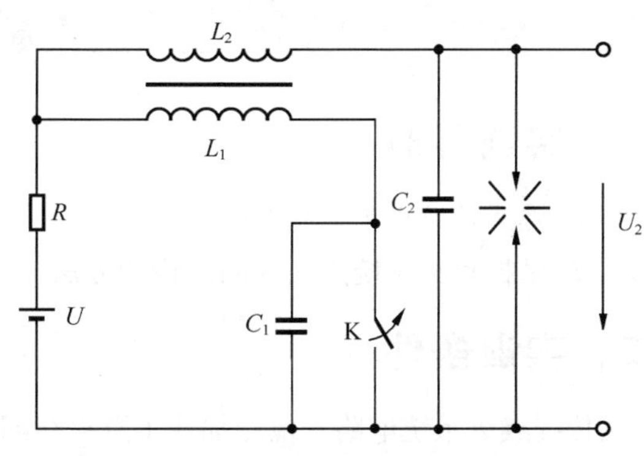

图 3-42　触点打开后点火线圈的等效电路

同样，触点打开后，由于电磁感应，二次侧绕组中产生感应电动势，并向电容 C_2 充电。电容 C_2 是等效电容，大小为二次侧绕组线匝间、火花塞中心电极与旁电极之间、高压导线和机体之间形成的电容量之和。随着充电的进行，电容电压快速上升，如果电压不能击穿火花塞间隙，则 u_2 将按图 3-40（b）中虚线变化，在几次振荡之后消失。

（3）火花塞电极间火花放电

如果 u_2 升到 U_j 时火花塞间隙被击穿，则电压的变化如图 3-40（b）中实线所示。U_j 称为击穿电压，通常击穿电压（U_j）总是小于二次侧电压的最大值（U_{2max}），火花塞间隙被击穿时，在两电极间形成火花放电，经过火花塞间隙的电流（i_2）迅速增加，如图 3-40（c）所示。二次

侧绕组电流工作回路：点火线圈二次侧绕组（N_2）→附加电阻→点火开关→电流表→蓄电池→火花塞旁电极、中心电极→配电器旁电极→分火头→点火线圈二次侧绕组（N_2）。在图 3-39 中用虚线表示触点打开时二次侧电流路径。

火花塞电极间火花放电一般由“电容放电”和“电感放电”两部分组成，如图 3-40（d）所示。首先是“电容放电”阶段，当火花塞间隙被击穿后，储存在 C_2 的电场能迅速释放出来，其特点是放电时间极短，为 1μs 左右，但放电电流很大，可达几十安。由于火花是在二次侧电压达到最大值之前产生的，所以电容放电只消耗了二次侧绕组存储的一部分磁场能，另一部分磁场能沿着电离的火花间隙缓慢放电，形成“电感放电”，又称火花尾。它的特点是放电时间较长，达几毫秒，放电电流较小，为几十毫安，放电电压较低。电感放电持续时间越长，点火性能越好。

- 汽车传统点火系统利用点火线圈和断电器的不断闭合、断开，来实现电磁感应。
- 电容器作用：减小断电器触点断开时的火花，延长触点的使用寿命；提高点火线圈的高电压。

实训 5 点火线圈的检测

一、实训目的

① 熟悉传统点火系统电路。

② 掌握点火系统点火线圈的检测方法。

二、实训条件

传统点火系统电路、检测部件（点火线圈、附加电阻）、数字式万用表。

三、实训内容及步骤

1. 认识传统点火系统的组成和作用

图 3-38 所示为传统点火系统的组成示意图，熟悉实际电路的主要部件，并了解其作用，填入表 3-3 中。

表 3-3 传统点火系统主要部件的作用

部　件	作　用
点火线圈	
蓄电池	

续表

部　　件	作　　用
点火开关	
配电器	
断电器	
火花塞	
电容器	

2. 点火线圈的检测

（1）一次侧绕组电阻值的测量

图 3-34 所示为点火线圈结构示意图。用万用表 $R\times1\Omega$ 挡测量一次侧绕组阻值，并将数据填入表 3-4 中。

表 3-4　　点火系统元器件参数检测数据表

车　型 / 电　阻	桑塔纳（有触点）
一次侧绕组电阻/Ω	
二次侧绕组电阻/kΩ	
附加电阻/Ω	

若万用表指示阻值无穷大，则说明一次侧绕组断路；若阻值小于标准值，则说明匝间有短路。绕组的断路、短路都会引起点火系统不能正常工作。

各车型的点火线圈一、二次侧绕组电阻的参数如表 3-5 所示。

表 3-5　　点火线圈电阻参数表

车　型 / 电　阻	桑塔纳（有触点）
一次侧绕组电阻/Ω	1.7 ~ 2.1
二次侧绕组电阻/kΩ	7 ~ 12

（2）二次侧绕组电阻值的测量

用万用表 $R\times1\text{k}\Omega$ 挡测量，并将数据填入表 3-4 中。

若万用表指示阻值无穷大，则说明二次侧绕组断路；若阻值小于标准值或为 0 时，则说明匝间有短路。

（3）点火线圈绝缘电阻的测量

用数字式万用表 20 MΩ 挡测量，点火线圈任一端与外壳间的电阻均应为无穷大，否则存在漏电故障，应及时更换。

3. 附加电阻阻值的检查

用万用表 $R\times1\Omega$ 挡测得附加电阻，并将数据填入表 3-4 中。正常阻值为 1.2～1.8Ω。

四、分析讨论

传统点火系统是怎样产生高压的?

小　结

（1）电磁场的4个常用的基本物理量，即磁感应强度（B）、磁通（Φ）、磁导率（μ）、磁场强度（H）。磁感应强度（B）是反映磁场性质的参数。它的大小反映磁场强弱，它的方向就是磁场的方向。磁感应强度（B）和垂直于磁场方向的某一面积（S）的乘积称为该截面的磁通（Φ）。若磁场为均匀磁场，Φ 的大小为 $\Phi = BS$。磁导率（μ）是用来衡量磁介质磁性性能的物理量。不同的介质，磁导率（μ）也不同。相对磁导率，用（μ_r）表示，即 $\mu_r = \frac{\mu}{\mu_0}$。磁场强度（$H$）也是磁场的一个基本物理量，它与磁介质无关，$H = \frac{B}{\mu}$。

（2）铁磁性材料具有高导磁性、磁饱和性和磁滞性的特点。按照铁磁性材料磁滞回线的形状以及在工程中的用途不同，铁磁性材料可分为3大类，分别为软磁材料、硬磁材料和矩磁材料。

（3）工程上把约束在铁心及其气隙所限定的范围内的磁通路径称为磁路。磁路进行分析与计算所要遵循的基本定律为磁路的欧姆定律。

$$\Phi = \frac{Hl}{\frac{l}{\mu S}} = \frac{U_m}{R_m}$$

铁磁性材料的磁阻是非线性的，数值很小；空气隙中的磁阻是线性的，数值很大。由于铁磁性材料的磁阻是非线性的，所以磁路的欧姆定律多用于对磁路的定性分析。要分析磁路，就必须首先对磁路进行分段处理。分段的原则是磁路中截面积（S）与材料相同的磁路分为一段。

在由单一电流励磁的闭合磁路中，常采用公式 $\Phi = \frac{NI}{R_m}$ 进行磁路的定性分析，它是磁路欧姆定律的另一种表达形式，其中 R_m 是闭合磁路总磁阻。

（4）磁路的基尔霍夫磁通定律为 $\sum \Phi = 0$，它反映了磁通的连续性。基尔霍夫磁位差定律为 $\sum(Hl) = \sum(NI) = \sum(F)$，表明闭合磁路中各段磁位差的代数和等于各磁动势的代数和。

（5）含有铁心线圈的交流电路的恒磁通公式

$$U \approx E = 4.44 fN\Phi_m$$

在交流铁心线圈电路中，当频率（f）、匝数（N）一定时，主磁通（Φ）正比于电源电压（U），当电源电压（U）一定时，主磁通（Φ）基本保持恒定。在交流铁心线圈电路中，主磁通（Φ）的大小与磁路无关。根据磁路欧姆定律，磁通（Φ）不变，磁路的变化（如气隙大小）直接影响的是励磁电流的大小。

铁耗（p_{Fe}）正比于频率的1.2 ~ 1.6次方、磁感应强度幅值的平方，即

$$p_{Fe} \propto f^{\beta} B_m^2$$

一般取 $\beta = 1.2 \sim 1.6$。

（6）电磁铁是利用通电的铁心线圈所产生的强磁场来吸引铁磁性材料（衔铁）而工作的电器。根据电磁铁线圈中所通过的电流不同，可分直流电磁铁和交流电磁铁两大类。直流电磁铁的励磁电流是直流。直流电磁铁的衔铁所受吸力为

$$F = 4{B_0}^2 S \times 10^5$$

直流电磁铁的吸力（F）的大小与衔铁所处空间位置有关，气隙越小，吸力越大。磁路中的空气隙随衔铁的吸合而减小。

交流电磁铁一般计算时，只考虑其平均值

$$F_{av} = 2{B_m}^2 S \times 10^5$$

在衔铁吸合过程中，交流电磁铁吸力（F）的大小基本不变。

（7）变压器是将一种等级的交流电压变换成频率相同的另一种等级交流电压的静止电气设备。单相变压器主要由铁心和绕组两个基本部分组成。为了提高铁心导磁性能，减少铁心内的磁滞损耗和涡流损耗，铁心通常采用厚度为 0.35 ~ 0.5mm 且表面涂有绝缘漆的硅钢片交错叠装而成。与电源相连接的绕组称为一次侧绕组或初级绕组，与负载相连的绕组称为二次侧绕组或次级绕组。变压器可变换电压、电流、阻抗。

变换电压

$$\frac{U_1}{U_2} \approx \frac{E_1}{E_2} = \frac{N_1}{N_2} = k$$

变换电流

$$\frac{I_1}{I_2} \approx \frac{N_2}{N_1} = \frac{1}{k}$$

变换阻抗

$$|Z'_L| = k^2 |Z_L|$$

同名端表明端子之间的某种关系，在有磁耦合的不同绕组上，把电动势实际极性始终保持一致的端子叫同名端，也叫同极性端。变压器绕组的同名端与绕组在铁心柱上的绕向有关。

（8）传统点火系统主要由蓄电池、点火开关、点火线圈、分电器（包括配电器和断电器）、火花塞等组成。传统点火系统是基于电磁感应原理进行工作的。它把蓄电池或发电机的 12V 低压电转变为 15～20kV 的高压电，同时按一定规律送入各缸火花塞，经过火花塞电极间火花放电点燃混合气。通常传统点火系统工作过程分为 3 个阶段：断电器触点闭合，一次侧绕组电流按指数规律增长；断电器触点打开，二次侧绕组产生高电压；火花塞电极间火花放电。

习　题

1. 铁磁性材料有哪些特点？
2. 什么是铁磁性材料的磁滞性？它是如何形成的？
3. 简述磁路的欧姆定律，其中磁路磁阻与哪些参数有关。

4. 简述磁路的基尔霍夫定律。

5. 为什么交流铁心线圈在超过它的额定电压并不多的情况下工作时，线圈往往就烧坏了？

6. 直流电磁铁与交流电磁铁有什么不同？试比较。

7. 为什么变压器的铁心要用硅钢片叠成？能否采用整块的铁心？为什么？

8. 额定电压为220V/110V的单相变压器，如果不慎将低压端接到220V电源上行不行？后果怎样？空载电流有何变化？

9. 有一单相安全变压器，一、二次侧的额定电压为220V/36V，额定容量为2kV·A，求：

（1）一、二次侧的额定电流；

（2）当一次侧加额定电压后，一、二次侧绕组中是否在任何负载下电流为额定值；

（3）如果在二次侧接36V、100W的白炽灯20盏，求此时一次侧的电流；若电灯减少至2盏时，再求一次侧电流；在上述两种情况下所算得的一次侧电流哪一种情况比较准确，为什么？

10. 简述传统点火系统的基本组成。

11. 简述传统点火系统的工作过程。

12. 传统点火系统中，与断电器并联的电容器的作用是什么？

自测题

一、判断题

1. 无分支磁路的线圈接于直流电源上，如果将磁路气隙增大（指长度增加），则磁通将会减小。（　　）

2. 一段材料的磁阻与它的磁导率成正比。（　　）

3. 空气隙的磁阻远远大于同样长度、同样截面的铁磁性材料的磁阻。（　　）

4. 交流铁心线圈，已工作在接近磁化曲线的饱和段，如将电压提高一倍，则电流将会大大增加（远远超过一倍）。（　　）

5. 变压器可以实现直流电的变电压、变电流、变阻抗。（　　）

6. 从空载到负载运行过程中，变压器主磁通变化很大。（　　）

7. 对于一台已经制造好的变压器，其同名端是客观存在的，与测试方法无关。但在确定同名端以后，其连接组别随人为标定而定。（　　）

8. 变压器在额定运行时效率最高。（　　）

9. 在直流稳态电路中，变压器用改变直流电的电压等级来传递直流电能。（　　）

10. 电流互感器实际工作情况相当于空载运行的升压变压器。（　　）

11. 霍尔电压的高低与通过的电流成正比，与磁感应强度成正比。（　　）

12. 传统点火系统中与断电器并联的电容器，在断电器触点断开时可以减小触点火花，提高点火线圈的高电压。（　　）

二、填空题

1. 降压变压器的变压比________1，升压变压器的变压比________1。（填“大于”“小于”“等于”）

2. 变压器的铁心，按其结构形式分为________和________两种。为了减少________，变压器的铁心一般采用 0.35 ~ 0.5mm 厚的________叠装而成。

3. 一台变压器的变压比 1∶15，当它的一次侧绕组接到 220V 的交流电源上时，二次侧绕组输出的电压是________。

4. 描述磁场的 4 个物理量分别为________、________、________以及________。

5. 铁磁性材料具有________性、________性和________性。

6. 变压器主要有两种损耗：可变损耗________和不变损耗________。

7. 磁路分段的原则是：____。

三、选择题

1. 变压器的基本工作原理是（　　）。

A. 电磁感应　　B. 电流的磁效应　　C. 能量平衡　　D. 电流的热效应

2. 变压器运行时，在电源电压一定的情况下，当负载阻抗增加时，主磁通如何变化（　　）。

A. 增加　　B. 基本不变　　C. 减小

3. 一负载电阻为 R_L，经变压器接到内阻 $R_0 = 800\Omega$的电源上，变压器一次侧、二次侧绕组的额定电流为 2A/20A，若使从变压器一次侧绕组看进去的等效负载电阻 $R'_L = R_0$时，则 R_L 等于（　　）。

A. 0.8Ω　　B. 8Ω　　C. 80Ω　　D. 800Ω

四、问答题

1. 描述磁场的物理量有哪几个？说明它们的物理意义、相互关系及单位。

2. 非铁磁性材料、铁磁性材料的磁导率各有什么特点？

3. 铁磁性材料按磁滞回线不同，可分为哪两类？各有什么用途？

4. 磁路的欧姆定律的内容是什么？什么叫磁阻？什么叫磁位差？它们的 SI 单位各是什么？

5. 什么叫铁心损耗？它包括哪两项？各自产生的原因是什么？直流铁心中有这种损耗吗？

6. 交流铁心线圈额定电压为 220V，如果误接直流 220V，会产生什么后果？相反的情况将如何？

五、分析计算题

1. 交流电磁铁在吸合时，若衔铁长时间被卡住不能吸合，会有什么影响？直流电磁铁发生上述情况时，又会如何？

2. 有一单相照明变压器，容量为 10kV · A，电压 3 300V/220V。今欲在二次侧绕组接上 40W、220V 的白炽灯，如果要变压器在额定情况下运行，这种白炽灯可接多少个？并求一、二次侧绕组的额定电流。

3. 图 3-43 所示的变压器一次侧有两个额定电压为 110V 的绕组，二次侧绕组的电压为 6.3V。

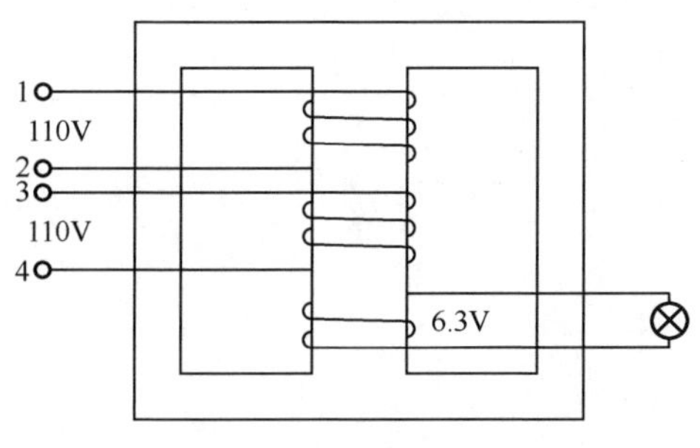

图 3-43　变压器

（1）若电源电压是 220V，一次侧绕组的 4 个接线端应如何正确连接，才能接入 220V 的电源上？

（2）若电源电压是 110V，一次侧绕组要求并联使用，这两个绕组应当如何连接？

4. 试根据开磁路点火线圈和闭磁路点火线圈的磁路特点，比较它们的磁阻大小，并应用磁路欧姆定律分析点火线圈在相同的磁通下，磁动势的大小。

第4章 交流电动机及其控制

【学习目标】

1. 掌握三相异步电动机的基本结构、工作原理
2. 熟悉三相异步电动机的机械特性以及起动、调速、反转和制动
3. 了解三相异步电动机的基本控制电路
4. 掌握车用交流发电机的结构和工作原理
5. 了解人体触电的原因及保护措施

实现电能与机械能相互转换的电工设备总称为电机。电机能通过电磁感应实现能量转换、能量传递或信号转换。电机种类很多，按其功能不同可分为电动机、发电机、变压器和控制电动机 4 大类。电动机是将电能转换成机械能的装置，包括直流电动机和交流电动机，作为拖动各种生产机械的动力装置，电动机是最主要的用电设备；发电机是将机械能转换成电能的装置，包括直流发电机和交流发电机；变压器是将一种电压等级的交流电能转换为同频率另一种电压等级交流电能的装置，是静止的电机；控制电动机主要用于信号的变换与传递，在自动控制系统中是作为检测、执行元件的特种电动机，它包括交、直流伺服电动机，步进电动机，交、直流测速发电机等。

4.1 交流电动机概述

电动机是利用电磁感应原理工作的机械，用于生产、传输、分配及应用电能。交流电动机又分为同步电动机和异步电动机。同步电动机转速恒为同步转速。异步电动机运行于电动状态时其转速低于同步转速，而运行在发电状态时其转速高于同步转速。一般情况下，异步电机用作电动机。

尽管电动机的种类不同，但是不论何种类型的电动机都是由电路和磁路两个基本部分组成的。它们的工作原理都是建立在电与磁的相互转化与相互作用的基础上，所依据的电磁定律都是电磁力定律和电磁感应定律。

由于交流异步电动机具有结构简单，制造、使用和维护方便，运行可靠，效率高，价格低等特点，在工农业生产中得到广泛应用。三相异步电动机是应用最多的一种交流异步电动机，它的工作电源是三相交流电。根据粗略统计，在全国电动机总容量中有85%以上是三相异步电动机。与直流电动机相比，三相异步电动机的调速性能较差，但随着电力电子技术和计算机控制技术的发展，使得其调速性能完全可以与直流电动机相媲美。在本节中重点介绍三相异步电动机的结构及工作原理。

4.1.1 三相异步电动机的结构

三相异步电动机由定子和转子这两大基本部分组成，在定子和转子之间具有一定的气隙。图4-1所示为三相异步电动机的构造。

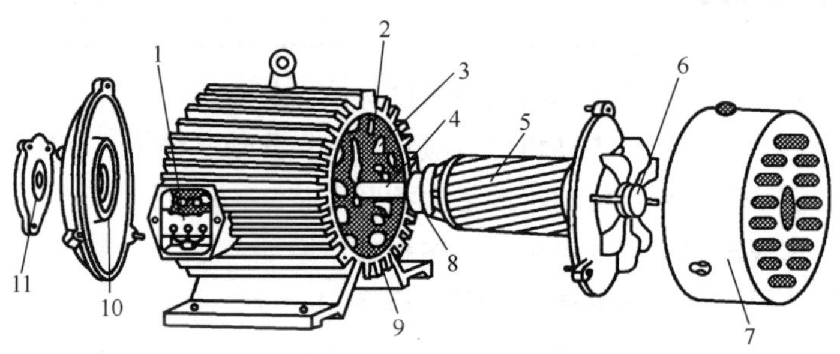

图4-1　三相异步电动机的构造

1—接线盒　2—定子铁心　3—定子绕组　4—转轴　5—转子　6—风扇

7—罩壳　8—轴承　9—机座　10—端盖　11—轴承盖

1. 定子部分

定子是用来产生旋转磁场的，在工作时是静止不动的。三相异步电动机定子主要由定子铁心、定子绕组、机座、端盖等部分组成。

（1）定子铁心

定子铁心是电动机磁路的一部分，由0.5mm厚表面涂有绝缘漆的硅钢片叠压而成，如图4-2所示。定子铁心圆周内表面沿轴向有均匀分布的直槽，用以嵌放定子绕组。为了增加散热面积，当定子铁心比较长时，沿轴线方向上每隔一定距离有一条通风沟。

（2）定子绕组

三相定子绕组是三相电动机的电路部分，三相绕组由3个结构完全相等，在空间相差120°电角度的绕组组成。每相绕组可以由多个线圈串联组成，各个线圈按照一定的规律分散嵌放在定子铁心槽内。在空间对称分布的三相绕组通入三相对称电流时，就会产生旋转磁场。

通常电动机三相定子绕组的6个首末端都引到电动机外壳接线盒的接线柱上，首端分别标为U1、V1、W1，末端分别标为U2、V2、W2。根据电源电压的不同，三相定子绕组可作星形或三角形连接，其接线方法如图4-3所示。三个相末端子U2、V2、W2连接在一起为星形接法；

端子 U2-V1、V2-W1、W2-U1 两两连接在一起为三角形接法。我国生产的三相异步电动机，凡容量在 4kW 及以上的，其定子绕组一般采用三角形接法。

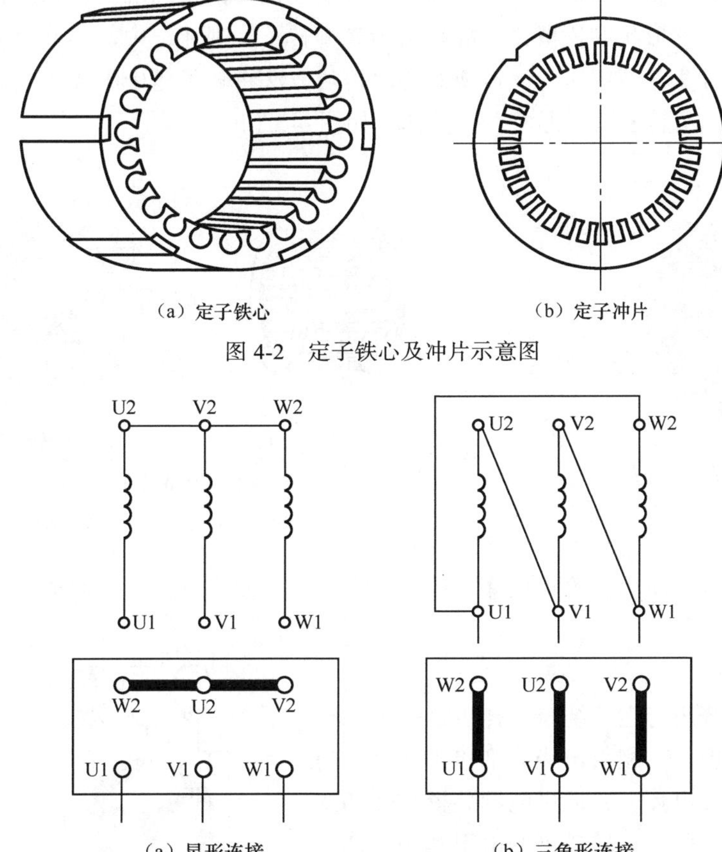

（a）定子铁心　（b）定子冲片

图 4-2　定子铁心及冲片示意图

（a）星形连接　（b）三角形连接

图 4-3　定子绕组的连接

（3）机座

机座通常由铸铁或铸钢制成，是整个电机的支撑部分。为了加强散热能力，其外表面有散热筋。

2. 转子部分

转子是电动机的旋转部分，转子导体切割定子旋转磁场产生感应电动势及电流，并形成电磁转矩而使电动机旋转。转子由转子铁心和转子绕组、风扇、转轴等组成。

（1）转子铁心

拆装三相异步电动机

转子铁心是电动机主磁路的一部分。转子铁心套在转轴上，可绕轴转动。与定子铁心一样，转子铁心也是由 0.5mm 厚的硅钢片叠压而成的，如图 4-4 所示。转子外表面分布有冲槽，槽内安放转子绕组。

（2）转子绕组

转子绕组是自成闭路的短路线圈。转子绕组不需外接电源供电，其电流是由电磁感应作用产生的。异步电动机的转子绕组可分为笼型与绕线式两种，由此可分为笼型转子异步电动机与绕线式转子异步电动机。图4-5所示为笼型转子示意图，图4-6所示为绕线式转子示意图。

① 笼型转子

笼型转子是在转子铁心的每一个槽中插入一根铜条，在铜条两端用铜制短路环焊接起来。如图4-5（a）所示，其形状如松鼠笼，故称之为笼型转子。现在，中、小型笼型电动机的转子一般都采用铸铝的方法，利用压力浇铸或离心浇铸的方法将转子槽中的导体、短路环以及端部的风扇铸造在一起，与转子铁心形成一个整体，如图4-5（b）所示。

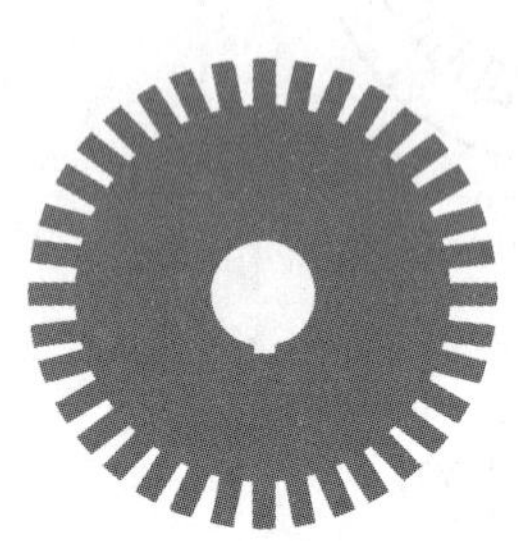

图4-4　转子铁心冲片

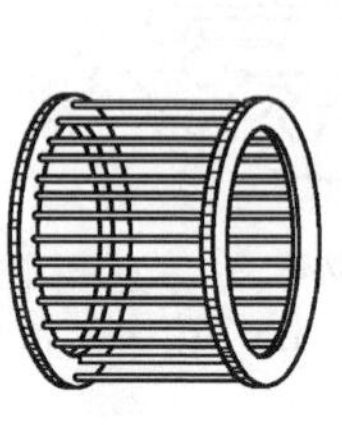

（a）转子绕组

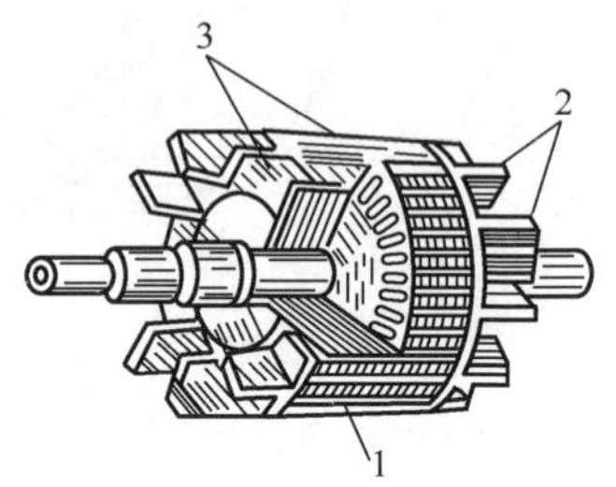

（b）铸铝转子

图4-5　笼型转子示意图

1—转子铁心　2—风叶　3—铸铝条

笼型转子由于构造简单、价格低廉、运行安全可靠、使用方便，因而成为使用最广泛的一种电动机。

② 绕线式转子

绕线式转子的绕组与定子绕组一样也是一个三相绕组，一般接成星形，三相引出线分别接到转轴上的3个与转轴绝缘的集电环上，通过电刷装置与外部变阻器相连，如图4-6所示。转动可变电阻器的手柄，可调节串入每相绕组的电阻值，并可使之短路。

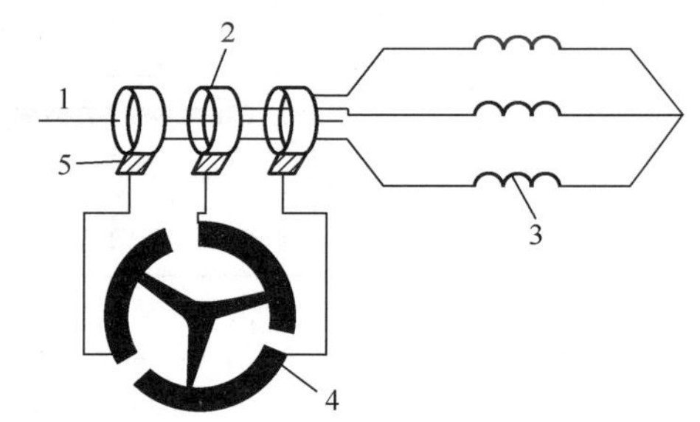

图4-6　绕线式转子示意图

1—转轴　2—集电环　3—转子绕组

4—变阻器　5—电刷

绕线式转子的结构比较复杂，价格也比较高。但是由于它的转子绕组内可以串入电阻或某种电子控制电路，使之具有较好的起动和调速特性，从而改善电动机的运行性能。绕线式转子一般用于对起动和调速特性要求较高的场合，如大型机床和某些起重设备上。

笼型转子与绕线式转子虽然在结构上有所不同，但它们的工作原理是一样的。

提示

三相异步电动机的定子与转子之间的空气隙，一般仅为0.2～1.5mm。气隙太大，电动机运行时的功率因数将降低；气隙太小，会给电动机的装配带来困难，对定子和转子的同心度要求也会很高，会导致电动机运行不可靠。

4.1.2　三相异步电动机的铭牌

在电动机的机座上，钉有一块铭牌，铭牌上注明这台电动机的主要技术数据。这些主要技术数据是选择、安装、使用和检修电动机的重要依据。按照铭牌上所规定的额定值和工作条件下运行，称为额定运行。

（1）型号

三相异步电动机的型号主要包括产品系列号、规格代号等。现以 Y 系列异步电动机为例，说明型号中各字母及数字代表的含义。

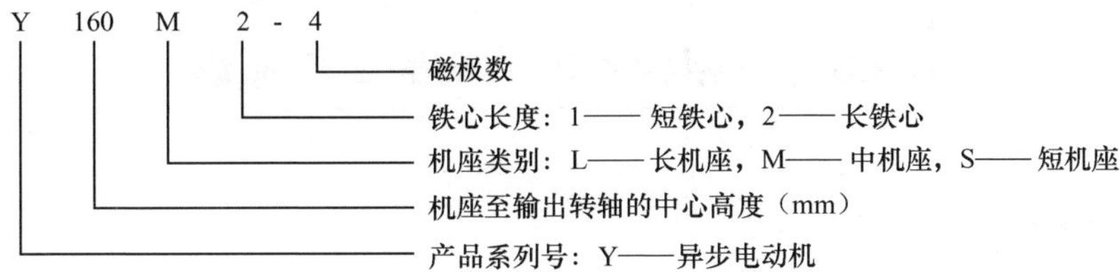

（2）额定电压

额定电压（ U_N ）是指接到电动机绕组上的线电压。三相异步电动机要求所接的电源电压值上下波动一般不应超过额定电压的±5%。电压过高，电动机容易烧毁；电压过低，电动机难以起动，即使起动后电动机也可能因带不动负载，而容易烧坏。

（3）额定电流

额定电流（ I_N ）是指三相异步电动机在额定电源电压下，输出额定功率时，流入定子绕组的线电流。若超过额定电流过载运行，三相异步电动机就会过热乃至烧毁。

（4）额定功率

额定功率（ P_N ）是指电动机在额定工作状态下运行时，转轴上输出的额定机械功率，单位是千瓦（kW）或瓦（W）。三相异步电动机的额定功率为

$$P_N = \sqrt{3} U_N I_N \cos\varphi_N \eta_N \tag{4-1}$$

式中，$\cos\varphi_N$——额定功率因数；

η_N——额定效率。

对于额定电压 380V 的三相异步电动机，其 $\cos\varphi_N \eta_N$ 乘积大致在 0.8，所以根据式（4-1），在工程上可估算出额定功率（P_N）和额定电流（I_N）之间的大小关系：$I_N \approx 2P_N$。式中，P_N 单位是 kW，I_N 单位是 A，即 1kW 对应 2A。例如，7.5kW 电动机可估算 I_N 约 15A。

（5）额定频率

额定频率（ f_N ）是指电动机所接的交流电源每秒钟内周期变化的次数。我国规定标准电源频率为 50Hz。

（6）额定转速

额定转速（n_N）是指三相异步电动机在额定工作情况下运行时每分钟的转速，一般是略小于对应的同步转速（n_1）。如 n_1 = 3 000r/min，则 n_N = 2 910r/min。

（7）绝缘等级

选用和安装三相异步电动机

绝缘等级是指三相电动机所采用的绝缘材料的耐热能力，它表明三相电动机允许的最高工作温度。它与电动机绝缘材料所能承受的温度有关。A 级绝缘为 105℃，E 级绝缘为 120℃，B 级绝缘为 130℃，F 级绝缘为 155℃，H 级绝缘为 180℃。

（8）接法

三相电动机定子绕组的连接方法有星形（Y）和三角形（△）两种。定子绕组的连接

只能按规定方法连接，不能任意改变接法，否则会损坏三相电动机。若铭牌写△，额定电压写 380V，表明电动机额定电压为 380V 时应接△形。若电压写成 380/220V，接法写Y/△，表明电源线电压为 380V 时应接成Y形；电源线电压为 220V 时应接△形。我国多数地区低压电线电压为 380V。

4.1.3 三相异步电动机的工作原理

1. 旋转磁场

三相异步电动机要想旋转起来的首要条件是具有一个旋转磁场，三相异步电动机的定子绕组就是用来产生旋转磁场的。当相电源相与相之间的电压在相位上相差 120° 时，三相异步电动机定子中的三个绕组在空间方位上也互差 120°，这样当在定子绕组中通入三相电源时，定子绕组就会产生一个旋转磁场。

现以两极异步电动机为例，分析定子三相绕组通入对称三相电流产生磁场的情况。定子三相对称绕组是 3 个外形、尺寸、匝数等完全相同的绕组，分别为 U1U2、V1V2、W1W2。图 4-7（a）所示为绕组（U1U2）的示意图，另二相绕组的接法相同。同时将它们对称地放置在圆筒状铁心的内表面，如图 4-7（b）所示，它们在空间上彼此间隔 120°。

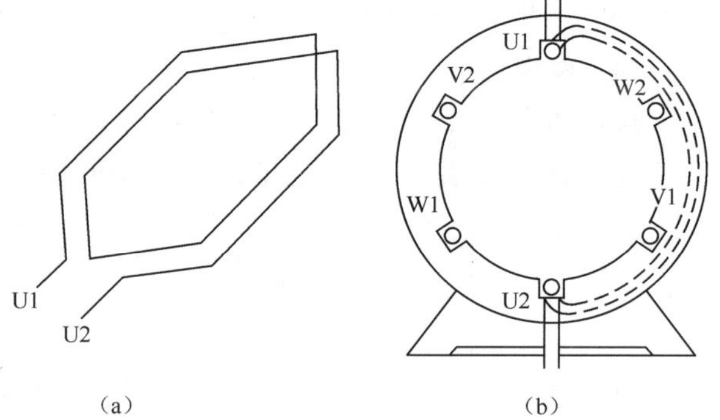

图 4-7 三相异步电动机的三相绕组

为了分析方便，选定交流电在正半周时，电流从绕组的首端流入，从末端流出；反之，在负半周时，电流流向相反。假设将定子三相绕组连成星形接法，三相绕组的首端 U1、V1、W1 分别与三相交流电的相线 U、V、W 相连接，如图 4-8 所示。由于 3 个绕组完全相同，故产生对称三相电流，电流波形如图 4-9 所示。

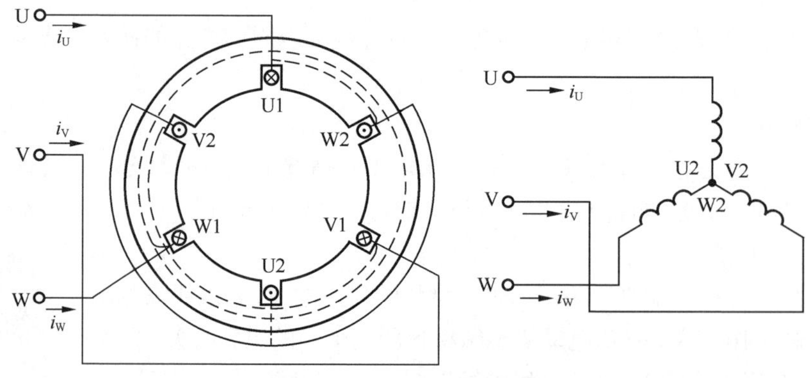

图 4-8 三相绕组的星形连接

定子绕组在三相交流电不同相位时合成旋转磁场，旋转磁场的分布情况如图 4-10 所示。如图 4-10（a）所示，当 $\omega t=0°$ 时，U 相电流为 0；V 相电流为负值，电流由 V2 端流进，用“⊗”

表示，V1 端流出，用“⊙”表示；W 相电流为正，电流从 W1 端流进，W2 端流出。根据右手螺旋定则，可以判定出此时定子三相绕组电流产生的合成磁场方向。如图 4-10（c）所示，当 $\omega t = 90°$ 时，此时 U 相电流为正，电流由 U1 端流入，U2 端流出；V 相为负，电流由 V2 端流进，V1 端流出；W 相为负，电流从 W2 端流入，W1 端流出，这一时刻合成磁场方向已顺时针方向在空间转过了 90°。同理可知，如图 4-10（b）、图 4-10（d）所示，$\omega t = 60°$、$\omega t = 180°$ 时定子三相绕组电流产生的合成磁场方向。$\omega t = 360°$ 时与 $\omega t = 0°$ 时的合成磁场方向相同。

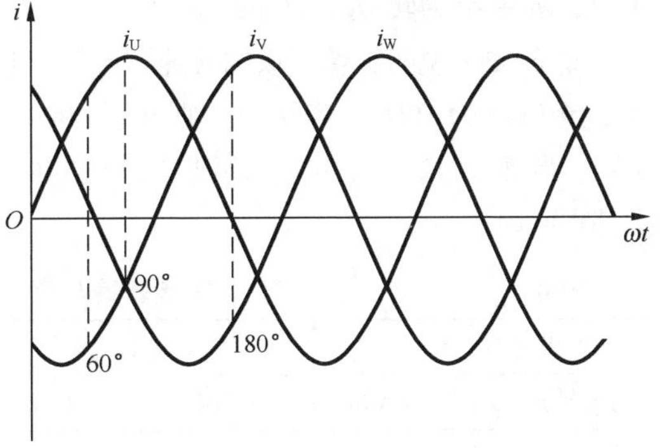

图 4-9　对称三相电流波形

由此可见，电流变化一个周期，合成磁场在空间也旋转了一周。电流继续变化，磁场也不断地旋转。通过以上几个特殊瞬时的合成磁场分析，不难推断出，在三相绕组中通入的交流电流变化一个周期时，产生的具有一对磁极（磁极对数 $p = 1$）的合成磁场沿圆周铁心内表面的空间旋转一周。

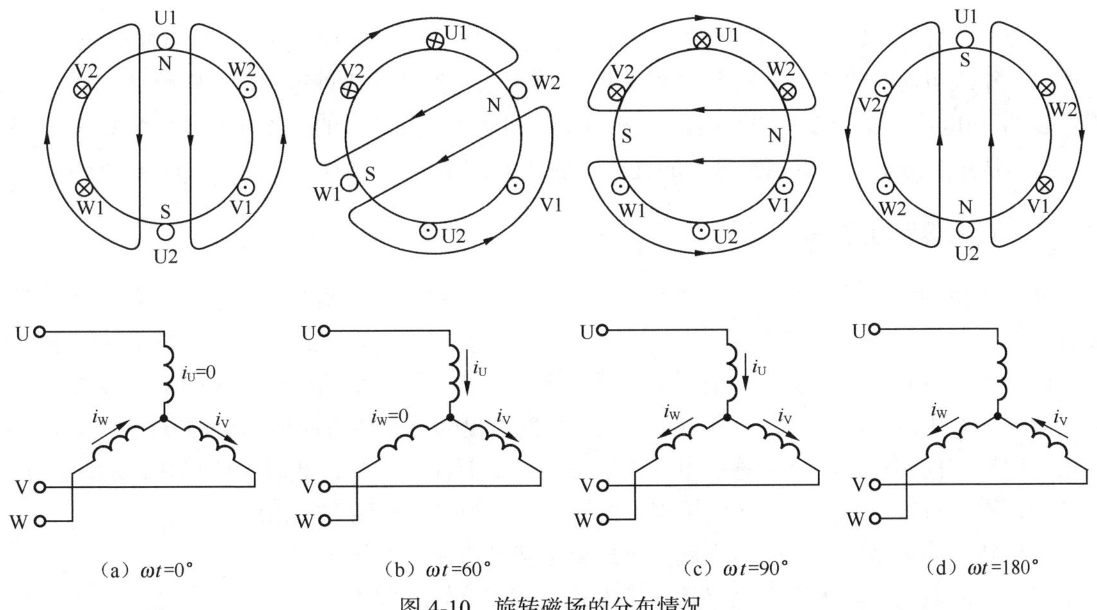

图 4-10　旋转磁场的分布情况

从上述分析可知以下几点。

① 三相电流通过定子绕组所产生的合成磁场，是随电流的交变而在空间旋转的磁场，即为旋转磁场。

② 旋转磁场的转速——同步转速。旋转磁场的速度又称同步转速，它与三相电流的频率和磁极对数（p）有关。对只有一对磁极的旋转磁场而言，三相电流变化一周，合成磁场也随之旋转一周。如果定子绕组合成的磁场有两对磁极（磁极对数 $p = 2$），即有 4 个磁极，电流变化一个周期，合成磁场在空间旋转 180°，由此可以推出：有 p 对磁极的异步电动机，其旋转磁场的转速（n_1）为

$$n_1 = \frac{60 f_1}{p} \tag{4-2}$$

式中，n_1 单位为转/分（r/min）。

式（4-2）说明旋转磁场的转速（n_1）与电源频率（f_1）成正比，与磁极对数（p）成反比。我国的工频（f_1）为 50Hz，若 $p = 1$，则 n_1 = 3 000r/min；若 $p = 2$，则 n_1 = 1 500r/min，依次类推，如表 4-1 所示。当磁极对数一定时，如果改变交流电的频率，则可改变旋转磁场的同步转速，这就是变频调速的基本原理。

表 4-1　　同步转速与极对数对应表（f_1 = 50Hz）

极对数（p）	1	2	3	4	5	6
同步转速（n_1）/（r/min）	3 000	1 500	1 000	750	600	500

只要有多个绕组，它们在空间有位置差，并通入在时间上有相位差的多相电流，那么它们共同产生的合成磁场就是一个在空间旋转的旋转磁场。

③ 旋转磁场的旋转方向。旋转磁场的旋转方向是由通入三相绕组的三相电流的相序决定的。

在分析两极旋转磁场时，旋转磁场的方向在空间是从 U→V→W，按顺时针方向旋转。反之，若改变三相绕组通电的顺序，如将 V 相、W 相绕组与电源的接线进行对调，则此时 V1V2 相绕组通以 W 相电流，W1W2 相绕组通以 V 相电流，即通入三相绕组的电流相序改变为 U→W→V。按上述方法进行分析，可以判断这时的旋转磁场是按逆时针方向旋转的，即从 U→W→V。

2. 转子转动原理

如图 4-11 所示，当三相异步电动机定子的三相绕组接入三相对称电流后，在空间就会产生旋转磁场。假设旋转磁场在气隙中以同步转速（n_1）沿顺时针方向旋转，这时静止的转子与旋转的磁场之间就有了相对运动，根据电磁感应定律，转子导体受到旋转磁场的磁力线切割，就会在导体中产生感应电动势，根据右手定则，可判断出转子导体感应电动势的方向。图 4-11 中标出顺时针方向旋转磁场以及感应电动势的方向。需要注意的是，此时是磁场在运动，转子导体未动，用相对运动的观点，导体切割磁力线的方向与旋转磁场方向相反。

由于转子绕组是闭合回路，因此在感应电动势的作用下，转子绕组产生感应电流。转子绕组电路是感性电路，若忽略转子绕组中感应电动势和感应电流的相位差，可认为感应电动势和感应电流为同相位。转子绕组感应电流又在旋转磁场的作用下而产生电磁力（F）。根据左手定则，可以确定电磁力（F）的方向，在图 4-11 中，N 极下的转子导体将受到向右的电磁力（F），S 极下的导体将受到向左的电磁力（F）。电磁力将产生与旋转磁场方向相同的电磁转矩，转子在电磁转矩的作用下，以转速（n）克服阻力转动起来，转动方向与旋转磁场的旋转方向相同。

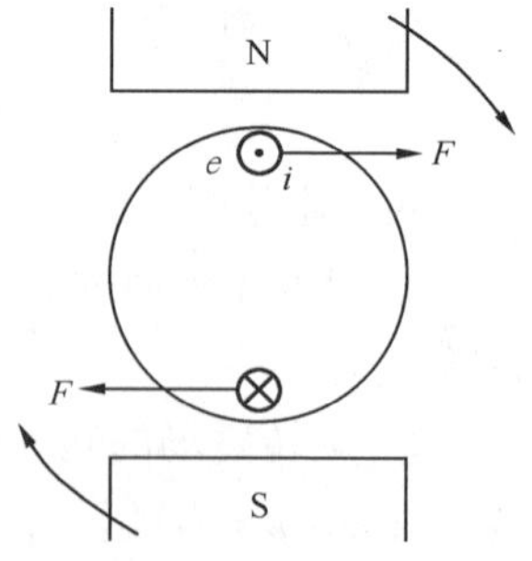

图 4-11　转子转动原理图

转子转速（n）低于旋转磁场的转速（n_1），若转子转速等于旋转磁场的转速，二者之间就没有相对运动了，也就不可能产生电磁力和电磁转矩。所以这种类型的电动机称为“异步”电动机。又因为其转子导体的电流是由于电磁感应作用产生的，所以又称为“感应”电动机。

3. 转差率

为了衡量异步电动机磁场转速与转子转速的差异程度，引出了转差率的概念。

设旋转磁场相对于静止空间的转速（即同步转速）用 n_1 表示，转子相对于静止空间的转速用 n 表示，则旋转磁场相对于转子的转速差 $\Delta n = n_1 - n$，这个转速差（Δn）与同步转速（n_1）之比称为异步电动机的转差率，用 s 表示。

$$s = \frac{n_1 - n}{n_1} = \frac{\Delta n}{n_1} \tag{4-3}$$

转差率是分析和表示异步电动机性能的一个重要物理量。

在额定运行状态时，额定转差率（s_N）为 0.015 ~ 0.06。由于 s_N 很小，也就意味着额定运行状态下，电动机的额定转速接近而小于同步转速的数值，所以若已知电动机的额定转速（n_N），就能很快判断出电动机的同步转速、极对数以及转差率。例如，额定转速为 975r/min 的电动机，其同步转速为 1 000r/min；若额定转速为 1 480r/min 的电动机，其同步转速为 1 500r/min。

根据式（4-3）可以得到电动机的转速常用公式为

$$n = (1 - s)n_1 \tag{4-4}$$

【例 4-1】 一台三相异步电动机，额定功率 $P_N = 11\text{kW}$，额定频率 $f_N = 50\text{Hz}$，额定电压 $U_N = 380\text{V}$，额定效率 $\eta_N = 0.89$，额定功率因数 $\cos\varphi_N = 0.77$，额定转速 $n_N = 975\text{r/min}$。试求：（1）同步转速（n_1）；（2）极对数（p）；（3）额定电流（I_N）；（4）额定转差率（s_N）。

解：（1）因电动机的额定转速接近于同步转速，所以同步转速（n_1）为 1 000r/min。

（2）电动机的极对数：

$$p = \frac{60 f_1}{n_1} = \frac{60 \times 50}{1\,000} = 3$$

（3）额定电流：

$$I_N = \frac{P_N}{\sqrt{3} U_N \cos\varphi_n \eta_n} = \frac{11 \times 10^3\ \text{W}}{\sqrt{3} \times 380\text{V} \times 0.77 \times 0.89} = 24.4\ \text{A}$$

（4）额定转差率：

$$s_N = \frac{n_1 - n_N}{n_1} = \frac{1\,000 - 975}{1\,000} = 0.025$$

4.2 三相异步电动机的机械特性分析

4.2.1 电磁转矩

当三相异步电动机的定子绕组通入三相交流电源时，电动机实现了电磁感应，并将电能转换为机械能。而三相异步电动机转轴上产生的电磁转矩是决定电动机输出的机械功率大小的一个性能指标。

异步电动机的转矩是由旋转磁场的每极磁通（Φ_m）与转子电流（I_2）相互作用而产生的。由于转子电路是感性电路，转子电流比转子感应电动势滞后 φ_2。因此电动机转轴上的电磁转矩应与旋转磁场磁通（Φ_m）和转子电流的有功分量 $I_2\cos\varphi_2$ 成正比。

电磁转矩（T）表达式为

$$T = K_T \Phi_m I_2 \cos\varphi_2 \tag{4-5}$$

式中，K_T —— 与电动机本身结构有关的常数。

式（4-5）是分析异步电动机转矩特性的重要依据。

电磁转矩与转差率之间的关系 $T=f(s)$，称为电动机的转矩特性。通过分析可以推得

$$T = \frac{K_T' U_1^2 s R_2}{R_2^2 + (sX_{20})^2}$$

或写成

$$T = \frac{K_T' U_1^2 R_2}{\frac{R_2^2}{s} + sX_{20}^2} \tag{4-6}$$

式中，K_T'、转子电阻（R_2）、转子不动时的感抗（X_{20}）都是常数，且 X_{20} 远大于 R_2。

由式（4-6）可知，转差率一定时，电磁转矩与外加电压的平方成正比，即 $T \propto U_1^2$。因此，电源电压有效值的微小变动，将会引起转矩的很大变化。

4.2.2 三相异步电动机的机械特性

当电源电压（U_1）和转子电路参数为定值时，转速（n）和电磁转矩（T）的关系 $n=f(T)$ 称为三相异步电动机的机械特性。根据式（4-6），将 s 换成 n 作为纵坐标，T 作为横坐标，就得到三相异步电动机的机械特性曲线，如图 4-12 所示。若电动机定子绕组外接额定电压，其他参数由电动机固有值决定，此时的机械特性称为电动机的固有机械特性。

1. 额定工作点（C）

三相异步电动机在额定状态下运行，转速 $n=n_N$，$s=s_N$，轴上的输出转矩即为带动轴上的额定机械负载的额定转矩 T_N。额定转矩（T_N）与额定功率（P_N）和额定转速（n_N）的关系可表示为

$$T_N = 9\,550 \frac{P_N}{n_N} \tag{4-7}$$

式中，额定转矩（T_N）单位为 N·m，额定功率（P_N）单位为 kW，转速（n_N）单位为 r/min。

在忽略电动机本身的机械损耗转矩（如轴承摩擦等）的情况下，可以认为电磁转矩（T）与轴上输出的额定转矩相等，经推导得

$$T \approx T_N = 9\,550 \frac{P_N}{n_N}$$

2. 临界工作点（B）

从曲线中可以看出，曲线的形状以 B 点为界，AB 段与 BC 段的变化趋势是完全不同的，B 点就是一个临界点，并且 B 点对应的电磁转矩即为电动机的最大转矩（T_m），B 点对应的转差率（s_m）为临界转差率。

可以证明，产生最大转矩时的临界转差率（s_m）为

$$s_m = \frac{R_2}{X_{20}} \tag{4-8}$$

将 s_m 值代入式（4-6），即可求得最大转矩为

$$T_m = \frac{K'_T U_1^2}{2X_{20}} \tag{4-9}$$

从式（4-8）和式（4-9）可知，T_m 与电源电压（U_1）的平方成正比，即 $T_m \propto U_1^2$。最大转矩（T_m）与转子电阻（R_2）无关，但临界转差率（s_m）与转子电阻（R_2）成正比。

改变电动机参数得到的机械特性，称为电动机的人为机械特性。

改变定子电压的人为机械特性曲线如图 4-13 所示。由图可见，对于同一负载转矩（T_2），当电源电压（U_1）下降时，电动机转速也随之下降。

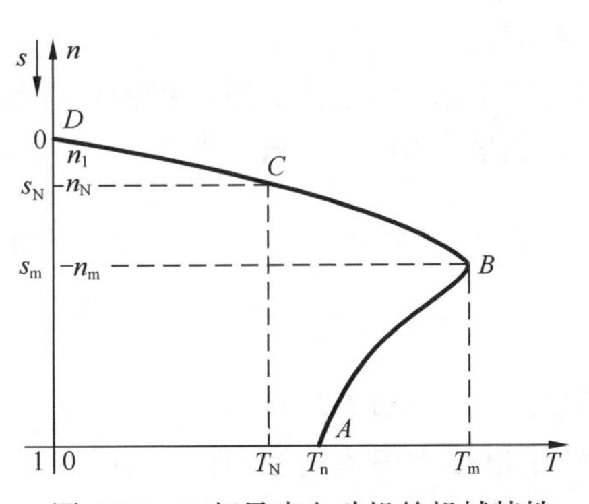

图 4-12 三相异步电动机的机械特性

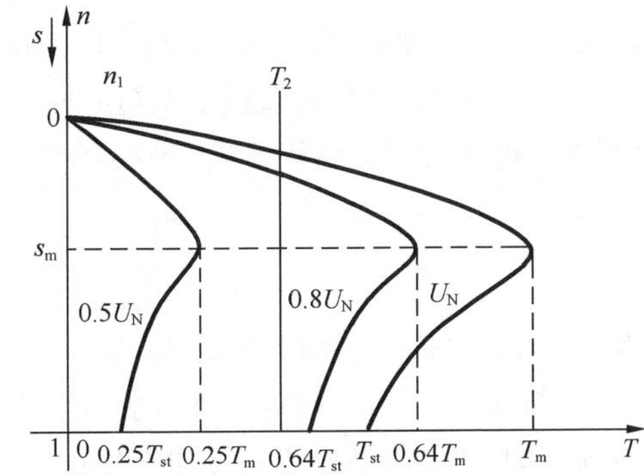

图 4-13 改变定子电压的人为机械特性曲线

图 4-14 所示为转子回路外串电阻的人为机械特性曲线，改变 R_2 能使 s_m 随之改变，增加 R_2，曲线便向下移动，s_m 相应变大，但是最大转矩（T_m）保持不变。

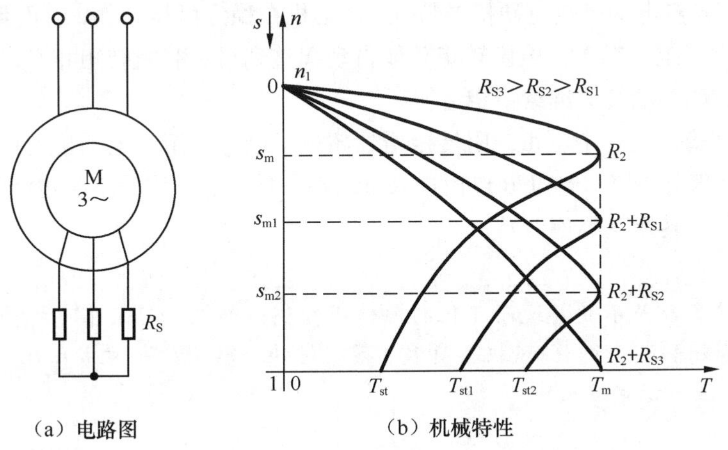

（a）电路图　（b）机械特性

图 4-14 转子回路外串电阻的人为机械特性曲线

若电源电压（U_1）下降过大，使负载转矩（T_2）超过电动机的最大转矩（T_m）时，电动机将停止转动，转速 $n=0$，此时电动机电流马上升高到额定电流的若干倍，电动机将因过热而烧毁，这种现象称为“闷车”或“堵转”。

为了保证电动机在电源电压发生波动时，仍能够可靠运行，一般规定最大转矩（T_m）应为额定转矩（T_N）的数倍，用λ表示，称为过载系数，即

$$\lambda=\frac{T_m}{T_N} \tag{4-10}$$

过载系数（λ）表示电动机允许的短时过载运行能力，是异步电动机的一个重要指标。λ越大，电动机适应电源电压波动的能力和短时过载的能力就越强。一般三相笼型电动机的过载系数（λ）为 1.8 ~ 2.5。

3. 工作点（*A*）

电动机刚接通电源的瞬间，转速 $n=0$（$s=1$），这时的电磁转矩称为起动转矩（T_{st}），对应起动工作点（A）。

T_{st}与电源电压（U_1）的平方以及转子电阻（R_2）成正比。

显然，只有在 T_{st} 大于负载转矩（T_2）时，电动机才能起动。T_{st} 越大，电动机带负载起动的能力就越强，起动时间也越短。T_{st} 与 T_N 的比值称为起动系数，用 K_{st} 表示，即

$$K_{st}=\frac{T_{st}}{T_N} \tag{4-11}$$

一般笼形转子异步电动机的 K_{st} 为 0.8 ~ 2。

由图 4-14 可见，改变转子电阻（R_2），可使起动转矩（T_{st}）增大，这在生产上具有实际的意义。例如，绕线式转子异步电动机起动时，通过在转子电路中串入适当电阻，不仅可以减小转子电流，还可以起到增加起动转矩的作用。

三相电动机如果从空载到满载时转速变化很小，就称该电动机具有硬机械特性。如图 4-12 可知，机械特性曲线 BD 部分（$0<s<s_m$）近似为略微下倾的直线（称为稳定工作区），转速变化很小，说明三相异步电动机具有硬机械特性。电动机在稳定区域工作，当负载发生波动时（负载阻转矩小于最大转矩（T_m）），电磁转矩总能自动调整到与负载阻转矩相平衡，使转子适应负载的增减以稍低或稍高的转速继续稳定运转。

如果电动机在稳定运行中，负载阻转矩增加超过了最大转矩，电动机的运行状态将沿着机械特性曲线的 BD 部分下降，越过 B 点而进入 AB 部分（$s>s_m$，称为不稳定区），导致电动机停止运转。因此，最大转矩又称崩溃转矩。

上述负载是不随转速而变化的恒转矩负载，如机床刀架平移机构等，它不能在 $s>s_m$ 区域稳定运行；但风机类负载，因其转矩与转速的平方成正比，经分析，可以在 $s>s_m$ 区域稳定运行。

4.3 三相异步电动机的运行

4.3.1 三相异步电动机的起动

三相异步电动机从接入电源开始转动到稳定运转的过程称为起动。一般要求三相异步电动机起动时起动电流尽量小，以减小对电网的冲击；起动转矩尽量大一些，以加速起动过程，缩短起动时间；起动设备尽量简单。

三相异步电动机起动时，电磁转矩（T_{st}）必须大于负载阻转矩（T_L），转子才能起动并加速旋转，T 随 n 增大而增大（图 4-12 所示机械特性曲线的 AB 段），转子进一步加速，当 T 增至最大转矩（T_m）以后就变为减小，即已进入稳定区，转速继续增加，T 一直减小到 $T=T_L$ 为止，这时电动机便以某一转速等速地稳定运转。

下面主要介绍笼型异步电动机的起动方法。笼型异步电动机的起动分直接起动和降压起动。

1. 笼型异步电动机直接起动

起动时，电动机定子绕组直接接入额定电压电网的起动方法，称为直接起动或者全压起动。

起动开始时，旋转磁场与静止的转子之间有很大的相对转速，转子电路的感应电动势很大。因此转子电流也很大，为额定情况时的 5 ~ 8 倍。转子电流很大时，定子电流也相应增大，即起动电流（I_{st}）也很大，一般为额定电流（I_N）的 4 ~ 7 倍。

图 4-15 所示为 $I_2=f(s)$、$\cos\varphi_2=f(s)$ 的曲线图。从图中可知异步电动机运行过程中，转子电流（I_2）与转子功率因数（$\cos\varphi_2$）均是转差率（s）的函数，转子起动时（$s=1$），转子电流很大，而 $\cos\varphi_2$ 却很低。

可见，虽然起动时转子电流很大，但因为此时功率因数（$\cos\varphi_2$）很低，所以起动转矩并不大。

容量不大的笼型异步电动机转子的转动惯量不大，起动后能较快达到正常转速，起动电流也随之快速降低到正常值。这是一种最简单的起动方式。

一般规定，三相异步电动机的功率低于 7.5kW 时允许直接起动。如果功率大于 7.5kW，而供电变压器容量较大，能符合下列经验公式要求的异步电动机也可采用直接起动法：

$$\frac{I_{st}}{I_N} \leqslant \frac{1}{4}\left[3+\frac{\text{供电变压器容量/kV}\cdot\text{A}}{\text{启动电动机容量/kW}}\right] \tag{4-12}$$

式中，I_{st}/I_N——起动电流与额定电流的倍数。例如，设供电变压器容量为 250kV · A，电动机的起动电流倍数 $I_{st}/I_N=7$，则容量不超过 7.5kW 的异步电动机都可采用直接起动法。

2. 笼型异步电动机降压起动——Y-△起动法

在起动时将电源电压适当降低加到电动机定子绕组上，以限制电动机的起动电流，等电动机的转速升高后，再使电动机定子绕组上的电压恢复到额定值，这就是降压起动。常用的降压方法有 Y-△起动法。

图 4-16 所示为笼型电动机Y-△起动接线图。起动时，将开关（SA）打到“Y起动”位置，此时三相绕组的相尾 U2、V2、W2 相连，定子绕组Y形连接，待转速达到相当高时，将开关（SA）打到“△运行”位置，使 U1-W2、U2-V1、V2-W1 相连，此时三相绕组连接为正常的△形连接。若设电源电压为 380V，每相绕组的阻抗为$|Z|$，则可比较绕组两种连接方式下相应的相、线电压、电流，如表 4-2 所示。

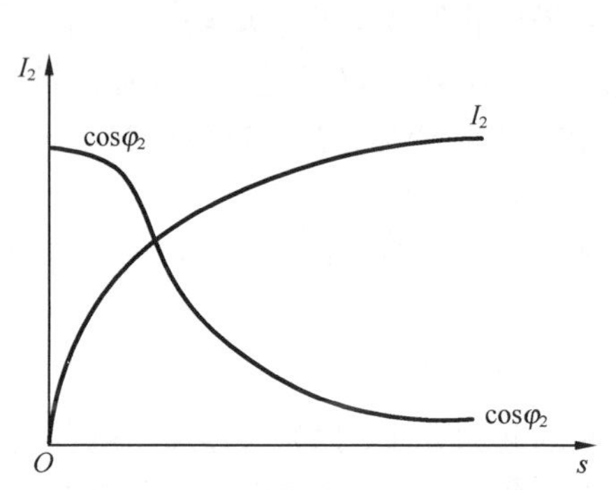

图 4-15　$I_2=f(s)$、$\cos\varphi_2=f(s)$ 的曲线图

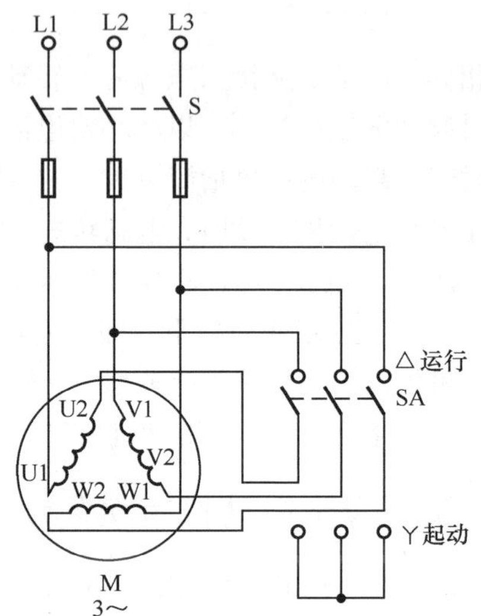

图 4-16　笼形电动机Y-△起动接线图

表 4-2　绕组Y形和△形连接时的电压、电流比较

	绕组Y形连接	绕组△形连接
线电压（U_L）	380V	380V
相电压（U_P）	220V	380V
相电流（I_P）	$I_{PY}=\dfrac{220}{\lvert Z\rvert}$	$I_{P\triangle}=\dfrac{380}{\lvert Z\rvert}$
线电流（I_L）	$I'_{st}=I_{LY}=\dfrac{220}{\lvert Z\rvert}$	$I_{st}=I_{L\triangle}=\sqrt{3}\dfrac{380}{\lvert Z\rvert}=3\times\dfrac{220}{\lvert Z\rvert}$

由表 4-2 可知，当定子绕组接成Y形降压起动时，线电流 I'_{st} 是绕组接成△形起动时线电流 I_{st} 的 $\dfrac{1}{3}$。同理由于 $T\propto U_1^2$，所以降压起动转矩（T'_{st}）降低为额定电压时起动转矩 T_{st} 的 $\dfrac{1}{3}$。

- Y-△起动法只适用于正常工作时定子绕组为△形连接的电动机。
- 降压起动减小起动电流的同时，起动转矩按照与电源电压平方成正比的比例大为下降。因此，降压起动方法仅适用于空载或轻载起动。

4.3.2　三相异步电动机的调速

由转差率公式和同步转速公式，可得出转子转速（n）为

$$n = n_1(1-s) = \frac{60 f_1}{p}(1-s)$$

由式可见，改变 p、f_1、s 三者中的任一物理量，都能改变电动机的转速。下面分别介绍 3 种调速方法。

1. 变极调速

变极调速是通过改变定子每相绕组的连接方式，从而改变定子磁极对数的。下面以 4 极变 2 极为例，说明变极调速的原理。设定子每相绕组都是由两个“半相绕组”连接组成的，则这两个半相绕组顺向串联时得到的磁极数为 $2p=4$，如图 4-17 所示。若两个半相绕组反向串联或反向并联，如图 4-18 所示，得到的磁极数为 $2p=2$。由此可见，定子每相的一半绕组中电流改变方向，就可改变磁极数。

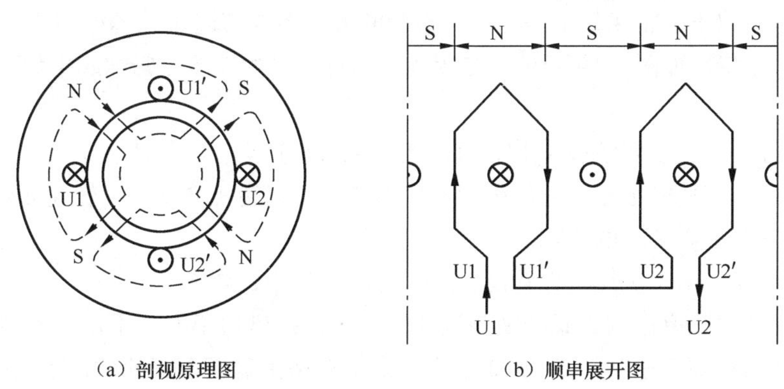

（a）剖视原理图　　（b）顺串展开图

图 4-17　变极调速原理图（$2p=4$）

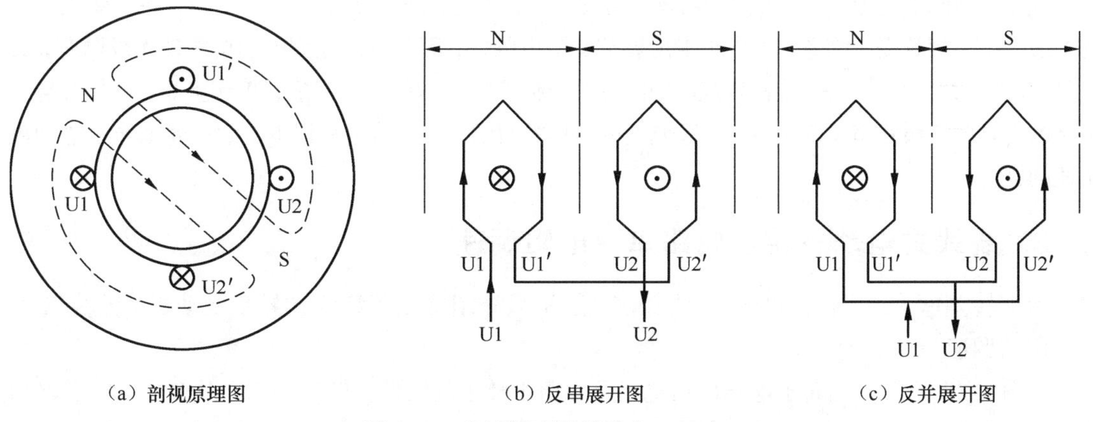

（a）剖视原理图　　（b）反串展开图　　（c）反并展开图

图 4-18　变极调速原理图（$2p=2$）

磁极对数可以改变的电动机，称为多速电动机。多速电动机可制成双速、三速或四速电动机。这种方法只能分级调速，不能均匀调速。这种调速方法比较经济、简便，常用于金属切削机床或其他不要求均匀调速的生产机械上，如某些镗床、磨床、铣床，使变速箱结构简化。

改变定子磁极数的同时，必须同时改变转子的磁极数，电动机才能产生恒定的电磁转矩。由于笼型电动机的转子磁极数能自动跟随定子磁极数的改变而改变，因此变极调速只适用于笼型电动机。

2. 变频调速

根据转速公式，改变异步电动机的供电频率（f_1）就可改变电动机的转速（n_1 和 n），达到调速目的。但 f_1 的升高或降低影响到异步电动机的其他参数，如定子绕组中的输入电流（I_1）和磁通（Φ）等。

三相异步电动机在设计时确定了额定电压（U_{1N}）、额定电流（I_{1N}）及相应的额定频率（f_{1N}）（基频），磁通（Φ）的数值设计为接近磁路饱和的数值。以基频为基准，在不同的频率范围，采用不同的变频调速方式。

根据恒磁通公式 $U \approx E = 4.44 f N\Phi_m$，在基频（$f_{1N}$）以下，常采用定子电压补偿的 $U_1/f_1 =$ 常数的恒转矩变频调速，保持 Φ 不变。

在基频（f_{1N}）以上，常采用 $U_1 = U_{1N} =$ 常数的恒功率变频调速，$f\Phi_m$ 不变。

变频调速机械特性如图 4-19 所示。变频调速具有优异的性能，归纳起来如下。

① 调速范围大。

② 平滑性好。连续改变频率（f_1），可以实现无级调速。

③ 稳定性好。调速时机械特性的硬度基本不变，所以转矩波动时，转速变化不大。

④ 能适应各种不同负载的要求。

⑤ 运行效率高。由于机械特性较硬，运行时转差率小，效率高。

此外，还有转差频率控制方式的变频调速。只要保持磁通不变，不论定子频率如何变化，转矩的大小总与相对切割速度（Δn）成正比。如果在保持磁通不变的条件下控制 Δn，即可控制电动机的转矩。这种控制方式可以得到较高的调速精度。

我国电力网的交流频率一般为 50Hz，用改变 f_1 的方法调速，需要专门的变频设备。变频电源目前一般应用晶闸管变频装置，可以平滑地调节交流电频率，因而可使笼型电动机实现无级调速。其缺点是需用专门的变频设备，价格较高。但随着半导体变流技术的不断发展，工作可靠、性能优异、价格低的变频调速线路将不断出现，变频调速的应用将日益广泛，将会从根本上解决笼型异步电动机的调速问题。

3. 绕线式电动机转子电路串接电阻调速

改变转差率（s）调速的具体方法较多，这里只介绍常用于绕线式异步电动机的改变转子电路电阻的调速方法。

如图 4-20 所示，当转子电路串接电阻后，由于转子的惯性，转速还来不及变化，转子电动势也未变，电磁转矩（T）也相应减小，工作点由曲线 1 上的 a 点变为曲线 2 上的 a'点。因为 $T < T_L$，电动机减速，转差率将增加，于是 T 又随之沿曲线 2 增加，到 $T = T_L$ 时，电动机达到新的平衡状态，以对应于较低转速稳定运转，即从 a'点转移到稳定运行的 b 点。

用这种方法调速，具有一定的平滑性，并且设备简单、方法简便。缺点是变阻器上耗能较多，经济性差。这种调速方法常用于起重机提升设备、矿井运输用的绞车、通风机等。

起动变阻器不可用于调速，因为它是按短时间运行而设计的，不能长时间通过电流，否则会因过热而损坏。调速时应有专作调速用的调速变阻器。

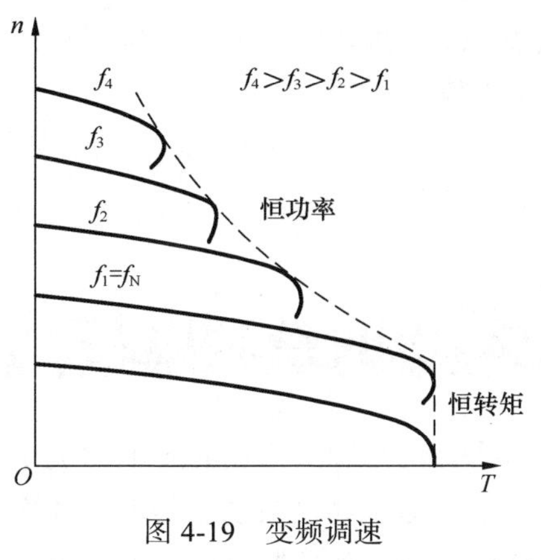

图 4-19　变频调速

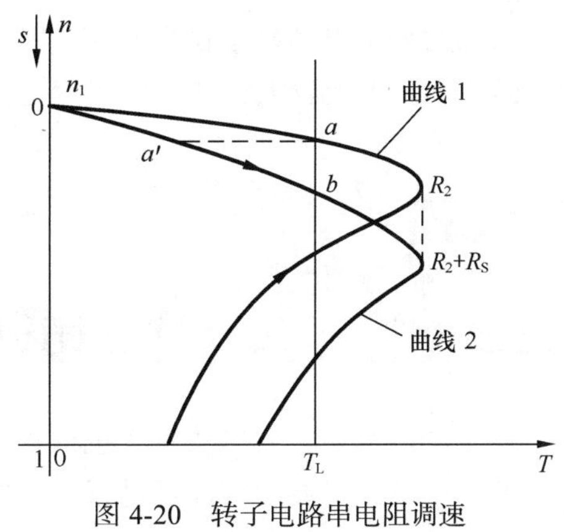

图 4-20　转子电路串电阻调速

4.3.3　三相异步电动机的反接制动和反转

三相异步电动机的制动可分为机械制动和电气制动两大类。机械制动是利用机械装置使电动机在电源切断之后迅速停止转动的方法；电气制动是指利用改变电动机线路或某些参数数值，使电动机产生一种与实际旋转方向相反的电磁转矩的方法，此时的电磁转矩即为制动转矩。

电动机的制动状态是相对于电动机的电动状态（电磁转矩与电动机实际旋转方向相同）而言的一种运行方式。

在电力拖动系统中，电动机经常工作在制动状态。例如，许多生产机械工作时，需要快速停车或由高速运行快速下降到低速运行，这就要求电动机进行制动。对于像起重机、提升机等位能性负载，为获得稳定的下放速度，电动机也必须工作在制动状态。三相电动机的制动方法有反接制动、能耗制动、回馈制动等。本书介绍常用的反接制动。

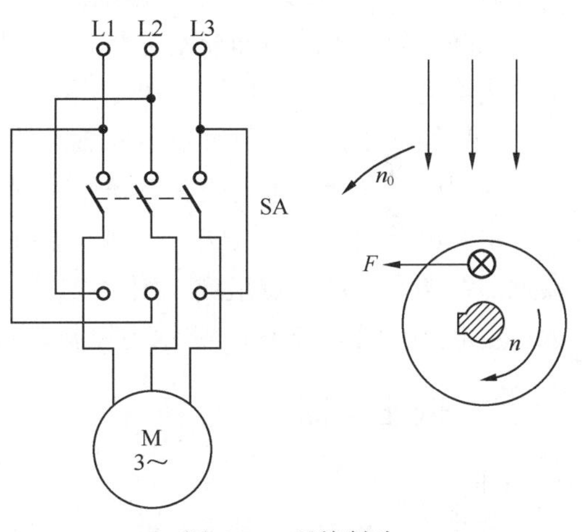

图 4-21　反接制动

1. 反接制动

如图 4-21 所示，笼型电动机原来正处于电动状态，现在需要停车。可将接到电源的 3 根端线中的任意两根对调，此时，旋转磁场立即反向旋转，转子中的感应电动势随即就会反向，则感应电流也随之反向，因而产生制动转矩，使电动机迅速停转。但是一定要注意当电动机转速接近于零时，应立即切断电源，以免电动机可能产生反转。

反接制动的制动力大，但制动过程中冲击强烈，容易损坏传动零件，而且频繁的反接制动容易使电动机过热而损坏。

2. 电动机反转

根据前面所学知识，我们知道任意对调两根电源线，即改变电源相序，就可改变旋转磁场方向，从而改变电动机旋转方向。需要注意的是：若希望改变电动机旋转方向，一般应在停车之后换接。因为如果电动机正在高速旋转时突然将电源反接，这实际上成为反接制动，不但制动冲击强烈，而且电流较大，如无防范措施，容易发生事故。

4.4 三相异步电动机的控制电路

在工业生产过程中，大多数生产机械均采用电动机作为动力源。三相异步电动机作为应用最广的一种电动机，需要对其运行进行自动控制。工业上用的生产机械动作是各式各样的，因而满足生产机械动作要求的低压控制电路也是多种多样的，但各种控制电路一般都由一些基本控制环节按照一定要求连接而成。本节首先从基本低压电器入手，分析电动机的起动停止、正反转基本控制电路。

4.4.1 三相异步电动机的基本控制电路

现以三相异步电动机的基本控制电路为例，介绍低压电器应用。如图 4-22 所示，该控制电路由刀开关（QS）、熔断器（FU1）、热继电器（FR）、起动按钮（SB2）、停止按钮（SB1）、接触器（KM）和电动机（M）组成。

电路可分为主电路和控制电路。主电路是指直接给电动机供电的电路，由三相电源、电动机、接触器主触点、热继电器发热元件等组成。控制电路是指对主电路实施动作控制的电路，主要由单相电源、按钮、热继电器触点、接触器线圈及辅助触点组成。图 4-22（a）所示为主电路，图 4-22（b）所示为控制电路。

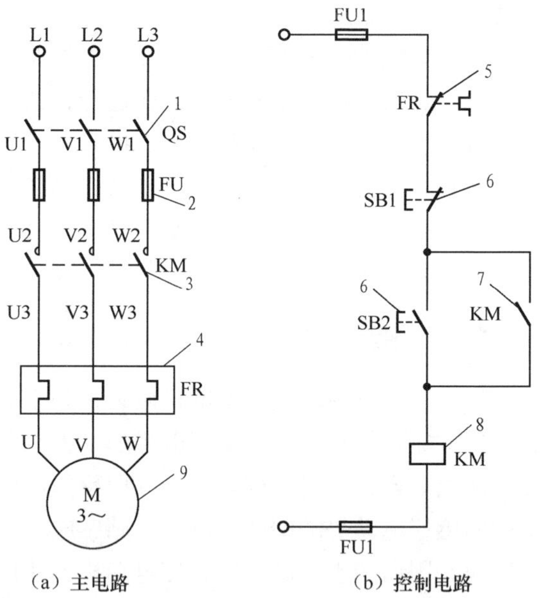

（a）主电路　　（b）控制电路

图 4-22　三相异步电动机的起动停止电路图

1—刀开关　2—熔断器　3—交流接触器主触点　4—热继电器发热元件　5—热继电器动断触点　6—控制按钮　7—交流接触器辅助触点　8—交流接触器线圈　9—三相异步电动机

1. 低压电器

（1）刀开关

刀开关（QS）是一种手动电器，广泛应用于配电设备作隔离电源用，有时也用于直接起动三相异步电动机。常用的刀开关有 HD 系列与 HS 系列，后者为刀形转换开关。转换开关用于转换电路，从一种连接转换至另一种连接。

（2）熔断器

熔断器（FU）是一种用于短路保护的电器。熔断器串接在所保护的电路中，当电路中的电流超出限定值时，会将熔断器的熔体熔化从而分断电路，保护线路中的电气设备。

由于熔体熔断所需要的时间与通过熔体电流的大小有关，为了达到既能有效实现短路保护，又能维持设备正常工作的目的，一般情况下，要求通过熔体的电流等于或小于熔体额定电流的1.25倍时，可以长期不熔断，超过其额定电流的倍数越大，熔体熔断的时间越短。

安装单向全压启动控制线路3-异步电动机直接起停控制

（3）热继电器

热继电器（FR）是用来保护电动机，使之免受长期过载危害的继电器。热继电器是利用电流的热效应而动作的，它的原理示意图如图4-23（a）所示。

图4-23中热元件1是一段电阻不大的电阻丝，接在电动机的主电路中。双金属片2由两种具有不同线膨胀系数的金属采用热和压力辗压而成，亦可采用冷结合，其中下层金属的膨胀系数大，上层金属的膨胀系数小。当主电路中电流超过容许值而使双金属片2受热时，双金属片2便向上弯曲，因而脱扣，扣板3在弹簧4的拉力下将动断触点5断开。触头是接在电动机的控制电路中的。控制电路断开而使接触器的线圈断电，从而断开电动机的主电路。热继电器的发热元件、动断触点图形符号如图4-23（b）所示，虽然二者图形符号不同，但是文字符号相同，都为FR。

由于热惯性，热继电器不能做短路保护。因为发生短路事故时，要求电路立即断开，而热继电器是不能立即动作的。一般在电动机起动或短时过载时，热继电器不会动作，这可避免电动机不必要的停车。

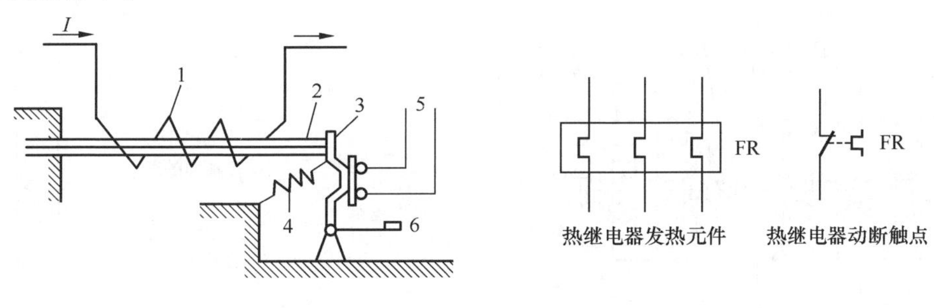

（a）原理示意图　　（b）图形符号

图4-23　热继电器原理示意图及图形符号

1—热元件　2—双金属片　3—扣板　4—弹簧　5—动断触点　6—复位按钮

热继电器的主要技术数据是整定电流。所谓整定电流，就是热元件通过的电流超过此值的20%时，热继电器应当在20min内动作。应按照被保护电动机额定电流的1.1～1.15倍选取热元件的额定电流。

（4）控制按钮

控制按钮（SB）是一种手动操作接通或断开小电流控制电路的开关，其结构如图4-24（a）所示。控制按钮的结构一般由按钮帽、复位弹簧、动触点、动断静触点、动合静触点等组成。控制按钮按照静态时静触点分合状态，可分为起动按钮、停止按钮及复合按钮。按钮符号如图4-24（b）、（c）、（d）所示。

起动按钮（使用触点3、4）：未按下按钮帽7时，动合触点3、4断开，按下时动合触点3、4被接通；当松开后，按钮在复位弹簧6的作用下复位断开。

停止按钮（使用触点1、2）：与起动按钮相反，未按下按钮帽7时，动断触点1、2闭合，按下时动断触点1、2被断开；当松开后，按钮在复位弹簧6的作用下复位闭合。

复合式按钮：按下按钮帽7时，动断触点1、2先断开，动合触点3、4再被接通。

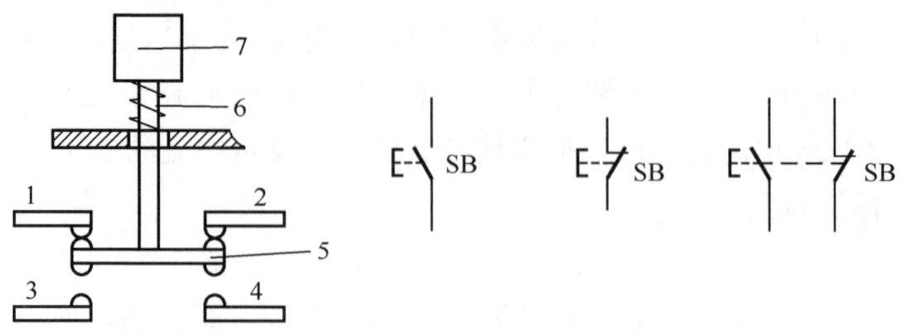

（a）结构示意图　（b）动合触点　（c）动断触点　（d）复合式触点

图 4-24　控制按钮结构示意图及符号

1、2—动断静触点　3、4—动合静触点　5—动触点　6—复位弹簧　7—按钮帽

（5）交流接触器

交流接触器（KM）是一种自动开关，是电力拖动中最主要的控制电器之一，常用来接通和断开电动机或其他设备的主电路。图 4-25 所示为交流接触器结构图及图形符号。交流接触器是利用电磁铁的吸引力而动作的。它主要由电磁铁和触点组两部分组成。电磁铁由线圈和铁心构成，其铁心分为动、静铁心，静铁心固定不动。接触器的动触点与动铁心直接相连，当动铁心移动时，拖动动触点相应移动。

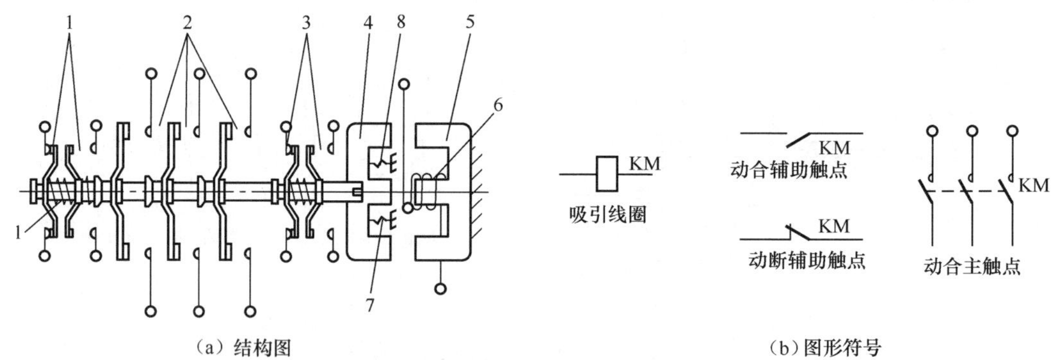

（a）结构图　（b）图形符号

图 4-25　交流接触器结构图及图形符号

1、3—辅助触头　2—主触头　4—动铁心　5—静铁心　6—线圈　7、8—弹簧

交流接触器的触点分为主触点和辅助触点。主触点通常为 3 对动合触点，它的接触面积较大，带有灭弧装置，所以允许通过较大的电流，接在电动机的主电路中；辅助触点既有动合触点，又有动断触点，辅助触点通过电流较小，常接在电动机的控制电路中。

交流接触器线圈通电时，电磁吸力吸引“山”字形动铁心动作，使动合触点闭合；线圈断电时，在复位弹簧作用下动铁心恢复到原来位置。

2. 电路分析

图 4-22 所示为三相异步电动机的起动停止电路。

（1）闭合刀开关（QS），引入电源，按下起动按钮（SB2），交流接触器（KM）线圈通电，使得对应动合主触点闭合，电动机接通电源起动。同时，与起动按钮（SB2）并联的接触器（KM）动合辅助触点闭合。

当松开 SB2 时，KM 线圈通过自身的动合辅助触点保持通电状态，称为自锁，而此动合辅助触点称为自锁触点。

（2）需要电动机停转时，可按下停止按钮（SB1），接触器（KM）线圈失电，KM 主触点与动合辅助触点都断开，切断电动机的主电路和控制电路，电动机停止转动。

3. 电路保护

（1）短路保护

熔断器（FU）在电路中起短路保护作用，一旦发生短路事故，熔断器熔断，切断电源使电动机立即停转。

（2）过载保护

热继电器（FR）在电路中起过载保护作用，当发生过载事故时，热继电器（FR）的动断触点断开，使控制电路开路，交流接触器（KM）线圈失电，其动断主触点断开，使电动机停转。

（3）欠压（或零压）保护

在停电或电压过低时，接触器线圈的电磁吸力消失或不足，使主触点和自锁触点同时断开，电动机停止运转。而当电源恢复正常时，只有再按下起动按钮，才能使交流接触器辅助触点自锁，电动机重新起动。

刀开关（QS）一般不能在带负载运行时切断或接通电源，因此在起动或断电时应注意刀开关（QS）与起动按钮动作的先后次序：起动时应先合上 QS，再按起动按钮 SB2；断电时则应先按停止按钮（SB1），再断开 QS。

4.4.2 三相异步电动机的正反转控制电路

1. 电路组成

如果要改变三相异步电动机的旋转方向，只要将 3 根电源线中的任意两根对调即可。因此，可利用两个交流接触器和 3 个按钮组成正反转控制电路，如图 4-26 所示。电路由刀开关（QS）、正转交流接触器（KM1）、反转交流接触器（KM2）、停止按钮（SB1）、正转按钮（SB2）、反转按钮（SB3）、熔断器（FU1）、热继电器（FR）和电动机（M）组成。正转交流接触器（KM1）的 3 对主触点把电动机按相序 U1-V1-W1 与电源相接；反转交流接触器（KM2）的 3 对主触点把电动机按相序 U1-W1-V1 与电源相接。

2. 工作原理分析

（1）闭合刀开关（QS），按下正转按钮（SB2）时，正转交流接触器（KM1）线圈通电，这时 KM1 的常开触点变常闭，交流电动机得电正转，与此同时，与 KM2 线圈并联的 KM1 的常闭触点断开，切断了反转交流接触器（KM2）线圈电路。因此，即使按反转起动按钮（SB3），也不会使反转交流接触器（KM2）的线圈通电工作。同理，在反转交流接触器（KM2）动作后，正转交流接触器（KM1）的线圈电路也不能再工作。

安装单向全压起动控制线路 2-异步电动机正反转控制

两个接触器在同一时间内只允许一个处于工作状态，称为电气联锁或互锁，此时这两个接触器动断辅助触点亦称为互锁触点。

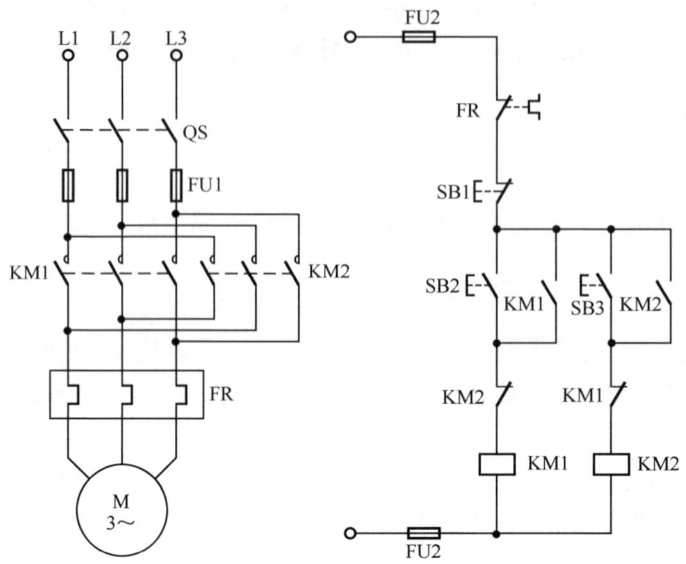

图 4-26　三相异步电动机的正转-停-反转电路图

当主电路中正转接触器（KM1）的触点发生熔焊（即静触点和动触点烧蚀在一起）现象时，由于相同的机械连接，KM1 的触点在线圈断电时不复位，KM1 的动断触点仍处于断开状态，因此可防止反转接触器（KM2）通电使主触点闭合而造成电源短路故障。

（2）在正转过程中要求反转时，必须先按下停止按钮（SB1），让 KM1 线圈断电，互锁触点（KM1）闭合，然后按下反转按钮（SB3），KM2 线圈得电，电动机反转，反之亦然。从而实现电动机的“正转-停-反转”控制，这种操作方式适用于大功率电动机及一些频繁正、反转的电动机。

4.5 车用交流发电机

发电机有直流发电机和硅整流发电机两大类。传统的直流发电机已不能适应现代高速发动机的要求，因此目前汽车全部使用硅整流发电机。硅整流发电机由三相同步交流发电机及硅二极管组成的整流器所组成，它利用硅二极管将发电机定子绕组中所感应的三相交流电整流为直流电。由于发电机先产生交流电，因此也称为交流发电机。硅整流发电机必须配用调节器，以便在发电机转速变化时稳定其输出电压。

车用交流发电机是给汽车电气系统提供主要电源的硅整流发电机，由汽车发动机驱动。它在正常工作时，对除起动机以外的所有用电设备供电，并向蓄电池充电以补充蓄电池在使用中所消耗的电能。

4.5.1 车用交流发电机的分类

车用交流发电机可按整流器结构、总体结构和搭铁形式进行分类。其中按整流器结构不同，可分为以下几种。

（1）六管发电机

六管发电机的整流器由6只硅整流二极管组成，如东风EQ1090车用的JF132型发电机。

（2）八管发电机

八管发电机具有2只中性点二极管，其整流器共有8只二极管，如天津夏利TJ7100轿车用JFZ1542型发电机。

（3）九管发电机

九管发电机具有3只磁场二极管，其整流器共有9只二极管，如北京BJ1022轻型货车用JFZ141型发电机。

（4）十一管发电机

十一管发电机具有2只中性点二极管和3只磁场二极管，其整流器共有11只二极管，如桑塔纳轿车用JFZ1813Z型发电机。图4-27所示为十一管交流发电机的电路图。

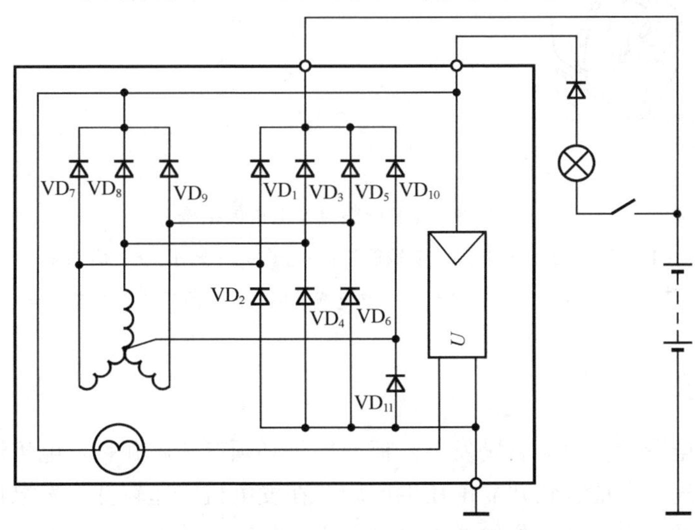

图4-27 十一管交流发电机的电路图

4.5.2 车用交流发电机的结构

车用交流发电机主要由转子、定子、带轮、硅整流器、前后端盖、风扇、电刷等部件组成。普通硅整流发电机的结构如图4-28所示。

1. 转子

转子是交流同步发电机的磁场部分，主要由两块爪形磁极、励磁绕组、转子轴和滑环等组成。两块爪形磁极各具有6个鸟嘴形磁极，压装在转子轴上，在爪形磁极的空腔内装有磁轭，其上绕有导磁绕组（又称励磁绕组或转子线圈）。励磁绕组的两根引出线分别焊在与轴绝缘的两个压装在轴上的滑环上，滑环与装在后端盖上的两个电刷接触。当两电刷与直流电源接通时，励磁绕组中便有磁场电流通过，产生轴向磁通，使得一块爪形磁极被磁化为 N 极，另一块爪形磁极磁化为 S 极，从而形成了 6 对相互交错的磁极。

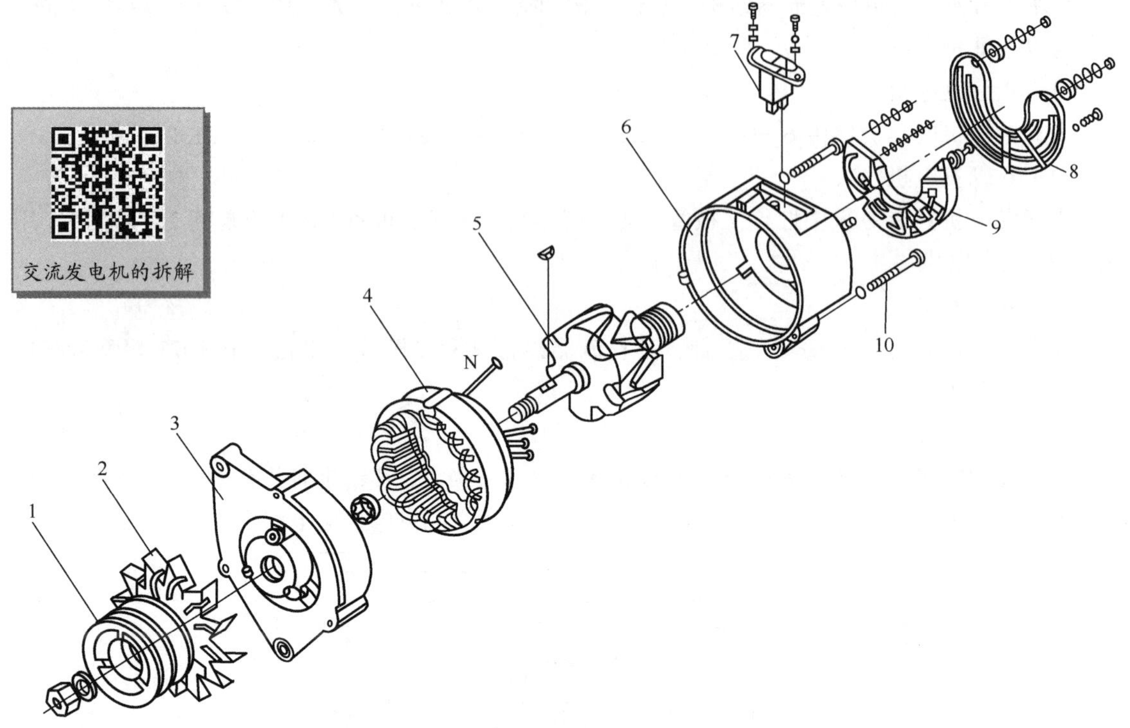

图 4-28　普通硅整流发电机的结构

1—带轮　2—风扇　3—前端盖　4—定子　5—转子　6—后端盖

7—电刷及架　8—防护罩　9—整流器组件　10—前后端盖连接螺栓

2. 励磁方法

发电机不接外电源时，也能自励发电，但前提是必须有剩磁并且发电机转速要足够高。为了解决发电机在低速时不能很快建立电压的问题，在发电机转速较低，发电机电压低于蓄电池电压时，由蓄电池通过电源开关供给磁场电流，进行他励，使电压很快上升。当发电机转速升高，发电机电压超过蓄电池电压时，进行自励，并对外输出。

4.5.3　车用交流发电机的工作原理

硅整流发电机由三相交流发电机和整流电路组成。

图 4-29 所示为交流发电机的工作原理示意图。

发电机由定子和转子组成，定子上有 U1U2、V1V2、W1W2 三相对称绕组，它们在空间的位置差是 120° 电角度。转子磁极上装有励磁绕组，由直流励磁，其磁通从转子 N 极出来，经过气隙、

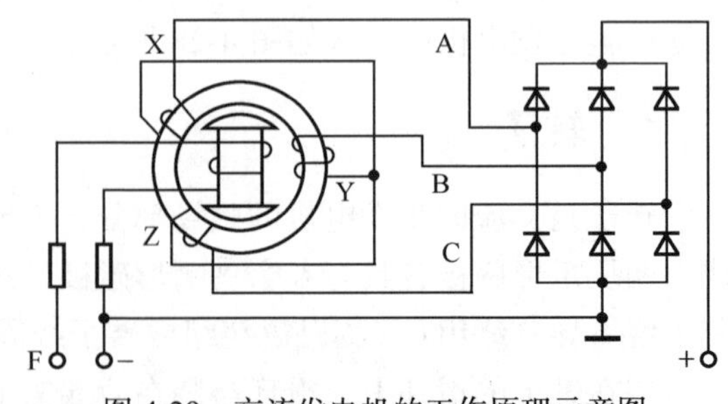

图 4-29　交流发电机的工作原理示意图

定子铁心、气隙，进入转子 S 极而构成回路。

如果用原动机拖动发电机沿反时针方向以电角速度（ω）恒速旋转，则磁极的磁力线将切割定子绕组的导体。由电磁感应定律可知，在定子导体中感应出交变电动势。若磁极磁场的气隙磁密沿圆周按正弦规律分布，则导体电动势将按正弦规律变化，即

$$e=-N\frac{\mathrm{d}\Phi}{\mathrm{d}t}=-N\frac{\mathrm{d}\left(\Phi_{\mathrm{m}}\sin\omega t\right)}{\mathrm{d}t}=-N\Phi_{\mathrm{m}}\omega\cos\omega t=N\Phi_{\mathrm{m}}\omega\sin\left(\omega t-\frac{\pi}{2}\right)$$

式中，N———一相绕组的匝数；

Φ_{m}——转子磁通最大值。

交流发电机的复装

电角速度（ω）、发电机的机械转速（n）、交变电动势的频率（f）三者关系为

$$\omega=2\pi f$$

$$f=\frac{pn}{60}$$

式中，p——转子磁极对数。

考虑到 V 相、W 相两绕组在定子槽中的布置分别滞后 U 相 $2\pi/3$ 和 $4\pi/3$ 电角度，若 U 相绕组中的感应电动势初相为 0，则 U、V、W 三相绕组中的感应电动势可分别表示为

$$e_{\mathrm{U}}=\sqrt{2}E\sin\omega t$$

$$e_{\mathrm{V}}=\sqrt{2}E\sin\left(\omega t-\frac{2\pi}{3}\right)$$

$$e_{\mathrm{W}}=\sqrt{2}E\sin\left(\omega t+\frac{2\pi}{3}\right)$$

式中，有效值（E）为

$$E=\frac{E_{\mathrm{m}}}{\sqrt{2}}=\frac{2\pi N\Phi_{\mathrm{m}}f}{\sqrt{2}}=4.44N\Phi_{\mathrm{m}}f$$

汽车用的蓄电池为直流电源，考虑到发动机停转时，车用的各种电器必须能正常工作，用电设备均选用直流供电方式。这就要求交流发电机最终能提供直流电势。所以交流发电机内必须配置硅整流器。

硅整流器的工作原理将在第 6 章常用半导体器件及其应用中介绍。

4.6 安全用电

随着科技的迅猛发展，文明的不断进步，人类社会越来越离不开电，电能为人类带来了舒适和幸福。但如果不认识电的性能，不掌握安全用电的知识，那么，电就会造成各种电气设备的损坏，给人们带来痛苦，造成灾难，严重时甚至会危及人们的生命。所以要提高人们安全用电的意识，保护人身和设备的安全。

认识安全用电

4.6.1 人体触电基本知识

由于人体中含有大量的金属粒子，尤其是血液中铁元素含量最多，所以人体是电的良导体。当人体接触电时，便会和大地形成回路而出现触电现象。触电一般分为电击和电伤两种。

如果通过人体的电流小于其细胞所承受的强度时，人体细胞只会将这种状态传递给大脑，使人感觉到一阵痉挛或麻嗖嗖的感觉，此时并不会伤害到人体细胞。人体在一般的情况下，可承受平均值在 20mA 以下的交流电和 50mA 以下的直流电。如果触电的时间持续过长，即使是电流小到 8mA 左右，也可使人死亡，即便是生命没有受到死亡的威胁，但也会因为人体和脑部受到重创从而留下永远无法恢复的后遗症。我们人体的电阻一般是在 1000Ω左右，当人体被电击后会形成 3 种伤害，第一是身体中电子流动产生的热效应造成的热伤害，第二是电子的流动会破坏细胞的化学分子结构而形成化学性伤害，第三是由于电子流动形成的磁场对细胞分子产生机械震荡损伤，另外也包括人体触电后与其他物体的撞击等非安全性的伤害因素。

人体接触的电压越高对人体细胞的伤害作用也就越大，当电压在数万伏特以上或者是在数亿伏特的雷击电场中，人体的细胞会完全被碳化而导致生命终结。每年都会有人被电击伤或被电击死，尤其是高压输电网络和夏季的雷电最危险。由于超高压和强电荷的作用，不只是人类会面临灾难问题，就连高大的建筑物和树木植物类都难以逃脱强电场给它们带来的毁灭。

4.6.2 触电原因及保护措施

1. 触电原因

触电发生的原因很多，绝大多数都和人们不安全操作有关，主要原因如下：

（1）电工操作时没有穿戴劳动保护用品；

（2）施工现场与户外高压线距离太近且没有设置防护网；

（3）电气设备、电气材料不符合国家规范要求，绝缘层受到磨损破坏；

（4）施工现场电线架设不当，电线掉落地面，或与金属物接触、高度不够；

（5）机电设备的电气开关无防雨、防潮设施；

（6）电动机械设备不按规定接地接零；

（7）电控箱门出线混乱，随意加保险丝，并一闸控制多机；

（8）手持电动工具无漏电保护装置。

2. 触电方式

由于电气设备长期使用而无定期检修，绝缘材料遭到损坏，当人体无意触及带电物体时，就会触电。常见的触电方式有直接触电、跨步电压触电、接触电压触电等几种类型。

（1）直接接触触电

人体直接接触带电导体造成的触电，或离高压电距离太近造成对人体直接放电引起的触电称之为直接接触触电。如果人体直接接触到电气设备或电力线路中的一相，或者与高压系统中一相带电体的距离小于该电压的放电距离就会造成对人体放电，这时电流将通过人体流入大地，这种触电称为单相触电。图 4-30（a）、（b）所示为两种常见的单相触电。这时人体的一部分与带电体相接触，同时人体的另一部分又与大地或中性线接触，此时电流从带电物体通过人体到大地或中性线而形成回路。由于目前我国的供电系统采用三相四线制，所以人体承受的电压是220 V 的相电压，这是十分危险的。

如果人体同时接触电气设备或线路中的两相，或者在高压系统中，人体同时分别靠近两相导体而发生电弧放电，则电流将从一相通过人体流入另一相导体，这种触电称为两相触电，如图 4-30（c）所示。由于这时作用于人体的电压是线电压 380V，显然发生两相触电的后果更加严重。

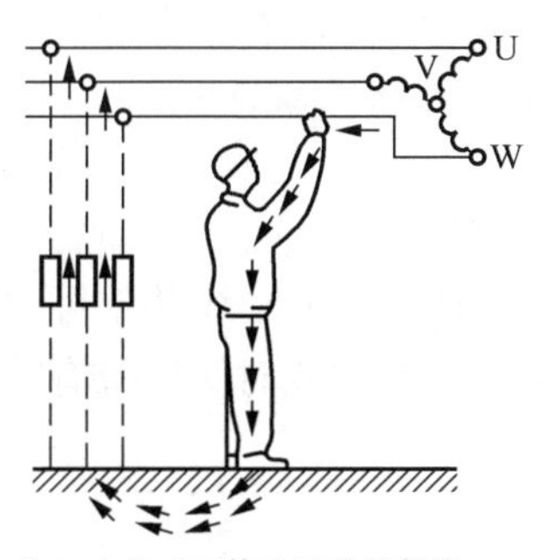

（a）中性点不接地的单相触电

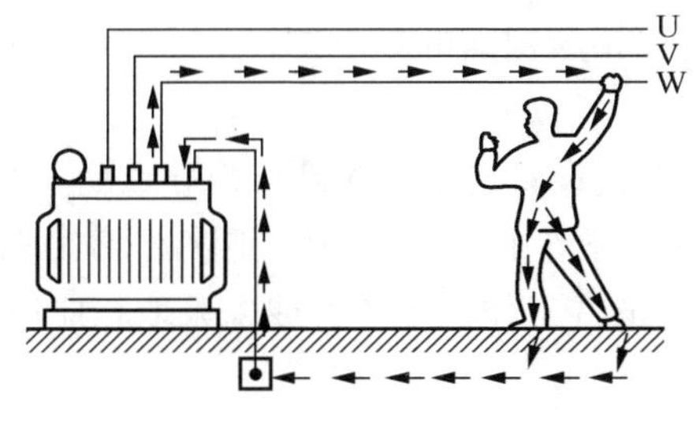

（b）中性点接地的单相触电

U
V
W

（c）两相触电

图 4-30　直接接触触电

（2）跨步电压触电

当架空高压线路发生断裂，掉落到大地上时，高压电流通过大地将向大地四周扩散，这时会在地面上形成一个以接地点为圆心的圆环形分布电位，一般要在圆心 15m 以外，大地的电位才等于零。假如人在接地点周围（15m 以内）行走，其两脚之间就有电位差，这就是跨步电压。由此而引起的触电为跨步电压触电，如图 4-31 所示。

图 4-31　跨步电压触电

跨步电压的大小取决于高压电的电压、人体离接地点的距离和人体两脚之间的距离。在其他条件不变的情况下高压电的电压越高、人体离接地点的距离越近，人体两脚之间的距离越大，跨步电压的数值就越大。

由上可知，为了防止跨步电压触电需注意以下几点。

① 高压线路发生断裂，掉落到大地上时，室内不得接近故障点 15m 以内，室外不得接近故障点 20m 以内。

② 进入上述范围人员必须穿绝缘靴，如果需要接触设备的外壳和构架时必须带绝缘手套。雷雨天气，尽量远离避雷器和避雷针。

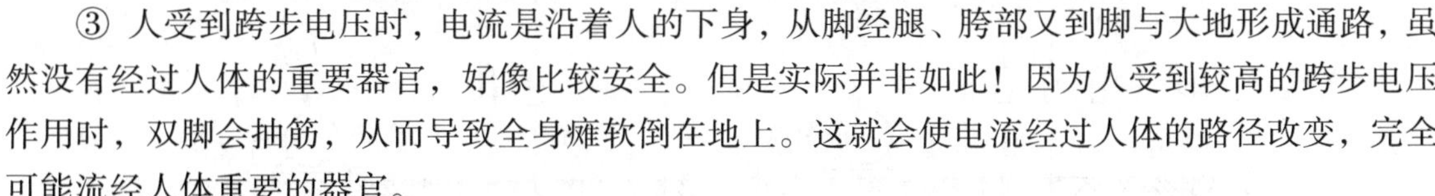

③ 人受到跨步电压时，电流是沿着人的下身，从脚经腿、胯部又到脚与大地形成通路，虽然没有经过人体的重要器官，好像比较安全。但是实际并非如此！因为人受到较高的跨步电压作用时，双脚会抽筋，从而导致全身瘫软倒在地上。这就会使电流经过人体的路径改变，完全可能流经人体重要的器官。

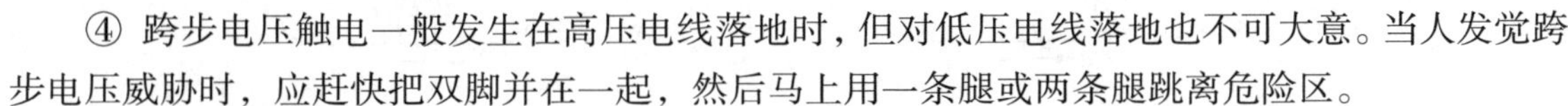

④ 跨步电压触电一般发生在高压电线落地时，但对低压电线落地也不可大意。当人发觉跨步电压威胁时，应赶快把双脚并在一起，然后马上用一条腿或两条腿跳离危险区。

（3）接触电压触电

电气设备的金属外壳，本不应该带电，但当设备使用时间过长，内部就会绝缘老化，造成击穿漏电；或由于安装不良，造成设备的带电部分碰壳；或其他原因使电气设备的金属外壳带电时，如果人碰到带电外壳，就会触电，这种触电称之为接触电压触电，如图 4-32 所示。

图 4-32　接触电压触电

常见的接触电压触电形式有如下几种。

① 接触带电的导体。这种触电往往是由于用电人员缺乏用电知识或在工作中不注意，不按有关规章和安全工作距离操作等引起的，直接接触裸露的导电体，这种触电是最危险的。

② 由于某些原因，触碰了电气设备绝缘层被破坏而导致漏电的设备。

③ 高压送电线路处于大自然环境中，由于被锋利物品摩擦或因与其他带电导线并架等原因，受到感应，在导线上带了静电，工作时不注意或未采取相应措施，上杆作业时触碰带有静电的导线而触电。

（4）感应电压触电

人触及带有感应电压的设备和线路产生的触电称为感应电压触电。例如，一些不带电的线路由于大气变化（如雷电活动），会产生感应电荷。此外，停电后一些设备可能感应出较高的电压，人一旦触及都会造成感应电压触电 。

3. 保护措施

由上可知触电事故会时常发生，为了防止触电事故的发生，一般在电气设备的金属外壳采取了两种保护措施，即保护接地和保护接零。此外，还可以采用漏电保护器来防止触电事故的发生。

（1）保护接地

保护接地就是把电气设备的金属外壳用足够粗的金属导线（此时电阻比较小）与大地可靠地连接起来。电气设备采用保护接地措施后，设备外壳已通过该金属导线与大地有良好的接触。一旦发生漏电，便能使绝大部分的电流通过金属导线流到地下。当人体不小心接触到带电的金属外壳时，人体相当于接地电阻的一条并联支路，如图 4-33 所示。由于人体电阻远远大于金属导线的电阻，所以通过人体的电流很小，从而避免了触电事故。

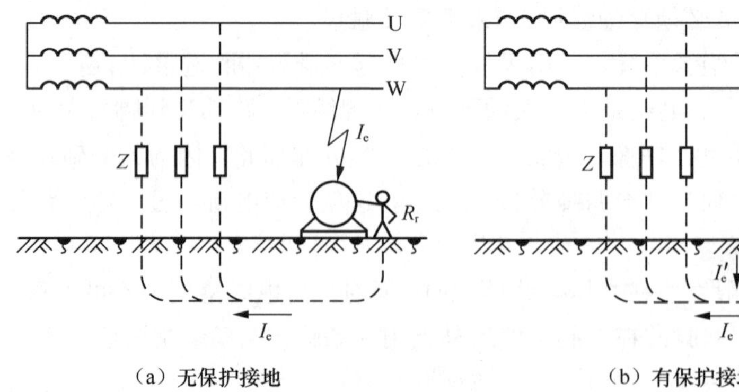

（a）无保护接地　　（b）有保护接地

图 4-33　保护接地

保护接地一般用于配电变压器中性点不直接接地的供电系统中，用以保证当电气设备因绝缘损坏而漏电时产生的对地电压不超过安全范围。

（2）保护接零

为了防止电气设备因绝缘损坏而使人身遭受触电危险，将电气设备的金属外壳与供电变压器的中性点相连接称为保护接零，又称接零保护。保护接零也就是在中性点接地的系统中，将电气设备在正常情况下不带电的金属部分与零线作良好的金属连接。图 4-34 所示为采用保护接零情况下故障电流的示意图。当某一相绝缘损坏使相线碰壳，就会使外壳带电时，由于外壳采用了保护接零措施，因此该相线和零线构成回路，由于单相短路电流很大，足以使线路上的保护装置（熔断器）迅速熔断，从而将漏电设备与电源断开，来避免人身触电的可能性。

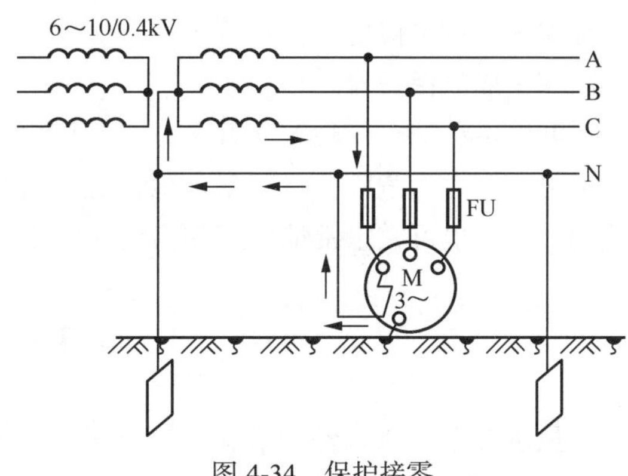

图 4-34　保护接零

很显然在保护接零系统中零线起着十分重要的作用。一旦零线出现断线，接在断线处后面线路上的电气设备相当于没作保护措施。如果在零线断线处后面有的电气设备外壳漏电，则不能构成短路回路，使熔断器熔断，不但这台设备外壳长期带电，而且使接在断线处后面的所有作保护接零设备的外壳都因通路而存在接近于电源相电压的对地电压，这样触电的可能性和危险性将被扩大。

对于单相用电设备，即使外壳没漏电，在零线断开的情况下，相电压也会通过负载和断线处后面的一段零线，出现在用电设备的外壳上。

所以对于保护接零的零线连接应牢固可靠、接触良好并应做定期检查。零线的连接线与设备的连接应用螺栓压接。所有电气设备的接零线，均应以并联方式接在零线上，绝对不允许串联。在零线上禁止安装保险丝或单独的断流开关。在有腐蚀性物质的环境中，应在其表面涂以防腐涂料来防止零线的腐蚀。

保护接零用于三相四线制 380/220V、电源的中性点直接接地的配电系统中。在电源的中性点接地的配电系统中，只能采用保护接零，如果采用保护接地则不能有效地防止人身触电事故。

在电源中性点不接地的三相四线制配电系统中，不允许用保护接零，而只能用保护接地。

在采用保护措施时，必须注意不允许在同一系统上把一部分设备接零，另一部分用电设备接地。即使熔丝符合能烧断的要求，也不允许混合接法。因为熔丝在使用中经常调换，很难保证不出差错。因此，由同一台发电机、同一台变压器或同一段母线供电的低压电力网中，不宜同时采用接地保护与接零保护。

（3）工作接地和重复接地

在三相四线制的配电系统中，将配电变压器副边中性点通过接地装置与大地直接连接叫作工作接地。将电源中性点接地的目的是可以降低每相电源的对地电压，当人接触其中的一相电源时，人体受到的是相电压。如果中性点不接地，当一根相线脱落接地，人体触及另一根相线时，作用于人体的是电源的线电压，其危险性很大。

在中性点接地的系统中，除将配电变压器中性点进行工作接地外，沿零线走向的一处或多处再次将零线接地，叫作重复接地。其作用是当电气设备外壳漏电时可以降低零线的对地电压；

相当于保护接零的另一种做法，此时当零线断线时，也可减轻触电的危险。

所以在采用保护接零的系统中，还要在电源中性点进行工作接地和在零线的一定间隔距离及终端进行重复接地。

（4）漏电保护器

漏电保护器，简称漏电开关，又叫漏电断路器，主要是用来在设备发生漏电故障时以及对人身触电有致命危险时进行触电保护，具有过载和短路保护功能，还能保护线路或电动机的过载和短路，也可在正常情况下作为线路的不频繁转换起动之用。

4.6.3 触电急救

虽然有很多触电保护措施，但是很难避免不发生触电事故，一旦发生触电事故，必须对人进行急救。触电急救的基本原则是动作迅速、方法正确。

触电现场抢救

（1）迅速切断电源

人体触电以后，可能由于痉挛或失去知觉等原因而紧抓带电体，不能自己摆脱电源。抢救触电者的首要步骤就是使触电者尽快脱离电源。所以最有效的措施就是迅速切断电源。

切断电源的方法有两个，一是迅速关闭电源开关或者拉闸；二是用干燥的木棒、竹竿、绝缘工具等不导电的物体挑开电线，使触电者尽快脱离电源。急救者切勿直接接触伤员，防止自身触电。

总之，要因地制宜、沉着冷静，灵活运用各种方法，快速切断电源，防止事故扩大或造成人员伤亡。

（2）现场急救

当触电者脱离电源后，应根据触电者的具体情况迅速对症进行现场急救，力争在触电后 1 分钟内进行救治。人触电后不一定会立即死亡，当出现神经麻痹、呼吸中断、心脏停跳等症状时，外表上呈现昏迷假死的状态，如现场抢救及时，方法得当，人是可以获救的。现场急救对抢救触电者是非常重要的。有统计资料指出，触电后 1 分钟开始救治者，90%有良好效果；而触电后超过 10 分钟再开始救治的，基本无救活的可能。现场应用的主要方法是口对口人工呼吸和体外心脏挤压法，严禁打强心针。

实训 6 三相异步电动机的正转-停-反转控制电路

一、实训目的

① 通过对三相异步电动机正转-停-反转控制电路的安装接线，掌握由电气原理图接成实际操作电路的方法。

② 加深对电气控制系统各种保护、自锁、互锁等环节的理解。

二、实训条件

TS-B 通用电工实验台、三相异步电动机。

三、实训内容及步骤

认识各电器的结构、图形符号、接线方法。将三相异步电动机接成△接法，按图 4-26 所示接线，经指导教师检查后，方可进行通电操作。

① 开启控制屏电源总开关，按起动按钮，调节调压器输出，使输出线电压为 220V。

② 按正向起动按钮 SB2，观察并记录电动机的转向和接触器的运行情况。

③ 按反向起动按钮 SB3，观察并记录电动机的转向和接触器的运行情况。

④ 按停止按钮 SB1，观察并记录电动机的转向和接触器的运行情况。

⑤ 再按 SB3，观察并记录电动机的转向和接触器的运行情况。

⑥ 操作完毕，按控制屏停止按钮，切断三相交流电源。

四、分析讨论

在电动机正、反转控制线路中，为什么必须保证两个接触器不能同时工作？采用哪些措施可解决此问题？

小　结

（1）三相异步电动机是将电能转换成机械能的旋转机械，主要由定子和转子构成。

定子在空间静止不动，主要由定子铁心、定子绕组、机座、端盖等部分组成。定子铁心为了减小铁心损耗，它是由厚度为 0.5mm、片间用绝缘漆绝缘的硅钢片叠装压紧而成的。定子绕组由在空间相差 120° 电角度、对称排列的结构完全相同的三相绕组组成。定子绕组可连接为Y或△接法。转子由转子铁心和转子绕组组成。转子铁心也是由 0.5mm 厚的硅钢片冲压而成的。转子绕组有两种结构形式：笼型转子和绕线式转子。

（2）旋转磁场的转速又称为同步转速，同步转速（n_1）与电源频率和磁极对数有关。

同步转速：$n_1 = \dfrac{60 f_1}{p}$

异步电动机转差率：$s = \dfrac{n_1 - n}{n_1}$

（3）三相异步电动机的工作原理是定子绕组通入三相电源之后，在电动机定子中产生旋转磁场，转子绕组切割旋转磁场的磁力线，产生感应电动势，并在闭合的转子回路中产生感应电流。产生感应电流的转子在旋转磁场中受到作用力，产生电磁转矩，带动转子克服阻力旋转。转子的转向取决于旋转磁场的方向，改变电源的相序就能改变旋转磁场的方向。

（4）三相异步电动机的转矩特性和机械特性表达式分别为 $T=f(s)$ 和 $n=f(T)$，机械特性曲线分稳定区和不稳定区。通常电动机正常运行时，工作点在稳定区，电动机的转子电阻和电源电压都会影响电动机的机械特性。最大转矩和起动转矩都与电压的平方成正比。

（5）三相异步电动机的额定电压和额定电流是指定子上的线电压和线电流，额定功率是指轴上输出的机械功率。额定转矩大小与额定功率和额定转速有关。

额定转矩：$T_N = 9\,550\dfrac{P_N}{n_N}$

（6）笼型异步电动机有直接起动和降压起动两种起动方法。一般规定，异步电动机的功率低于 7.5kW 时允许直接起动。如果功率大于 7.5kW，而供电变压器容量较大，能符合下列经验公式要求的异步电动机也可采用直接起动法：

$$\frac{I_{st}}{I_N} \leqslant \frac{1}{4}\left[3+\frac{\text{供电变压器容量（kV·A）}}{\text{起动电动机容量（kW）}}\right]$$

（7）笼型异步电动机降压起动多采用Y-△起动法。Y-△起动法适用于正常工作时定子绕组为△形连接的电动机。起动时，起动电流和转矩都降到直接起动时的 1/3，因此适用于电动机空载或轻载起动。

（8）三相异步电动机的调速方法有变极调速、变频调速和变转差率调速。目前采用变频调速已成为主流。三相异步电动机的电气制动有能耗制动、反接制动和回馈制动 3 种。

（9）汽车硅整流发电机包括一个三相同步交流发电机和数个整流二极管，它利用硅二极管将发电机定子绕组中所感应的三相交流电整流为直流电。汽车用硅整流交流发电机主要由转子、定子、硅整流器、前后端盖、电刷、风扇、带轮等部件组成。

（10）熔断器内装熔体，用于短路保护。熔体的额定电流应小于或等于熔断器的额定电流。

（11）热继电器是利用电流的热效应而工作的，用来过载保护电动机，以免电动机因过载而损坏。

（12）交流接触器常用来接通和断开电动机的电路。交流接触器线圈通电时，电磁吸力吸引铁心动作，使动合触点闭合，动断触点断开；线圈断电时，在复位弹簧作用下铁心恢复到原来位置。

（13）三相异步电动机的正转-停-反转控制，根据只要将 3 根电源线中任意两根对调改变电动机旋转方向的原则，利用两个接触器和 3 个按钮组成正转–停–反转控制电路。

（14）安全用电的保护措施有保护接地和保护接零两种。

习　题

1. 简述三相异步电动机的基本结构，定子铁心和转子铁心为什么要用硅钢片叠成？

2. 一台三相异步电动机铭牌上写明“电压 380V/220V，接法Y/△”。定子绕组分别接成Y或△时，电源电压各为多少？不论何种接法，定子绕组相电压都为多少？

3. 简述三相异步电动机的工作原理？如何改变它的转向？

4. 一台三相异步电动机 $P_N = 60$kW，$n_N = 577$r/min，$\cos\varphi_N = 0.77$，$\eta_N = 88.5\%$，试求在额定线电压为 380V 时的额定电流。

5. 一台三相异步电动机的磁极对数 $p=2$，转差率 $s=5\%$，电源频率 $f_1=50\text{Hz}$。试求电动机的转速（n）。

6. 三相笼型异步电动机满足什么条件时，可以直接起动？

7. 简述三相笼型异步电动机直接起动和Y-△降压起动的特点。

8. 三相异步电动机的调速有哪几种方法？其中哪种是最有发展前景的调速方式？

9. 简述三相异步电动机变频调速的特点。

10. 三相异步电动机在一定负载转矩下运行，如电源电压降低，电动机的电磁转矩、电流和转速有何变化？

11. 三相异步电动机定子绕组接上额定电压后，如果转子被堵住，长时间不能转动，对电动机有何危害？遇到这种情况应当怎么办？

12. 触电急救的方法有哪些？

13. 一台异步电动机铭牌上写明，额定电压 $U_N=380\text{V}/220\text{V}$，定子绕组接法Y/△。

（1）如果使用时将定子绕组接成△，接于 380V 的三相电源上，能否带负载或空载运行？会产生什么后果，为什么？

（2）如果将定子绕组接成Y，使用时，接于 220V 三相电源上，能否带负载或空载运行？为什么？

14. 热继电器只能作何种保护？为什么？

15. 用接触器控制电动机时，为什么它兼有欠压或失压保护作用？

16. 试述车用交流发电机的基本组成？

17. 什么是保护接地？什么是保护接零？

自测题

一、填空题

1. 电机是实现________和________之间相互转换的一种机械，电机按其功能可分为________、________、________和________四大类。

2. 三相异步电动机根据转子结构不同可分为________和________两类。

3. 三相异步电动机通电后产生旋转磁场，此磁场的旋转速度为________（公式），若要改变旋转磁场的转向只需________。

4. 一台三相异步电动机铭牌上写明“电压 380V/220V，接法Y/△”，正确的用法：当电源电压为________时，定子绕组接成Y；当电源电压为________时，定子绕组接成△。定子绕组相电压都为________。

5. 三相异步电动机定子绕组为________，才有可能采用Y-△起动。用Y-△降压起动时，起动电流为直接用△接法起动时的________，所以对降低________很有效。但起动转矩也只有直接用△接法起动时的________，因此只适用于________起动。

6. 汽车用交流发电机主要由________、________组成。

7. 安全用电的保护措施有________和________两种。

二、判断题

1. 三相异步电动机的额定转差率（s_N）为 0.01～0.09。（ ）

2. 异步电动机转子的转速永远小于旋转磁场的转速。（ ）

3. 三相笼型电动机转子磁极对数会自动跟随定子磁极对数的变化而变化。（ ）

4. 三相异步电动机从空载到负载运行过程中，主磁通基本不变。（ ）

5. 对于大容量的电动机，重载起动时通常使用笼型电动机。（ ）

6. 三相异步电动机在起动的瞬间，由于某种原因，定子的一相绕组断路，电动机还能起动，但是电动机处于很危险的状态，电动机很容易烧坏。（ ）

三、选择题

1. 对于大容量的电动机，重载起动时通常是（ ）。

A. 采用绕线式电动机，转子串电阻方法起动

B. 采用Y-△起动　　　　C. 采用全压起动

2. 三相异步电动机运行时，外加电压下降，低于额定值较多，此时（ ）。

A. 同一转速下，电磁转矩减少　　　　B. 同一转速下，电磁转矩增大

C. 临界转差率（s_m）变小

3. 为准确停车，异步电动机采用（ ）方式最好。

A. 回馈制动　　B. 反接制动　　C. 能耗制动

四、简答题

1. 简述变频调速的特点。

2. 图 4-35 所示为三相绕线式异步电动机转子串对称电阻时的人为机械特性，请指出该组曲线中的错误之处，并改正（以固有机械特性为基准）。

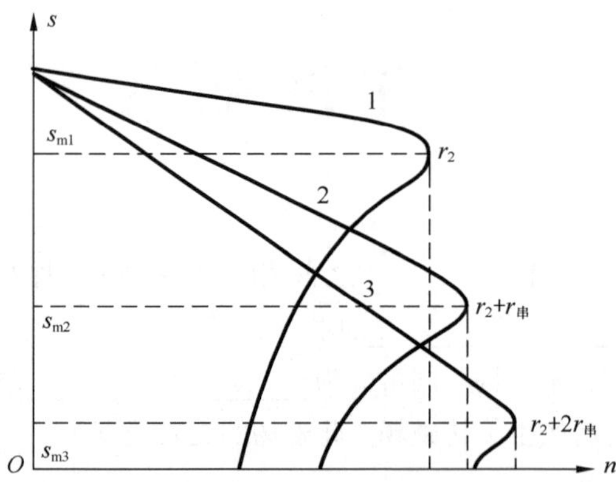

图 4-35　三相绕线式异步电动机转子串对称电阻时的人为机械特性

3. 什么叫自锁？试设计一简单带自锁的电动机起动与停止控制电路。

五、计算题

1. 有一台三相异步电动机，其额定频率为 $f_N = 50$Hz，额定转速为 730r/min。求该电动机的极对数（p）、同步转速（n_1）及额定运行时的转差率（s）。

2. 在某一供电线路中，有一台三相异步电动机，它正常运行时本应接成星形，结果误接成三角形。其相电压（U_p）、工作磁通（Φ）、转子电流（I_2）及定子电流（I_2、I_1）将各发生什么变化？

第5章 直流电动机及其应用

【学习目标】

1. 熟悉直流电动机的结构和工作原理
2. 了解直流电动机的转矩平衡和励磁方式
3. 了解直流电动机的起动、反转、调速、制动和机械特性曲线
4. 了解车用直流起动机的基本构造；刮水器的电控原理
5. 熟悉汽车继电器电路分析；掌握电动车窗和门锁的电控原理

5.1 直流电动机的结构和工作原理

直流电动机是把直流电能转换为机械能的转动装置。电动机定子提供所需的磁场，直流电源向转子的绕组提供电流，换向器使转子电流与磁场产生的转矩保持方向不变。人类最早发明和应用的是直流电动机，目前虽不如交流电动机应用普遍，但因其良好的调速性能而在电力拖动中得到广泛应用。另外，直流电动机的起动转矩比较大，非常适合做汽车用起动机。虽然直流电动机的构造比较复杂，生产成本和维修维护技术要求也高，但在对调速要求高的生产机械或需要较大起动力矩的生产机械上常常采用直流电动机来驱动。汽车中的电动转动装置都是通过利用直流电动机来实现的。

5.1.1 直流电动机的结构

直流电动机主要由定子（固定部分）和电枢（旋转部分）两大部分组成。图 5-1 所示为直流电动机的结构图。下面就一些主要的部件分别给予介绍。

1. 定子

定子主要由主磁极、换向磁极、机座、端盖和电刷装置等部件组成。

（1）主磁极

主磁极的作用是产生主磁场。绝大多数直流电动机的主磁极不是用永久磁铁而是由励磁绕组通以直流电流来产生磁场的。主磁极结构如图 5-2 所示。从图可知主磁极主要由主磁极铁心和套装在铁心上的励磁绕组构成。一般主磁极铁心采用低碳钢板冲成一定形状叠装固定而成。

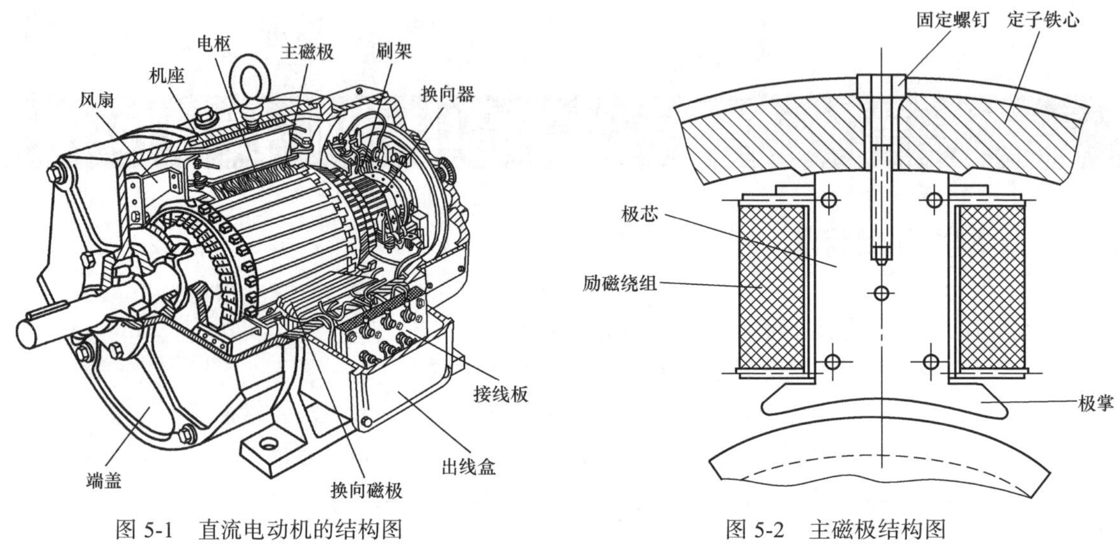

图 5-1　直流电动机的结构图

图 5-2　主磁极结构图

（2）换向磁极

在相邻的主磁极之间装有换向磁极，它也是由铁心和绕组构成的。其作用是消除或减小换向时的火花，保护换向器，使电动机可靠安全的运行。

（3）机座

机座是直流电动机的骨架，如图 5-3 所示。它有两个作用：一是构成主磁路的一部分，使得在相同的电流下磁场增强。机座中作为磁路通路的部分称为磁轭。二是对电动机起支撑和保护，起到固定定子各部件和支持转子旋转的作用。主磁极和换向磁极固定于磁轭上。

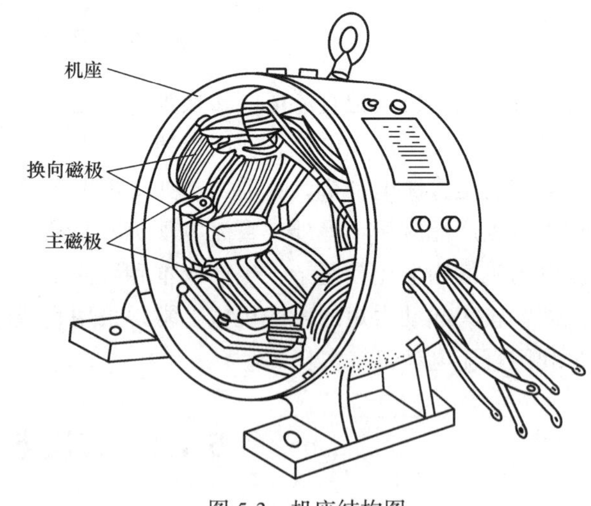

图 5-3　机座结构图

（4）电刷装置

电刷装置一般由电刷、刷握、引线和压紧弹簧等构成，如图 5-4 所示。其作用是将外加电源的电流输入到转动的电枢中去，使得静止部分与转动部分实现导电的功能。电刷主要是由石墨做成的导电块，放在刷握中，由弹簧机构施以一定的压力使其压在换向器表面上，电动机运行时与换向器表面形成滑动接触，电刷上焊的铜辫引入电流。电刷的组数即电刷杆数一般与主磁极的极数相等，各刷杆装在一圆形的可以转动的刷杆座上，刷杆座固定在一端的端盖上。

2. 电枢

直流电动机的转子是电动机实现能量转换的枢纽，所以称为电枢。电枢部分主要由电枢铁心、电枢绕组、换向器、转轴、轴承和风扇等组成，如图 5-5 所示。

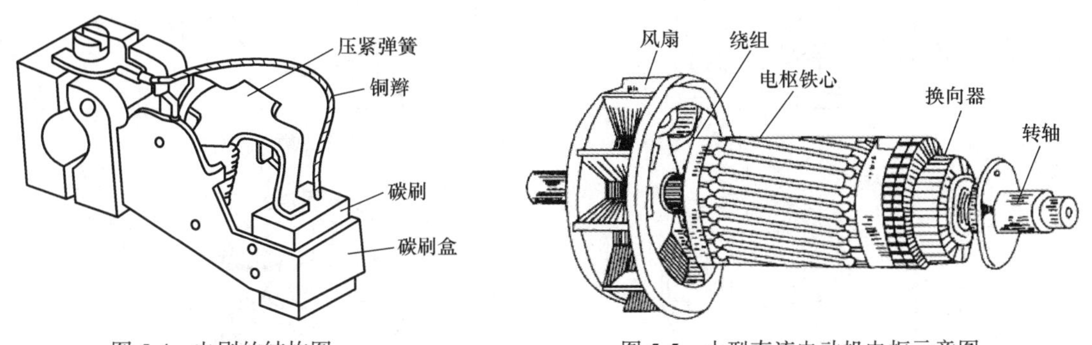

图 5-4　电刷的结构图　　图 5-5　小型直流电动机电枢示意图

（1）电枢铁心

电枢铁心既是主磁路的一部分，又要嵌放电枢绕组。为了减小铁心损耗，电枢铁心一般由涂有绝缘漆的 0.5mm 厚的硅钢片冲压后叠压而成，硅钢片边缘冲有槽口，叠成圆柱体后外表面形成许多均匀分布的槽，槽内嵌放着电枢绕组。

（2）电枢绕组

电枢绕组是产生电磁转矩和感应电动势，实现能量转换的主要部件。它由许多完全相同的线圈按一定的规律连接组成，并连接到换向片上，使绕组本身连成有两个引出端的串并联电路。每个线圈分上下两层放在电枢铁心的槽内，上下层间及线圈与电枢铁心间都要妥善地绝缘。线圈嵌好后，槽口要用竹制或胶木制的槽楔封好，防止在转动时线圈受离心力的作用发生径向位移或被甩出来。

（3）换向器

换向器又叫整流子，装在电枢转轴的一端，由许多互相绝缘的铜质换向片叠成的圆环组成。电枢绕组每个线圈的两端分别接至两个换向片上。在直流电动机中换向器将电源的直流电转换为线圈中的交流电，以获得方向不变的电磁转矩。如图 5-6 所示，换向器由许多梯形铜片组成，片间用云母片绝缘，外表呈圆柱形。换向片和云母片组成的圆筒两端用V形云母套筒和 V 形金属压圈压紧，以使其成为一个整体并保证其绝缘性能，这样就构成了一个换向器。

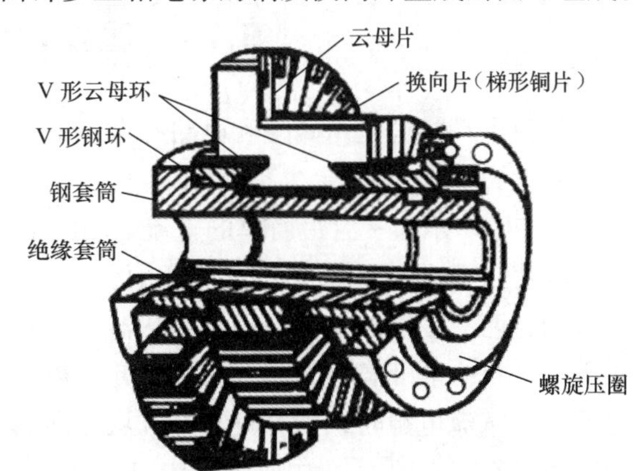

图 5-6　换向器结构示意图

3. 直流电动机的励磁方式

汽车中直流电动机的磁场大多是通入直流电流在绕组中产生，励磁方式是指励磁绕组的供电方式。励磁方式与电动机的性能有密切关系。

直流电动机有他励、并励、串励和复励4种励磁方式。其电路模型如图5-7所示。

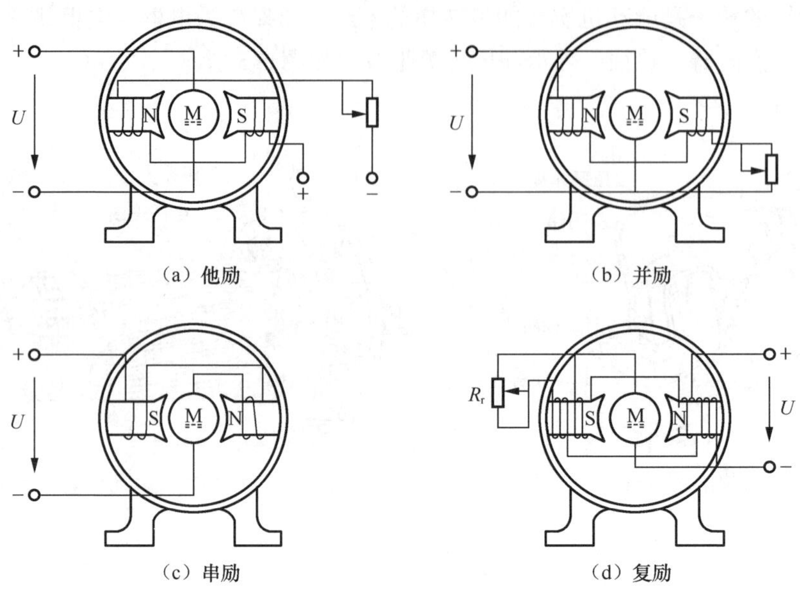

图 5-7　直流电动机电路模型图

（1）他励直流电动机是指电动机的励磁线圈和电枢绕组是分开的，由两个无关的直流电源供电。

（2）并励方式的励磁绕组与电枢绕组并联，由相同的电源供电，其机械特性为硬特性。

（3）串励方式的励磁绕组与电枢绕组串联接到同一电源上，串励直流电动机的过载能力大，其机械特性为软特性。

（4）复励电动机有两个励磁绕组，一个励磁绕组与电枢绕组构成串联电路，另一个励磁绕组与该串联电路并联；如果两个励磁绕组的磁场方向相同，那么称为积复励，积复励直流电动机的机械特性较硬、过载能力较大。

5.1.2　直流电动机的工作原理

直流电动机也是由磁路和电路两个基本部分组成的。它的工作原理仍以电磁力定律和电磁感应定律为基础。

图5-8所示为一台最简单的直流电动机工作原理图。在一对固定的主磁极中放着电枢绕组，该电枢绕组只有一匝线圈abcd。绕组的两个引出端分别与两个相互绝缘的换向器片连接。外加电源通过两只固定的电刷分别与换向器片紧密接触，向绕组供给直流电。因为固定电刷A（正极）总是与N极下的线圈边接触，固定电刷B（负极）总是与S极下的线圈边接触。所以当给电刷加上直流电源时，则有直流电流从电刷A流入，经过线圈abcd，从电刷B流出，由电磁力定律可知，在图（a）中通电导体ab和cd受到电磁力的作用，其方向由左手定则判定，两段导体受到的力形成一个转矩，使得转子绕中心的转轴逆时针转动。如果转子转过180°在图（b）所示的位置，电刷A和换向片2接触，电刷B和换向片1接触，直流电流从电刷A流入，在

线圈中的流动方向是 dcba，从电刷 B 流出。此时通电导体 ab 和 cd 受到电磁力的作用方向同样可由左手定则判定，它们产生的转矩仍然使得转子逆时针转动。

由以上分析可知，虽然转子上所加的电流是直流的，但由于电刷和换向片的作用，在转子线圈中流过的电流是交变的，所以其产生的转矩方向却是不变的。

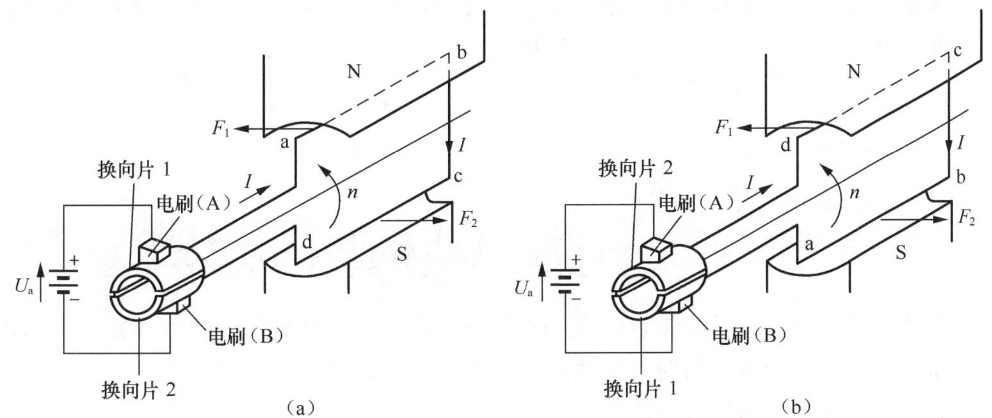

图 5-8 直流电动机的工作原理图

由于一匝线圈产生的电磁转矩是非常小的，在实用中为了得到很大的电磁转矩，直流电动机电枢上的绕组由多个线圈连接而成。

换向片的作用是提供给线圈不同方向的电流，使线圈能在一个方向上转动。

5.1.3 直流电动机的电磁转矩和反电动势

1. 电磁转矩

当电枢绕组中有电枢电流流过时，电枢绕组在磁场中将受到电磁力，该力与电动机电枢铁心半径之积称为电磁转矩。对于确定的电动机，总电磁转矩 T 可用下式表示：

$$T = C_{\mathrm{T}}\Phi I_{\mathrm{a}} \quad (5\text{-}1)$$

式中，C_{T} 是与电动机结构有关的常数，称为转矩常数，Φ 为每极磁通，I_{a} 为电枢电流。由此可知只要改变 Φ 和 I_{a} 其中一个量的方向，电磁转矩的方向也随之改变，从而电动机的转向也就改变。

2. 反电动势

直流电动机通电后电枢绕组在电磁转矩的带动下开始旋转，此时电枢绕组就会切割磁力线而产生感应电动势。根据右手定则判断可知，产生感应电流的方向与电枢绕组中通入的电流方向是相反的，由此产生的感应电动势称为反电动势，记作 E_{a}。反电动势 E_{a} 与每极磁通 Φ 和电动机的转速 n 成正比：

$$E_{\mathrm{a}} = K_{\mathrm{e}}\Phi n \quad (5\text{-}2)$$

式中，K_e 为电动势常数，由电动机本身的结构所决定。

只要通电线圈在磁场中运动就会切割磁力线，这样就必然会产生感应电动势，随着速度变大，感应电动势随之增加，继而就会使加在电枢绕组上的电流减少，最终使电磁转矩等负载转矩，这样转子就处于稳定的匀速运动状态。这也是为什么通电后直流电动机不可能越转越快的原因。

5.2 直流电动机的机械特性

直流电动机的机械特性是指在直流电动机的电枢电压、励磁电流、电枢回路电阻为恒值的条件下，即电动机处于稳态运行时，电动机的转速 n 与电磁转矩 T 之间的关系。由于转速和转矩都是机械量，所以把它称为机械特性。

5.2.1 串励直流电动机

1. 串励直流电动机的机械特性

串励直流电动机的励磁绕组和电枢绕组串联后，由一个电源供电，其等效电路如图 5-9 所示。可见串励直流电动机的励磁电流就是电枢电流，其数值为

$$I_a = I_f = \frac{U - E_a}{R_a + R_f} \tag{5-3}$$

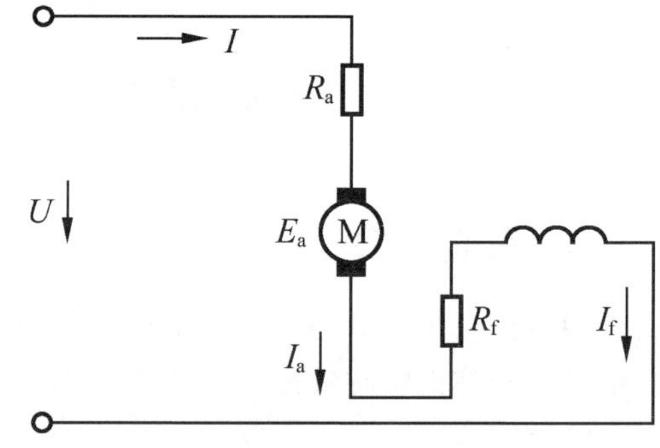

图 5-9 串励直流电动机的等效电路图

式中，U 是外加电压，R_a 是电枢绕组的电阻，R_f 是励磁绕组的电阻。于是得

$$U = E_a + (R_a + R_f)I_a \tag{5-4}$$

这是串励直流电动机的电压平衡方程式，显然 $E_a < U$。上式两边乘以电流 I_a，即得功率平衡方程：

$$UI_a = E_a I_a + (R_a + R_f)I_a^2 \tag{5-5}$$

式中，UI_a 是电源供给的电功率（不计铁损耗），$E_a I_a$ 称为电磁功率，它转化为电动机的机械功率，如果不计摩擦损耗，它也就是电动机的输出功率。$(R_a + R_f)I_a{}^2$ 是电枢绕组的铜损耗。

串励直流电动机的电磁转矩 T_{em} 与每极磁通 Φ 和电枢电流 I_a 成正比：

$$T_{em} = K_T \Phi I_a \tag{5-6}$$

式中，K_T 为转矩常数，取决于电动机的结构。

由于励磁绕组是和电枢串联的，所以电动机内磁场随着电枢电流的改变有显著的变化。为了使励磁绕组中不致引起大的损耗和电压降，励磁绕组的电阻越小越好，所以串励直流电动机的励磁绕组通常用较粗的导线绕成。又由于励磁电流比较大，励磁绕组在匝数不多的情况下就

可以建立足够的主磁通，所以励磁绕组的导线匝数少。

由于励磁电流就是电枢电流，主磁通（Φ）是随电枢电流（I_a）变化的，这就使得主磁通随机械负载的变化而变化，所以串励直流电动机的特性和并励直流电动机的特性相差很大。当负载比较轻时，电枢电流比较小，磁极未达到饱和，由于主磁通和电枢电流成正比，所以串励直流电动机的电磁转矩和电枢电流的平方成正比，这说明在相同的电枢电流下，串励直流电动机产生的转矩比并励或他励直流电动机产生的转矩大。

当负载变化时，串励直流电动机的转矩变化较大，这是串励直流电动机的特点之一。

由式（5-2）可得：

$$n=\frac{E_a}{K_e\Phi} \tag{5-7}$$

由式（5-4）可得：

$$E_a=U-I_a(R_a+R_f) \tag{5-8}$$

由式（5-6）可得：

$$I_a=\frac{T_{em}}{K_T\Phi} \tag{5-9}$$

将以上3式联立可得：

$$n=\frac{U}{K_e\Phi}-\frac{R_a+R_f}{K_eK_T\Phi^2}T_{em} \tag{5-10}$$

这就是直流电动机的机械特性方程式。当负载不大时，磁路未饱和，随着负载转矩的增加，电枢电流也随之增加，从而使磁通增加，由上式可知，会引起转速急剧下降。当负载比较大时由于磁路饱和，随着负载转矩的增加，磁通的增加减慢，以致几乎不增加，因而转速随转矩的增加而下降的速率减慢，由此可以得出串励电动机随负载的变化转速呈急剧的变化，这种特性称为软特性。其机械特性曲线如图5-10所示。

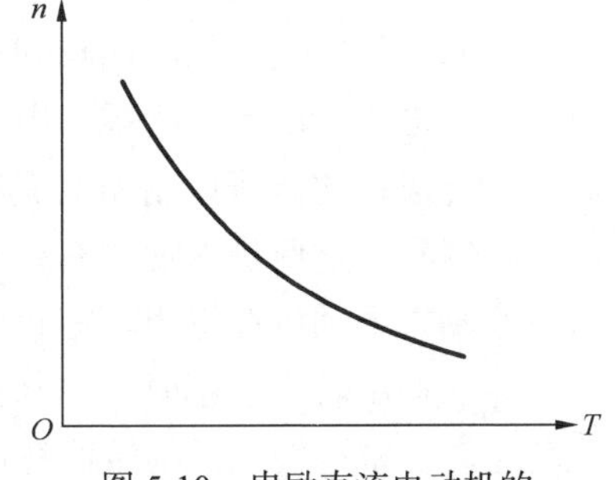

图5-10　串励直流电动机的机械特性曲线

由上分析可知串励电动机适用于作为负载力矩在较大范围内变化和要求有较大的起动转矩的生产机械的拖动，如牵引机械、起重设备的拖动等。当负载力矩很大时，转速下降很大，以保证安全运行；当负载力矩较小时，转速升高，以提高生产效率。

从图可知，使用串励电动机时，不能让电动机在空载或低于25%额定负载下运行。因为这时电枢电流比较小，磁通较小，转速会过高，以致超出转子机械强度所允许的限度，这是很危险的，所以是绝不允许的。为了防止发生上述情况，串励电动机不应采用皮带传动，以防皮带滑脱或断裂时，造成电动机空载而产生“飞车”现象。

2. 串励直流电动机的转矩平衡

当串励直流电动机通入恒定不变的直流电压时，电枢绕组在主磁场作用下将产生电磁转矩T_{em}，当T_{em}大于转轴上的机械负载转矩T_L与摩擦转矩T_m之和时，电动机就可以起动并加速旋转，由式（5-2）可知当电动机的转速增加时反电动势E_a将增大，因外加电压恒定不变，由式（5-3）可知电枢中的电流I_a将减少，再由式（5-6）可知T_{em}将减小。

由上分析可知，当串励直流电动机外加足够大的恒定直流电压时，在刚起动时的电磁转矩 T_{em} 为最大，此时电动机转子所受到的加速度也最大，但是随着电枢绕组转速的不断增加，电磁转矩 T_{em} 将不断减小，即加速度也逐渐减小。由于机械负载转矩 T_L 和摩擦转矩 T_m 之和（ΣT_L）不变，所以在很短的时间内必然会使 $T_{em}=\Sigma T_L$，这时由于电动机转子加速度为 0，所以电动机便以某一稳定转速 n 运转。

若此时由于其他原因负载减小，即 ΣT_L 减小至 $\Sigma T_L'$，这时由于 T_{em} 突然大于 $\Sigma T_L'$ 将使电动机转子突然获得一定的加速度而加速旋转，由上面的分析可知电磁转矩 T_{em} 将不断减小，直到最终和 $\Sigma T_L'$ 相等为止，此时电动机便以 n'（比原来转速 n 高一些）稳定运转。同理如果负载增大，变化过程与上述相反，电动机最后将以比原来低一些的转速稳定运转。

综上所述，直流电动机的稳定运行状况取决于负载的大小。当负载发生变化时，电动机转速、电流、转矩都将自动地做相应的变化来达到新的平衡。

对转矩平衡也可以这样解释，当直流电动机起动后随着转速的增加，电枢绕组产生的感应电流也随之增加，根据 KCL 定律可知流过电枢绕组的励磁电流减小，其结果就使得电磁转矩 T_{em} 降低到和 $\Sigma T_L'$ 相等为止。

直流电动机的线圈通电在磁场中运转，随着转速的增加其本身产生的感应电动势也随之增加，由于该感应电动势的方向和外加电压的方向相反，所以其最终的结果是阻碍转子的不断加速，使之最终匀速运动。从这里可以看出转子在磁场中从得电开始运转到最终匀速运动是一个加速度不断减小直至为零的过程。

3. 汽车用串励直流电动机的特点

汽车用的起动机采用的是串励式电动机，主要有以下两个原因。

在起动机起动发动机的瞬间，因发动机的阻力矩很大，起动机处于完全制动状态。此时电枢转速为零，反电动势为零，电枢电流达到最大值，转矩也相应地达到最大值。转矩与电枢电流的平方成正比，所以制动电流所产生的转矩很大，足以克服发动机的阻力矩，使发动机起动变得很容易。这便是串励式电动机的转矩特性。

串励式电动机在输出转矩较大时，电枢电流较大，电动机转速随电流的增加而急剧下降；反之，在输出转矩较小时，电动机转速又随电枢电流的减小而很快上升。串励式电动机具有轻载转速高、重载转速低的转速特性，对保证起动安全可靠是非常有利的。

根据串励电动机的软机械特性，在汽车起动机中普遍使用串励电动机，为了避免出现“飞车”现象，它与发动机飞轮之间用齿轮啮合。

5.2.2 并励直流电动机

并励电动机的励磁绕组与其电枢电路并联后，共同由一个直流电源供电，其等效电路如图 5-11 所示，这时电源输出的电流等于电枢电流与励磁电流之和，即

$$I = I_a + I_f \tag{5-11}$$

并励电动机在结构上与他励电动机并无本质区别，励磁绕组也是匝数多、电阻大，励磁电流也小，且与电枢电流无关而由励磁电路条件决定。

并励电动机和他励电动机都是最常用的电动机，两者特性基本相同，只是励磁绕组的接法不同，由于并励电动机省了一个电源，所以被广泛采用。

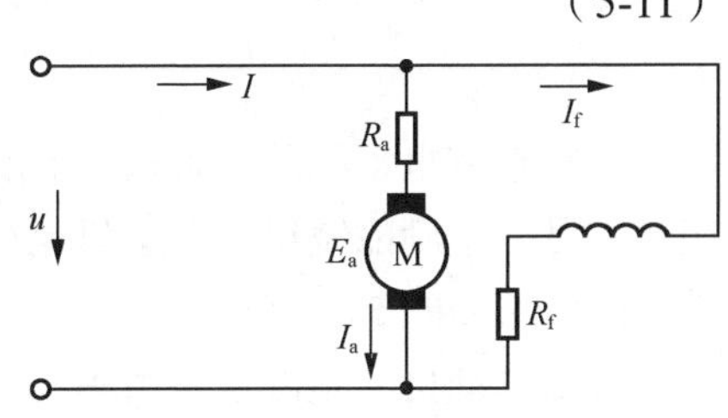

图 5-11　并励直流电动机等效电路图

并励直流电动机的机械特性

机械特性是指在电压U和励磁电流I_a一定的情况下电动机转速n与电磁转矩T_{em}之间的关系。由式（5-2）可得：

$$n = \frac{E_a}{K_e \Phi} \tag{5-12}$$

利用 KVL 可得：

$$E_a = U - I_a R_a \tag{5-13}$$

所以

$$n = \frac{U - I_a R_a}{K_e \Phi} \tag{5-14}$$

由式（5-6）可得：

$$n = \frac{U}{K_e \Phi} - \frac{R_a}{K_e K_T \Phi^2} T_{em} = n_0 - \beta T_{em} \tag{5-15}$$

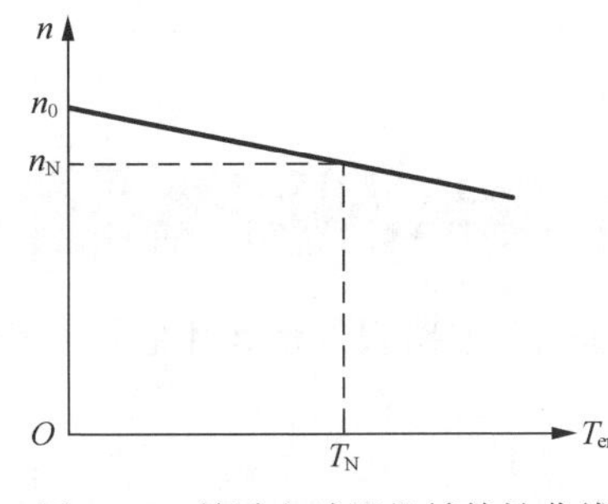

图 5-12　并励电动机机械特性曲线

式中，$n_0 = \frac{U}{K_e \Phi}$是当$T_{em} = 0$时的转速，称为理想空载转速。但是即使电动机不带负载空载转动也要克服其空载损耗转矩（主要是机械损耗转矩），即空载时$T_{em} \neq 0$，所以实际上空载转速n_0比理想数值要偏低一些。$\beta = \frac{R_a}{K_e K_T \Phi^2}$一般认为是常数，$\beta T_{em}$表示当负载增加后，电动机的转速比理想空载转速$n_0$降低的数值。

根据式（5-10）可画出相应的机械特性曲线如图 5-12 所示。由于电枢电阻R_a很小，这样使得β的值也很小，所以在T_{em}增加时，转速n下降不多，一般从空载到满载转速的降低只有3%～8%。当负载变化时，转速变化不大的特性称为并励电动机的硬特性。并励电动机适合于负载变化大、但要求转速基本不变的场合。

当励磁电流很小或没有时，电机转速非常快，很容易出现危险造成飞车现象，所以他励直流电动机不允许励磁电流突然断开。为防止飞车，采取的措施是设置失磁保护。一般在励磁绕组加失压继电器或欠流继电器。当失压或欠流时，自动切断电枢电源。由于设备比较复杂，一般很少在汽车上使用。

5.2.3　复励直流电动机

复励直流电动机的主磁极上装有两个励磁绕组，一个励磁绕组与电枢电路并联，称为并励绕组；另一个励磁绕组与电动机电枢串联，称为串励绕组；两绕组共同由一个直流电源供电。其等效电路如图5-13所示。

复励电动机的主磁通是由串励绕组和并励绕组共同产生的，其工作特性介于并励和串励电动机之间。当并励绕组的励磁作用大于串励绕组的励磁作用时，工作特性就接近于并励电动机；反之工作特性就接近于串励电动机。

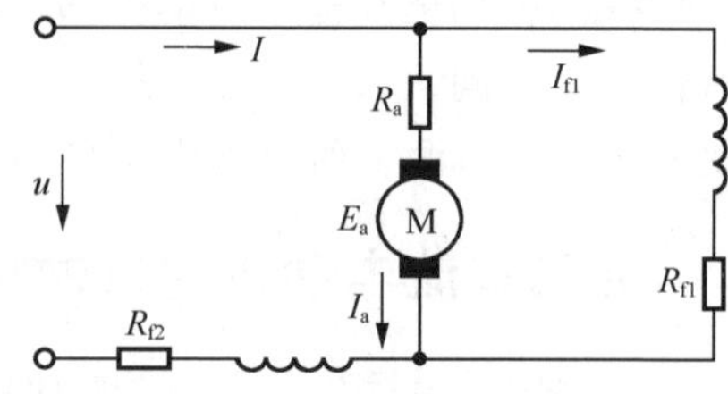

图5-13　复励直流电动机等效电路图

复励电动机的励磁状态，根据两个励磁绕组磁通的方向相同或相反，可分为积复励和差复励。当两个励磁绕组产生的磁通方向相同，使励磁磁场增强时，称为积复励，它的主磁通随电枢电流的增加而增强。当两个励磁绕组产生的磁通方向相反，使磁场削弱时，称为差复励，它的主磁通随电枢电流的加大而减小。

由于复励电动机的工作特性同时具有并励电动机和串励电动机的特点，因此它的应用范围较广，既适用于负载力矩变化大、需要比较软的机械特性的生产设备中，也适用于要求在空载和轻载下能运行的生产机械中。

复励直流电动机应用比较广，它是并励和串励电机的复合体。其机械特性介于串励和并励之间。

5.3　直流电动机的起动、反转和调速

掌握直流电动机的工作特性为正确选用直流电动机打下了基础，但要很好地运用它还必须了解直流电动机的起动、反转、调速和制动的方法。

5.3.1　直流电动机起动和反转

1．直流电动机的起动

电动机在起动的瞬间转速$n=0$，所以此时$E_a=0$，此时电枢电流称为起动电流（I_{st}），根据式（5-3）可知

$$I_{st}=\frac{U}{R_a} \tag{5-16}$$

由于电枢电阻（R_a）很小，因此起动电流可达额定值的10～20倍，这么大的电流将会损坏换向器和电枢绕组，并使供电线路的电压下降。一般只有容量小的小型电动机才能在额定电压

下直接起动，这是因为小型电动机的电枢电阻的数值并不小，且其转动惯量小，起动时转速上升快，升速时间短；而容量稍大的直流电动机必须设法减小起动电流。

因此，根据式（5-16）可知为了减小起动电流，对于容量稍大的直流电动机，起动时可降低加在电枢绕组上的电压，或在电枢电路中串联起动变阻器。

（1）降压起动

降压起动的方法只适用于他励直流电动机。这种方法要求有一个电压可变的直流电源（如可控硅电源）专供电枢使用。起动时，降低电枢电压，待起动后，随着转速的升高逐步升高电枢电压，直到转速达到额定值。

（2）串联起动变阻器

图 5-14 所示为并励直流电动机电枢电路串变阻器起动原理电路，图中 R 为电动机起动用的变阻器（称为起动电阻器）的可变电阻。起动时，应将串接在电枢电路中的起动变阻器置于最大的位置，以限制起动电流。只要起动转矩大于负载转矩，电动机便加速旋转，为了保持一定的加速净转矩，将可变电阻逐级减小，直到电动机转速上升至稳定值，这时再把可变电阻全部切除。为保证足够的起动转矩，且起动时间不致过长，起动电流也不能限制过小。起动电阻的阻值通常以限制起动电流为额定电流的 1.5～2.5 倍为最佳。否则虽然把起动电流给限制住了，但是由于其数值太小，结果起动时间过长，一方面满足不了生产需要，另一方面会使电流的热效应增加，容易烧坏线圈。

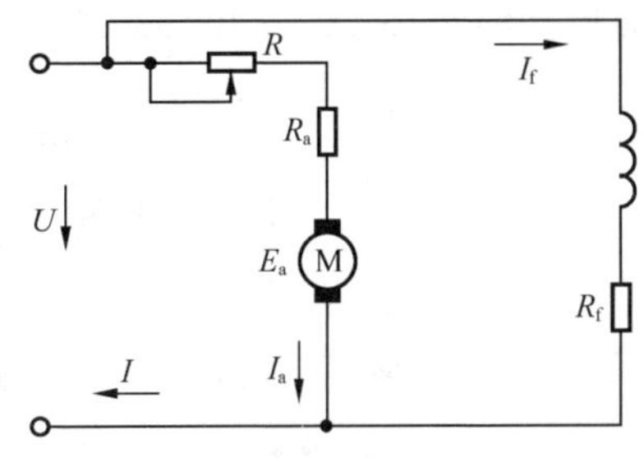

图 5-14　并励直流电动机串变阻器起动原理电路

容量大的直流电动机如果直接起动，根据公式 $T_{em}=C_T\Phi I_a$ 将会使起动电流过大，容易烧坏线圈绕组。但是降压起动时也不能把电流限制的过小，否则起动时间太长，同样也容易烧坏线圈。

【例 5-1】　一台并励直流电动机，额定电压 $U_N=220\text{V}$，额定电流 $I_N=50\text{A}$，电枢电阻 0.25Ω，试求：

（1）电动机直接起动时的电流及其与额定电流的比值；

（2）若限制起动电流为 2 倍额定电流，应在电枢回路中串入多大起动电阻。

解：（1）直接起动时

$$I_{st}=\frac{U_N}{R_a}=\frac{220\text{V}}{0.25\Omega}=880\text{A}$$

与额定电流的比值为：$\dfrac{I_{st}}{I_N}=\dfrac{880\text{A}}{50\text{A}}=17.6$ 倍

（2）电动机允许的起动电流：$I'_{st}=2I_N=100\text{A}$

应串入的起动电阻：$R=\dfrac{U_N}{I'_{st}}-R_a=\dfrac{220\text{V}}{100\text{A}}-0.25\Omega=1.95\Omega$

2. 直流电动机的反转

改变电动机电枢绕组的旋转方向叫反转。实现方法就是改变电动机电磁转矩方向。电磁转矩的方向由两个因素决定：即主磁通方向和电枢电流的方向。因此，改变电枢电流或主磁通的方向都能使电磁转矩方向改变，从而实现电动机反转。具体方法有改变加在电枢绕组两端电压极性和改变励磁电压极性。

（1）改变电枢电压极性

把两电刷的接线调换，就可使电枢供电电压的极性改变，从而使流过电枢绕组的电流方向改变。图 5-15 所示为并励直流电动机改变电枢电压极性电路。图中采用了双刀双掷开关 K。当 K 倒向左边时，电枢电流 I_a 方向如图 5-15（a）中箭头所示，当 K 倒向右边时，电枢电流 I_a 的方向如图 5-16（b）中箭头所示。

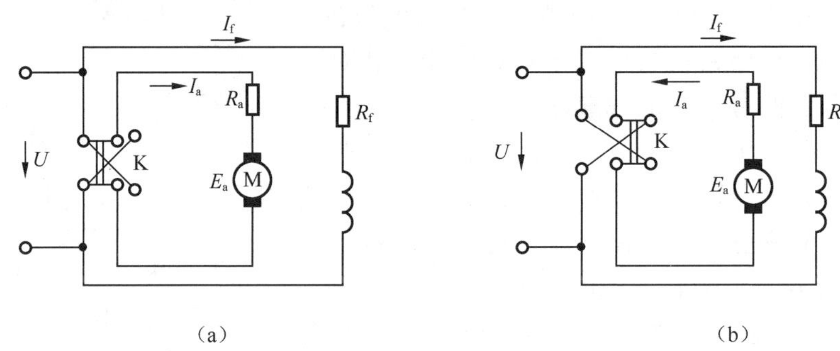

图 5-15　并励直流电动机改变电枢电压极性电路图

（2）改变励磁电压极性

将励磁绕组两极接线调换，即可改变励磁电压的极性，使励磁电流方向改变，从而使主磁通的方向改变。这种实现反转的方法在实际中一般很少采用。因为改接励磁绕组接线时，励磁电流有可能出现中断，从而引起“飞车”事故。

对直流电动机一般以调节电枢电流流向的方法实现反转，对于大容量直流电动机可通过反转实现快速制动。但是不能同时改变电枢绕组和励磁绕组的电流方向，因为这样实际上没有改变转动方向。

5.3.2　调速

由直流电动机的机械特性方程式（5-10）可知，当转矩 T_{em} 不变（负载不变）时，影响电动机转速高低的主要因素是电枢回路电阻 R_a 、主磁通 Φ 和电源电压 U 。所以电动机的转速可以用下述 3 种方法调节。

1. 改变电枢电路的电阻调速

图 5-16 所示为并励直流电动机电枢串联电阻 R_e 的调速原理图，该电阻称为调速电阻，它与起动电阻 R_a 作用不同，R_a 是供长期使用的，R_e 是短期使用的。

此时并励直流电动机的转速为

$$n = \frac{U}{K_e\Phi} - \frac{R_a + R_e}{K_e K_T \Phi^2}T \tag{5-17}$$

由上式可知：在电枢电路中串入调速电阻后，电动机的转速降增大，从而可降低电动机转速。

改变电枢电路的电阻调速的物理过程为：当使调速电阻 R_e 增加时，在最初瞬间电动机的转速因惯性作用仍维持原来的数值，所以反电势将保持不变，但是电枢电流 I_a 因 R_e 的增大而减小。因为励磁电流 I_f 没有改变，主磁通 Φ 也保持不变。电枢电流的减小将引起电磁转矩 T_{em} 的减小，此时机械负载力矩 T 不变，这时电磁转矩小于负载力矩，电动机转速下降，反电动势将随着转速的下降而成正比例减小，使电枢电流重新增大，从而电磁转矩开始增加，直到与负载力矩相等为止，此时电动机转速不再继续下降，而在比原来稍微低的转速下稳定运行。调速的物理过程可用图 5-17 所示的机械特性曲线上的箭头来表示：电动机原处在 a 点以转速 n_N 稳定运行，增加电阻 R_e 后电动机的工作点经 $a \to b \to c \to d \to e$ 转换，最后电动机在新的工作点 e 下以转速 n_2 稳定运行，当然 $n_2 < n_N$ 。图中 R_0 、 R_1 和 R_2 为 R_e 的不同数值，由此可以看出 R_0 最小， R_2 最大。

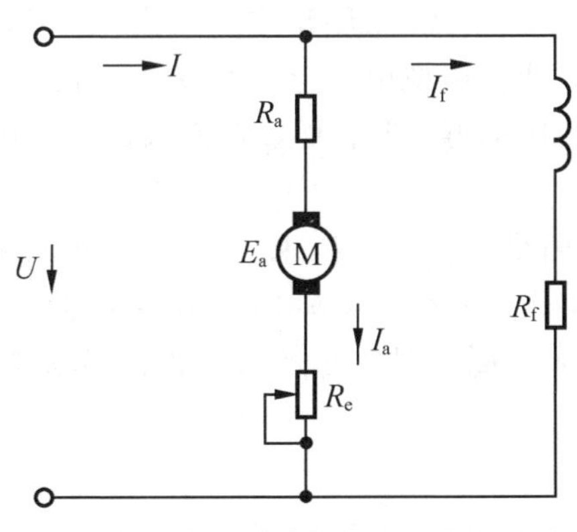

图 5-16 电枢电路串联电阻调速原理图

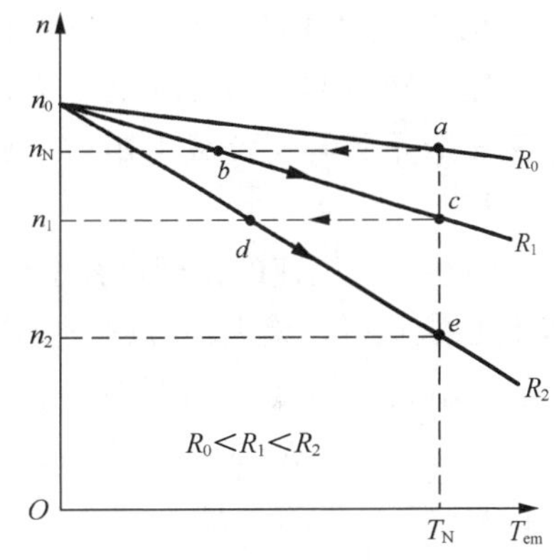

图 5-17 调速物理过程图

这种调速方法的特点是：

（1）只能在额定转速 n_N 以下进行调节，简称下调。

（2）由于流过调速电阻 R_e 上的电流为电枢电流，其数值较大，故 R_e 上的能量损耗大，不经济。

（3）使电动机的机械特性变软。当负载变动时，电动机的速度变化较大，这对于要求稳速的负载来说是不利的。

（4）电枢电流不受影响，数值保持不变，故这种调速叫作恒转矩调速。

（5）调控方法简单，容易实现。

2. 改变励磁电流调速

若将调速电阻 R_e 串接于励磁电路中形成图 5-18 所示的调节电路，则调节 R_e 就可调节励磁电流的大小。当 R_e 增大时，励磁电流 I_f 减小，主磁通 Φ 减小。由直流电动机的机械特性可知：电动机的空载转速 n_0 和转速降 Δn 都将增大，但是 n_0 的增大要比 Δn 的增大的幅度大，这样转速

n 要增加。也就是说，当负载不变时，增大励磁回路电阻，电动机转速增加。

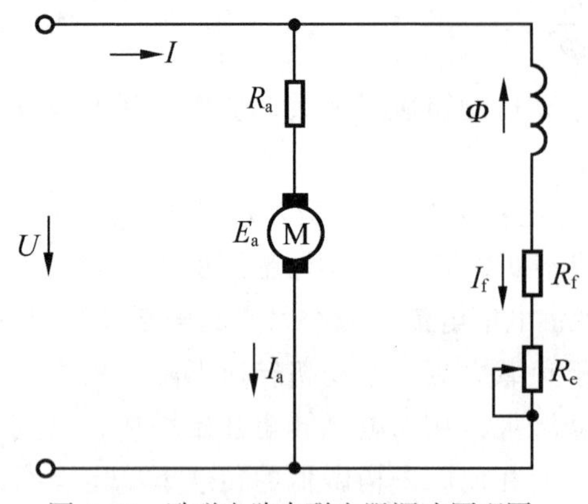

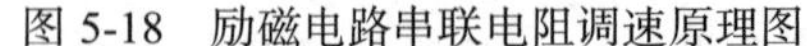

图 5-18 励磁电路串联电阻调速原理图

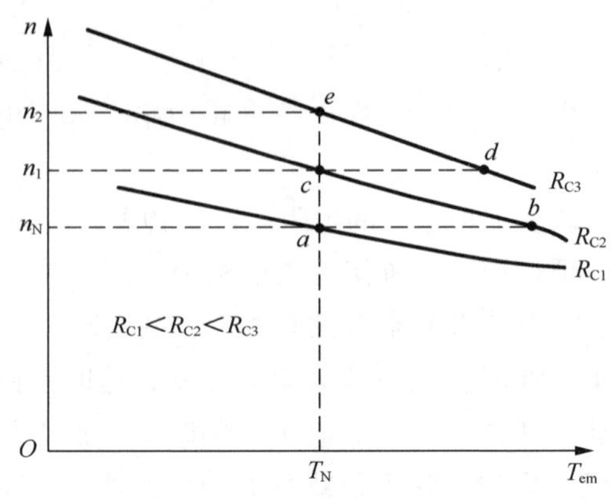

图 5-19 调速物理过程图

改变励磁电路的电阻调速的物理过程为：当增大励磁电路中的电阻 R_e 时，励磁电流 I_f 就减小，从而使主磁通 Φ 也随之减小；在 I_f 开始减小的瞬间，电动机的转速还没来得及变化，因此反电动势 E_a 将随着主磁通的减小而减小，E_a 减小使电枢电流 I_a 增大，但 I_a 的增大程度比主磁通 Φ 的减少程度多，从而使电磁转矩 T_{em} 增大，这时由于电磁转矩大于负载力矩 T，所以电动机加速。转速的升高使反电动势 E_a 将逐渐增大，于是电枢电流与电磁转矩 T_{em} 随之下降，直到电磁转矩重新等于负载力矩 T。此时电动机的转速不再上升，而以比原来稍高的转速继续稳定运行。

改变励磁电流调速的物理过程也可以在机械特性曲线上表示出来。图 5-19 电动机原在 a 点以转速 n_N 稳定运行，增大励磁调节电阻 R_e，电动机工作点将经 $a \to b \to c \to d \to e$ 的转换，最后电动机在新的工作点 e 下以转速 n_2 稳定运行，当然 $n_2 < n_N$。图中 R_{C1}、R_{C2} 和 R_{C3} 为 R_e 的不同数值，由此可以看出 R_{C1} 最小，R_{C3} 最大。

这种调速方法的特点是：

（1）调速平滑，可做到无级调速；

（2）流经调速电阻 R_e 的励磁电流较小，故功率损耗小，比较经济；

（3）调速后机械特性较软，运行的稳定性差；

（4）调速范围比较小；

（5）只能在额定转速 n_N 以上调速，简称上调，也称为弱磁调速。

3. 降低电源电压

直流电动机常由单独的可调整流装置供电。目前用得最多的可调直流电源是晶闸管整流（SCR）装置；调节电源电压就可均匀调速。因为加在电枢上的电压不能超过额定值 U_N，所以这种调速方法只能在额定转速 n_N 以下做均匀调速。

这种调速方法具有调速范围广、平滑性好等优点。但需要专用的直流调压电源。

实际应用中，常将上述方法的两种方法结合起来，从而获得平滑、范围宽广的调速。

4. 制动

直流电动机制动常用的方法有能耗制动和反接制动。

（1）能耗制动

能耗制动的原理如图 5-20 所示，开关 K 在位置 1 时转动原理如图 5-21（a）所示。电动机的电枢绕组在磁场中通电，由左手定则可知产生的电磁转矩方向如图 5-21（a）所示。

当需要制动时，只要把开关 K 从位置 1 扳到位置 2，这时电动机的电枢绕组与电源断开，而与一个制动电阻 R_f形成闭合回路。此时由于励磁绕组仍接通电源，电动机电枢在惯性的作用下继续转动，由于此时的转动相当于是在固定磁场中的转动，如图 5-21（b）所示，在转动中电枢就会产生电流，由右手定则可知电流的方向和原来通电旋转的方向正好相反，再由左手定则可知此时产生的反向电磁转矩 T_B 方向为逆时针方向。在反向电磁转矩 T_B 的作用下，电枢减速运动，很快便会停止。

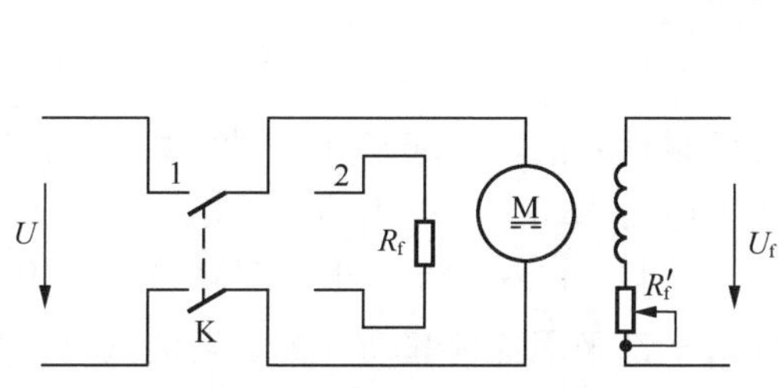

图 5-20 能耗制动控制电路图

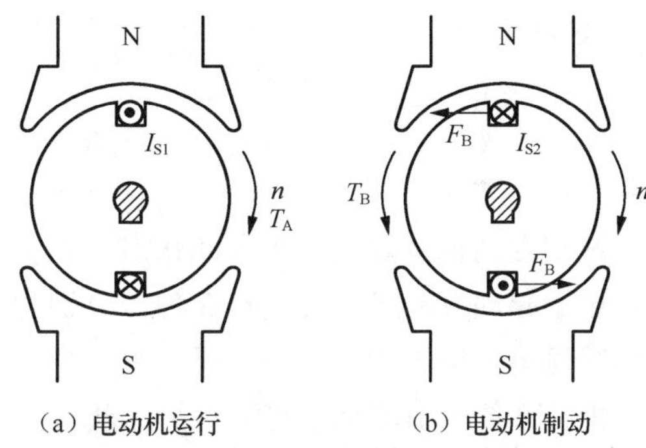

图 5-21 制动电磁力示意图

一旦电枢停止转动，电动机电枢绕组中的电流变为零，此时无电磁转矩，只要断开电源即可。从图中可知，制动转矩的大小取决于制动电阻 R_f的大小。如果 R_f小，则产生的制动转矩就大，制动时间变短。但 R_f不能过小，这样回路中的电流过大，容易把电枢绕组烧坏。一般应使它的取值满足制动电流为正常工作时电流的 2 倍左右。

（2）反接制动

反接制动就是制动时将电源电压极性反接、产生制动转矩的制动方法。反接制动的制动原理图如图 5-22 所示，将双刀双掷开关 K 从 1 合向 2 时，电枢绕组中的电流将会发生改变，但此时励磁绕组中的电流方向不变，也就是磁场方向不变，由左手定则可知电枢受到与原来方向相反的电磁转矩，在该电磁转矩下电枢做减速运动，直到转速为零。但如果此时不对电动机断电的话，电动机又会以相反的方向旋转，所以在实际操作中一定要注意断电。

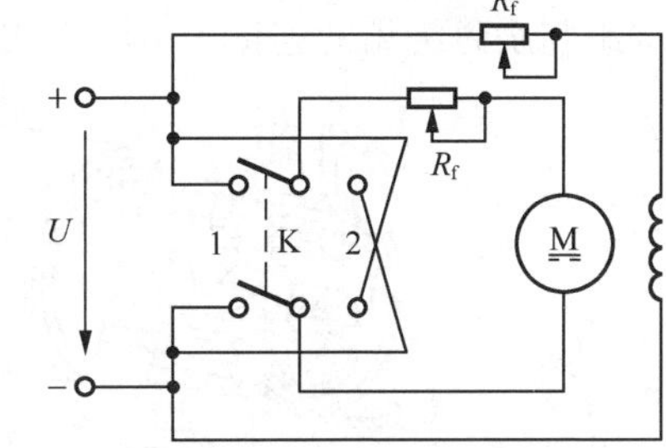

图 5-22 反接制动控制电路图

使用能耗制动当电枢停止旋转时，一定要使励磁绕组断电，否则可能会烧坏绕组。对于反接制动也要注意电枢速度，当其即将变为 0 时也要断电，否则电枢将以相反的方向旋转，会对设备产生不利的影响。

5.4 汽车用电动机

汽车是由众多零部件构成的，其中十分重要的一个零部件就是电动机，电动机在汽车中有着十分广泛的应用。例如，起动发动机所用的电动机，雨刮电动机，水箱风扇电动机，空调出风电动机，发电机，电子转向电动机，电子手刹电动机，大灯随动转向电动机，后视镜自动收缩电动机，天窗电动机，电动门窗电动机等。

根据使用电流的不同可分为直流电动机和交流电动机两种，直流电动机又可以分为无刷直流电动机和有刷直流电动机；交流电动机又可以分为同步电动机和异步电动机等。汽车零部件用电动机主要位于汽车的发动机、底盘和车身三大部位。据统计，一般的普通汽车通常有 15～28 部电动机。

5.4.1 车用起动机

汽车发动机从静止进入运动状态，曲轴需要外力的帮助才能转动起来并达到需要的最低转速。用于起动发动机的方式有 3 种，分别为人力起动、电力起动、辅助汽油机起动。人力起动虽然很简单，但不方便，不利于广大用户轻松起动，目前基本已被淘汰；电力起动具有结构简单、操作方便、成本低、可靠性好等优点，所以现代汽车都采用这种起动方式。辅助汽油机起动虽然功率大，但结构复杂、体积庞大，且起动汽油机仍需要外力才能实现，再加上成本高、操作不方便，所以汽车上基本不采用。一般来说，车用起动机由直流电动机、传动机构和控制装置 3 部分组成。

直流电动机是汽车起动机的核心，在结构上都是串励电动机。其结构如图 5-23 所示，电枢绕组与励磁绕组的连接为串联方式。

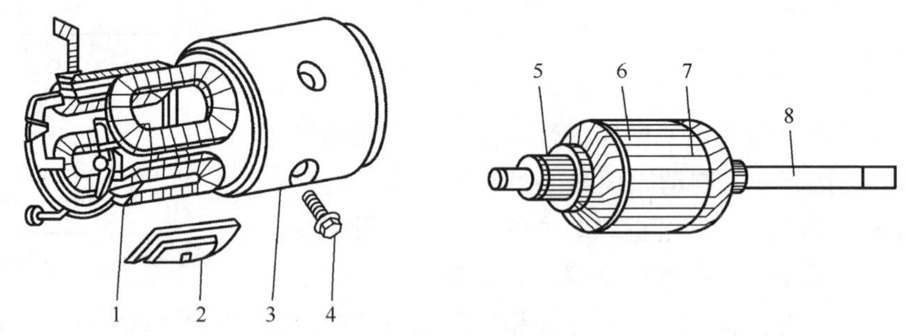

图 5-23　车用直流起动机结构图

1—磁场绕组　2—磁极铁心　3—起动机外壳　4—磁极固定螺钉　5—换向器　6—转子铁心　7—电枢绕组　8—电枢轴

（1）磁极

起动机的显著特点是磁极多、励磁绕组的横截面积大，原因是起动发动机时需要很大的电磁转矩才能顺利起动。磁极一般是 4 个，功率超过 7kW 的起动机一般采用 6 个磁极。励磁绕组一般用矩形裸体铜线绕制。

励磁绕组的连接方式有两种：一种是 4 个绕组串联后再与电枢绕组串联，如图 5-24（a）所示；另一种是两个绕组先串联后并联，然后再与电枢绕组串联，如图 5-24（b）所示。现代汽车起动机普遍采用后一种连接方式，其目的是减小电阻，增大电流和电磁转矩。无论采用哪一种连接方式，其磁场绕组通电产生的磁极都必须满足 N、S 极相间排列的要求。

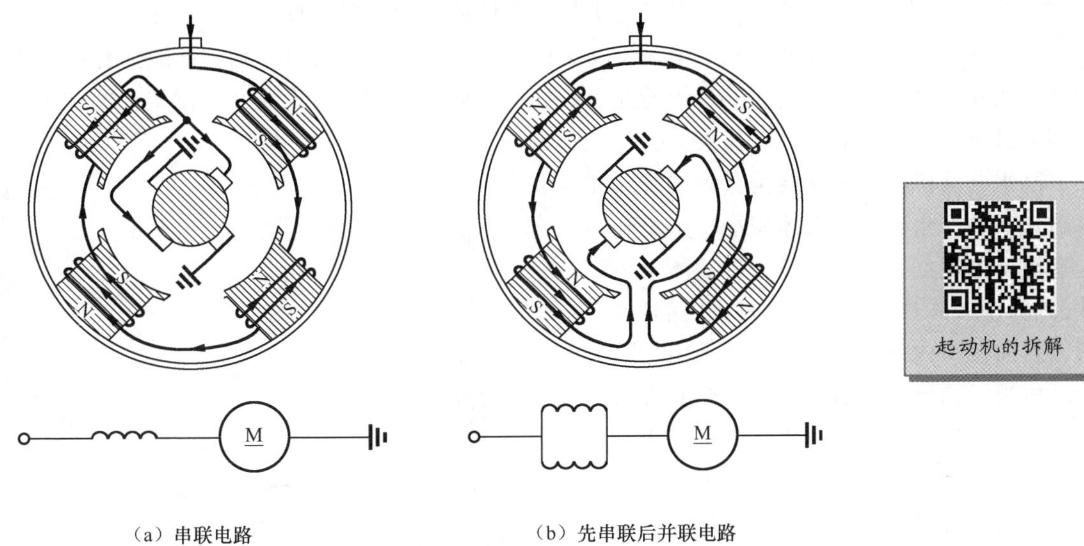

（a）串联电路　　（b）先串联后并联电路

图 5-24　磁场绕组的连接方式图

（2）电枢

电枢是产生转矩的核心部件，为了得到较大的转矩，流经电枢绕组和换向器的电流很大（一般可以达几百安培），因此电枢用较粗的矩形裸铜线绕制，换向片也比较厚。其结构由外圆带槽的硅钢片叠成的铁心和嵌装在铁心槽内的电枢绕组组成。转子铁心与电枢轴紧密配合。电枢绕组也采用矩形铜线绕制，以满足较大工作电流的要求。

（3）机壳和端盖

机壳的作用是固定机件和构成导磁回路。壳体用铸铁浇铸或钢板卷焊而成。壳体上设有一个接线端子并在内部与磁场绕组的一端相接。

端盖有前后两个，前端盖一般用钢板压制而成，其上装有 4 个电刷架，后端盖为灰铸铁浇铸而成。它们分别装在机壳的两端，靠两个长螺栓与起动机机壳紧固在一起。两端盖内均装有轴承套，以支撑电枢轴。

车用直流起动机中的电动机是直流串励电动机，通过改变 4 个励磁绕组的连接，可以改变励磁电流的大小，从而改变起动转矩来适应不同的起动状况。

一般起动过程为 3~5s，当起动结束后必须断开与发动机飞轮的连接，否则将会使起动机转动过快而损坏。

5.4.2　电动刮水器

为了提高汽车在雨天和雪天行驶时驾驶员的能见度，专门设置了风窗玻璃刮水器。刮水器有真空式、气动式和电动式三种。气动式只适用于具有压缩空气气源的汽车，所以电动式刮水器应用较广。下面以电动式刮水器为例进行说明。

电动刮水器的使用

1. 构造和工作原理

电动刮水器由电动机和一套传动机构组成，如图 5-25 所示。电动机由微型直流电动机驱动，带动蜗杆蜗轮减速机构使与蜗轮轴相连的摇臂带着两侧拉杆做往复运动，拉杆则通过摆杆带着左、右雨刷架做往复摆动，安装在雨刷架上的橡皮雨刷便刷去风窗玻璃上的雨水、雪和灰尘。

刮水电动机按其磁场结构分为线绕式和永磁式两种。永磁式具有体积小、重量轻、构造简单等优点，它的磁极为铁氧体永久磁铁，因为铁氧体具有不易退磁且价廉的特性，所以目前在国内外汽车上被广泛采用。刮水电动机为了满足刮水器的要求，要实现高、低速挡位工作，采用三刷式电动机。所以刮水电动机一般有高、低两种工作速度。

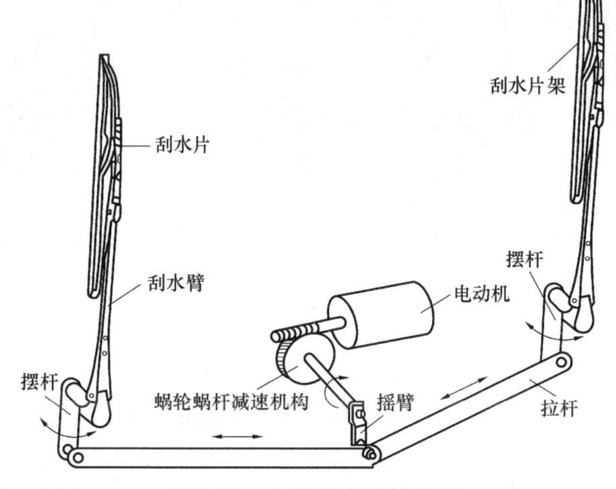

图 5-25 电动刮水器结构图

电动机常采用改变两刷间串联的电阻数的方法对其进行调速，如图 5-26 所示。电刷 B_3 为高低速公用电刷。B_1 用于低速，B_2 用于高速，B_2 与 B_1 相差 60°。永磁式三刷电动机是利用 3 个电刷来改变正负电刷之间串联的线圈数实现变速的。电枢绕组采用对称叠绕式。

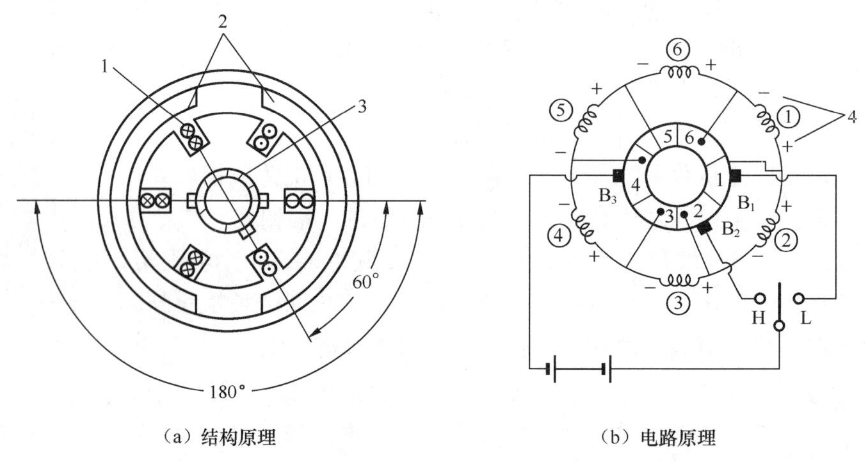

（a）结构原理　　（b）电路原理

图 5-26 双速刮水器的工作原理图

1—电枢绕组 2—永久磁铁 3—整流子 4—反电动势

当直流电动机工作时，由电磁感应可知在电枢内的所有线圈中同时产生反感应电动势，由于每个线圈的匝数和结构都相同，所以产生的反感应电动势都相同，且与电枢绕组的转速成正比，其方向与电枢电流的方向相反。当外加电压（U）等于反电动势（e）时，电枢绕组的转速才趋于稳定。

三刷式电动机旋转时，电枢绕组所产生的反感应电动势如图 5-26（b）所示。

当开关拨向“L”时，电路如图 5-27（a）所示，电源电压（U）加在 B_1 和 B_2 之间，在

B_1 和 B_2 之间有两条并联支路，一条是由线圈①⑥⑤串联起来的支路；另一条是线圈②③④串联起来的支路，即在 B_1 和 B_3 之间有两条支路，各 3 个线圈。这两路线圈产生的全部反电动势与电源电压平衡后，电动机便稳定旋转。因为由 3 个线圈串联的反电动势与 U 平衡，所以转速较低。

当开关拨向“H”时，电源电压加在 B_2 和 B_3 之间，由图 5-27（b）可知。电枢绕组一条由 4 个线圈②①⑥⑤串联，另一条由两个线圈③④串联。其中线圈②的反电动势与线圈①⑥⑤的反电动势方向相反，互相抵消后，变为只有两个线圈的反电动势与电源电压平衡，因而只有转速升高使反电动势增大，才能得到新的平衡，故此时转速较高。由此可见，两电刷间的导体数减少，就会使电动机的转速升高，这就是永磁式三刷电动机变速的原理。

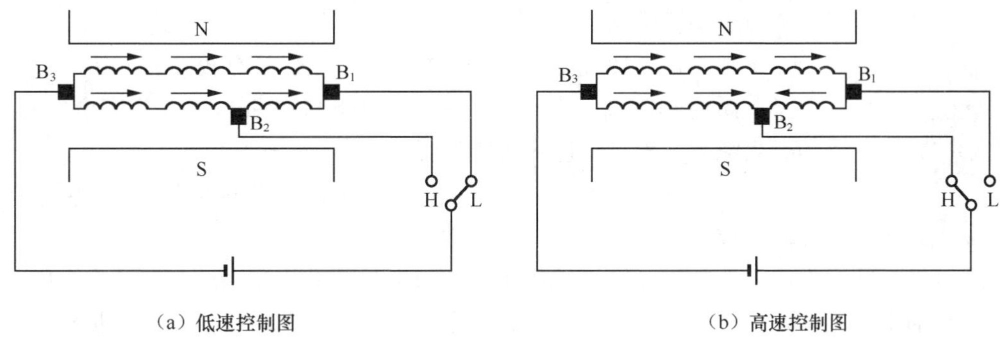

（a）低速控制图　　（b）高速控制图

图 5-27　双速刮水器的变速控制图

2. 自动复位和间歇式刮水功能

当切断电源时为了不影响驾驶员的视线，要求刮水器片自动复位。当刮水器开关关闭时，如果刮水器橡皮刷没有停到规定位置，由于电枢的惯性，电动机不可能立即停止转动，电动机以发电机方式运行，此时电枢绕组因短路而产生很大的反电动势，产生制动转矩，电动机迅速停止转动，使橡皮刷复位到风窗玻璃的下部。

汽车在毛毛细雨或雾天、小雪天气中行驶时，如按前述的刮水器速度（哪怕是低速）进行刮拭，那么风窗玻璃上的微量水分和灰尘就会形成一个发黏的表面。这样不仅不能将风窗玻璃刮拭干净，反而会使玻璃模糊不清，留下污斑，影响驾驶员的视线。因此现代汽车上一般都增设了电子间隙控制系统。在碰到上述情况时，开动间隙开关，使刮水器按一定周期自动停止和刮拭，即每刮水一次停止 2～12s。这样可使驾驶员获得良好的视野。

刮水器的低速运行实际上是线圈之间相互消磁使实际磁场减小，所以就可得到较低的转速。可以结合起动机起动结束后保持线圈和吸拉线圈磁场相互抵消来理解。

5.4.3 电动汽车所用电动机

电动汽车是与燃油汽车相对应的，1881 年就出现了电动汽车。在 20 世纪 20 年代达到了鼎盛时期，然而在燃油汽车出现后电动汽车无论在整车质量、动力性能、行驶里程、机动性和灵活性方面越来越落后于燃油汽车，所以其发展受到了严重的阻碍。

在全球温室效应与能源问题逐渐受到各国政府重视的情况下，对低污染车辆的需求越来越强烈。随着各种高性能蓄电池和高效率电机不断地被研制出来，人们把目光又转向了零污染或超低污染排放的电动汽车。从 20 世纪 70 年代起，新一代电动汽车脱颖而出，出现了各种高性能的电动汽车。

电动汽车对电动机的要求如下：

（1）在市区行驶时需频繁起动、停车、加速、减速，所以要求电动汽车电机有很好的转矩控制动态性能；

（2）在市区与郊区两种工况下，要求电动汽车电机既能工作在恒转矩区，又能工作在恒功率区，恒转矩运行满足起动和爬坡，恒功率运行满足高速行驶；

（3）为尽可能延长续航里程，要求电动汽车电机能够在大范围内保持高效率运行，并尽可能地提高其功率密度，实现小型轻量化；

无刷直流电机

（4）由于运行环境复杂，要求电动汽车电机具有较高的可靠性；

（5）瞬时功率高，有一定的过载能力。一般要求电动汽车电机有 4～5 倍的过载能力，满足加速和爬坡需要；

（6）考虑到乘员的舒适性，电动汽车电机要求低噪声。为了便于普及，还要求低成本。

由此可知高功率密度、高效率、宽调速的车辆牵引电机及其控制系统是电动汽车的关键技术之一。目前电动汽车常用的电动机主要包括直流电动机、异步电动机、永磁同步电动机和无刷直流电动机等。

5.5 汽车电器控制电路分析

5.5.1 汽车电路特点

汽车电路如图 1-68 所示，其特点可归纳为以下几点。

1. 低压

汽车电气系统的额定电压有 12V 和 24V 两种。

2. 直流

现代汽车发动机是靠电力起动机起动的，起动机由蓄电池提供电能，由于对蓄电池充电又必须用直流电源，所以汽车电路为直流系统。

3. 单线搭铁制

为了减少汽车电器系统所用导线的数量，使线路清晰，接线方便，在汽车电路中广泛采用单线搭铁制。

单线搭铁是指汽车上所有电气设备的正极均采用导线相互连接，而所有的负极则直接或间接通过导线与车架或车身金属部分连接，即搭铁。任何一个电路中的电流都是从电源的正极出发经导线流入用电设备后，再由电气设备自身或负极导线搭铁，通过车架或车身流回电源负极而形成回路。

4. 并联连接

因汽车上各个用电设备所需电压相等，所以各用电设备均采用并联，汽车上的两个电源（蓄电池和发电机）之间以及所有用电设备之间，都是正极接正极，负极接负极，并联连接，由图 1-68 可知所有照明灯都是并联连接。

5. 负极搭铁

采用单线制时蓄电池的一个电极需接至车架或车身上，俗称“搭铁”。蓄电池的负极接车架或车身称为负极搭铁。蓄电池的正极接车架或车身称为正极搭铁。负极搭铁对车架或车身金属的化学腐蚀较轻，对无线电干扰小。我国标准规定汽车线路统一采用负极搭铁。

6. 设有保险装置

为了防止因短路或搭铁而烧坏线束引发汽车着火，电路中一般设有保护装置，如熔断器、易熔丝等。

7. 汽车线路有颜色和编号特征

为了区别各线路的连接，便于维修和排故，汽车所有低压导线都选用不同颜色的单色线或双色线，并在每根导线上编号。编号由生产厂家统一编定。

8. 有相对独立的分系统组成

汽车电路由相对独立的系统组成，全车电路一般由电源电路、起动电路、点火电路、照明与信号电路、仪表与报警电路、电子控制装置电路以及辅助装置电路等几部分组成。

5.5.2 继电器的结构

继电器是具有隔离功能的自动开关元件，广泛应用于各种控制电路中，是最重要的控制元件之一。它是一种传递信号的电器，用来接通和断开控制电路。它是一种可用较小的电流来控制较大电流的自动开关。继电器的输入信号可以是电压、电流等电量，也可以是热、速度、油压等非电量，而输出则都是触点动作，使输出量发生预定的变化。继电器的电磁系统和触头都较小，因此它的动作迅速，反应灵敏。在工业控制中使用的中间继电器、热继电器等体积较大，线圈通过的电流或承受的电压较大，触点允许通过的电流较大。

汽车控制电路继电器常用的有电磁式继电器和干簧式继电器，其中，电磁式继电器又可分为接柱式继电器和插接式继电器。

1. 电磁式继电器

电磁式继电器通常用来传递信号和同时控制多个电路，也可直接用它来控制电气执行元件。它由铁心线圈（电磁铁）和可与电磁铁联动的触点组成。当继电器线圈得电后闭合的触点称为动合触点（或常开触点），当继电器线圈得电后断开的触点为动断触点（或常闭触点）。图 5-28

所示为常用电磁式继电器的图形符号，其中触点的位置为线圈未得电时的原始状态，如动合触点是断开状态。在选用继电器时，主要是考虑电压等级和触头（动合和动断）数量。

接柱式继电器容量较大，在国产车的起动电路、电扬声器电路中常见，但连接烦琐。插接式继电器安装方便，体积相对较小，成本较低，便于控制电路采用。图 5-29 所示为几种常见插接式继电器的外形示意图，图 5-30 所示为几种常见插接式继电器的内部结构及插座插脚布置图。

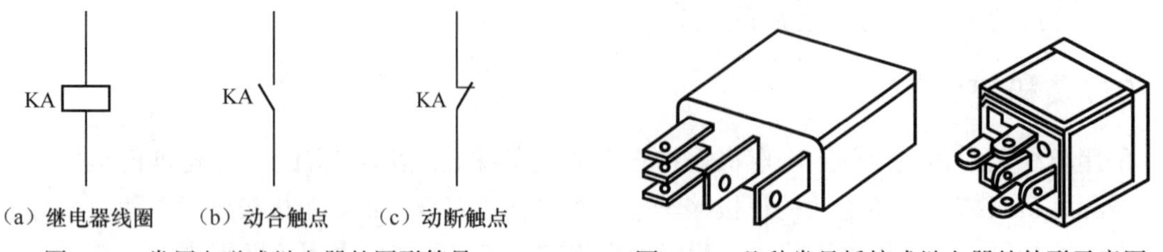

图 5-28　常用电磁式继电器的图形符号　　图 5-29　几种常见插接式继电器的外形示意图

在图 5-30（c）中继电器线圈得电，动合触点（87-88a）闭合，动断触点（87-87a）断开。图 5-30（b）、（d）中的续流二极管和电阻都是起保护继电器作用。

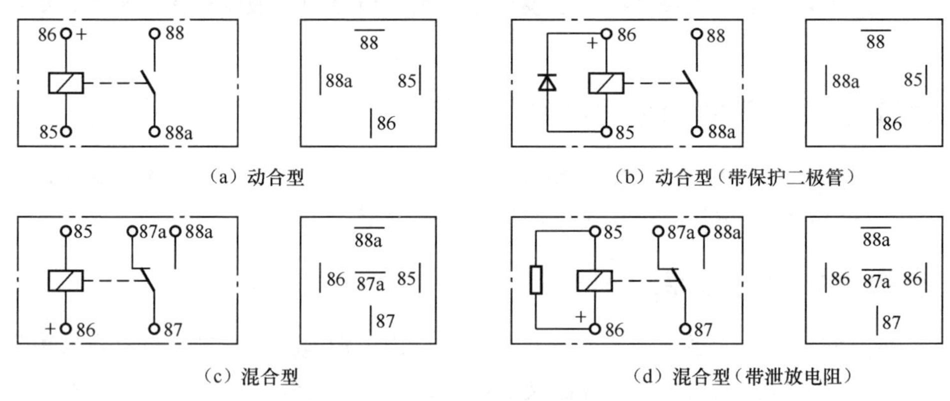

（a）动合型　（b）动合型（带保护二极管）

（c）混合型　（d）混合型（带泄放电阻）

图 5-30　几种常见插接继电器的内部结构及插座插脚布置图

图 5-31 所示为继电器控制显示和报警电路。继电器的线圈和触点的图形符号不同，但都用同一字母表示，分别接在不同电路，一般用虚线将其画上。若按钮按下则继电器线圈得电，产生的磁场就会使继电器触点动作。从图中可知，按下按钮，左边由电源、按钮、继电器线圈构成的控制电路产生电流，继电器线圈得电。由于电磁吸力作用，使继电器触点闭合，从而接通右边报警电路，此时显示灯点亮，同时电铃报警，如图 5-31（a）所示。当松开按钮后，左边电路断电，继电器线圈产生的磁场力消失，继电器触点在弹簧力的作用下回归原位，右边电路断开，显示灯熄灭，电铃报警结束，如图 5-31（b）所示。

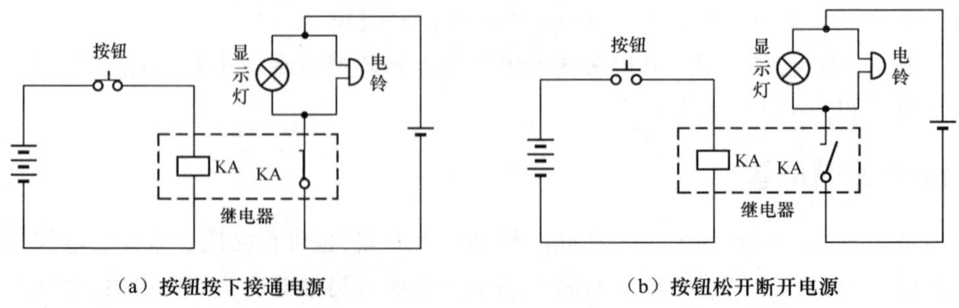

（a）按钮按下接通电源　（b）按钮松开断开电源

图 5-31　继电器显示与报警电路

在汽车电路中有多种形式的继电器用于控制不同的电路，如扬声器继电器、起动继电器、闪光（转向）继电器、刮水继电器等。

2. 干簧式继电器

图 5-32 所示为干簧式继电器外形、图形符号及工作原理。干簧管又称干式舌簧管，是一种在玻璃管内封装两个或 3 个由既导磁又导电材料做成的簧片所组成的开关元件，玻璃管内充有惰性气体（如氮、氦等）。管内平行封装的簧片端部重叠并留有一定间隙，其重叠部位就构成干簧管的开关触点，如图 5-32（a）所示。当绕在干簧管上面的线圈通电后形成磁场使簧片磁化时，或者是永磁体靠近干簧管时，簧片的触点就会感应出极性相反的 N 极和 S 极，如图 5-32（c）所示。由于磁极极性相反而相互吸引，当吸引的磁力超过簧片的抗力时，分开的触点便会吸合；当磁力减小到一定值时，在簧片抗力的作用下触点又恢复到初始状态。这样起到一个开关的作用。

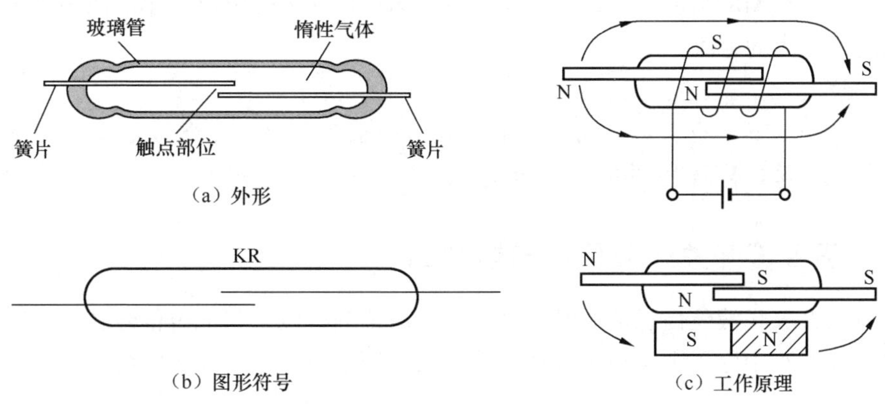

图 5-32　干簧式继电器外形、图形符号及工作原理

干簧继电器是一种小型继电元件，它具有动作速度快、工作稳定、机电寿命长以及体积小等特点，多作为信号采集使用。在自动化、运动技术测量、通信技术等方面得到了广泛应用。

5.5.3　汽车继电器电路分析

1. 扬声器继电器电路

图 5-33 所示为汽车扬声器继电器电路。继电器由继电器线圈 3、继电器触点 1 以及支架 4 等构成。扬声器控制电路由继电器线圈等构成。扬声器的驱动电路由继电器的触点 1、扬声器 6、蓄电池等构成。其具体工作过程如下。

当合上扬声器按钮 5 时，电路如图 5-33（b）所示。电流流过扬声器继电器线圈 3，继电器得电使铁心产生电磁吸力，吸引触点臂 2 向下→继电器触点 1 闭合→蓄电池电压加至扬声器 6→扬声器 6 发出响声。按钮电路电流流向为蓄电池→A→B→继电器线圈 3→C→D→按钮 5→搭铁。喇叭电路电流流向为蓄电池→A→E→F→G→H→I→两个扬声器 6→搭铁。

断开扬声器按钮 5→继电器线圈 3 失电，铁心的电磁吸力消失→继电器的触点 1 断开→切断扬声器电路电源→扬声器6停止发声，如图5-33（a）所示。

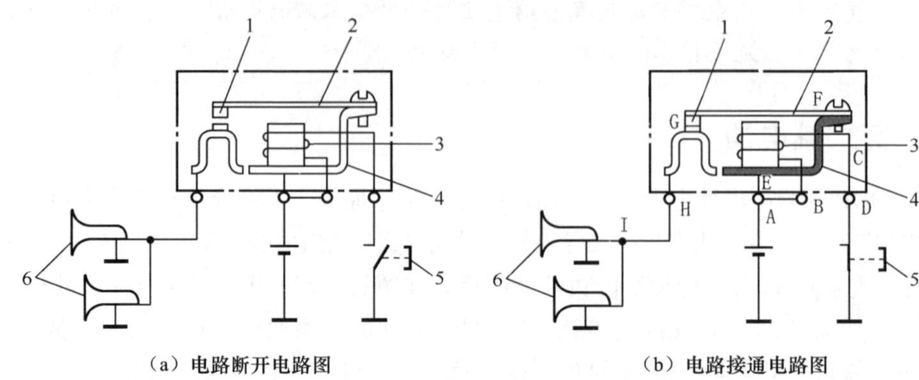

（a）电路断开电路图　　（b）电路接通电路图

图5-33　汽车扬声器继电器电路

1—触点　2—触点臂　3—线圈　4—支架　5—按钮　6—扬声器

由于继电器线圈的阻值很大，故电路中流经扬声器开关的电流较小。而在扬声器的驱动电路中可以通过较大的电流。

提示：扬声器继电器的作用就是利用铁心线圈的小电流控制继电器的动合触点流经的大电流，从而保护扬声器按钮。

2. 浮子舌簧开关式液位传感器电路

浮子舌簧开关式液位传感器通过对某种液体液位的检测，将液位信号转换为电信号，从而实现控制。在汽车中浮子舌簧开关式液位传感器常用于对汽车发动机润滑油液位、风窗玻璃清洗液液位等的检测。

浮子舌簧开关式液位传感器由树脂圆管制成的轴和可沿上下移动的环状浮子组成，如图5-34（a）所示。在管状轴内装有强磁性材料制成的触点——舌簧开关（即干簧管开关），浮子内嵌有永磁铁。随浮子位置的不同，舌簧开关内触点断开或闭合，可以判定液量高于规定值还是低于规定值。图 5-34（b）所示为液位传感器报警控制电路，通过分析可知，舌簧开关闭合，报警灯与电源接通，报警灯点亮，此时表明液位已低于规定值。

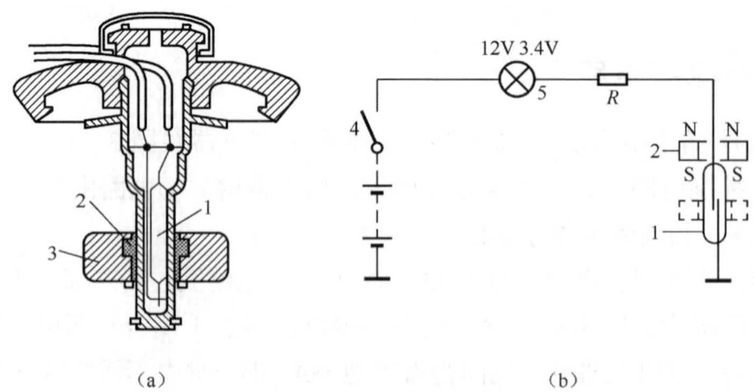

（a）　（b）

图5-34　浮子舌簧开关式液位传感器及报警控制电路

1—舌簧开关　2—永磁铁　3—浮子　4—点火开关　5—报警灯

浮子舌簧开关式液位传感器的工作原理如图 5-35 所示，当永磁铁接近舌簧开关时，磁力线从舌簧开关中通过，两个金属触点感应出极性相反的 N 极和 S 极，使金属触点之间产生吸引力，舌簧开关闭合。若浮子随液位上升，永磁铁远离干簧管，此时没有磁力线穿过舌簧开关，在舌簧本身弹力作用下，舌簧开关断开。

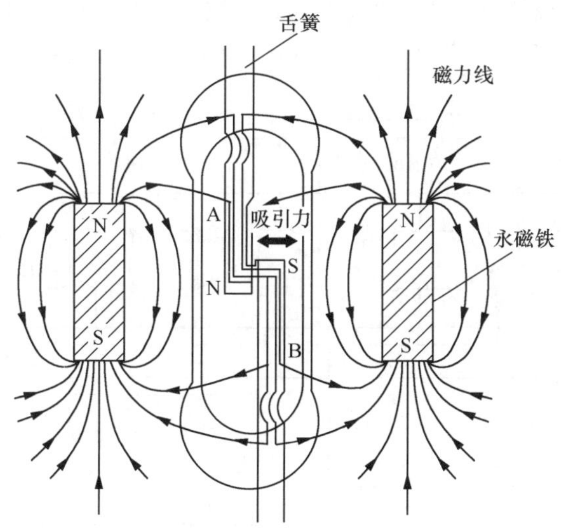

图 5-35　浮子舌簧开关式液位传感器的工作原理

5.6 典型汽车电路分析

5.6.1　电动车窗

电动车窗玻璃升降器是指在驾驶室用开关就能自动升降车窗玻璃，即使在行车过程中也能安全方便地开、关车窗。

电动车窗系统由车窗、车窗升降器、直流串励电动机、开关等装置组成。

1. 基本结构

电动车窗最主要的组成是车窗升降器，目前使用的有电动交叉臂式玻璃升降器、电动钢丝绳式玻璃升降器和电动齿轮式玻璃升降器等几种。

所有电动车窗系统都装有两套控制开关。一套装在驾驶侧门中部或变速器换挡杆的后部，为总开关，由驾驶员控制每个车窗升降。另一套分别装在每个车窗中部，为分开关，可由乘客进行操纵。

2. 电路控制

图 5-36 所示为电动车窗控制电路图，该图是通过永磁式直流电动机驱动车窗玻璃升降的。电动车窗电源由点火开关和主继电器控制。其基本原理是通过控制开关改变电枢电流的方向来改变永磁电动机的旋转方向使车窗玻璃上升或下降，电动机本身不采用搭铁构成回路，而是通过控制开关进行搭铁。

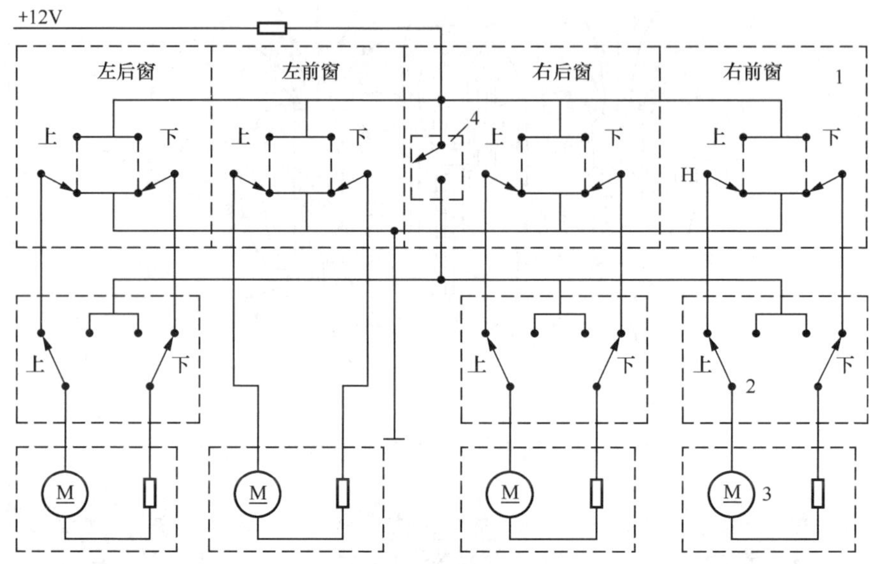

图 5-36　电动车窗控制电路图

1—驾驶员主控开关组件　2—右前车窗开关　3—右前车窗电机　4—控制开关

图中的门窗控制开关都是双向的，向上拉开关就可以使车窗上升，向下按开关就可以使车窗下降。一旦手移开，开关在弹簧的作用下恢复原状。

具体工作过程如下。

（1）点火开关闭合

当汽车发动后，电流经蓄电池→点火开关→熔断丝→电动车窗控制开关。这样蓄电池就给电动车窗控制回路提供电源，同时车窗电源指示灯亮。

（2）驾驶侧窗锁控制开关

当驾驶员在驾驶室侧断开窗锁控制开关时就切断了其他 3 个车窗的电路，其他 3 个车窗控制开关因断电而无法操作。

（3）窗锁控制开关断开，驾驶员对其他车窗进行控制

当控制开关断开，其他 3 个车窗因断电而被锁住时，只有驾驶员才能控制 4 个门的车窗升降。下面讲述驾驶员控制右前车窗的升降原理。

如果驾驶员想使右前车窗上升，只需拉起升降开关，此时电路如图 5-37 所示。电流通过拉起的升降开关形成一个回路，该回路在图中为粗线所绘，用字母表示为 A→B→C→D→E→F→G→H→I→J→K→M→N，右前车窗的电动机电枢电流的方向是从上到下，电流通过搭铁形成回路，永磁式电动机便按照一个方向旋转，此时车窗开始上升。当上升到上止点时如果升降开关仍然被拉起，因电动机无法转动而会使电流产生热量，控制装置会切断电路，来保护电动机不

会因过热而烧坏，一旦开关回归原位，控制装置又自动接通电路，以便下次能够正常工作。

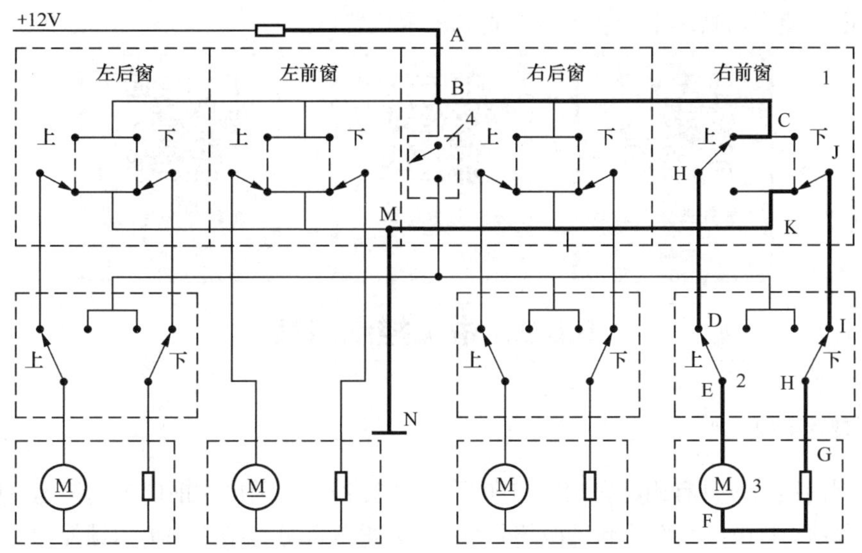

图 5-37　驾驶员控制电动右车窗上升控制电路图

1—驾驶员主控开关组件　2—右前车窗开关　3—右前车窗电机　4—控制开关

（4）窗锁控制开关闭合，乘客对其他车窗进行控制

当窗锁控制开关闭合时，不但驾驶员可控制每个车窗的升降，坐在车窗旁的乘客也可以控制车窗的升降。如果乘客想使右前车窗下降，只需按下升降开关，此时电路如图 5-38 所示。

电流通过按下的升降开关形成一个回路（见图 5-38 中粗线），用字母表示为 A→B→控制开关→C→D→E→F→G→H→I→J→K，右前车窗的电动机电枢电流的方向是从下到上，电流通过搭铁形成回路，永磁式电动机便按照一个方向旋转，此时车窗开始下降。当下降到下止点时如果升降开关仍然被按下，因电动机无法转动而会使电流产生热量，控制装置会切断电路，来保护电动机不会因过热而烧坏，一旦开关回归原位，控制装置又自动接通电路，以便下次能够正常工作。

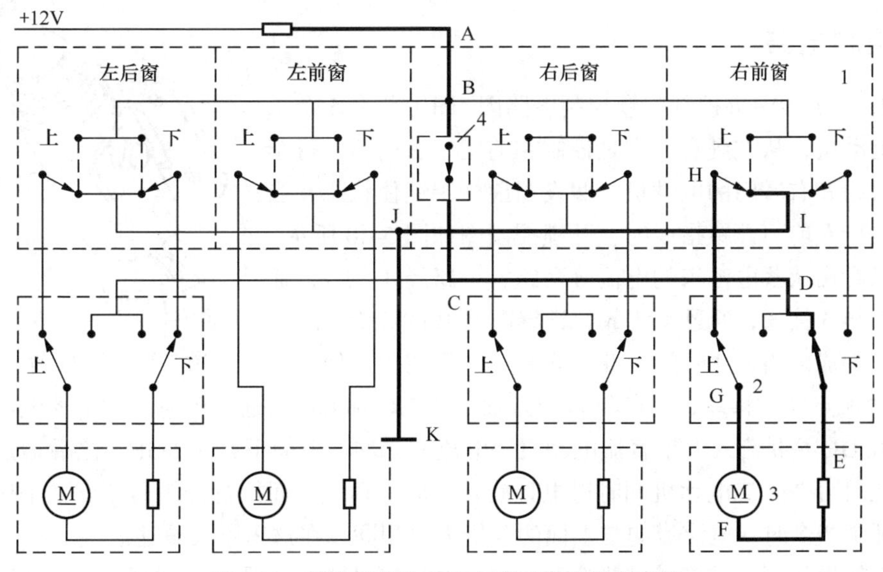

图 5-38　乘客控制电动右车窗下降控制电路图

1—驾驶员主控开关组件　2—右前车窗开关　3—右前车窗电机　4—控制开关

现在的汽车电动车窗更加智能化，如果按下或拉起车窗开关超过 2s，即使松开，车窗开关也会持续得电，使车窗持续下降或上升，直到极限位置。

汽车点火开关控制电路

闪光器电路

电压转换开关电路

5.6.2 中央控制门锁

1. 基本结构

中央控制门锁系统具有钥匙联动锁门和开门功能，通过右前或左前门上的钥匙可以同时关闭或打开所有车锁。它由电气部分和机械部分组成，其电气部分包括中中央门锁控制器、门锁开关和车门锁电动机（执行器）等，机械部分包括门锁、钥匙、拉杆和拉钮等。其特点主要如下：

（1）将驾驶员侧车门锁扣拉起打开时，其他几个车门及行李箱门锁扣也能同时打开；用钥匙开门，也可同时打开其他车门和行李箱门；

（2）将驾驶员侧车门锁扣按下时，其他几个车门及行李箱门都能自动锁定；如果用钥匙锁门，也可实现同样操作；

（3）在车室内个别车门需打开时，可分别拉开各自的锁扣；

（4）配合防盗系统，可实现防盗。

中央控制门锁的电动机一般采用永磁式电动机，由门锁开关控制组合继电器来改变电动机的电流方向，从而使电动机的连接杆上下运动，控制锁块的开启和关闭，结构如图 5-39 所示。

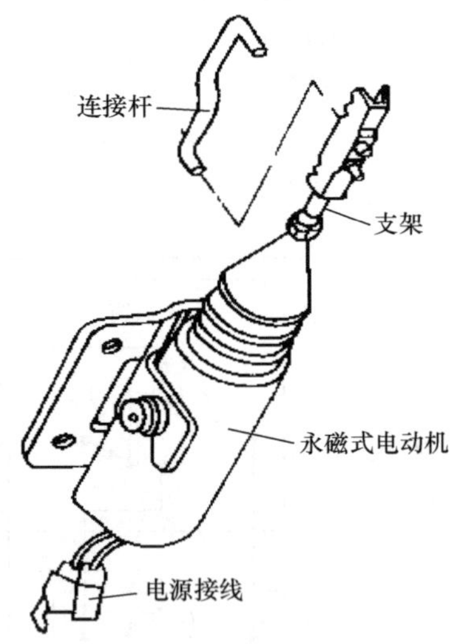

图 5-39　中央控制门锁结构图

2. 控制电路

图 5-40 所示为中央控制门锁控制电路图，图中共有 5 个永磁式直流电动机，从左到右分别是控制左前门、右前门、行李箱门、左后门和右后门的电动机。假设当前处于锁住状态，当用车钥匙执行左前门开锁指令时，开锁控制图如图 5-40 所示。从图中可以看出从蓄电池来的电流分两路，一路经 1 到 2，通过门锁开关与 3 接通，通过 4 流入门锁继电器 B 的线圈，之后通过搭铁 5 构成回路，此时门锁继电器 B 的线圈得电，使门锁继电器 B 的触点向右移动，C 点和 D 点接通，使 HG 和 CD 接通；此时从蓄电池流出的电流另一路经 ABCDE 并联流入五个直流电动机，电流方向均从上向下，从 FGH，之后通过搭铁 5 构成回路，此时五个直流电动机同时得电且旋转方向一致，从而执行开锁命令。如果用车钥匙执行右前门开锁指令时，电流流向与上面的分析大致相同，在这里不再重述。

若用车钥匙执行左前门关锁指令时，控制电路使门锁继电器 A 的线圈得电，使同时控制的两组开关均向左移动，此时流过五个直流电动机的电流方向均从下向上，使电动机的旋转方向与开锁的方向正好相反，所以使锁定得以实现。

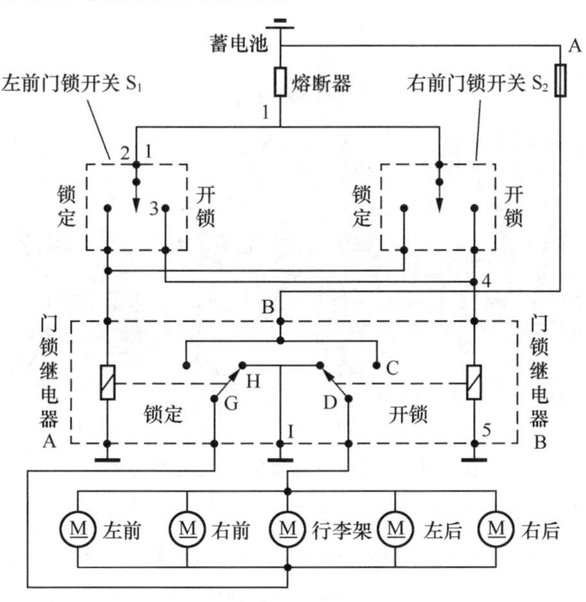

图 5-40　中央控制门锁电路控制电路图

实训 7 起动机的拆装与检测

一、实训目的

① 掌握起动机的拆装顺序，熟悉起动机构造和内部接线。

② 了解起动机各零件名称和作用。

③ 掌握对起动机进行简单测量的方法。

二、实训条件

汽车用起动机、万用表、维修工具。

三、实训原理

1. 解体起动机

图 5-41 所示为实训中一种典型的起动机结构图。

2. 具体方法

① 拆下防尘护圈。

② 用专用工具拆下电刷。

③ 旋下通体螺栓，起动机即可解体。

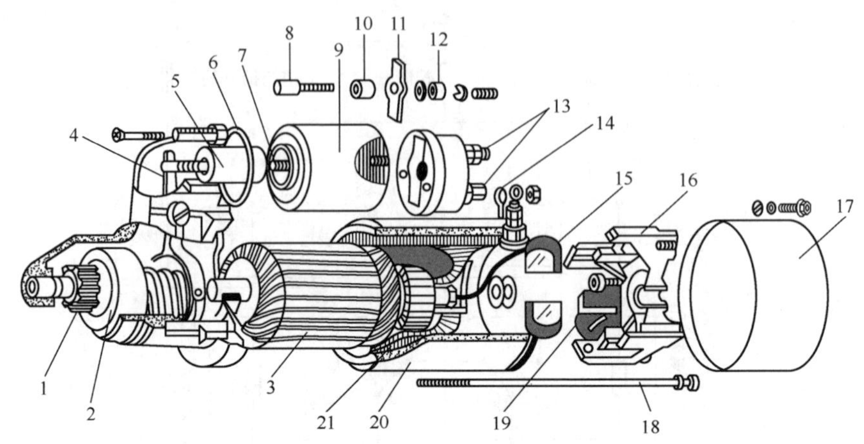

图 5-41　实训中典型的起动机结构图

1—驱动齿轮　2—单向离合器　3—电枢绕组　4—拨叉　5—电磁开关　6—活动铁心　7—电磁开关线圈　8—连接螺栓　9—电磁开关　10—螺母　11—接触盘　12—垫片　13、14—接线柱　15—电刷　16—励磁绕组　17、20—电动机外壳　18—通体螺栓　19—电刷架　21—磁极

四、实训内容及步骤

1. 对磁场绕组进行检测

用万用表对磁场绕组进行断路、短路和搭铁检验，把测试结果填入表 5-1 中。

① 断路检验。首先通过外部验视，看其是否有烧焦或断路处，若外部验视未发现问题，可用万用表电阻 $R\times1\Omega$挡检测，两表笔分别接触起动机外壳引线（即电流输入接线柱）与磁场绕组绝缘电刷接头是否导通，如果测得的电阻无穷大，说明磁场绕组断路，应予以检修或更换。

② 短路检验。可用 2V 直流电进行接线，电路接通后，将改锥放在每个磁极上，检查磁极对改锥的吸引力是否相同。若某一磁极吸力太小，就表明该磁场绕组有匝间短路故障存在。

③ 搭铁检验。用万用表电阻 $R\times10\text{k}\Omega$挡（或数字式万用表高阻挡）检测磁场绕组电刷接头与起动机外壳是否相通，如果相通，说明磁场绕组绝缘不良而搭铁；如果阻值较小，说明有绝缘不良处，应检修或更换磁场绕组。

起动机零件的检修

2. 对电枢绕组进行检测

用万用表对电枢绕组进行断路、短路和搭铁检验，把测试结果填入表 5-1 中。

表 5-1　　起动机测试记录表

检测项目		标准情况	检测情况	结论
磁场绕组	断路检验	通（0Ω）		① 合格 ② 不合格
	短路检验	不通（∞）		
	搭铁检验	每个磁极对改锥的吸引力相同		

续表

检 测 项 目		标 准 情 况	检 测 情 况	结 论
电枢绕组	断路检验	$R = 0\Omega$		① 合格 ② 不合格
	短路检验	$R = \infty$		
	搭铁检验	$R = \infty$		

① 断路检验。如图 5-42 所示，用万用表电阻 $R\times1\Omega$挡，将两个表笔分别接触换向器相邻的铜片，测量每相邻两换向片间是否相通，如万用表指针指示“0”，说明电枢绕组无断路故障，若万用表指针在某处不摆动，即电阻值为无穷大，说明此处有断路故障，应更换电枢。

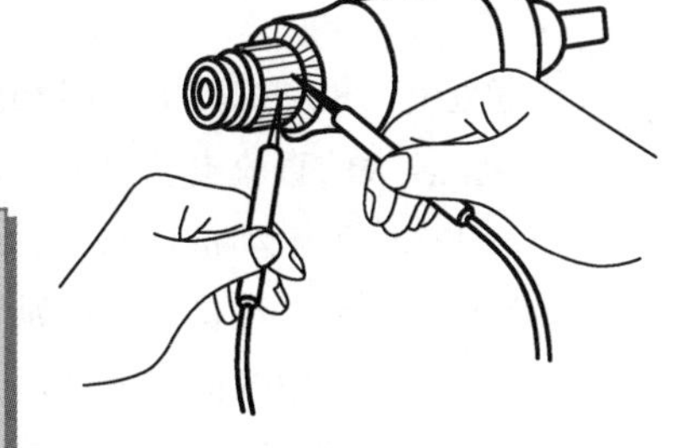
图 5-42 电枢绕组断路检测示意图

起动机零件的复装

② 短路检验。如图 5-43 所示，用万用表电阻 $R\times1\Omega$挡检查换向器和电枢铁心之间是否导通，如有导通现象，说明电枢绕组短路，应更换电枢。

③ 搭铁检验。用万用表电阻 $R\times10\text{k}\Omega$挡检测，如图 5-44 所示，用一根表笔接触电枢，另一根表笔依次接触换向器铜片，万用表指针不摆动即电阻为无穷大，否则说明电枢绕组与电枢轴之间绝缘不良有搭铁之处。

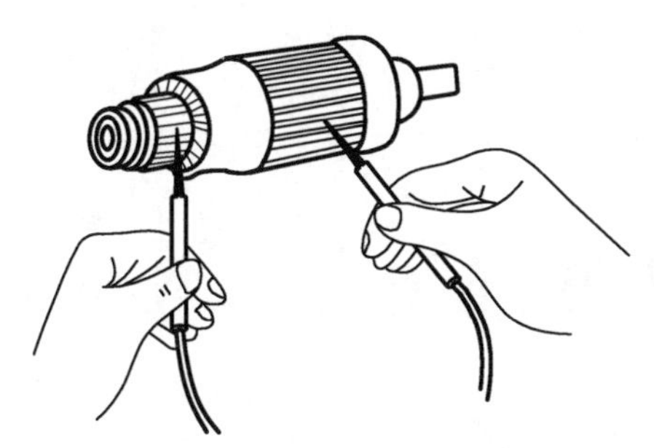
图 5-43 电枢绕组短路检测示意图

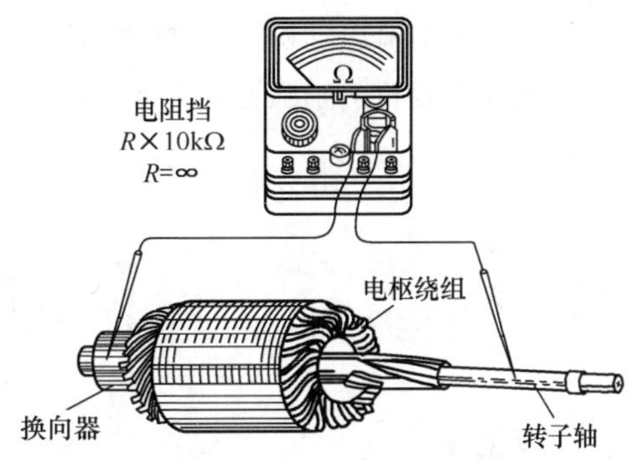

图 5-44 电枢绕组搭铁操作

小 结

（1）直流电动机主要由定子（固定部分）和电枢（旋转部分）两大部分组成，它的工作原理仍以电磁力定律和电磁感应定律为基础。为了使电枢绕组能够持续朝一个方向旋转，就必须有电刷和换向装置，所以在直流电动机中要有电刷和换向装置来保证电枢绕组受力方向始终一致。

（2）直流电动机按励磁方式分为他励式、并励式、串励式和复励式 4 种。

（3）对于容量稍大的直流电动机起动时要对起动电流加以限制，以防止在起动过程中电流过大而烧坏电枢绕组。采取的方式是降压起动和串联起动变阻器两种方式。

（4）实现电动机反转的具体方法有改变电枢电压极性和改变励磁电压极性。

（5）影响电动机转速高低的主要是电枢回路电阻 R_a 、主磁通 Φ 、电源电压 U 3 个因素，所以直流电动机的调速可针对这 3 个因素进行调速。

（6）直流电动机制动常用的方法有能耗制动和反接制动两种。

习　题

1. 直流电动机和交流电动机相比有什么优点？
2. 容量较大的直流电动机能否直接起动？为什么？
3. 为什么直流电动机在通电后最终转速会趋于平衡而不会越来越快？
4. 为什么起动电动机采用串励直流电动机？
5. 直流电动机中换向器的作用是什么？
6. 为什么串励电动机不能空载或轻载运行？
7. 直流电动机如何对其进行制动？
8. 电动刮水器如何实现高速和低速运行？
9. 在直流电动机正常运行时，如果负载突然增大一点会出现什么现象？
10. 如图 5-36 所示，乘客如何控制后座左侧车窗下降？
11. 什么是直流电动机的软特性？什么是硬特性？
12. 直流电动机的励磁方式有那些？画图进行说明？

自 测 题

一、填空题

1. 直流电动机由________和________两大部分组成。它的工作原理以________和________为基础。

2. 直流电动机中的电磁转矩方向与转子的旋转方向________，产生的反电动势与转子的旋转方向________。

3. 直流电机按照励磁方式的不同可分为________、________、________和________4 种。

4. 改变直流电动机旋转方向的方法有________和________两种。

5. 对于容量较大的直流电动机采取的起动方法有________和________两种。

6. 直流电动机的调速方法有________、________和________3 种。

7. 直流电动机的制动有________和________两种。

8. 汽车电气系统的额定电压有________和________两种。

9. 车用起动机由________、________和________3 部分组成。

10. 汽车用起动电动机电枢绕组与磁场绕组的连接为________方式。

11. 继电器是用来________和________控制电路，汽车控制电路继电器常用的有________继电器和________继电器。

12. 中央控制门锁的电动机一般采用________电动机，由门锁开关控制组合________来改变电动机的电流方向。

二、判断题

1. 改变电源的极性不能改变串励直流电动机的转向。 (　　)

2. 串励电动机的起动性能比他励电动机好。 (　　)

3. 换向磁极的作用是消除或减小换向时的火花，保护换向器。 (　　)

4. 直流电动机的最高转速受电动机的机械强度、换向的限制。 (　　)

5. 串励直流电动机在使用时不应采用容易脱落的皮带传动，以防可能出现的“飞车”现象。 (　　)

6. 直流电动机中换向器的作用是：将外部的直流电流转换为电枢绕组中的交变电流，以保持转矩方向不变。 (　　)

7. 直流电机的电枢铁心由于在直流状态下工作，通过的磁通是不变的，因此完全可以用整块的磁材料构成，不必用硅钢片叠成。 (　　)

8. 直流发电机额定功率 $P_N=U_NI_N$，直流电动机额定功率 $P_N=U_NI_N\eta_N$。 (　　)

三、简答题

1. 画图说明串励和并励直流电动机的机械特性曲线，并说明串励电动机在使用时应注意的问题?

2. 如图 5-36 所示，驾驶员如何控制后座右侧车窗上升?

3. 如图 5-40 所示，如何实现左前门开锁?

第6章 常用半导体器件及其应用

【学习目标】

1. 了解半导体的基本知识
2. 熟悉常用半导体器件的基本特性及正确使用
3. 掌握单管共射放大电路的基本特性及分析方法
4. 掌握集成运放的基本应用
5. 了解常用半导体在汽车中的应用

6.1 半导体的基本知识

导电能力介于导体和绝缘体之间的物体就称为半导体。常用的半导体有硅、锗、硒、砷化镓以及大多数金属氧化物和硫化物等。

6.1.1 半导体的基本特性

半导体之所以得到广泛的应用，是由于它具有独特的导电性能。

1. 杂敏特性

杂敏特性是半导体最显著的特性。实验表明，在纯净的半导体中掺入百万分之一的杂质，就可以使半导体的导电能力显著提高。因此，人们用控制掺杂的方法，制造不同类型的半导体器件，如二极管、三极管以及各种集成电路等。

纯净的半导体为稳定的共价键结构，导电能力很弱。通过掺杂可使导电能力提高。掺杂的形式有两种：N 型掺杂和 P 型掺杂，相应的半导体称为 N 型半导体和 P 型半导体。

半导体中参与导电的粒子有两种：带正电荷的空穴和带负电荷的自由电子，它们统称为载流子。N 型半导体中，自由电子的浓度高于空穴的浓度；P 型半导体中，空穴的浓度高于自由电子的浓度。浓度高的称为多数载流子，浓度低的称为少数载流子，因此，N 型半导体中，自由电子是多数载流子，空穴是少数载流子；P 型半导体中，空穴是多数载流子，自由电子是少数载流子。

2. 热敏特性

温度可明显地改变半导体的电导率。利用这一特性，可制成自动检测系统中的热敏元件，如用于汽车油箱和水箱中进行温度检测的热敏电阻等。但另一方面，热敏特性使半导体的热稳定性下降，因此，在半导体构成的电路中常需采取温度补偿及稳定参数等措施。

3. 光敏特性

光照不仅可改变半导体的电导率，还可以产生电动势。利用这一特性，可制成光敏电阻、光敏三极管、光电池等。光敏电阻可用于汽车前照灯的自动变光器电路中，光电池已在空间技术中得到广泛应用，为人类利用太阳能提供了广阔的前景。

6.1.2 PN 结及其单向导电性

采用特定的制造工艺，使一块半导体的两边分别形成 P 型半导体和 N 型半导体，在它们的交界面形成的薄层就称为 PN 结。PN 结是制造各种半导体器件的基础。

就物理本质而言，PN 结是 P 型半导体和 N 型半导体中的多数载流子相互扩散后在交界面形成的空间电荷区，因此在 PN 结上施加不同极性的电压时，其导电性能有很大的差异。

PN 结形成

1. 外加正向电压

在 PN 结上施加正向电压，即 P 区接电源正极、N 区接电源负极称为 PN 结的正向偏置，简称正偏。此时外加正向电压（U_F），有利于双方的多数载流子向对方流动，形成较大的正向电流（I_F），U_F 越大，I_F 也越大，PN 结呈低阻导通状态，相当于开关闭合。为限制 PN 结中流过的电流过大，回路中需串入限流电阻（R）。

2. 外加反向电压

PN 结正向偏置

PN 结反向偏置

在 PN 结上施加反向电压，即 P 区接电源负极、N 区接电源正极称为 PN 结的反向偏置，简称反偏。此时外加反向电压（U_R），阻碍双方的多数载流子向对方流动，仅有利于低浓度的少数载流子向对方流动，形成极小的反向电流（I_R），PN 结呈高阻截止状态，相当于开关断开。

总之，PN 结正向偏置时呈导通状态，反向偏置时呈截止状态，这就是 PN 结的单向导电性。

由于半导体内的少数载流子主要由热运动产生，其浓度随温度升高而增加，因此温度升高时，PN 结的反向电流增加很快，这是半导体器件温度稳定性较差的主要原因。

6.2 半导体二极管

6.2.1 二极管的结构

将 PN 结加上管壳封装后就成为一个二极管，其外形如图 6-1（a）所示。图 6-1（b）所示为二极管的结构示意图，由 P 型半导体引出的是正极（又称阳极），由 N 型半导体引出的是负极（又称阴极）。实际应用中，为了避免二极管极性接错，常常在管壳表面以色点、色圈（通常为白色）或者二极管的符号来表示其极性。图 6-1（c）所示为二极管的符号，正向导通时，电流从正极流向负极。

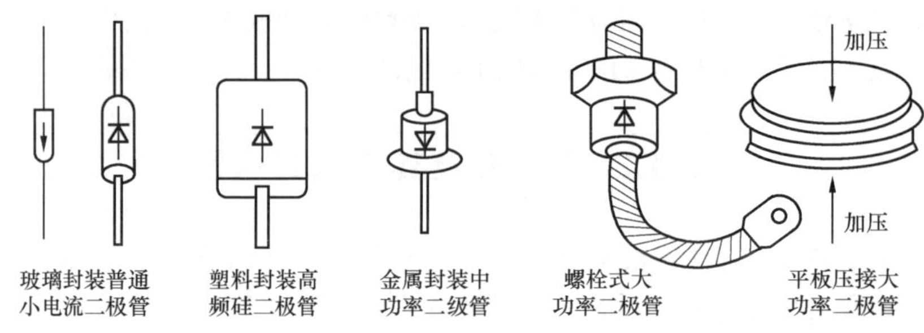

（a）常用二极管外形

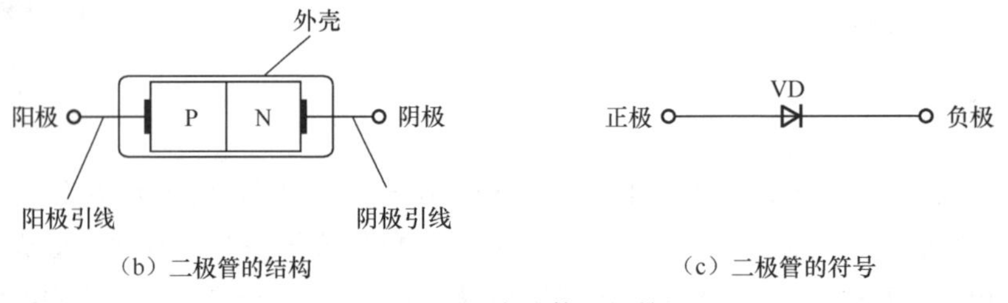

（b）二极管的结构　　（c）二极管的符号

图 6-1　半导体二极管

6.2.2 二极管的伏安特性

加于二极管两端的电压与通过二极管的电流之间的关系称为二极管的伏安特性，可用图 6-2 所示伏安特性曲线来描述。伏安特性曲线一般可用实验方法测出，也可在产品说明书和有关手册中查到。

1. 正向特性

正向特性起始部分的正向电流几乎为零；当外加正向电压超过某一值（这个电压值称为死区电压）后，电流随电压增加而迅速上升，二极管导通。这时，二极管两端的电压降（U_D）基本不变。温度升高时，正向特性曲线左移，U_D 随温升而降低。

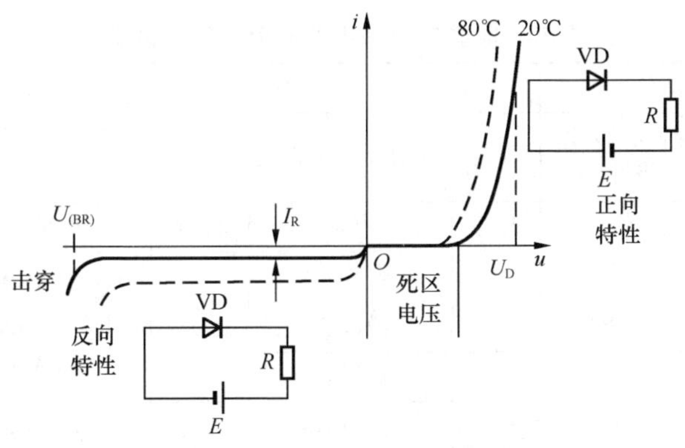

图 6-2 二极管的伏安特性曲线

二极管按照材料可以分为硅二极管和锗二极管两种类型，硅管的死区电压为0.5V，导通压降为0.6～0.7V；锗管的死区电压为0.1V，导通压降为0.2～0.3V。

2. 反向特性

二极管在外加反向电压的作用下会形成很小的反向电流。该电流在一定的电压范围内维持不变，故又称为反向饱和电流，常用 I_R 表示。常温下，硅管的反向饱和电流比锗管小得多（硅管 $I_R < 0.1\mu A$，锗管 I_R 小于几十微安）。温度升高时，I_R 随温升按指数规律增大。

3. 反向击穿特性

当外加反向电压超过某一值时，二极管的反向电流急剧增大，单向导电性被破坏，这种现象称为二极管的反向击穿，对应的反向电压［$U_{(BR)}$］称为反向击穿电压。各类二极管的反向击穿电压大小不等，通常为几十伏到几百伏，最高可达千伏以上。

【例 6-1】 二极管电路如图 6-3（a）所示，设二极管为理想二极管，试判断图中二极管是导通还是截止？并求输出电压 U_O。若二极管导通压降为 0.7V，则输出电压 U_O 又为多少？

解：将二极管从阳极 A 和阴极 K 断开，并设电源负极 O 点为零电位点，如图 6-3（b）所示。由于电路断路，因此 A 点电位 V_A=15V，K 点电位 V_k=12V，$V_A > V_K$，二极管正向偏置导通。

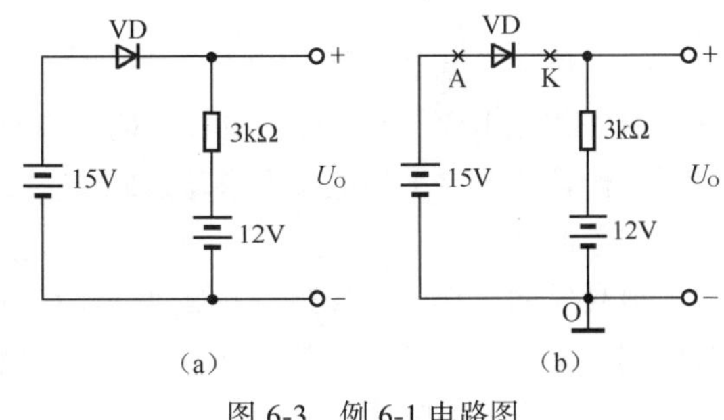

图 6-3 例 6-1 电路图

理想二极管是二极管的理想化模型，其导通压降等于 0，因此，U_O=15V。

二极管导通压降为 0.7V 时，U_O=15V－0.7V=14.3V。

6.2.3 二极管的使用常识

1. 二极管的型号

国家标准规定，国产半导体的型号由 5 部分组成，各部分的符号及意义如表 6-1 所示。

表 6-1　　国产半导体器件型号组成部分的符号及意义

<table>
<tr><th colspan="2">第一部分</th><th colspan="2">第二部分</th><th colspan="4">第三部分</th><th>第四部分</th><th>第五部分</th></tr>
<tr><td colspan="2">用数字表示器件电极数目</td><td colspan="2">用汉语拼音表示器件的材料和极性</td><td colspan="4">用汉语拼音表示器件的类型</td><td rowspan="17">用数字表示器件序号</td><td rowspan="17">用汉语拼音表示规格号</td></tr>
<tr><td>符号</td><td>意义</td><td>符号</td><td>意义</td><td>符号</td><td>意义</td><td>符号</td><td>意义</td></tr>
<tr><td rowspan="4">2</td><td rowspan="4">二极管</td><td>A</td><td>N 型，锗材料</td><td>P</td><td>普通管</td><td rowspan="3">D</td><td rowspan="3">低频大功率管（$f<3\text{MHz}$，$P_c \geqslant 1\text{W}$）</td></tr>
<tr><td>B</td><td>P 型，锗材料</td><td>V</td><td>微波管</td></tr>
<tr><td>C</td><td>N 型，硅材料</td><td>W</td><td>稳压管</td></tr>
<tr><td>D</td><td>P 型，硅材料</td><td>C</td><td>参量管</td><td rowspan="3">A</td><td rowspan="3">高频大功率管（$f \geqslant 3\text{MHz}$，$P_c \geqslant 1\text{W}$）</td></tr>
<tr><td rowspan="11">3</td><td rowspan="11">三极管</td><td>A</td><td>PNP 型，锗材料</td><td>Z</td><td>整流管</td></tr>
<tr><td>B</td><td>NPN 型，锗材料</td><td>L</td><td>整流堆</td></tr>
<tr><td>C</td><td>PNP 型，硅材料</td><td>S</td><td>隧道管</td><td>T</td><td>半导体闸流管</td></tr>
<tr><td>D</td><td>NPN 型，硅材料</td><td>N</td><td>阻尼管</td><td>Y</td><td>体效应器件</td></tr>
<tr><td>E</td><td>化合物材料</td><td>U</td><td>光电器件</td><td>B</td><td>雪崩管</td></tr>
<tr><td rowspan="6"></td><td rowspan="6"></td><td>K</td><td>开关管</td><td>J</td><td>阶跃恢复管</td></tr>
<tr><td rowspan="3">X</td><td rowspan="3">低频小功率管（$f<3\text{MHz}$，$P_c<1\text{W}$）</td><td>CS</td><td>场效应器件</td></tr>
<tr><td>BT</td><td>半导体特殊器件</td></tr>
<tr><td>FH</td><td>复合管</td></tr>
<tr><td rowspan="2">G</td><td rowspan="2">高频小功率管（$f \geqslant 3\text{MHz}$，$P_c<1\text{W}$）</td><td>PIN</td><td>PIN 型管</td></tr>
<tr><td>JG</td><td>激光管</td></tr>
</table>

2. 二极管的主要参数

（1）最大整流电流

最大整流电流（I_F）指二极管长期工作时允许通过的最大正向平均电流值。实际应用时，通过二极管的正向平均电流不得超过此值，否则将使管子过热而损坏。

（2）最高反向工作电压

最高反向工作电压（U_{RM}）指允许加在二极管两端的反向电压的峰值。使用时，加在二极管两端的反向电压峰值不能超过 U_{RM}，否则就有被反向击穿的危险。

（3）最大反向电流

最大反向电流（I_{RM}）指二极管在最高反向工作电压（U_{RM}）下的反向饱和电流。I_{RM} 越小，说明二极管的单向导电性能越好。

二极管的管脚识别及性能测试

（4）最高工作频率

当工作频率超过最高工作频率（f_M）时，二极管的单向导电性能变差，甚至会失去单向导电性。

3. 二极管的管脚和质量识别

如前所述，二极管的管脚极性一般可通过管壳上的标记或符号予以识别。对于常用 1N 系列的塑料、玻璃封装二极管，靠近色环的引脚为负极；对于发光二极管，管脚引线较长的为正极；对于标记不清、极性不明的二极管，可以用万用表测量二极管的正、反向电阻加以判断。具体做法如图 6-4（a）、（b）所示，将指针式万用表的 $R\times100\Omega$或 $R\times1\text{k}\Omega$ 挡短接调零后，分别正接和反接二极管的两个引脚，正常情况下会得到大、小两个电阻值，分别为二极管的反向和正向电阻。由于指针式万用表置于电阻挡时，黑表笔接表内电池的正极，因此在测得正向电阻时，黑表笔所接引脚为二极管正极，红表笔所接引脚为二极管负极（如果使用的是数字式万用表的电阻挡，结论与此相反）。此外，一般的数字式万用表（如 DT890A 等）都有专门的二极管测试挡，当二极管的正、负极分别与万用表的红、黑表笔相接时，二极管正向导通，数字式万用表显示二极管的正向导通电压；若将二极管的正、负极反接，则数字式万用表显示数值“1”。当二极管内部短路时，无论二极管正接还是反接，万用表均显示“0”；反之，当二极管内部断开时，无论二极管正接还是反接，万用表均显示“1”。用数字万用表判别二极管极性示意图如图 6-5（a）、（b）所示。

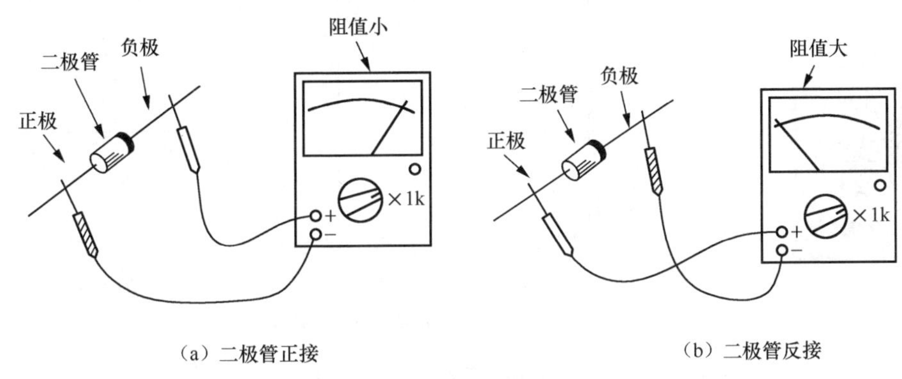

（a）二极管正接　　（b）二极管反接

图 6-4　指针式万用表识别二极管

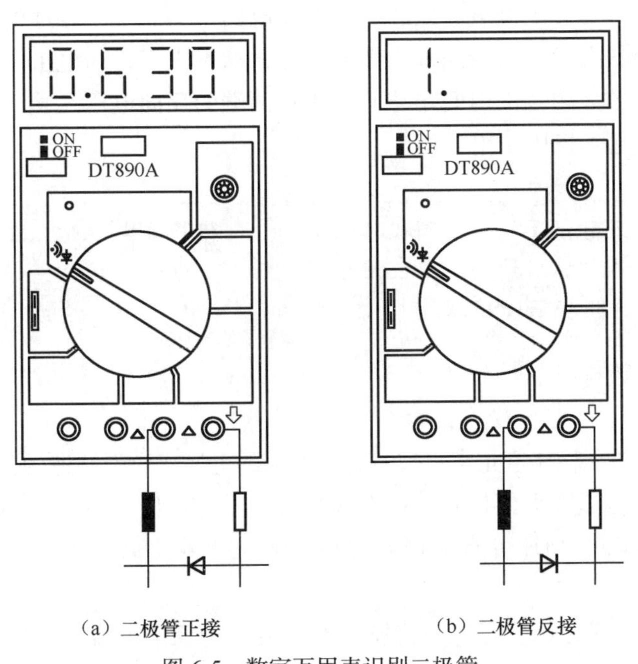

（a）二极管正接　　（b）二极管反接

图 6-5　数字万用表识别二极管

二极管的质量也可以通过正、反向电阻予以判断，正向电阻越小、反向电阻越大的二极管质量越好。当正、反向电阻均为0或均为无穷大时，表明内部为短路或断路，二极管已经损坏。

6.2.4 特殊二极管

1. 稳压管

稳压二极管是一种特殊工艺制成的硅二极管，其伏安特性与普通二极管类似，只是稳压管的反向击穿区特性曲线很陡，如图6-6（a）所示。

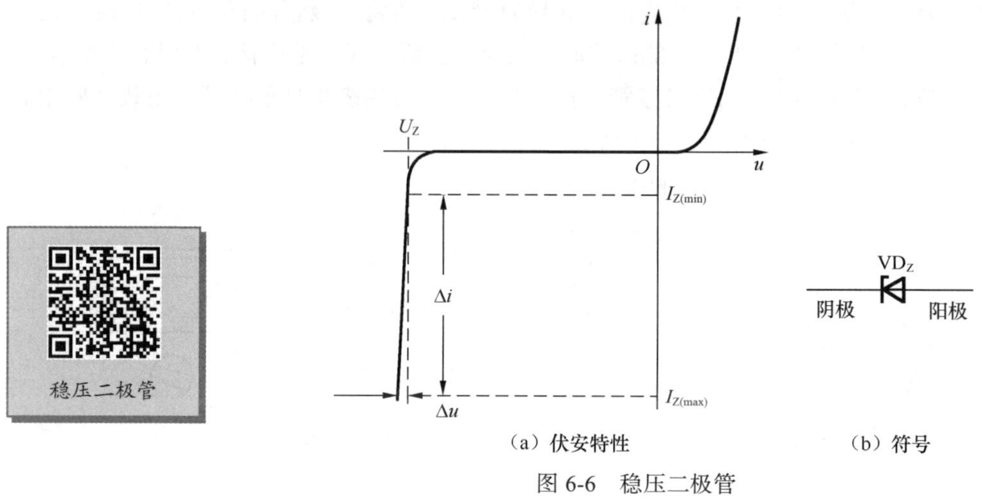

（a）伏安特性　　（b）符号

图6-6　稳压二极管

从反向特性曲线可以看到，当反向电压达到击穿电压（U_Z）时，反向电流突然增大，稳压管被反向击穿，但这种击穿不是破坏性的，只要在电路中串联一个合适的限流电阻，就能使稳压管工作在反向击穿状态而不会遭到永久性的破坏，这种击穿称为电击穿。电击穿状态下，通过稳压管的电流可在较大的范围内变化，而稳压管两端的反向电压几乎不变。利用这一特性，可使稳压管在电路中起到稳压作用。

提示　稳压管只有在反偏，即阳极接低电位、阴极接高电位时，才能发挥稳压作用。还需注意的是，稳压管一般只应用于低电压、小电流的场合，一些高电压或大电流的场合不能选用稳压管稳压。

稳压管的主要参数有以下两个。

（1）稳定电压

稳定电压（U_Z）是指稳压管正常工作时管子两端的电压。由于制造的分散性，对于同一型号的稳压管来说，其稳定电压也略有不同。例如，2CW19的稳定电压为11.5～14V，如果把一只2CW19稳压管接到电路中，其稳定电压可能为12V，换一只相同型号的稳压管，则可能稳压在13V。

（2）稳定电流

稳定电流（I_Z）是指稳压管工作在稳压状态时流过的反向电流。工作电流小于最小稳定电流［$I_{Z(min)}$］时，稳压管将失去稳压作用；大于最大稳定电流［$I_{Z(max)}$］时，管子将因过流造成热击穿而损坏。

在汽车的仪表电路和部分电子控制电路中，一些需要精确电压值的地方常利用稳压管来获取所需电压。图 6-7 所示为汽车仪表稳压电路，利用稳压管可为汽车仪表提供稳定的工作电压。由图可见，稳压管与汽车仪表并联，当电源电压发生变化时，将引起不同大小的电流流过电阻和稳压管，从而改变降落在电阻上的电压，使稳压管始终维持其稳压值不变，即仪表工作电压保持稳定。

2. 发光二极管

发光二极管简称 LED，是一种通以电流就能发光的半导体器件。根据材料的不同，发光二极管可发出红、黄、绿、蓝等颜色的光，其外形及电路符号如图 6-8 所示。

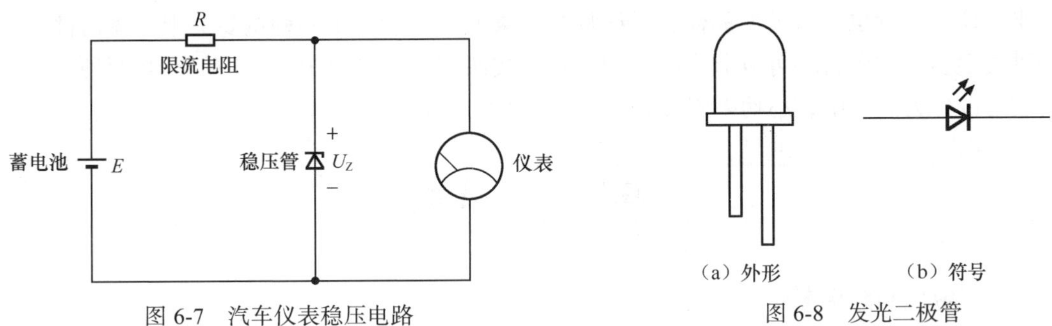

图 6-7 汽车仪表稳压电路

图 6-8 发光二极管

发光二极管具有体积小、工作电压低（正向导通电压为 1～2V）、工作电流小（几毫安到几十毫安，典型工作电流为 10mA 左右）、寿命长等优点，从而得到广泛应用。在汽车电路中，发光二极管随处可见，主要应用于仪表板上作为指示信号灯或报警信号灯，如液体液面过低，制动蹄片过薄，制动灯、尾灯、前照灯等烧坏时，相应的发光二极管就会被接通发光，发出报警指示。

发光二极管工作时应保持正向偏置，即阳极（长管脚）接高电位，阴极（短管脚）接低电位，并且一定要串联一个限流电阻。由于发光二极管正向工作电流一般为 10mA，正向导通电压一般为 2V，因此，如果将发光二极管直接接在汽车电源上，串联的限流电阻阻值为

$$R = \frac{12V - 2V}{10mA} = 1k\Omega \tag{6-1}$$

3. 光电二极管

利用半导体的光敏特性制成的二极管称为光电（敏）二极管，它可以把光的强弱变化转换成电信号，以便控制其他器件。例如，汽车自动空调系统的日照强度传感器就是一个光电二极管检测装置，其结构及等效电路如图 6-9 所示。

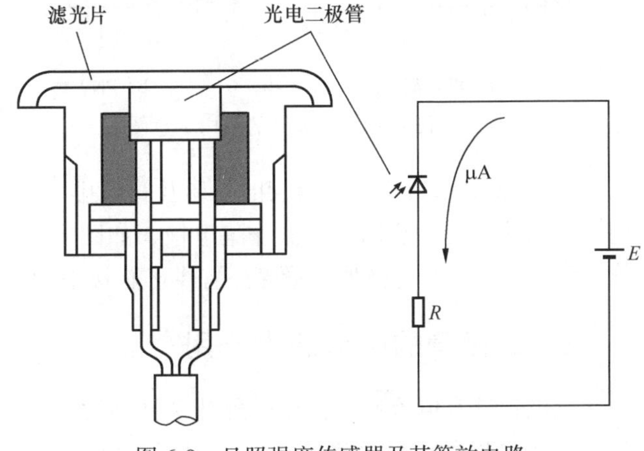

图 6-9 日照强度传感器及其等效电路

光电二极管工作在反偏状态，它的管壳上有一个玻璃窗口，以便接受光照。由于光电二极管处于反向偏置状态，因

此在无光照时，电路中只有很小的反向饱和电流，一般小于 1μA。有光照时，由于半导体具有光敏特性，光生载流子在外电路反偏电压作用下，形成较大的反向电流，即光电流。光电流与光照强度成正比，通过电路外接负载，就可将光照强弱变化转成电信号，从而实现光电转换。

6.3 半导体三极管及其应用

半导体三极管也称双极型晶体管，简称晶体管或三极管，是一种重要的半导体器件。三极管的种类很多，按照材料可以分为硅管和锗管；按照结构可以分为 NPN 和 PNP 两种类型；按照功率可以分为大、中、小功率管等。

6.3.1 三极管

1. 三极管的结构

三极管的结构示意图如图 6-10 所示。由图可见，三极管内部有 3 个区，分别称为发射区、基区和集电区。由 3 个区各引出一个电极，分别称为发射极（e）、基极（b）和集电极（c）。发射区和基区之间的 PN 结称为发射结，集电区和基区之间的 PN 结称为集电结。三极管在内部结构上具有发射区掺杂浓度高、基区很薄且浓度低、集电结面积大的特点，这些特点是保证三极管实现电流放大作用的内部条件。

三极管的图形符号如图 6-11 所示，图中箭头方向表示发射结正偏时发射极电流的实际方向，箭头向外的是 NPN 型管，箭头向里的是 PNP 型管。

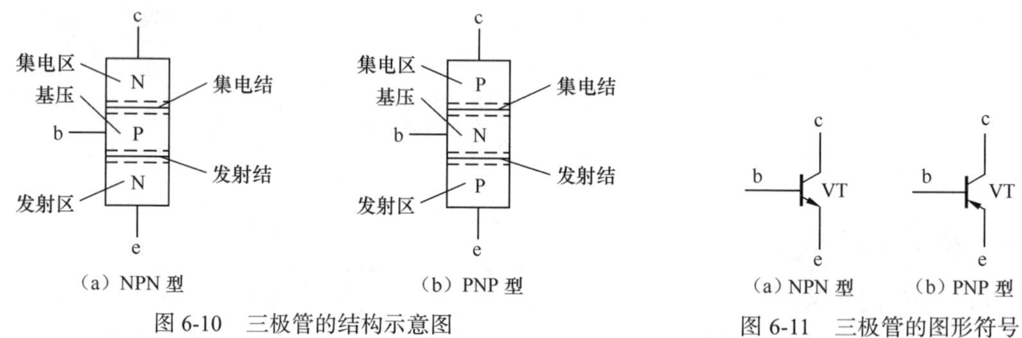

（a）NPN 型　（b）PNP 型

图 6-10　三极管的结构示意图

（a）NPN 型　（b）PNP 型

图 6-11　三极管的图形符号

图 6-12 所示为几种三极管的外形及管脚排列。三极管一般有 3 个管脚，但也有特殊情况，例如，大功率管一般以管壳兼作集电极，如图 6-12（d）所示。此外，工作频率较高的小功率管，除了 e、b、c 电极外，管壳还有供屏蔽接地用的引线，用 d 表示。

2. 三极管的电流放大作用

三极管具有电流放大作用的外部条件是发射结正偏，集电结反偏。这个条件也可以用三极管的 3 个电极的电位关系来表示，对于 NPN 型管必须满足：$V_C > V_B > V_E$；对于 PNP 型管必须满足：$V_E > V_B > V_C$。

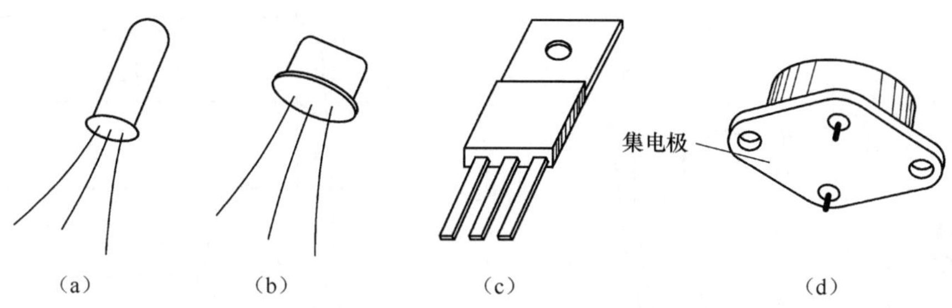

图 6-12　三极管的外形及管脚排列

根据这一条件，可构成 NPN 型三极管电流放大作用的实验电路如图 6-13 所示。在这个电路中，由基极电源（U_{BB}）、基极电阻（R_b）和三极管发射结组成的回路是输入回路；由集电极电源（U_{CC}）、集电极电阻（R_c）和三极管集电极、发射极组成的回路是输出回路。由于发射极是两个回路的公共端，故称为共发射极电路。共发射极电路是实际应用中最为常见的电路。

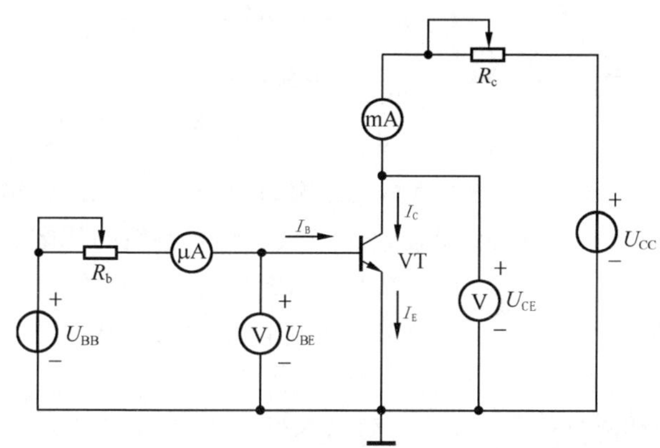

图 6-13　三极管电流放大作用实验电路

由实验测试数据可以表明以下几点。

① 无论电阻 R_b 和 R_c 为何值，总有

$$I_E = I_B + I_C \tag{6-2}$$

即发射极电流为基极电流与集电极电流之和。

② 基极电阻（R_b）的值改变时，三极管各极电流将随之改变，但在一定的范围内，集电极电流（I_C）与基极电流（I_B）的比值几乎保持不变。

③ 当基极电流有微小的变化时，集电极电流将发生较大的变化，即三极管具有电流放大作用。集电极电流的变化量与基极电流变化量的比值称为交流电流放大系数，用字母 β 表示，即

$$\beta = \frac{\Delta I_C}{\Delta I_B} \tag{6-3}$$

④ 当基极开路（$I_B = 0$）时，集电极将有一个小于 1μA 的电流流向发射极，这个电流称为穿透电流，用 I_{CEO} 表示。I_{CEO} 随温度升高而增大，是衡量三极管温度稳定性的重要参数，其值越小，三极管的工作越稳定。

3. 三极管的特性曲线

三极管的特性曲线全面反映了三极管各极电流与电压之间的关系，是分析三极管各种电路的重要依据。特性曲线可以用三极管特性图示仪测得，也可以通过实验测得。由图 6-13 所示实验电路测得的 NPN 硅三极管共发射极电路输入、输出特性曲线如图 6-14 所示。

（1）输入特性曲线

输入特性曲线是指当三极管集电极-发射极之间的电压（U_{CE}）一定时，输入回路中基极电流（I_B）与基极-发射极之间电压（U_{BE}）之间的关系曲线。

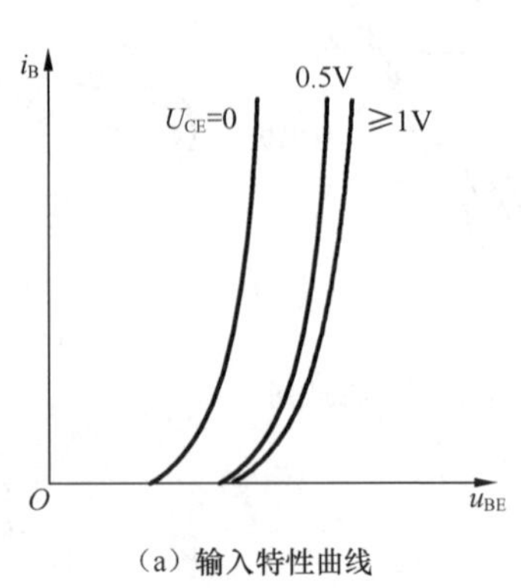

（a）输入特性曲线

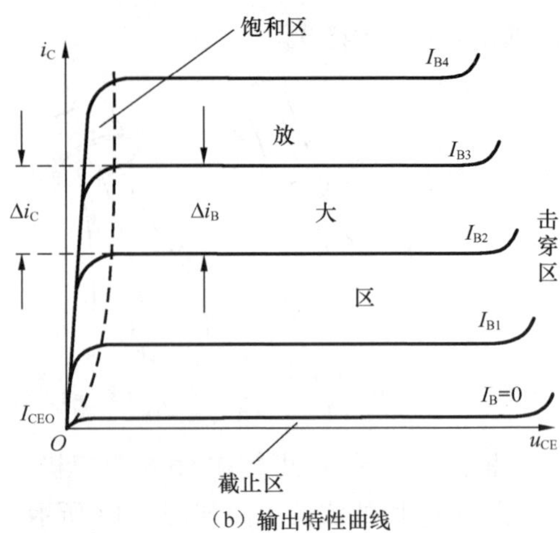

（b）输出特性曲线

图 6-14　NPN 硅三极管共发射极电路输入、输出特性曲线

图 6-14（a）所示为实测的 NPN 型硅三极管输入特性曲线。由图可见，曲线形状与二极管的正向特性曲线相似，硅三极管输入特性的死区电压约为 0.5V，正常工作时管压降（U_{BE}）为 0.6～0.8V，通常取 0.7V，称之为导通电压（U_{ON}）。锗管死区电压约为 0.1V，正常工作时管压降（U_{BE}）为 0.2～0.3V，导通电压常取 0.2V。

三极管的输入特性与 U_{CE} 有关。当 U_{CE} 增大时，曲线右移，实际应用中 U_{CE} 一般大于 1V。

（2）输出特性曲线

输出特性曲线是指三极管基极电流（I_B）为常数时，集电极电流（I_C）随集电极–发射极之间的电压（U_{CE}）变化的曲线。由图 6-14（b）可见，曲线大致分成 3 个区域，这 3 个区域对应了三极管的 3 种工作状态。

① 截止区。输出特性 I_B=0 的曲线以下的区域称为截止区。当 $I_B = 0$ 时，$I_C = I_{CEO} \approx 0$，三极管的集电极和发射极之间接近开路，相当于开关断开，此时三极管处于截止状态。为了使 NPN 型三极管更可靠地截止，常使 $U_{BE} < 0$，故三极管处于截止状态时，其发射结和集电结都是反偏。

② 放大区。$I_B = 0$ 的特性曲线上方，各输出特性曲线近似水平的区域称为放大区，此时三极管工作在放大状态，具有电流放大能力，$I_C = \beta I_B$。三极管工作在放大状态的条件是发射结正偏，集电结反偏。

③ 饱和区。输出特性曲线近似直线上升（包括弯曲处）的区域称为饱和区，此时三极管工作在饱和导通状态。饱和时的 U_{CE} 值称为饱和压降，用 U_{CES} 表示。U_{CES} 值很小（一般小功率管的 $U_{CES} <$ 0.3V），三极管的 c、e 两极之间接近于短路，相当于开关的接通状态。因此，在分析汽车电路时，如果遇到三极管饱和的情况，可认为 c、e 两极电位相等。三极管饱和时，其发射结和集电结均为正偏。

三极管工作在放大区时，具有电流放大作用，常用来构成各种放大电路；工作在截止区和饱和区时，相当于开关的断开和接通，具有开关作用，常用于开关控制和数字电路。

【例 6-2】 测得某放大电路中三极管各管脚的电位分别为①号管脚 V_1=－4V，②号管脚 V_2=－1.2V，③号管脚 V_3=－1.5V，试判断三极管的管型、材料并区分管脚。

解：三极管处于放大状态时，发射结正偏，集电结反偏，NPN 型三极管管脚之间满足 $V_C > V_B > V_E$ 的关系，PNP 型三极管管脚之间满足 $V_C < V_B < V_E$ 的关系，且 b、e 管脚间电位差等于 0.6～0.8V（硅管）或 0.2～0.3V（锗管）。

由于 $V_1 < V_3 < V_2$，且 $U_{23}= V_2 - V_3$=0.3V，因此可判断出该三极管为 PNP 型锗管，①号管脚为集电极，②号管脚为发射极，③号管脚为基极。

4. 三极管的主要参数

三极管的性能参数是工程上选用三极管的依据，其主要参数有：电流放大系数 β、极间反向电流以及极限参数等。电流放大系数（β）反映三极管的电流放大能力，极间反向电流则是衡量三极管质量的重要参数。极限参数是三极管正常工作时，允许加在各极上的最高工作电压、最大工作电流以及集电极上允许耗散的最大功率。使用三极管时，超过这些极限值，将使三极管性能变差，甚至损坏。根据集电极最大允许电流（I_{CM}）、集电极最大允许功耗（P_{CM}）以及基极开路时集电极-发射极间的反向击穿电压［$U_{(BR)CEO}$］可以确定出三极管的安全工作区。三极管工作时必须保证在安全区内，并具有一定的裕量。

5. 三极管的检测方法

从图 6-10 所示三极管的结构示意图可见，三极管内部有两个 PN 结，因此可以利用万用表的电阻挡测量 PN 结的正、反向电阻来确定三极管的管脚、管型，并判断三极管性能的优劣。另外，目前万用表上均设有测量三极管的插孔，只要把万用表功能置于 h_{FE} 位置，就可以很方便地测出三极管的 β 值，并可判别管型以及管脚名称。数字式万用表一般都有三极管测量挡，在已知基极及管子类型后，根据三极管正确连接时 β 较大的特点，可以区分出发射极和集电极。

三极管的测试

6. 三极管的选用

选用三极管时一般应考虑以下几个因素：频率、集电极电流、电流放大系数、反向击穿电压、饱和压降、耗散功率以及稳定性等。

首先，应根据电路工作频率确定选用低频管还是高频管，应使三极管的特征频率为电路工作频率的 3～10 倍。其次，三极管实际工作时的最大集电极电流、管耗以及电源电压应落在安全工作区内。另外，三极管 β 值的选取也并非越大越好：β 太大容易引起自激振荡，并且工作性能也不够稳定，受温度影响较大，因此三极管的 β 多选在 40～100。穿透电流（I_{CEO}）显然越小越好，I_{CEO} 越小，三极管的温度稳定性越好。普通硅管的温度稳定性优于锗管，但饱和压降比锗管大，因此在温度变化大的环境中应选用硅管，而要求导通电压低或电源电压较低时应选用锗管。

温度对三极管的性能影响很大，三极管最怕过电压和过热。实际应用中，若遇到发动机预热后电子模块不工作的情况，可以用一根干头发试试电子组件是否发热。

6.3.2 三极管基本放大电路

放大电路是电子设备中应用最普遍的基本单元电路，它的作用是将微弱的电信号变换成较强的电信号，以控制较大功率的负载。例如，传感器检测到的信号往往只有 mV 或μV 数量级，三极管的放大电路能够将从传感器输出的微弱信号进行放大，然后传输到汽车电控单元（ECU）。另外，对于控制电路，三极管放大电路可以将功率较小的控制信号放大成功率较大的信号用以驱动负载。

由一个三极管构成的放大电路称为单管放大电路，根据输入、输出回路公共端所接的电极不同，有共发射极、共集电极和共基极 3 种基本放大电路形式。单管放大电路的电压放大倍数通常只有几十倍，所以实际应用中常将多个单管放大电路串联起来，以获得足够大的电压放大倍数。

1. 共发射极放大电路

共发射极放大电路
放大原理

共发射极放大电路简称共射电路，其原理电路如图 6-15 所示。电路中，输入端（AA′）外接需要放大的信号源；输出端（BB′）外接负载。发射极为输入信号（u_i）和输出信号（u_o）的公共端。公共端通常称为“地”（实际上并非真正接到大地），其电位为 0，是电路中其他各点电位的参考点，用“⊥”表示。

（1）电路的组成及各元件的作用

① 三极管。三极管（VT）是 NPN 管，具有放大功能，是放大电路的核心。

② 直流电源。直流电源（V_{CC}）使三极管工作在放大状态，V_{CC}一般为几伏到几十伏。

共发射极放大电路
组成

③ 基极偏置电阻。基极偏置电阻（R_b）使发射结正向偏置，并向基极提供合适的基极电流，R_b一般为几十千欧到几百千欧。

④ 集电极负载电阻。集电极负载电阻（R_c）将集电极电流的变化转换成集电极-发射极之间电压的变化，以实现电压放大。R_c 的值一般为几千欧姆到几十千欧姆。

⑤ 耦合电容。耦合电容（C_1、C_2）又称隔直电容，起通交流隔直流的作用。C_1、C_2一般为几微法到几十微法的电解电容器，在连接电路时，应注意电容器的极性，不能接错。

（2）静态工作点设置

为使三极管放大电路能够不失真地实现信号放大，必须合理设置静态工作点，即直流状态下的基极电流（I_{BQ}）、集电极电流（I_{CQ}）和集电极-发射极之间电压（U_{CEQ}）的值。

共发射极放大电路
直流通路

静态时，放大电路中没有交流输入信号，只有直流电源（V_{CC}）作用，三极管各极电流和极间电压都是直流值，电容相当于开路，其等效电路称为直流通路。图 6-16 所示为单管共射放大电路的直流通路，可求得其静态值 I_{BQ} 为

$$I_{BQ}=\frac{V_{CC}-U_{BEQ}}{R_b} \tag{6-4}$$

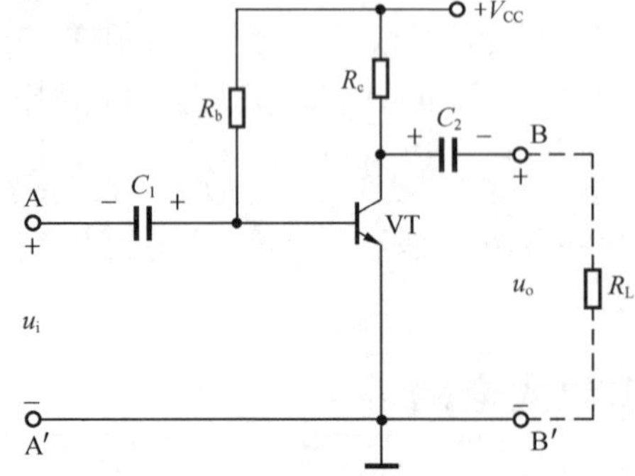

图 6-15　共发射极放大电路

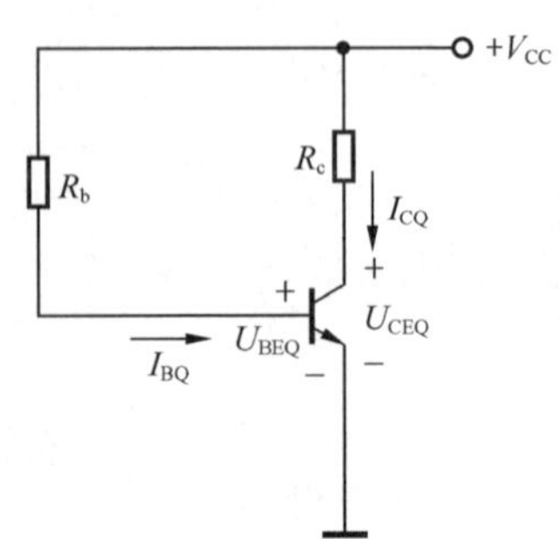

图 6-16　单管共射放大电路的直流通路

三极管工作于放大状态时，发射结正偏，这时 U_{BEQ} 基本不变，对于硅管约为 0.7V，锗管约为 0.3V。由于 U_{BEQ} 一般比 V_{CC} 小得多，因此常用以下关系式进行估算，即

$$I_{BQ} \approx \frac{V_{CC}}{R_b} \tag{6-5}$$

三极管具有电流放大能力，因此有

$$I_{CQ} = \beta I_{BQ} \tag{6-6}$$

$$U_{CEQ} = V_{CC} - I_{CQ}R_c \tag{6-7}$$

【例 6-3】 在图 6-15 所示共射电路中，已知 $V_{CC} = 20V$，$R_c = 6.2k\Omega$，$R_b = 510k\Omega$，三极管为 3DG100，$\beta = 45$。试求放大电路的静态工作点。

解：

$$I_{BQ} \approx \frac{V_{CC}}{R_b} = \frac{20V}{510k\Omega} \approx 40\mu A$$

$$I_{CQ} = \beta I_{BQ} = 45 \times 0.04mA = 1.8mA$$

$$U_{CEQ} = V_{CC} - I_{CQ}R_c = 20V - 1.8mA \times 6.2k\Omega = 8.8V$$

共射放大电路的静态工作点是由基极偏置电阻（R_b）决定的。因此，通过调节基极偏置电阻（R_b）可以使放大电路获得一个合适的静态工作点。

为直观起见，还可以通过作图的方法（图解法）在三极管输出特性曲线上确定静态工作点的位置。用图解法求例 6-3 所示共射电路静态工作点的步骤如下。

① 估算基极电流（I_{BQ}）。

$$I_{BQ} \approx \frac{V_{CC}}{R_b} = \frac{20V}{500k\Omega} \approx 40\mu A$$

图解法确定共发射极放大电路静态值

② 作直流负载线。直流负载线是放大电路输出回路的直流伏安关系曲线。为分析问题方便，画出图 6-16 所示直流通路的输出回路，如图 6-17（a）所示，图中点画线左侧三极管的 I_C 和 U_{CE} 关系由其输出特性曲线决定；点画线右侧为三极管外部电路，其 I_C 和 U_{CE} 关系满足 $U_{CE} = V_{CC} - I_CR_c$，用截距法在输出特性曲线的坐标平面上作出的相应直线，就是直流负载线。显然，直流负载线在 u_{CE} 轴上的截距为 V_{CC}，在 i_C 轴上的截距为 V_{CC}/R_c，其斜率则决定于集电极负载电阻（R_c），故称直流负载线。例 6-3 中，$V_{CC} = 20V$（M 点），$V_{CC}/R_c \approx 3.2mA$（N 点），连接 M、N 两点所得直流负载线如图 6-17（b）所示。

③ 求静态工作点。直流负载线和三极管的输出特性都反映了 I_C 和 U_{CE} 的关系，其交点就是放大电路的静态工作点。本例中，已求得基极电流 $I_{BQ} \approx 40\ \mu A$，这条输出特性曲线与直流负载线的交点就是静态工作点（Q），如图 6-17（b）所示。Q 对应的值就是 U_{CEQ} 和 I_{CQ}。由图可见，$U_{CEQ} = 8.8V$，$I_{CQ} = 1.8mA$，与估算的结果相一致。

（3）动态分析

放大电路在有输入信号时（$u_i \neq 0$）的工作状态称为动态。动态时，在直流电压（V_{CC}）和输入交流电压信号（u_i）的共同作用下，电路中的电流和电压是由直流分量和交流分量叠加而成的脉动直流信号，其波形如图 6-18 所示。

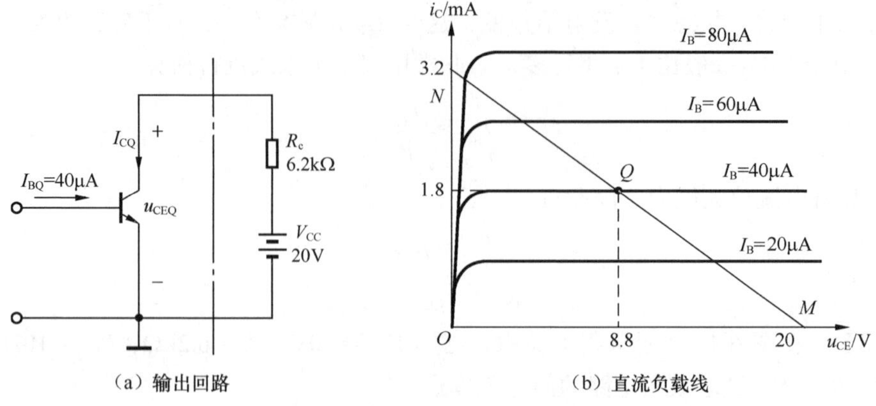

图 6-17　用图解法确定静态工作点

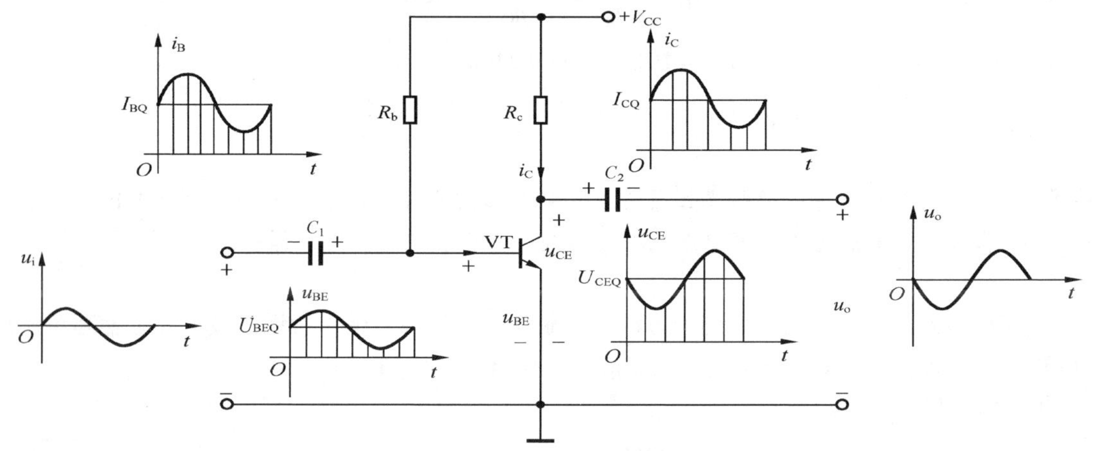

图 6-18　动态分析的波形

由于放大电路是交、直流共存的电路，因而名称、符号较多。为了便于分析，将放大电路中规定的电流和电压符号列于表 6-2。

表 6-2　　放大电路中电流和电压的符号

名　称	直流量（静态值）	交流量		总电流 总电压	关 系 式
		瞬时值	有效值		
基极电流	I_B	i_b	I_b	i_B	$i_B = I_B + i_b$
集电极电流	I_C	i_c	I_c	i_C	$i_C = I_C + i_c$
基-射电压	U_{BE}	u_{be}	U_{be}	u_{BE}	$u_{BE} = U_{BE} + u_{be}$
集-射电压	U_{CE}	u_{ce}	U_{ce}	u_{CE}	$u_{CE} = U_{CE} + u_{ce}$

（4）放大电路非线性失真

实践表明，若静态工作点（Q）设置不当，在放大电路中将会出现输出电压（u_o）和输入电压（u_i）波形不一致的现象，即非线性失真，如图 6-19 所示。

① 饱和失真。图 6-19 中，静态工作点设置在 Q_1 时，集电极静态电流（I_{CQ1}）接近饱和区。当 i_{B1} 按正弦规律变化时，三极管在正半周进入饱和区工作，造成 i_{C1} 的正半周和输出电压 u_{o1} 的负半周出现平顶畸变。这种由于三极管进入饱和区工作而引起的失真称为饱和失真。通过增

大基极偏置电阻（R_b），减小 I_{BQ1}，可将静态工作点适当下移，以消除饱和失真。

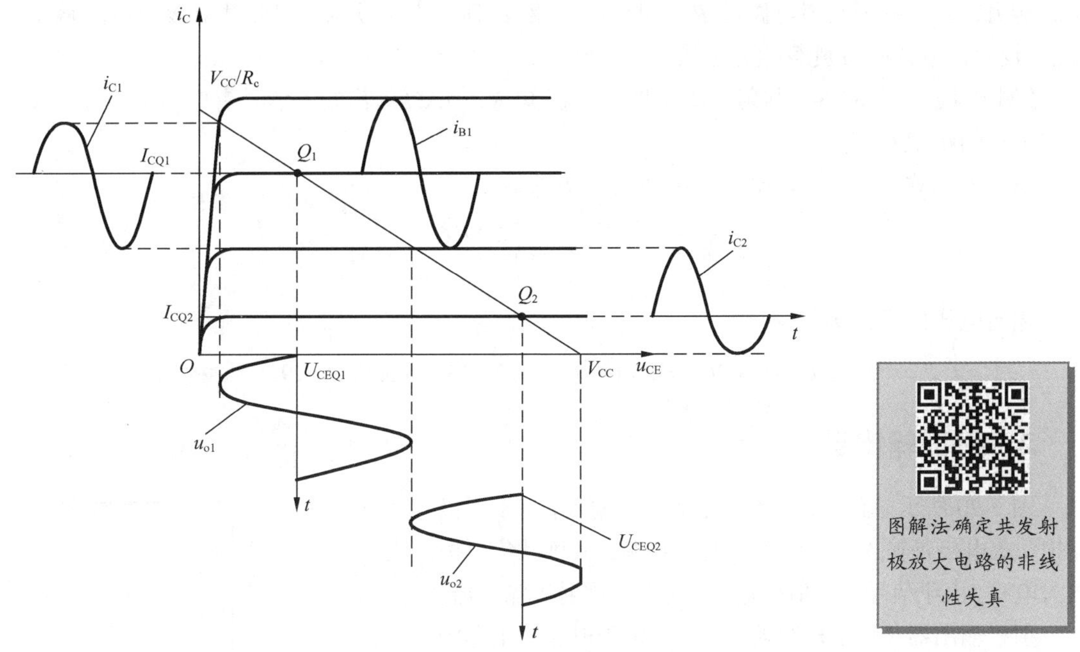

图 6-19　非线性失真

图解法确定共发射极放大电路的非线性失真

② 截止失真。图 6-19 中，静态工作点设置在 Q_2 时，集电极电流（I_{CQ2}）接近截止区。由图可见，此时 i_{C2} 的负半周和输出电压 u_{o2} 的正半周出现平顶畸变。这种由于三极管进入截止区工作而引起的失真称为截止失真。通过减小基极偏置电阻（R_b），增大 I_{BQ2}，可将静态工作点适当上移，以消除截止失真。

（5）性能指标分析

电压放大倍数、输入电阻和输出电阻是放大电路的 3 个主要性能指标。

① 电压放大倍数（A_u）。放大倍数是衡量放大电路放大能力的重要指标，共射放大电路的电压放大倍数为

$$A_u = \frac{U_o}{U_i} = -\beta \frac{R_L'}{r_{be}} \tag{6-8}$$

式中，R_L'——交流负载等效电阻，$R_L' = R_c // R_L$；

r_{be}——三极管的输入电阻，当低频小功率管的静态工作电流 $I_C = 1 \sim 2\text{mA}$ 时，r_{be} 约为 1kΩ。

共射放大电路的电压放大倍数一般较大，通常为几十倍到几百倍。式（6-8）中，负号表示输出电压与输入电压相位相反。

放大倍数也可以用分贝（dB）表示，称为增益，其折算关系是

$$A_u(\text{dB}) = 20\lg|A_u| \tag{6-9}$$

例如，某放大电路的放大倍数 $A_u = 100$，则其增益为 40dB。

② 输入电阻（R_i）。输入电阻是从放大电路输入端看进去的等效电阻。输入电阻越大，放大电路的实际输入电压就越接近于所接信号源电压。

共射放大电路的输入电阻 $R_i \approx r_{be}$，一般为几百欧姆到几千欧姆。

③ 输出电阻（R_o）。输出电阻是从输出端向放大电路看进去的等效电阻。共射放大电路的

输出电阻 $R_o \approx R_c$。显然，输出电阻越小，电路接负载后放大倍数的下降越小，即放大电路的带负载能力越强。由于共射电路的 R_c 一般为几千欧姆到几十千欧姆，因此共射放大电路输出电阻（R_o）较大，电路的带负载能力也较差。

【例 6-4】 在例 6-3 共射放大电路中，已知 $R_L = 6k\Omega$，若输入信号有效值 $U_i = 10mV$，则输出电压的幅值有多大？

解：根据式（6-8），该电路的电压放大倍数为

$$A_u = -\beta \frac{R_L'}{r_{be}} \approx -45 \frac{6.2 // 6}{1} \approx -135$$

输出电压的幅值为

$$U_{om} = \sqrt{2} U_o = \sqrt{2} |A_u| U_i = \sqrt{2} \times 135 \times 10mV \approx 1.91V$$

2. 射极输出器

图 6-20 所示电路中，交流信号从基极输入，从发射极输出，集电极是输入、输出回路的公共端，故称共集电极放大电路。由于信号从发射极输出，所以又称射极输出器。

射极输出器又称射极跟随器，这是由于射极输出器的输出电压与输入电压数值相近、相位相同，即输出信号总是跟随输入信号变化，这也是射极输出器最显著的特点。

此外，射极输出器还具有输入电阻大（可达几十千欧姆到几百千欧姆）、输出电阻小（一般为几欧姆到几百欧姆）的特点，因而在多级放大电路、电子测量仪器以及集成电路中得到广泛的应用。

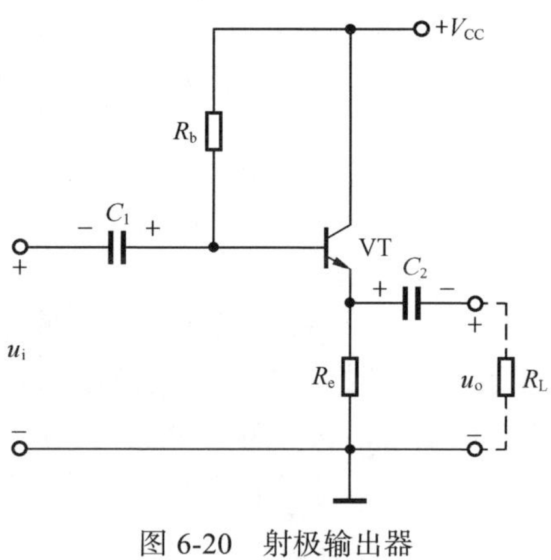

图 6-20　射极输出器

射级输出器没有电压放大能力，但其输入电阻大，输出电阻小，因而多用作多级放大电路中的输入级和输出级，而共射电路通常用于电压放大级。

6.3.3　三极管开关电路

图 6-21 所示为汽车中常见的继电器控制原理电路，当开关（S）闭合时，继电器线圈（KA）中有电流流过，继电器常开触点闭合；当开关（S）断开时，继电器线圈（KA）失电，其常开触点断开。实际电路中，开关（S）是由半导体三极管组成的电子开关，通过输入信号（U_i）控制三极管处于饱和导通或截止两种状态，从而能起到开关（S）的作用。

NPN 型三极管开关电路如图 6-22 所示。

当输入电压 $U_i = 0$ 时，三极管的 $U_{BE} = 0$。由三极管的输入特性可知，这时基极电流 $I_B = 0$，三极管处于截止状态。从输出特性上可以看到，此时 $I_C \approx 0$，电阻（R_c）上没有压降，开关电路的输出电压为接近电源电压（V_{CC}）的高电压。

当 U_i 增大并使 b、e 之间导通时，有基极电流（I_B）产生，同时有相应的集电极电流（I_C）流过电阻（R_c）和三极管的输出回路，三极管进入放大区。此时

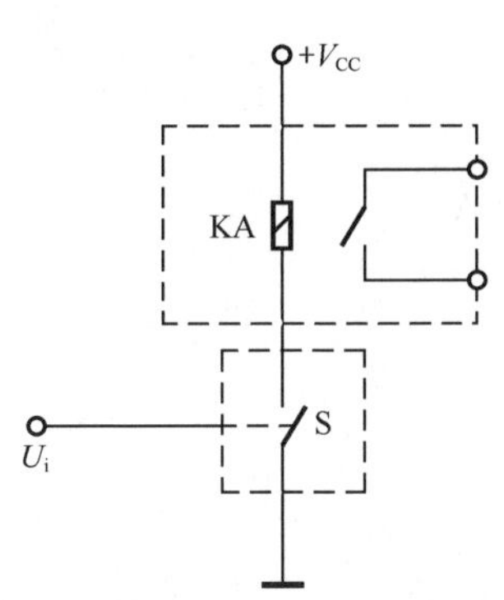

图 6-21　继电器控制原理电路

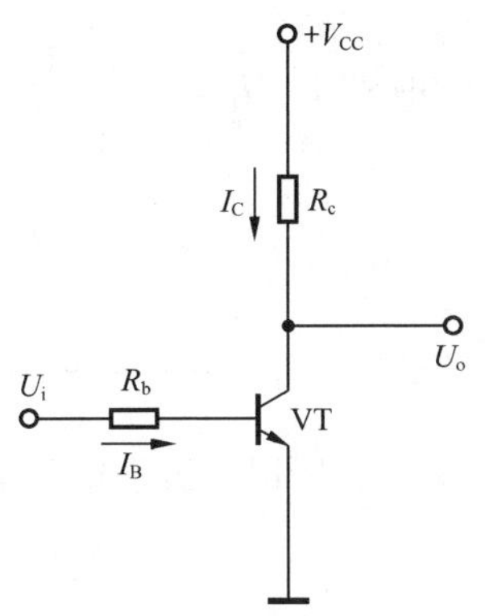

图 6-22　NPN 型三极管开关电路

$$I_B \approx \frac{U_i}{R_b} \tag{6-10}$$

$$U_o = V_{CC} - I_C R_c = V_{CC} - \beta I_B R_c \tag{6-11}$$

当 U_i 继续增大时，电阻（R_c）上的压降随之增大。当 R_c 上的压降接近电源电压（V_{CC}）时，三极管上的压降将接近于 0，三极管深度饱和，开关电路处于导通状态，输出电压为接近于 0 的低电压。

当三极管的饱和导通压降为 U_{CES} 时，根据式（6-11），可求出三极管进入饱和所需的基极电流为

$$I_{BS} = \frac{V_{CC} - U_{CES}}{\beta R_c} \tag{6-12}$$

式中，I_{BS}——基极饱和电流。

为使三极管处于饱和工作状态，开关电路输出低电压，必须保证 $I_B > I_{BS}$。需要注意的是，由于三极管饱和区内的 β 值比放大区内的 β 值小很多，而元器件手册上往往只给出放大区内的 β 值，因此将手册上给出的 β 值代入式（6-12）计算出的 I_{BS} 比实际需要的 I_{BS} 要小。

总之，只要合理选择电路参数，保证 U_i 为低电压时 U_{BE} 小于导通电压（U_{ON}），三极管工作在截止状态；U_i 为高电压时 $I_B>I_{BS}$，三极管工作在饱和状态，则三极管的 c、e 之间就相当于一个受 U_i 控制的开关。三极管截止时相当于开关断开，在电路的输出端输出高电压；三极管饱和导通时相当于开关接通，在电路的输出端输出低电压。

图 6-23 所示为汽车中常用的提醒关灯装置电路，它在点火开关断开而前照灯或停车灯仍然亮着的情况下，会使蜂鸣器发声提醒驾驶员关灯。如图所示，当点火开关断开时，三极管 VT 基极接地，此时若灯开关未断开，发射极经二极管 VD_1 或 VD_2 接电源，则三极管导通，蜂鸣器发声。在点火开关接通时，三极管 VT 因基极电位提高而截止，蜂鸣器不发出声音。

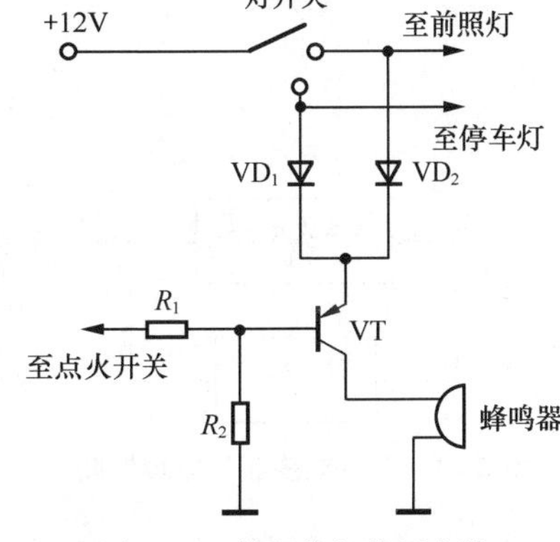

图 6-23　提醒关灯装置电路

【例 6-5】　图 6-22 所示电路中，已知 V_{CC}=12V，R_c=10kΩ，R_b=100kΩ，$\beta = 60$，输入电压 U_i=3V，三极管的 U_{BE}=0.7V，试判断三极管是否饱和，并求出 I_C 和 U_o 的值。

解：根据饱和条件 $I_B > I_{BS}$ 解题。

当三极管饱和时，$I_C = I_{CS} \approx \dfrac{V_{CC}}{R_c} = \dfrac{12\text{V}}{10\text{k}\Omega} = 1.2\,\text{mA}$

$$I_{BS} = \frac{I_{CS}}{\beta} = \frac{1.2\,\text{mA}}{60} = 0.02\,\text{mA}$$

根据已知条件，$I_B = \dfrac{U_i - U_{BE}}{R_b} = \dfrac{3\text{V} - 0.7\text{V}}{100\text{k}\Omega} = 0.023\,\text{mA}$

由于 $I_B > I_{BS}$，所以三极管饱和。

$$U_o = U_{CES} \approx 0.3\,\text{V}$$

6.3.4 三极管多谐振荡器电路

多谐振荡器电路常见于汽车晶体管闪光器、无触点晶体管电喇叭、刮水器间歇控制等电路中，用于使器件做周期性动作或发出声音等。

1. 多谐振荡器的组成

多谐振荡器一般由放大电路和正反馈电路组成，其原理框图如图 6-24 所示。图中，基本放大电路的放大倍数为 A，反馈电路的作用是将输出电压（u_o）的一部分或全部送回到输入端，u_f 称为反馈电压，F 称为反馈系数。

反馈放大电路的构成

反馈时，若反馈信号与输入信号极性相同称为正反馈，若反馈信号与输入信号极性相反称为负反馈。振荡电路的输出信号由最初电路得电工作时的自激振荡信号形成，为产生稳定振荡必须引入正反馈。

三极管多谐振荡器由三极管基本放大电路和将三极管输出信号反馈给三极管基极的正反馈电路组成，如图 6-25 所示。这种电路一般都具有左右对称的形式，因此在汽车电路中比较容易被辨认出。

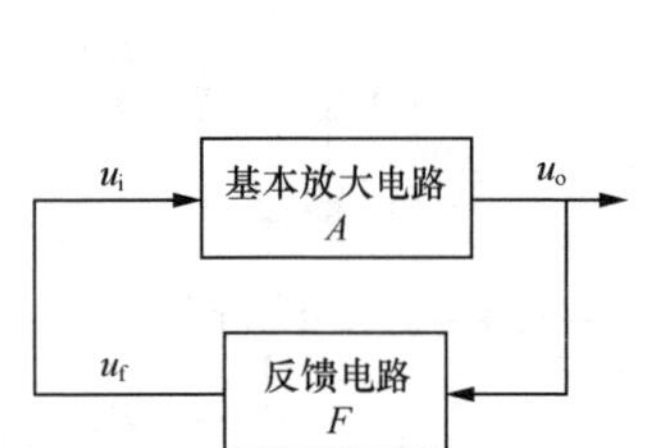

图 6-24 多谐振荡器的原理框图

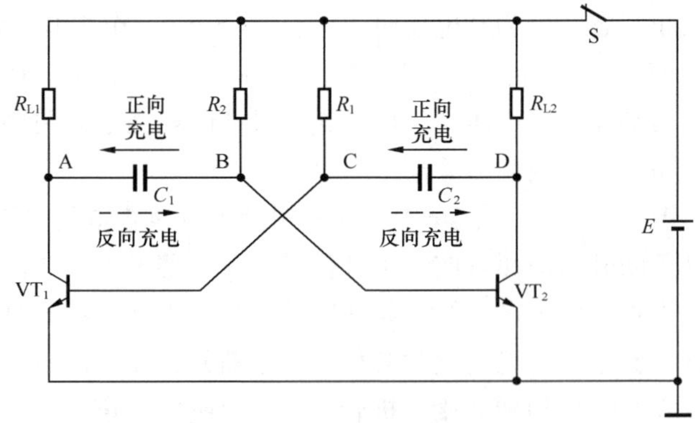

图 6-25 多谐振荡器原理电路

2. 多谐振荡器的工作原理

多谐振荡器的工作原理如图 6-25 所示。多谐振荡器通电瞬间产生的自激振荡使两个三极管中的任意一个饱和导通，另外一个截止。现假设 VT_1 导通，VT_2 截止，C_1 和 C_2 被正向充电，C_1 的充电路径：电池正极→电阻（R_2）→电容（C_1）→三极管（VT_1）集电极→三极管（VT_1）

发射极→地；C_2的充电路径：电池正极→电阻（R_{L2}）→电容（C_2）→三极管（VT_1）发射结→地。由于R_{L1}、R_{L2}的取值小于R_1、R_2的值，因此电容（C_2）的充电很快完成，由电阻（R_1）提供维持 VT_1 继续导通的基极电流。随着电容（C_1）的充电，B 点电位上升，使三极管（VT_2）逐步由截止向饱和过渡。VT_2一旦饱和导通，D 点电位降到 0 附近，C 点变为负电位，强迫 VT_1截止。VT_1截止使 A 点电位升高，B 点电位进一步升高，加速 VT_2导通。这时电路的状态变为VT_1截止，VT_2导通，C_1和C_2被反向充电，C_1的充电路径：电池正极→电阻（R_{L1}）→电容（C_1）→三极管（VT_2）发射结→地，C_2 的充电路径：电池正极→电阻（R_1）→电容（C_2）→三极管（VT_2）集电极→三极管（VT_2）发射极→地。重复上述过程，在 VT_1和 VT_2的集电极就会得到振荡信号。如果在两个三极管的集电极接发光二极管，就会观察到发光二极管以固定周期闪烁。

选用不同容量的C_1、C_2以及电阻（R_1、R_2）的值，就可以改变电容的充放电时间，由此改变振荡电路的振荡周期。

6.3.5 三极管在汽车中的应用实例

1. 汽车电气线路搭铁探测器电路

在汽车电子电路中，三极管放大电路主要用于对传感器的微弱信号进行放大。图 6-26 所示为一种利用三极管的放大特性制作的汽车电气线路搭铁（短路）探测器原理电路。

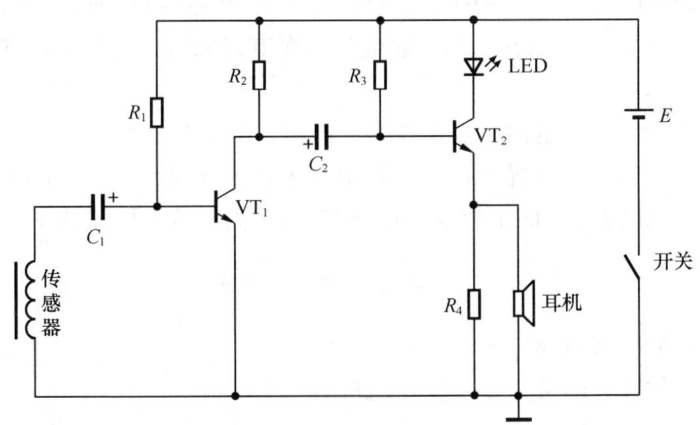

图 6-26　汽车电气线路搭铁探测器原理电路

汽车在行驶过程中，由于颠簸、震动等原因，会导致电气线路与车体摩擦而绝缘损坏，发生搭铁（短路）故障。本探测器可以在不拆解导线的情况下，快速查出搭铁故障所发生的部位。

当导线搭铁后，在搭铁点产生的短路电流会向周围发出高次谐波信号。这个信号被由线圈和铁心组成的传感器收到后，在传感器中产生交变的电信号。这个微弱的交变信号经过 VT_1 管共发射极放大电路放大后，由射级输出器发射极输出至耳机，使耳机发出声响。同时接在 VT_2集电极的发光二极管闪烁发光。探测器越接近故障点，传感器输出信号越强，放大后耳机发出的声响就越强，发光二极管也越亮。这样，根据耳机声音变化和发光二极管变化，就能很快找到故障点。

2. 汽油机用电子转速表电路

图 6-27 所示为利用电容充放电的脉冲式汽油机用电子转速表原理电路。当发动机工作时，分电器触点周期性开闭，其开闭频率与发动机转速成正比（发动机曲轴每转一圈，四冲程四缸发动机的分电器触点开闭两次，六缸发动机的分电器触点开闭三次）。图示电路可以将分电器触点开闭时电容充放电产生的断续电流转换成与频率成正比的电流平均值，并通过电流表显示出来。

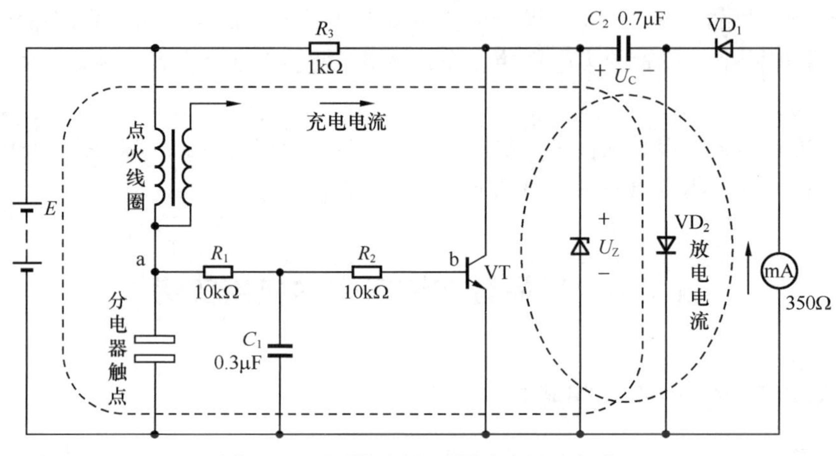

图 6-27　汽油机用电子转速表原理电路

当分电器触点闭合时，$V_b = V_a = 0V$，三极管因无基极偏置电压而处于截止状态，蓄电池经电阻（R_3）、二极管（VD_2）对电容（C_2）充电。当充电完成时，电容两端的电压 $U_C = U_Z$，相应的充电电荷为 $Q = CU_C = CU_Z$。

当分电器触点断开时，蓄电池经点火线圈、电阻（R_1）对电容（C_1）充电，随着充电的进行，三极管基极电位（V_b）逐渐提高，三极管由截止转为导通，电容（C_2）所充电荷（Q）经三极管、毫安表以及二极管（VD_1）放电。在周期（T）内，放电电流的平均值为

$$I_{AV} = \frac{Q}{T} = \frac{CU_Z}{T} = CU_Z f \qquad (6\text{-}13)$$

显然，放电电流的平均值与分电器通断频率成正比。因此，毫安表的读数即可直接反映发动机的转速。

3. 转向灯晶体管闪光器

汽车在转向时，由驾驶员拨动转向开关，使转向灯不停闪烁以指示汽车转动的方向。控制转向灯闪烁的晶体管闪光器电路如图 6-28 所示。该闪光器利用电容器充放电的特性控制三极管（VT_1）的导通和截止，以此达到闪光的目的。

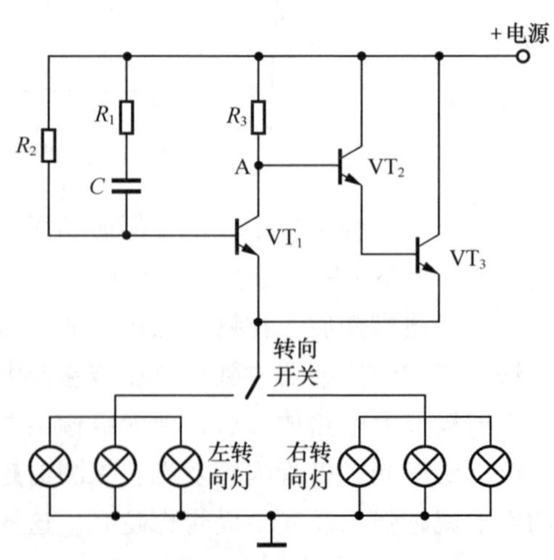

图 6-28　转向灯晶体管闪光器电路

图 6-28 所示电路中，转向开关接通后，电容（C）充电。充电电流和电阻（R_2）的电流使三极管（VT_1）

迅速饱和而导通，三极管（VT_2）和三极管（VT_3）截止（VT_2 和 VT_3 组成复合管）。由于 VT_1 的导通电流很小，因此信号灯较暗。随着电容（C）充电的进行，充电电流减小，VT_1 基极电流随之减小，最终 VT_1 退出饱和变为截止，图中 A 点电位升高。当 A 点电位达到 1.4V 时，VT_2 和 VT_3 组成的复合管导通，转向灯接通电源发光。与此同时，电容（C）经电阻 R_1 和 R_2 放电，放电时间即为灯亮时间。电容（C）放电完毕再重新充电，VT_1 再次导通并使 VT_2、VT_3 截止，转向灯转暗，充电时间即为转向灯转暗时间。如此反复，即可实现转向灯闪光。

4. 无触点电喇叭电路

无触点电喇叭也称电子式电喇叭，它用晶体管代替触点式电喇叭的触点，避免了触点式电喇叭触点容易烧蚀和氧化、工作可靠性不稳定以及故障率较高的缺点。无触点电喇叭的电子电路部分由振荡电路和功率放大电路组成。一典型的电子式电喇叭的电路原理如图 6-29 所示，其工作原理如下。

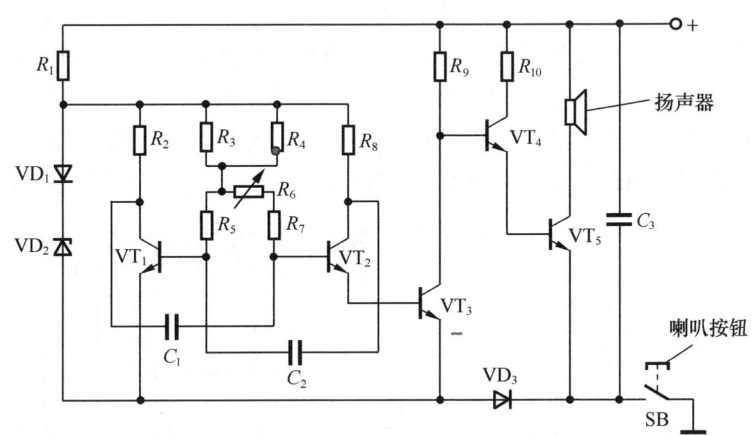

图 6-29 无触点电喇叭电路原理

由三极管 VT_1、VT_2、VT_3 和电容器 C_1、C_2 及电阻器 $R_1 \sim R_9$ 组成多谐振荡电路。VT_1、VT_2 的静态工作点设置在放大区。按下喇叭按钮后，电子电路通电，多谐振荡电路产生振荡。从 VT_3 集电极输出的振荡信号经 VT_4、VT_5 放大后，控制喇叭线圈电流的通断，从而使电喇叭发出声音。电路中，电容 C_3 用于对喇叭电源滤波，以防止其他电路瞬变电压的干扰。VD_2、R_1 为多谐振荡器的稳电压电路，其作用是使振荡频率稳定，VD_1 用作温度补偿，VD_3 起电源反接保护作用，R_6 用于调节喇叭的音量。

6.4 集成运算放大器及其应用

集成运算放大器简称集成运放，它最初是作为电子模拟计算机的基本运算单元，完成加减、积分、微分、乘除等数学运算，因此称为运算放大器。现在，集成运放已广泛应用于信号处理、信号测量以及波形产生等方面。

6.4.1 集成运算放大器

1. 外形与基本结构

集成运算放大器的外形如图 6-30 所示。

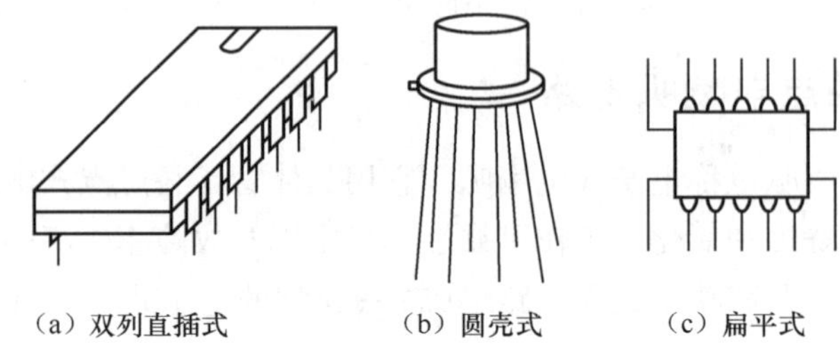

（a）双列直插式　（b）圆壳式　（c）扁平式

图 6-30　集成运算放大器的外形

集成运算放大器的图形符号如图 6-31 所示。它有两个输入端和一个输出端，两个输入端分别为同相输入端和反相输入端。同相输入端标有符号“+”，表示输出电压（u_o）与该端输入电压（u_P）相位相同；反相输入端标有符号“−”，表示输出电压（u_o）与该端输入电压（u_N）相位相反。

集成运算放大器一般由输入级、中间级、输出级以及偏置电路 4 个部分组成，如图 6-32 所示。

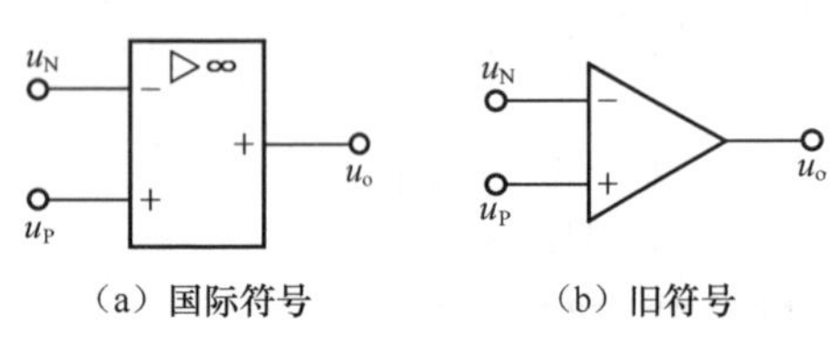

（a）国际符号　（b）旧符号

图 6-31　集成运算放大器的图形符号

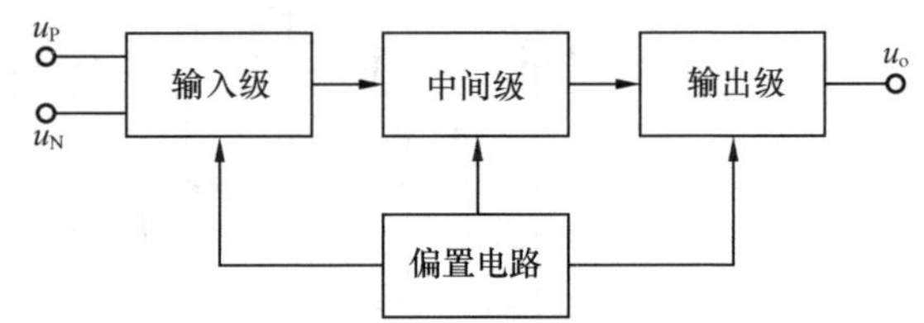

图 6-32　集成运算放大器的组成

（1）输入级

集成运放的输入级通常采用差动放大电路，该电路输入电阻大，并且能有效抑制零点漂移。

零点漂移简称零漂，是当放大电路输入信号为零时，在输出端出现的无规则输出电压。温度变化是产生零漂的主要原因，利用对称的差动电路，可以使电路中的零漂相互抵消，即零点漂移得到抑制。

（2）中间级

中间级主要进行电压放大，要求有较高的电压放大倍数，一般由共发射极电路构成。

差动放大电路组成

（3）输出级

输出级与负载相连，应具有较大的输出电压，较高的输出功率和较低的输出电阻，并具有过载保护。因此，一般采用射极输出器或互补功率放大电路。

（4）偏置电路

偏置电路为各级提供合适的静态工作点。

2. 主要性能指标

要合理选择和正确使用集成运算放大器，就必须熟悉其性能。衡量集成运放性能优劣的主要依据是它的各种参数。

（1）开环差模电压放大倍数

开环差模电压放大倍数（A_{od}）是集成运放在开环（没有反馈电路）时的输出电压与输入差模信号（有效输入信号）电压之比。A_{od}越高，所构成的运算电路越稳定，运算精度也越高。一般集成运放的 A_{od} 为 80 ~ 140 dB，如型号为 μA741 的通用型集成运放的 A_{od} 为 108 dB。

（2）共模抑制比

共模抑制比（K_{CMR}）是全面衡量差动放大电路的重要指标。共模抑制比越大，说明电路对差模信号的放大能力越强，对零点漂移等共模信号的抑制能力也越强。

（3）输入电阻和输出电阻

输入电阻（R_{id}）是集成运放两输入端的动态电阻，一般为 MΩ 级。输出电阻（R_o）是集成运放开环工作时，从输出端向里看进去的等效电阻。R_o越小，集成运放带负载能力越强。

总之，集成运放具有开环电压放大倍数高、输入电阻高、带负载能力强、漂移小、可靠性高、体积小等优点，它已成为一种通用器件，在各个技术领域得到广泛应用。

3. 汽车电子电路中常用集成运放

汽车电子电路中常用的集成运放有 LM741、LM324 和 LM339 等。

（1）LM741

LM741 双电源单集成运放是美国国家半导体公司的产品，为 8 个引脚的双列直插式封装。LM741 的引脚排列如图 6-33 所示。2 脚是放大器的反相输入端；3 脚是同相输入端；6 脚是输出端；1 脚、5 脚是放大交流信号时的电路调零端，汽车中不用；8 脚是空脚；7 脚接正电源；4 脚接负电源，在汽车中用作比较器时直接接搭铁。

（2）LM324

LM324 双电源 4 集成运放是美国国家半导体公司的产品，为 14 个引脚的双列直插式封装。LM324 内部有 4 个独立的集成运放，其引脚排列如图 6-34 所示。4 脚接正电源；11 脚接负电源，在汽车中用作比较器时直接接搭铁。

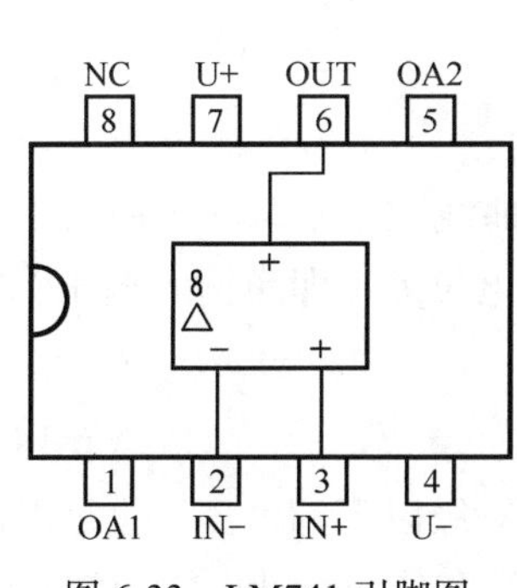

图 6-33　LM741 引脚图

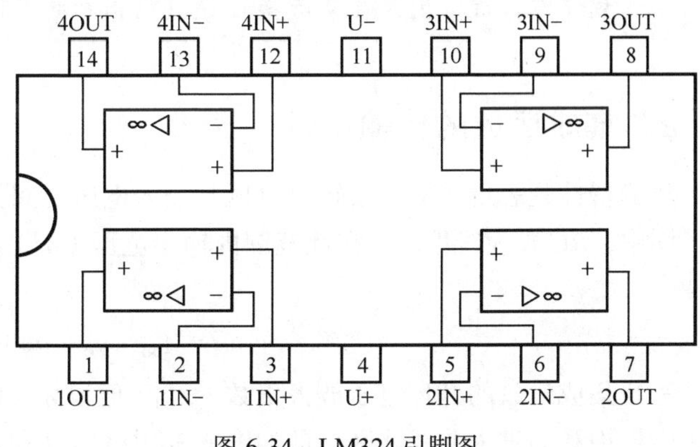

图 6-34　LM324 引脚图

（3）LM339

LM339 单电源 4 集成运放是美国国家半导体公司的产品，为 14 个引脚的双列直插式封装。LM339 在汽车中专门用作比较器，其内部有 4 个可以独立使用的比较器，其引脚排列如图 6-35 所示。使用时只需接单电源，3 脚接正电源，12 脚接搭铁。

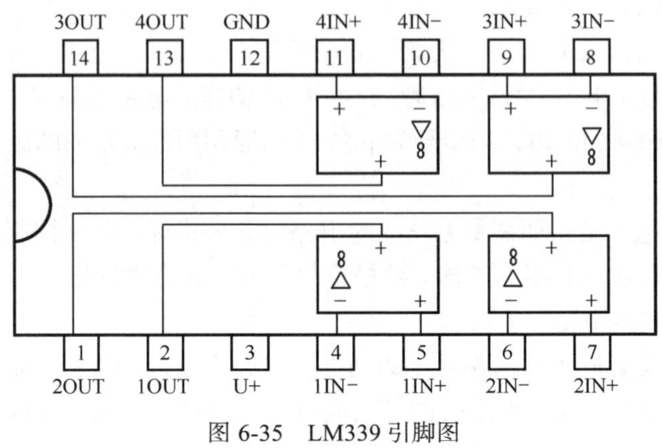

图 6-35　LM339 引脚图

6.4.2　集成运放的理想化条件及传输特性

1. 集成运放的理想化条件

在分析集成运放组成的各种电路时，将实际的集成运放作为理想运放来处理，并分清其工作状态是十分重要的。

理想的集成运放应满足以下各项性能指标。

① 开环电压放大倍数 $A_{od}\rightarrow\infty$。

② 输入电阻 $R_{id}\rightarrow\infty$。

③ 输出电阻 $R_o\rightarrow 0$。

④ 共模抑制比 $K_{CMR}\rightarrow\infty$。

尽管真正的理想运放并不存在，但由于实际集成运放的各项性能指标与理想运放非常接近，因此在实际操作中，往往都将实际运放理想化，以使分析过程简化。

2. 集成运放的传输特性

传输特性是表示集成运放输出电压与输入电压之间关系的特性曲线，如图 6-36 中曲线 1 所示。图中，BC 段为线性区，在此范围内输出电压（u_o）与两输入端电位差（即净输入电压）成正比：

$$u_o = A_{od}(u_P - u_N) \tag{6-14}$$

一般集成运放的开环电压放大倍数（A_{od}）值很大，即使输入 mV 级以下的电压，也足以使输出电压饱和而进入非线性区，即如图 6-36 中的 AB 和 CD 段，其饱和值 $+U_{om}$ 和 $-U_{om}$ 接近正、负电源电压值。

集成运放的线性区很小，理想运放的传输特性如图 6-36 中的曲线 2 所示，此时 BC 段与 u_o 轴完全重合。实际应用中，为扩大线性区，集成运算放大电路大都接成负反馈电路（将集成运放的输出通过反馈元件反送到输入端）。

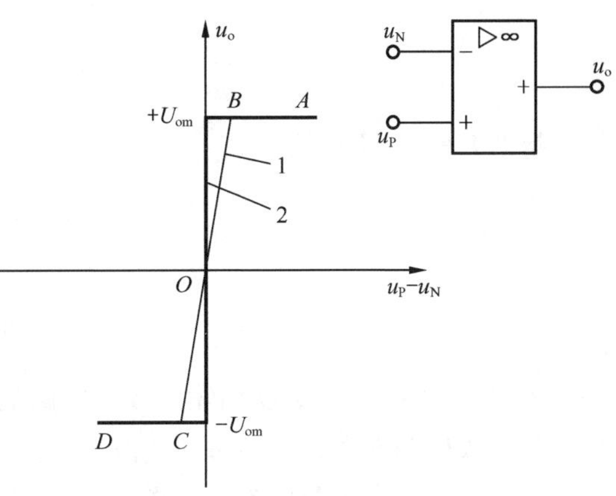

图 6-36 集成运放的传输特性

运放在线性区的分析要领有如下两条。

① 同相输入端电位等于反相输入端电位。这是由于集成运放开环电压放大倍数 $A_{od}\to\infty$，根据式（6-14）有

$$u_P - u_N = 0$$

即 $u_P = u_N$。但同相输入端和反相输入端并没有真正短路，因此称为“虚短”。

② 同相输入端电流和反相输入端电流为 0。这是由于集成运放输入电阻 $R_{id}\to\infty$，因此可认为两个输入端电流为 0，即 $i_P = i_N = 0$。但两个输入端并没有真正断开，因此称为“虚断”。

分析运放电路时，应首先分清集成运放的工作状态，再抓住不同状态下的分析要领对电路进行分析。

6.4.3 集成运放的典型应用

1. 信号运算

由集成运放和外接电阻、电容等元件构成的比例、加减、积分与微分等运算电路称为基本运算电路。在分析基本运算电路的输入、输出关系时，将集成电路看作理想运放，再根据“虚短”和“虚断”的特点进行分析较为方便。

（1）反相输入放大电路

图 6-37 所示电路中，输入信号（u_i）从集成运放的反相输入端输入，输出电压（u_o）与 u_i 反相，故称反相输入放大电路，又称反相比例运算电路。

根据集成运放工作在线性区的两条分析要领可知：

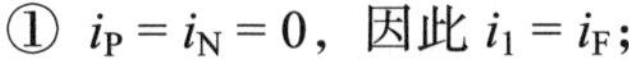

① $i_P = i_N = 0$，因此 $i_1 = i_F$；

② $u_N = u_P = 0$，即集成运放两输入端的电位均为零，但由于反相输入端并没有真正接地，因此称为“虚地”。

由图 6-37 可以看出：

$$i_1 = \frac{u_i - u_N}{R_1} = \frac{u_i}{R_1}$$

$$i_F = \frac{u_N - u_o}{R_F} = -\frac{u_o}{R_F}$$

根据 $i_1 = i_F$，有

$$u_o = -\frac{R_F}{R_1}u_i = A_{uf}u_i \quad (6\text{-}15)$$

$$A_{uf} = -\frac{R_F}{R_1} \quad (6\text{-}16)$$

由式（6-15）可见，反相输入放大电路的输出电压（u_o）与输入电压（u_i）为比例运算关系，其比例系数称为电压放大倍数（A_{uf}）。（A_{uf}）仅决定于外接电阻（R_F 与 R_1）的比值，而与运放本身的参数无关，从而保证了运算的精度和稳定性。式（6-15）中的负号表示 u_o 与 u_i 反相。

同相比例运算电路

当 $R_1 = R_F$ 时，$A_{uf} = -1$，$u_o = -u_i$，这种反相输入放大电路称为反相器。

（2）同相输入放大电路

如果输入信号（u_i）从同相输入端引入运放，就是同相输入放大电路，又称同相比例运算电路，如图 6-38 所示。

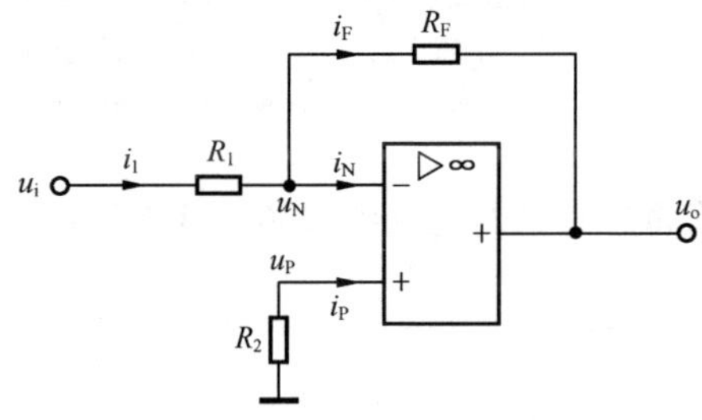

图 6-37　反相输入放大电路

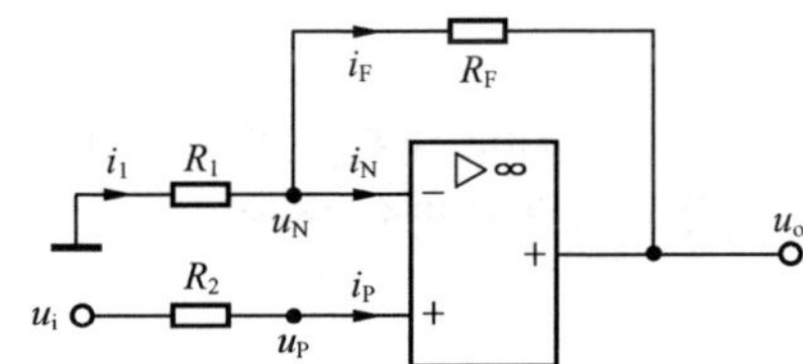

图 6-38　同相输入放大电路

根据“虚短”和“虚断”的概念可知：

$$u_P = u_N = u_i；\ i_P = i_N = 0，\ i_1 = i_F$$

由图 6-38 可列出以下关系式

$$i_1 = \frac{0 - u_N}{R_1} = -\frac{u_i}{R_1}$$

$$i_F = \frac{u_N - u_o}{R_F} = \frac{u_i - u_o}{R_F}$$

根据 $i_1 = i_F$，有

$$u_o = \left(1 + \frac{R_F}{R_1}\right)u_i = A_{uf}u_i \quad (6\text{-}17)$$

$$A_{uf} = 1 + \frac{R_F}{R_1} \quad (6\text{-}18)$$

电压放大倍数（A_{uf}）为正值，表示 u_o 与 u_i 同相。当 R_1 断开或 R_F 短路时，$A_{uf} = 1$，$u_o = u_i$，称为电压跟随器。

（3）差动输入放大电路

如果运放的两个输入端都有输入信号，就是差动输入放大电路，如图 6-39 所示。

由于运放工作在线性区，因此输出电压（u_o）等于两个输入电压（u_{i1} 和 u_{i2}）分别作用时产生的输出电压（u_{o1} 和 u_{o2}）的叠加。

根据分析，差动输入放大电路输出电压为

$$u_o = u_{o1} + u_{o2} = -\frac{R_F}{R_1}(u_{i1} - u_{i2}) \tag{6-19}$$

式（6-19）表明，输出电压与输入电压的差值成正比，故称为差动输入放大电路，也称减法运算电路，其电压放大倍数为

$$A_{uf} = \frac{u_o}{u_{i1} - u_{i2}} = -\frac{R_F}{R_1} \tag{6-20}$$

（4）加法电路

当多个输入信号同时作用于集成运放的反相输入端时，就构成反相加法电路，如图 6-40 所示。

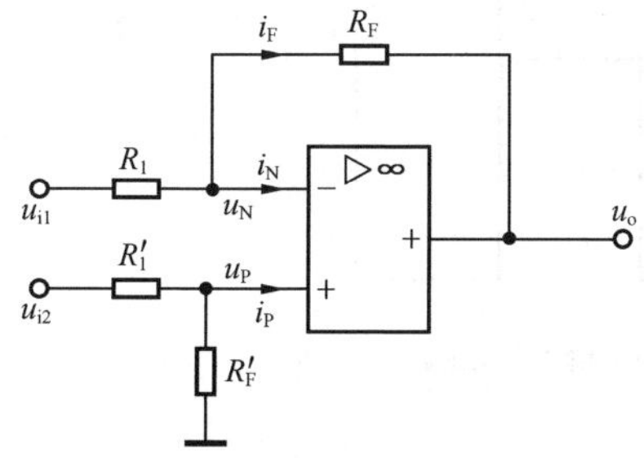

图 6-39　差动输入放大电路

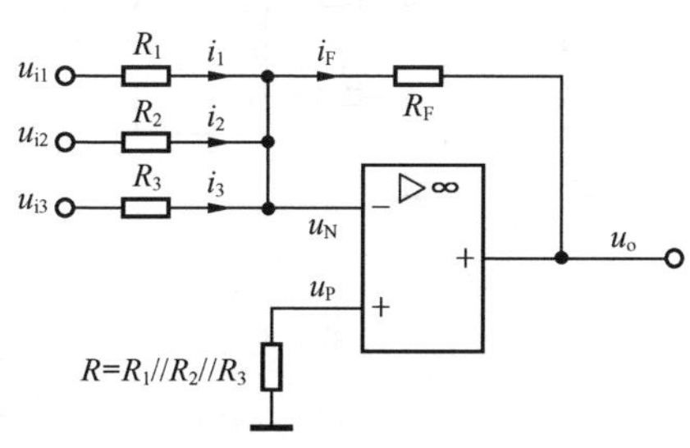

图 6-40　加法电路

反相加法电路与图 6-37 所示反相输入放大电路相比，只是在反相输入端增加了两个输入支路，因此有 $i_1 + i_2 + i_3 = i_F$，$u_P = u_N = 0$。

当 $R_1 = R_2 = R_3 = R$ 时，由图 6-40 可得

$$u_o = -\frac{R_F}{R}(u_{i1} + u_{i2} + u_{i3}) \tag{6-21}$$

即输出电压与输入电压之和成正比，完成加法运算。

集成运放的线性应用除构成上述电路外，还可以构成积分电路、微分电路等，读者可自行查阅有关资料。

2. 信号比较

集成运放不仅可以对信号进行运算，还可以对信号进行处理，包括信号的滤波、比较与选择、采样与保持等。其中，电压比较器就是一种典型的集成运放非线性应用电路。

图 6-41（a）所示为一个简单的单值电压比较器电路。图中运放的同相输入端接参考电压（U_{REF}），反相输入端接输入电压（u_i）。根据集成运放的电压传输特性，当 $u_i>U_{REF}$ 时，输出电压 $u_o = -U_{om}$；当 $u_i<U_{REF}$ 时，输出电压 $u_o = +U_{om}$，如图 6-41（b）所示。

特别地，若运放的同相输入端接地，则参考电压为 $U_{REF} = 0V$，这时的电压比较器称为过零比较器。当过零比较器的输入信号（u_i）为正弦波时，输出电压为正负宽度相同的矩形波，如图 6-42 所示。

单值电压比较器电路简单、灵敏，但抗干扰的能力较差。当输入端在参考电压（U_{REF}）附近有干扰时，就会出现输出多次翻转的现象，这一点在使用时应加以注意。

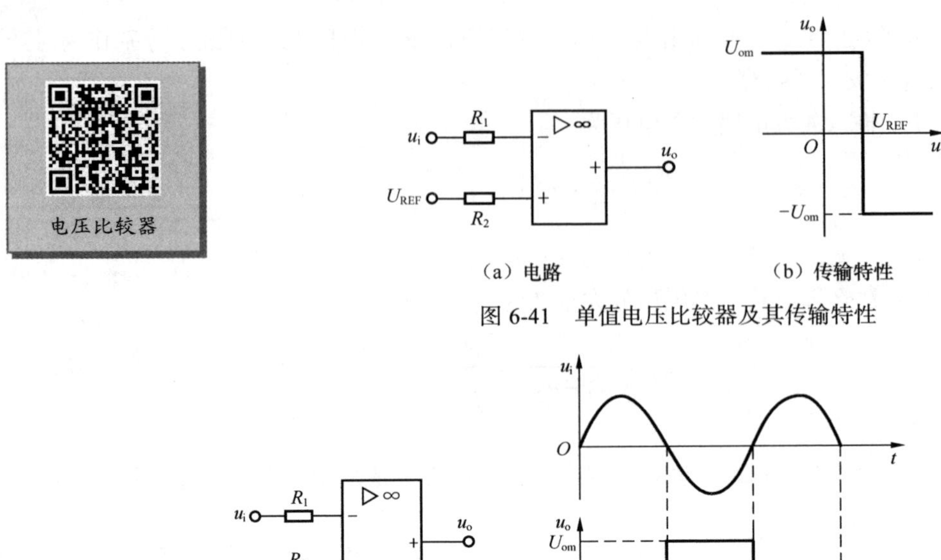

（a）电路　　（b）传输特性

图 6-41　单值电压比较器及其传输特性

（a）电路　　（b）输入为正弦波

图 6-42　过零比较器

6.4.4　集成运放在汽车中的应用实例

1. 进气压力测量放大电路

汽车电喷发动机中，用来测量进气量的进气压力测量装置由压阻式歧管压力传感器和相应的测量放大电路组成。压阻式歧管压力传感器结构与工作原理特性如图 1-65 所示，根据分析可知，当传感器接通电源 U_{CC} 后，电桥输出电压 $U_O = -\frac{U_{CC}}{R}\Delta R$。由于电桥输出电压一般很小，因此还需经过图 6-43 所示的测量放大电路进行进一步放大。

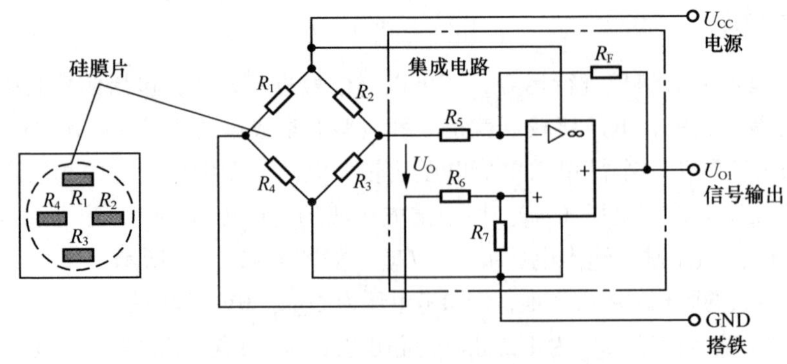

图 6-43　压阻式进气压力测量放大电路

图 6-43 中，取 $R_5=R_6$，$R_F=R_7$，根据差动输入放大电路的输入输出关系，有

$$U_{O1}=-\frac{R_F}{R_5}U_O=\frac{R_F}{R_5}\frac{U_{CC}}{R}\Delta R$$

这种测量装置被美国通用、日本丰田等汽车公司广泛采用，国产桑塔纳2000GLi型轿车也采用了该电路。

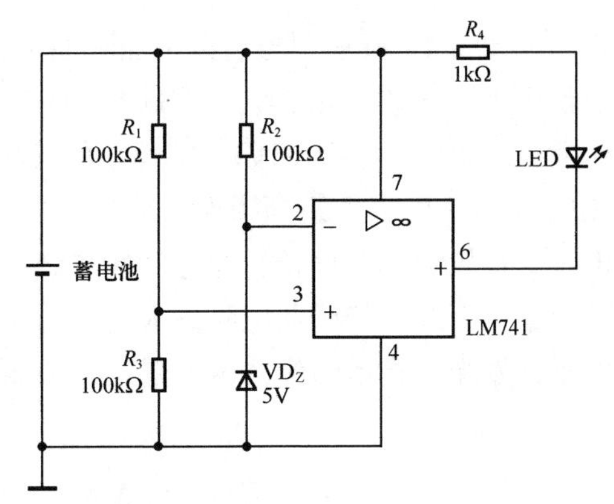

图6-44 蓄电池电压过低报警电路

2. 蓄电池电压过低报警电路

如图6-44所示，蓄电池电压过低报警电路由集成运放（LM741）、稳压管、发光二极管及一些电阻组成。电路中，电阻（R_2）与稳压管（VD_Z）组成电压基准电路，向比较器提供5V的基准电压。R_1、R_3组成分压电路，中间点作为电压检测点。当蓄电池电压高于10V时，运放同相输入端电位高于5V，比较器输出电压接近电源电压，发光二极管不发光，指示电压正常；当蓄电池电压低于10V时，运放同相输入端电位低于5V，比较器输出电压为零，发光二极管发光，指示电压过低。

3. 电子式燃油表电路

如图6-45所示，电子式燃油表电路由浮子式可变电阻燃油传感器、4集成运放LM324组成的单值电压比较器、分压式电阻电路以及发光二极管指示电路组成。油箱无油时，燃油传感器R_x的电阻值约为100Ω，油箱满油时，电阻值约为5Ω。图中，稳压管VD_8和电阻R_{15}组成稳压电路，该稳压值通过电阻R_8～R_{13}分成6级基准电压送到集成电路IC_1和IC_2各运放的反相输入端。传感器可变电阻R_x与电阻R_{17}组成分压电路将稳压值分压后送到各运放的同相输入端，与基准电压进行比较。当比较器输出低电平时，相应的发光二极管正偏导通并发光，指示当前燃油的位置。

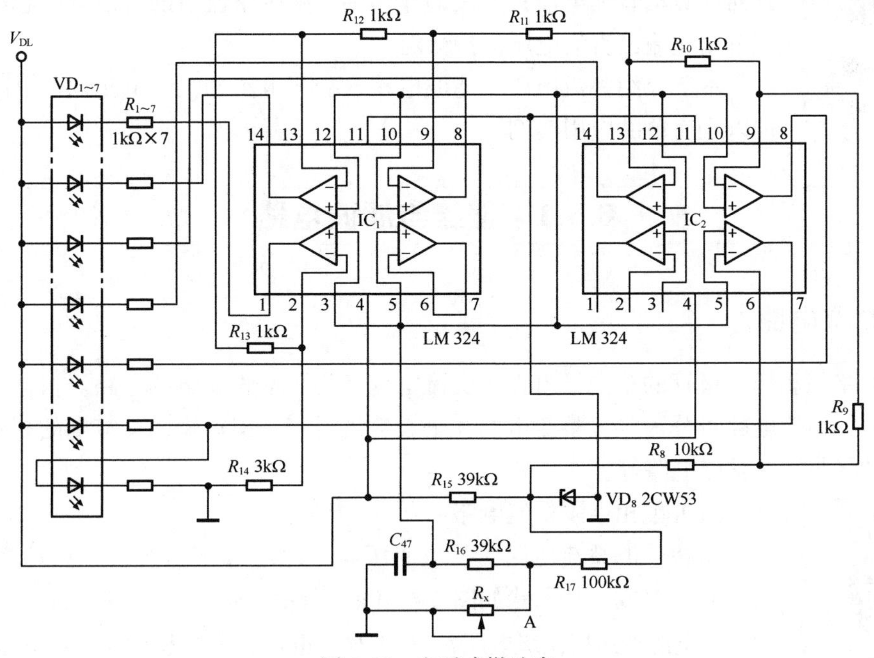

图6-45 电子式燃油表

R_x—传感器电阻 $VD_{1\text{-}7}$—发光二极管（自上而下） IC_1、IC_2—集成电路

如图 6-45 所示，当油箱中加满油时，传感器电阻 R_x 阻值最小，A 点电位最低，比较器输出低电平，绿色发光二极管 VD_1～VD_6 均点亮，表示油箱已满。此时，红色报警指示灯，即红色发光二极管 VD_7 由于阳极接运放的输出端，因而反偏截止不发光。随着油箱中油位的降低，传感器电阻 R_x 阻值逐渐增大，A 点电位逐渐升高，比较器同相输入端电位依次高于反相输入端电位，比较器逐个翻转，绿色发光二级管 VD_1～VD_6 依次熄灭，指示油量减少。当油位到达报警位置以下时，传感器电阻最大，A 点电位最高，VD_1～VD_6 全部熄灭，而 VD_7 由于阳极接高电平而发光，指示油位已达下限，必须加油。

6.5 直流稳压电源

常用的直流稳压电源由电源变压器、整流、滤波以及稳压电路组成，如图 6-46 所示。

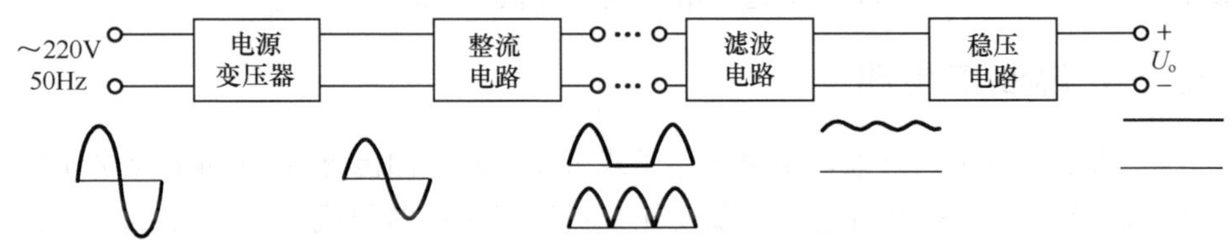

图 6-46　直流稳压电源组成框图

小功率直流稳压电源的组成

电源变压器（又称整流变压器）的作用是改变来自电网的交流电压值，为整流电路提供所需的交流输入电压；整流的作用则是将交变电压变换为单方向的脉动直流电压；滤波的作用则是减少整流后的直流电的脉动成分；稳压电路使输出直流电压保持恒定。

本节介绍整流电路、滤波电路、稳压电路和汽车电压调节电路的工作原理以及简单的应用实例。

6.5.1　整流与滤波电路

1．整流电路

整流电路是利用二极管的单向导电性将交流电变换为脉动直流电的电路。根据输出脉动直流电的波形，整流电路可分为半波整流电路和全波整流电路；根据输入交流电的相数，可分为单相整流电路与三相整流电路等。

单相半波整流电路

（1）单相半波整流电路

单相半波整流电路由整流变压器（T_r）、整流二极管（VD）以及负载电阻（R_L）组成，其电路如图 6-47（a）所示。

设电源变压器次级电压 $u_2=\sqrt{2}\,U_2\sin\omega t$，其参考方向如图 6-47（a）所示。当 u_2 的波形为正半周时，电路中 A 端为正，B 端为负，二极管正向导通，忽略二极管的正向导通压降，负载电压为 $u_o = u_2$；当 u_2 为负半周时，A 端为负，B 端为正，二极管反向截止，电路中电流为 0，负载电压 $u_o = 0$，u_2 全部加在二极管两端。各电压波形如图 6-47（b）所示，由图可知，输出电压（u_o）仅为电源电压（u_2）的正半波，所以称为半波整流。

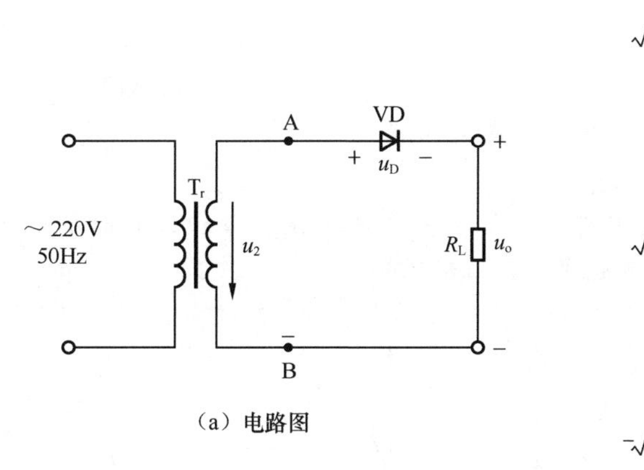

（a）电路图

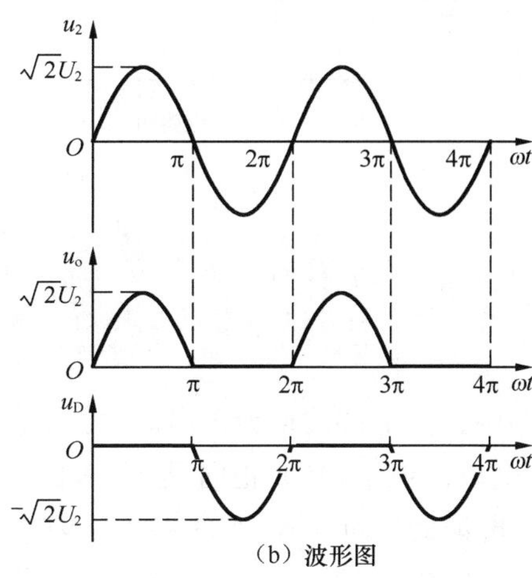

（b）波形图

图 6-47　单相半波整流电路

半波整流时，负载上脉动直流电压的平均值（U_o）约为输入交流电压有效值的 0.45 倍，即

$$U_o = 0.45U_2 \tag{6-22}$$

通过负载的电流（I_o）为

$$I_o = \frac{U_o}{R_L} = 0.45\frac{U_2}{R_L} \tag{6-23}$$

二极管与负载串联，因此流经二极管的平均电流为

$$I_F = I_o = 0.45\frac{U_2}{R_L} \tag{6-24}$$

此外，由图 6-47（b）可知，二极管反向截止时，管子两端承受的最高反向电压就是 u_2 的最大值，即

$$U_{RM} = \sqrt{2}U_2 \tag{6-25}$$

在选择二极管时，所选管子的最大整流电流和最高反向工作电压应大于式（6-24）和式（6-25）的计算值。

单相半波整流电路的优点是结构简单，缺点是输出电压脉动大、利用率低，一般用于电流较小、脉动要求不高的场合。

（2）单相桥式全波整流电路

如图 6-48（a）所示，单相桥式全波整流电路由 4 个整流二极管（VD_1 ~ VD_4）按电桥的形式连接而成，图 6-48（b）所示电路是它的简化画法。电路中，VD_1 和 VD_2 的负极接在一起作为输出端的正极，VD_3 和 VD_4 的正极接在一起作为输出端的负极。

单相桥式整流电路

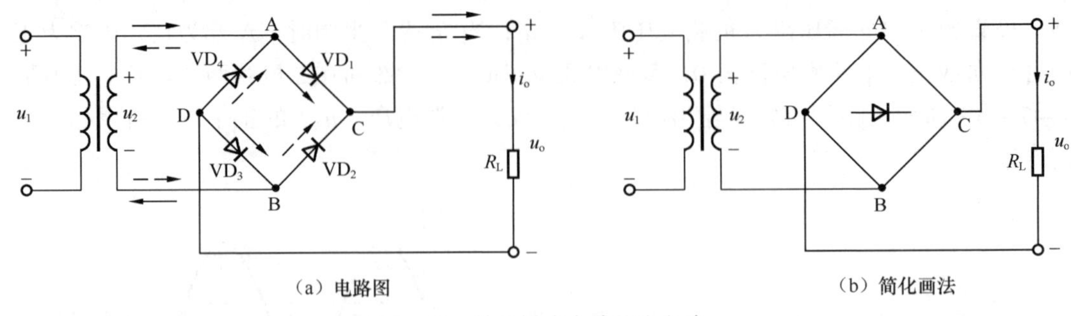

图 6-48 单相桥式全波整流电路

桥式电路的连接方式以及与电源变压器和负载的连接，必须按照图示方式进行，任何一个二极管的反接均可造成变压器短路烧坏。

电路中，当 u_2 的波形为正半周时，A 点电位高于 B 点电位，VD_1、VD_3 正向导通，VD_2、VD_4 反向截止。电流的流向为 A→VD_1→R_L→VD_3→B，如图 6-48（a）中实线箭头所示；当 u_2 的波形为负半周时，VD_2、VD_4 导通，VD_1、VD_3 截止，电流的流向为 B→VD_2→R_L→VD_4→A，如图 6-48（a）中虚线箭头所示。由此可见，VD_1、VD_3 与 VD_2、VD_4 轮流导通半个周期，但在整个周期内，负载（R_L）上均有电流流过，并且始终是一个方向，故称为全波整流。其电压、电流波形如图 6-49 所示。

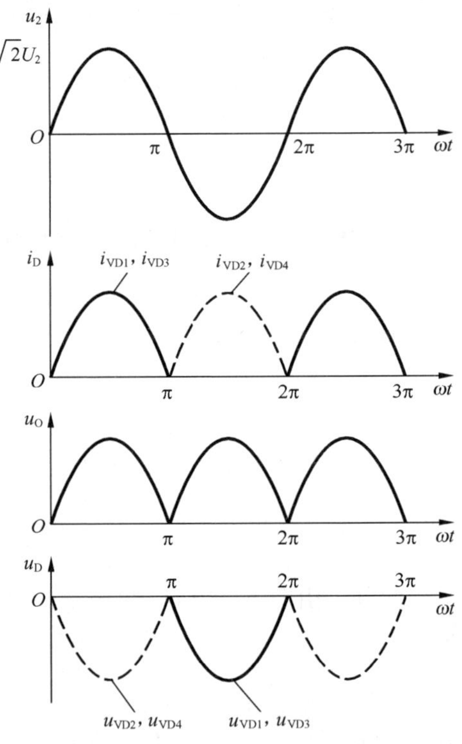

图 6-49 单相桥式全波整流电路波形

由图 6-49 可见，桥式全波整流电路的输出电压的平均值应为半波整流电路的两倍，因此有

$$U_o = 0.9U_2 \tag{6-26}$$

$$I_o = \frac{U_o}{R_L} = 0.9\frac{U_2}{R_L} \tag{6-27}$$

I_o 是由 VD_1、VD_3 和 VD_2、VD_4 各轮流导通半个周期所提供的，所以流过每个整流管的平均电流应为负载电流的一半，即

$$I_F = \frac{I_o}{2} = 0.45\frac{U_2}{R_L} \tag{6-28}$$

桥式全波整流电路中，每个二极管承受的最高反向电压与半波整流电路类似，为变压器次级电压（U_2）的最大值，即

$$U_{RM} = \sqrt{2}U_2 \tag{6-29}$$

为了使用方便，实际应用中常将桥式全波整流电路的 4 个二极管制作成一个整体封装起来，称为桥堆（整流桥）。桥堆有 4 个管脚，标注“～”的两个管脚外接交流电源，标注“+”和“–”的两个管脚分别为整流输出电压的正、负极，使用时接负载即可。

全波整流电路不但减少了输出电压的脉动程度，而且提高了变压器的利用率，因而得到了广泛的应用。其中，以桥式全波整流电路应用最为广泛，目前市面上出售的大多数为单相桥式整流器。在使用中，应注意引脚不能接错，否则可能发生短路，烧坏整流器。

（3）车用整流电路

整流电路在汽车发电机中也有着重要应用。汽车上装有蓄电池，但蓄电池存储的电能非常有限，远远不能满足汽车上不断增多的用电设备的需求。因此，发电机是汽车电气设备的主要电源。为了将发电机产生的交流电整流成直流电，汽车上普遍采用由 6 只硅二极管组成的车用整流器。

车用整流器的二极管分为正极管和负极管两种类型，其外形和符号如图 6-50 所示，引线和外壳分别是它们的两个电极。其中，正极管的外壳为负极，引出极为正极，在管壳底上一般标有红色标记；负极管的外壳为正极，引出极为负极，在管壳底上一般标有黑色标记。

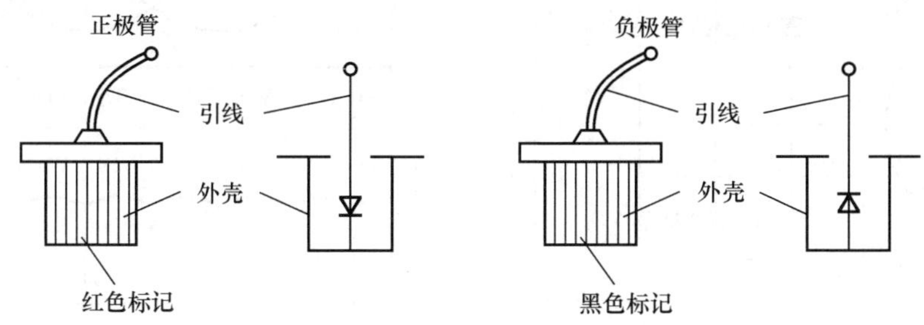

图 6-50　硅二极管的外形和符号

在负极搭铁的硅整流发电机中，3 个正极管的外壳压装在散热板的 3 个座孔内，共同组成发电机的正极，由一个与发电机后端盖绝缘的整流板固定螺栓通至机壳外，作为发电机的火线接线柱“B”（“+”“A”或“电枢”接线柱）。3 个负极管的外壳压装在后端盖的 3 个孔内，和发电机外壳一起成为发电机的负极。其安装示意图如图 6-51 所示。

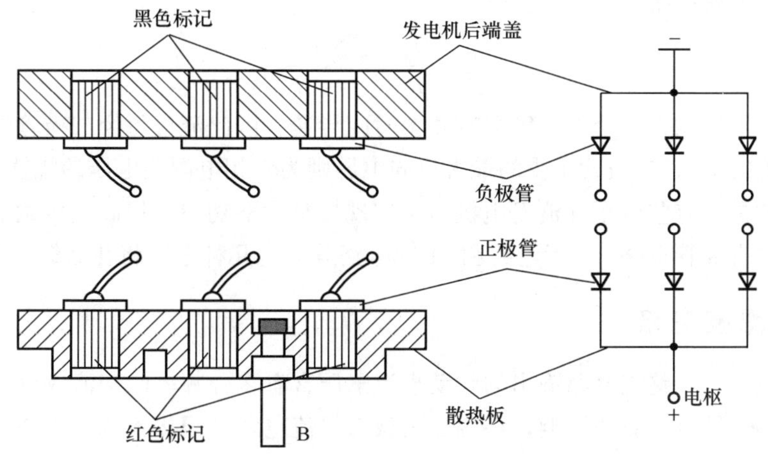

图 6-51　汽车发电机整流二极管安装图

3 个正极管和 3 个负极管构成的整流电路称为三相桥式整流电路，它将发电机的交流电整流成 12V 的直流电。整流电路及其整流波形如图 6-52 所示。

图 6-52（a）所示电路中，整流板上的 3 个正极管 VD_1、VD_2、VD_3 的正极分别接在发电机三相绕组的首端 U1、V1、W1。VD_1、VD_2、VD_3 分别在三相交流电的正半周导通，哪相电压最高，该相绕组的正极管先导通，其余正极管截止；后端盖上 3 个负极管 VD_4、VD_5、VD_6 的

负极分别接在发电机三相绕组的 U1、V1、W1。VD_4、VD_5、VD_6 分别在三相交流电的负半周导通，哪相电压最低，该相绕组的负极管先导通，其余负极管截止。例如，$0\sim t_1$ 时间内，由图 6-52（b）所示三相电压的波形图可见，W 相电压最高，V 相电压最低，因此正极管 VD_3 导通，负极管 VD_5 导通，如图 6-52（c）所示。由进一步的分析可知，无论在哪一个时刻，都有两个管子（正、负管子各一个）同时导通，它们总是将发电机的线电压加在负载（R）两端，使负载两端得到一个比较平稳的脉动直流电压，该电压一个周期内有 6 个波纹，如图 6-52（d）所示。

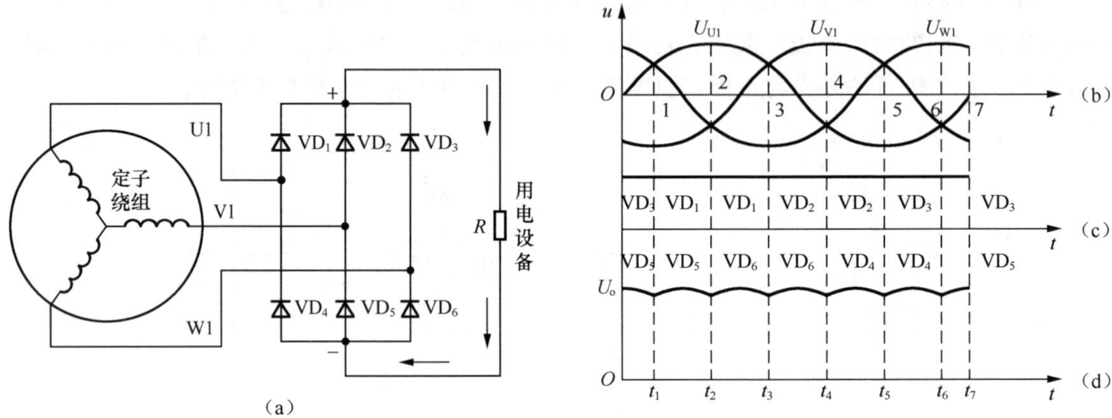

图 6-52　汽车发电机整流电路及其整流波形图

通过计算可得输出电压的平均值为

$$U_o = 2.34U_P \tag{6-30}$$

式中，U_P 为三相交流发电机电源相电压的有效值。

用电设备的平均电流

$$I_o = \frac{U_o}{R} = 2.34\frac{U_P}{R} \tag{6-31}$$

由于在一个周期内，每个二极管只有 1/3 时间导通，因此流过每个二极管的平均电流为用电设备平均电流的 1/3，二极管承受的最大反向电压则为三相电源线电压的幅值，即 $\sqrt{2}U_L$。

需要说明的是，有些汽车交流发电机为了实现提高发电功率、提高电压调节精度等功能，采用的整流方式有 8 管电路、9 管电路和 11 管电路等，这几种电路将在后续有关课程中讲授。

2. 电容滤波电路

电容滤波电路

整流电路输出的脉动直流电压含有多种频率的交流成分，为减少交流分量对负载的影响，还应在负载与整流电路之间接入滤波电路。滤波电路能滤除交流成分，使输出电压变得平稳，通常由电容、电感元件组成。在这里，将介绍电容滤波电路，其余滤波电路可查阅相关资料。

电容滤波电路如图 6-53（a）所示，由图可见，滤波电容（C）与负载并联。

图 6-53（b）中，虚线为变压器次级电压 u_2 经桥式整流后输出电压的波形。当 u_2 为正半周上升时，VD_1、VD_3 导通，u_2 一方面经 VD_1、VD_3 对电容（C）充电，另一方面向负载 R_L 提供电流，忽略二极管的正向导通电压，有 $u_o = u_C \approx u_2$。随着 u_2 的增大，负载电压逐渐上升，直至接近 u_2 的最

大值，如图 6-53（b）所示 b 点。当 u_2 从 b 点开始下降时，$u_2 < u_C$，VD_1、VD_3 受反偏作用而截止，电容（C）向 R_L 放电。由于放电时间常数一般较大，因此电容电压 u_C 缓慢下降。与此同时，u_2 按照正弦规律变化，当 u_2 的电压值大于 u_C 时，如图 6-53（b）的 d 点所示，VD_2、VD_4 导通，电容（C）再次被充电，输出电压也就随之增大，以后电容重复上述充、放电过程，得到图 6-53 所示的输出电压波形。可见，接入电容滤波后，负载上的电压不仅变得平滑，脉动程度大为减小，而且输出电压的平均值也增大了。

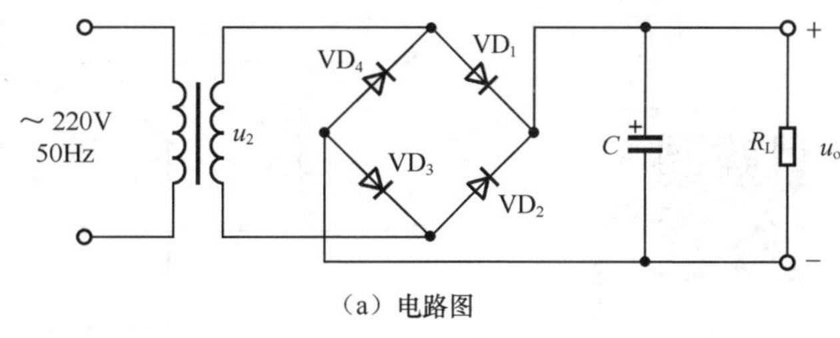

（a）电路图

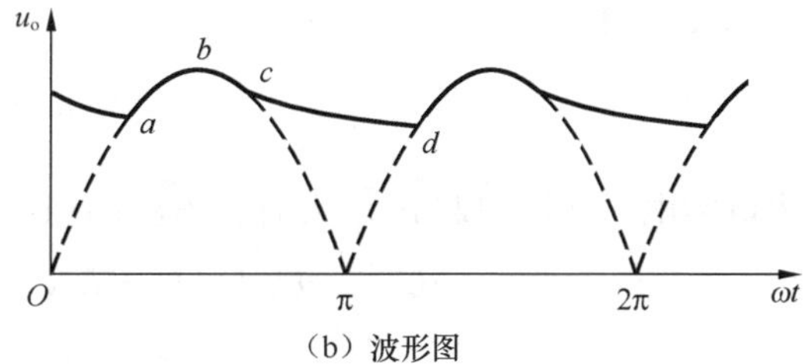

（b）波形图

图 6-53　单相桥式整流电容滤波电路

根据以上分析可以看出，电容放电时间越慢，输出电压越平滑，其平均值 U_o 越大。工程上，为了获得良好的滤波效果，一般取

$$R_L C \geqslant (3\sim5)\frac{T}{2} \tag{6-32}$$

式中，T—— 交流电源的周期。

此时输出电压的平均值 U_o 近似为

$$U_o \approx 1.2U_2 \tag{6-33}$$

当负载（R_L）开路时，输出电压为

$$U_o = \sqrt{2}U_2 \tag{6-34}$$

选择滤波电容时，其电容量可以由式（6-32）确定，耐压值则应大于它实际工作时所承受的最大电压，一般取（1.5～2）U_2。

电容滤波电路的优点是可以得到脉动很小的直流电压，其缺点是输出电压受负载变化影响较大，所以电容滤波电路只适用于负载电流变化较小的场合。

6.5.2　直流稳压电路

整流滤波后所得的直流电压虽然脉动较小，但电网电压的波动或负载的变动均会引起输出电压的不稳定。由于电子设备大多要求有稳定的电源电压，这就需要在滤波电路与负载之间连接稳压电路。常见的稳压电路有稳压管并联稳压电路、晶体管串联稳压电路以及集成稳压器等。

1．稳压管并联电路

稳压管并联稳压电路如图 6-54 所示，稳压管（VD_z）与限流电阻（R）组成稳压电路，负载（R_L）与稳压管并联，输出电压（U_o）就是稳压管的稳定电压（U_Z）。

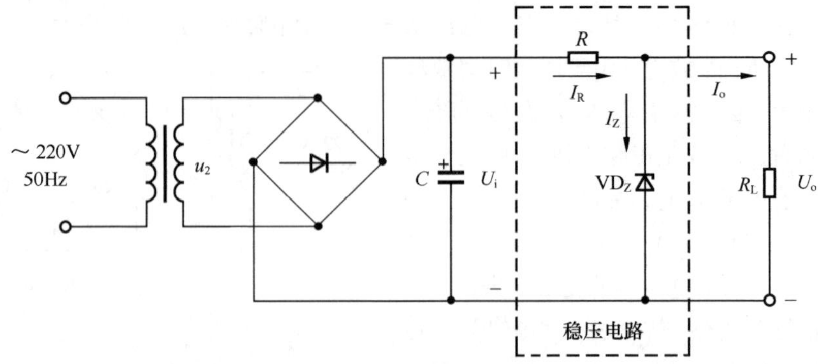

图 6-54 稳压管并联稳压电路

当电网电压波动引起 u_2 增大时，电路的稳压过程如下：

$$U_2\uparrow \rightarrow U_i\uparrow \rightarrow U_o\,(=U_i-I_RR)\uparrow \rightarrow I_Z\uparrow \rightarrow I_R\,(=I_Z+I_o)\uparrow$$

$$U_o\downarrow \leftarrow I_RR\uparrow \leftarrow$$

反之，当 U_2 下降时也可维持输出电压（U_o）的稳定。

并联型稳压管的优点是电路结构简单，负载电流变化较小时，稳压效果好；缺点是输出电压只能等于稳压管的稳定电压，允许电流的变化幅度也受到稳压管稳定电流的限制，因而只适用于功率较小和负载电流变化不大的场合。

2. 串联型稳压电路与集成稳压器

串联型稳压电路由调整管、取样电路、基准电压电路以及比较放大电路组成，其框图如图 6-55 所示。

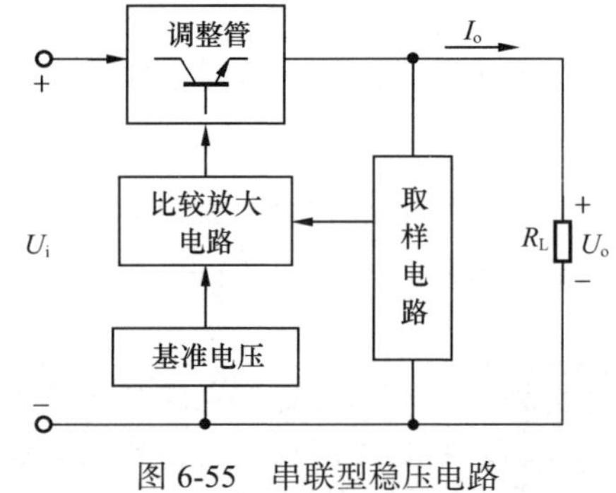

图 6-55 串联型稳压电路

串联型稳压电路中，调整管为双极型晶体管，它与负载串联，因此称为串联型稳压电路。取样电路将输出电压取回一部分与基准电压进行比较，所得的误差电压经放大后加至调整管的基极，通过基极电位控制调整管的管压降，以达到稳定输出电压（U_o）的目的。

利用半导体工艺将上述串联型稳压电路做在一块芯片上，就成为一个集成稳压器。集成稳压器不仅体积小、价格低、使用方便，而且工作可靠、稳定精度高。集成稳压器的类型很多，按输出电压是否可调可分为固定和可调两种形式；按引出端子数可分为三端固定式、三端可调式、四端可调式和多端可调式等。下面就以常用的 W7800 系列和 W7900 系列为例来介绍一下三端固定式集成稳压器。

（1）三端固定式集成稳压器

三端固定式集成稳压器只有输入、输出和公共端 3 个引出端，因此称为三端稳压器，其输出电压有 5V、6V、9V、12V、15V、18V、24V 共 7 个挡次。W7800 系列为正电压输出，W7900 系列为负电压输出。输出的电压挡次用 W78（W79）后的两位数字表示，例如，W7809 表示输出电压为+9V，W7915 表示输出电压为−15V。三端固定式集成稳压器的外形和图形符号如图 6-56 所示。

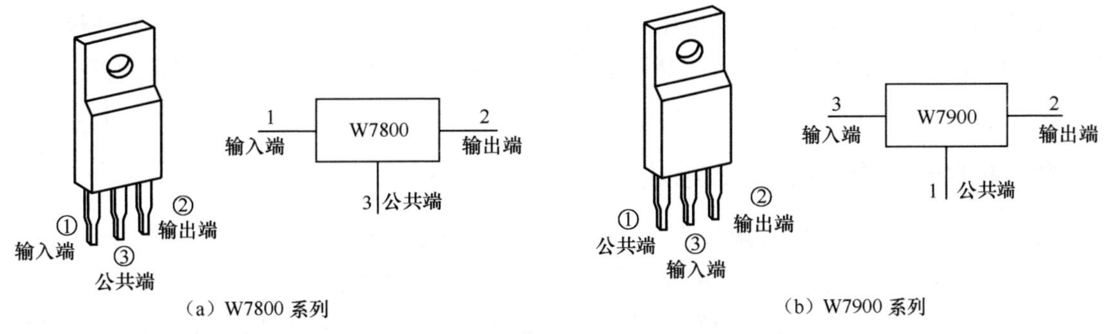

（a）W7800 系列　　（b）W7900 系列

图 6-56　三端固定式集成稳压器的外形和图形符号

（2）应用电路

三端固定式集成稳压器的典型应用电路如图 6-57 所示，图 6-57（a）所示为固定正电压输出电路，图 6-57（b）所示为固定负电压输出电路。由图可见，经过整流、滤波后的直流电压（U_i）加在稳压器的输入端和公共端之间，在输出端和公共端之间便可得到稳定的直流电压（U_o）。输入端 C_i 的作用是防止自激振荡，一般取 0.33μF；输出端电容（C_o）的作用是改善输出特性，其典型取值约 0.1μF。

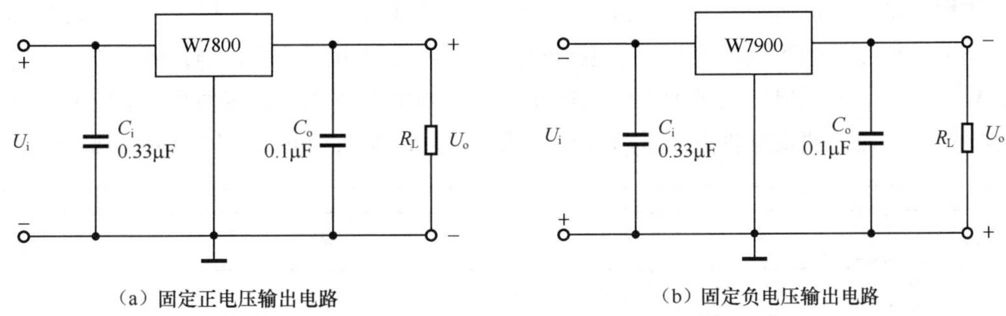

（a）固定正电压输出电路　　（b）固定负电压输出电路

图 6-57　三端固定式集成稳压器的典型应用电路

为了使稳压器正常工作，输入电压（U_i）至少比输出电压（U_o）高 2～3V。并且在使用中要注意输入端与输出端不能接错，否则可能会使稳压器中的调整管由于承受过高的反向电压而击穿。另外，W7800 系列、W7900 系列的功耗较大，所以应安装散热片，否则稳压器内部的保护电路会由于过热而进行输出电压的限制，使稳压器停止工作。

6.5.3　汽车电压调节电路

稳压电路在汽车发电机中也有着重要的应用，汽车交流发电机必须配置具有稳压性质的电压调节器与其联合工作。这是因为在结构一定、磁场强度不变的条件下，交流发电机的输出电压与其转速成正比，而发电机由发动机带动，其转速是由发动机转速决定的。汽车行驶时发动机的转速变化范围很大，这对发电机的输出电压大小有很大影响。为使发电机电压在不同的转速下均能保持一定（即随发电机的转速变化而自动调节），使其电压保持在某一允许的范围内，就必须装置电压调节器。

汽车电压调节器可分为触点式电压调节器和电子电压调节器两种，电子电压调节器性能优于触点式电压调节器。电子电压调节器又包括晶体管调节器和集成电路调节器两种类型。下面就介绍一下晶体管调节器。

1. 晶体管调节器的电路组成

目前国内所生产的晶体管调节器一般由 2～3 个三极管、1 个稳压管或二极管以及一些电阻、电容等组成，按功能可分成信号检出电路、开关控制电路和电子开关 3 个部分。

信号检出电路也叫电压敏感电路，其作用是检出高于规定的供电电压，并将其变换为另一信号电压；开关控制电路的作用是把这一信号电压变换为控制电子开关通断的控制电压；而电子开关可以按照控制电压的变化改变发电机励磁绕组的通断时间比例。

晶体管调节器的基本工作原理：当发电机电压高于规定的供电电压时，电子开关立即切断励磁电流，使发电机输出电压迅速下降，当其降至规定电压之后，电子开关又接通励磁电流，如此反复，控制发电机的输出电压，使之稳定不变。

2. 晶体管调节器的电路实例——JFT126、JTF246 型调节器

JFT126、JTF246 型调节器的原理电路如图 6-58 所示。图中右虚线框为调节器，调节器由左至右依次为信号检出部分、开关控制部分和电子开关部分。大功率三极管 VT_3 接在发电机的磁场电路中，VT_3 导通则磁场绕组中有电流通过，使发电机电压升高；当发电机电压高于规定值时，VT_3 截止，磁场电路断开使发电机电压下降。当电压下降到规定值后，VT_3 重新导通，磁场电路再次接通，使发电机电压重新升高。依次往复，发电机电压便被稳定在规定值。

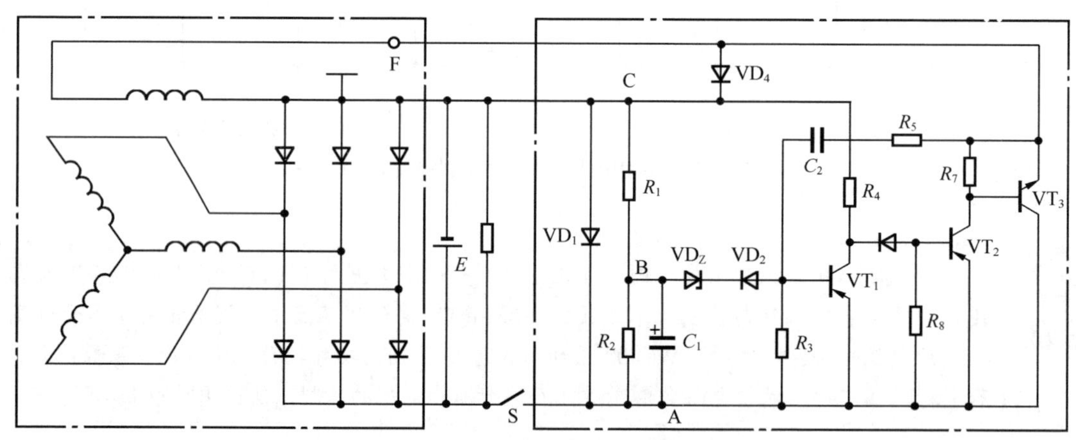

图 6-58　JFT126、JTF246 型晶体管调节器的原理电路

其工作过程如下。

① 合上点火开关（S）。蓄电池电压加在 R_1、R_2 组成的分压器 A、C 两端，电阻（R_2）分得的电压（U_{AB}）为

$$U_{AB}=\frac{R_2}{R_1+R_2}U_{AC}$$

U_{AB} 通过 VT_1 管的发射结和二极管（VD_2）加到稳压管（VD_Z）上，稳压管承受反向电压。由于该反向电压小于稳压管的击穿电压，所以稳压管截止，VT_1 由于无基极电流而处于截止状

态。VT_2在R_4的偏置作用下，有基极电流通过，所以VT_2导通，由于VT_2和VT_3是复合管，因此VT_3也导通，于是蓄电池通过VT_3供给励磁绕组电流，其电路为：蓄电池正极→S→调节器正极→VT_3（c，e）→调节器磁场接线柱（F）→励磁绕组→搭铁。于是，发电机产生电压。

② 当发电机电压随转速升高而超过规定值时，分压器加在稳压管（VD_Z）上的反向电压达到其击穿电压，稳压管导通。于是，VT_1由于有基极电流通过而导通，VT_2被短路而截止，同时VT_3也截止，励磁电路被切断，使发电机电压下降。

③ 当发电机电压下降到低于规定值时，由于加在稳压管（VD_Z）上的反向电压低于其击穿电压，于是稳压管（VD_Z）又重新截止，VT_1截止，VT_2导通，励磁电路被接通，发电机电压上升。如此反复，把发电机的电压稳定在规定值。

实训8 二极管、三极管的识别与检测

一、实训目的

① 了解二极管、三极管的型号命名以及查阅产品手册的方法。

② 学会使用万用表检测二极管和三极管。

③ 加深对二极管、三极管特性和参数的理解。

二、实训条件

指针式万用表（MF-47）、数字式万用表（DT-930）、不同型号二极管若干、NPN型、PNP型小功率三极管若干。

三、实训内容及步骤

① 用指针式万用表判别二极管的极性和性能，记入表6-3中。

表6-3　万用表检测二极管

型　号	正向电阻	反向电阻	性能好坏	型　号	正向电阻	反向电阻	性能好坏

② 分别用指针式万用表$R\times100\Omega$、$R\times1k\Omega$测量二极管的正向电阻，记入表6-4中。

表6-4　万用表不同欧姆挡测正向电阻

型　号	万用表欧姆挡量程		型　号	万用表欧姆挡量程	
	$R\times100\Omega$	**$R\times1k\Omega$**		**$R\times100\Omega$**	**$R\times1k\Omega$**

③ 用指针式万用表分别检测NPN型和PNP型三极管的性能，记入表6-5中。

表 6-5　　万用表检测三极管

型　　号	基极接红表笔		基极接黑表笔		是 否 合 格
	b、e 之间阻值	b、c 之间阻值	e、b 之间阻值	c、b 之间阻值	

④ 用指针式万用表测定三极管的管型和电流放大系数。

a. 用万用表电阻挡确定三极管的管型和基极。

b. 将万用表置“ADJ”挡，短接表笔调零。

c. 万用表置“h_{FE}”挡，将三极管插入万用表面板上三极管专用插座，观察指针的偏转情况。若指针无偏转，则应对调三极管的“c”和“e”管脚，使指针发生较大偏转。

d. 根据插座确定三极管的管脚，由表盘绿色刻度线读取电流放大系数，记入表 6-6 中。

表 6-6　　判别三极管管型和电流放大系数

型号			
管脚图			
管型			
h_{FE}			

⑤ 用数字式万用表检测二极管。

a. 将数字式万用表旋向“—▶|—”挡，按下电源开关。

b. 分别正接（红表笔接阳极、黑表笔接阴极）和反接（红表笔接阴极、黑表笔接阳极）二极管，观察显示值，并填入表 6-7 中。

表 6-7　　数字式万用表检测二极管

型　　号	二极管正接	二极管反接	性 能 好 坏

⑥ 用数字式万用表检测三极管。

a. 用电阻挡确定三极管的管型和基极。

b. 万用表置“h_{FE}”挡，将三极管插入万用表面板上三极管专用插座，观察数字显示值。若显示不正确，则应对调三极管的“c”和“e”管脚，使之显示正确。

c. 根据插座确定三极管的管脚，读取电流放大系数，记入表 6-8 中。

表 6-8　　数字式万用表检测三极管

型号			
管型			
h_{FE}			

四、分析讨论

① 用万用表 $R \times 100\Omega$和 $R \times 1k\Omega$测量二极管的正向电阻时，测量结果不同的原因是什么？

② 根据提供的三极管型号，查阅产品手册，将主要参数填入表 6-9 中。

表 6-9　　三极管主要参数

型　号	I_{CM}/mA	P_{CM}/W	$U_{(BR)CEO}$/V	I_{CEO}/μA	h_{FE}
3DG6B					
BD137					
2SC1815					
2N3905					

实训 9　单管放大电路的焊接与测试

一、实训目的

① 学习电子元器件的安装、焊接工艺。

② 学习看印制电路板电路。

③ 了解单管交流放大电路直流静态工作点的调整方法。

④ 了解单管交流放大电路动态参数的测量方法。

二、实训条件

直流稳压电源（YJ-56）、万用表 MF-47（DT-930G）、晶体管毫伏表（DA-16）、示波器（JC-620A）、函数信号发生器（VD1641）、印刷电路板及单管放大电路元器件。

三、实训内容及步骤

1. 实训内容

根据图 6-59 所示实训电路，在印制电路板上进行电路焊接，并对焊接好的电路进行静态和动态测试。

2. 实训步骤

（1）元器件检测与焊接

① 检测待焊各元器件性能，进行元器件筛选。

② 看懂印制板电路图，并焊接元器件组成电路。

（2）静态测试

按照图 6-59 调整元件参数，测量并计算不同状态下单管交流放大电路的静态工作点，将结果记入表 6-10 中。

（3）动态测试

① 取 $R_b = 1.1\text{M}\Omega$、$R_c = 2\text{k}\Omega$、$U_i = 10\text{mV}$、$f = 1\text{kHz}$，测量并计算该电路的开路交流电压放大倍数（A_{uo}），填入表 6-11 中。

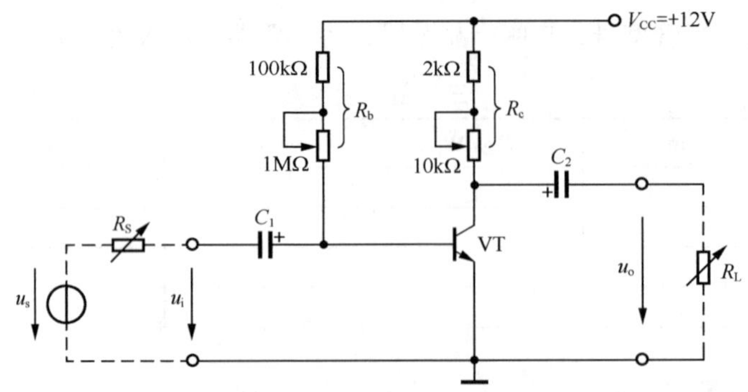

图 6-59 单管交流放大电路

表 6-10 不同状态下单管交流放大电路的静态工作点

序号	元件值		测量值		计算值			静态工作点是否合适
	R_b/Ω	R_c/Ω	V_B/V	V_C/V	I_B/μA	I_C/mA	β	
1	1.1M	2k						
2	100k	2k						
3	1.1M	12k						

表 6-11 开路交流电压放大倍数（A_{Uo}）

序号	元件值		输入电压（U_i）/V	空载输出电压（U_{o0}）/V	空载电压放大倍数（A_{Uo}）
	R_b/Ω	R_c/Ω			
1	1.1M	2k			

② 取 $R_b=1.1\text{M}\Omega$、$R_c=2\text{k}\Omega$、$U_S=10\text{mV}$、$f=1\text{kHz}$，如虚线所示在输入端串联电阻（R_S），调 R_S 使输入电压 $U_i=0.5U_S$，则 $R_i=R_S$（半压法），将输入电阻（R_i）的值填入表 6-12 中。

③ 在输出端接负载电阻（R_L），调 R_L 使输出电压 $U_o=0.5U_{o0}$，则 $R_o=R_L$（半压法），将输出电阻（R_o）的值填入表 6-12 中。

表 6-12 输入、输出电阻测量

输入电阻测量				输出电阻测量			
U_S/mV	U_i/mV	R_S/kΩ	R_i/kΩ	U_{o0}/V	U_o/V	R_L/kΩ	R_o/kΩ

四、分析讨论

① R_b、R_c 变动时，对电路的静态工作点以及交流输入信号放大的影响是什么？

② 电路测试中，若静态工作电流 $I_C=0$，但检测 U_{BE} 却是正常的，试分析故障原因。

③ 总结放大电路输入电阻和输出电阻的测量方法。

小 结

（1）半导体是导电能力介于导体和绝缘体之间的物体，具有杂敏特性、热敏特性和光敏特性。半导体具有空穴和自由电子两种载流子，根据载流子的浓度不同可分为 P 型半导体和 N 型半导体两种类型。

（2）PN 结具有单向导电性，即正偏时导通，反偏时截止。一个二极管就是一个 PN 结，二极管有硅管和锗管两种类型，硅管的正向导通电压为 0.7V，锗管的正向导通电压为 0.3V，但锗管对温度的变化更加敏感，其反向电流亦大于硅管；二极管的两个重要参数是最大整流电流（I_F）和最高反向工作电压（U_{RM}）；实际应用中可利用指针式万用表的欧姆挡判断二极管的管型以及质量的好坏。

（3）三极管分为 NPN 和 PNP 两种类型；三极管具有电流放大能力，电流放大系数（β）是其重要参数之一；三极管具有饱和导通、线性放大和截止 3 种不同的工作状态，对应其输出特性的饱和区、放大区和截止区；三极管实现电流放大作用的外部条件是发射结正偏，集电结反偏；实际应用中，应使三极管工作在由 I_{CM}、P_{CM} 以及 $U_{(BR)CEO}$ 确定的安全工作区内。

（4）共发射极放大电路简称共射电路，它和射极输出器都属于三极管的基本放大电路。放大电路在输入信号为 0 时的工作状态称为静态，静态分析的目的是为了合理设置静态工作点，使电路工作在放大状态，防止放大电路在放大交流输入信号时产生的饱和或截止失真。放大电路在有输入信号时的工作状态称为动态，电压放大倍数、输入电阻和输出电阻是放大电路的 3 个主要性能指标。从性能指标的角度看，具有较大的电压放大倍数是共射电路的优点，而射极输出器因具有较大的输入电阻和较小的输出电阻而得到广泛应用。

（5）集成运算放大器简称集成运放，是由输入级、中间级和输出级组成的高增益多级放大电路。集成运放具有开环电压放大倍数高、输入电阻高、带负载能力强、漂移小、可靠性高、体积小等优点，它已成为一种通用器件，广泛应用于信号处理、信号测量以及波形产生等方面。在分析集成运放组成的各种电路时，通常将实际的集成运放作为理想运放来处理。集成运放的应用分为线性应用和非线性应用两个方面，前者主要用于信号运算，后者则主要用于信号比较。“虚短”和“虚断”是分析集成运放线性应用的两个重要依据。

（6）多谐振荡电路一般由放大电路和正反馈电路组成。反馈电路的作用是将输出电压（u_o）的一部分或全部送回到输入端，分正反馈和负反馈两种情况。三极管多谐振荡器由三极管基本放大电路和将三极管输出信号反馈给三极管基极的正反馈电路组成，这种电路一般都具有左右对称的形式，在汽车电路中比较容易被辨认出。

（7）直流稳压电源由电源变压器、整流、滤波以及稳压电路组成。电源变压器为整流电路提供所需的交流输入电压；整流电路将交变电压变换为单方向的脉动直流电压，最常见的整流电路是单相桥式整流电路；滤波的作用是减少整流后的直流电的脉动成分，电容和电感都具有滤波作用；稳压电路使输出直流电压保持恒定，三端固定式集成稳压器是最常用的稳压电路元件。

习　题

1. 如何用万用表判别二极管的好坏？

2. 在使用万用表测二极管的正向电阻时，用 $R\times1\Omega$挡测出的电阻小，用 $R\times100\Omega$挡测出的电阻大，为什么？在测反向电阻时，为使表笔与二极管管脚接触良好，用两手捏紧，发现测量值较小，似乎二极管不合格，但用在电路中却工作正常，为什么？

3. 电路如图 6-60 所示，试确定二极管是正偏还是反偏。设二极管正偏时的正向压降为 0.7V，估算 V_A～V_D 的值。

4. 判断图 6-61 所示两个电路中二极管是导通还是截止，并求出 AB 两端电压（U_{AB}）（设二极管均为理想二极管）。

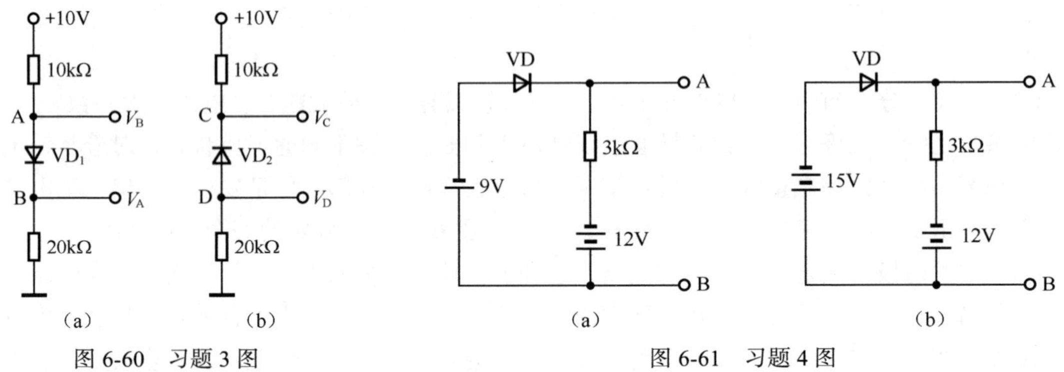

图 6-60 习题 3 图

图 6-61 习题 4 图

5. 工作在放大电路中的两个三极管，其电流分别如图 6-62（a）、（b）所示，试分别在图中标出管脚 e、b、c；写明是 NPN 型还是 PNP 型，并分别估算它们的 β 值。

6. 已知晶体管工作在放大区，并测得各电极对地电位如图 6-63 所示。试在图中画出各晶体管的电路符号，并说明是锗管还是硅管。

7. 图 6-64 所示为汽车内浮子舌簧管开关式液位传感器应用电路。嵌在浮子内的永久磁铁随着液位浮动，当液位低于规定值时，浮子位于图中虚线位置，发光二极管发光报警。求限流电阻的阻值。

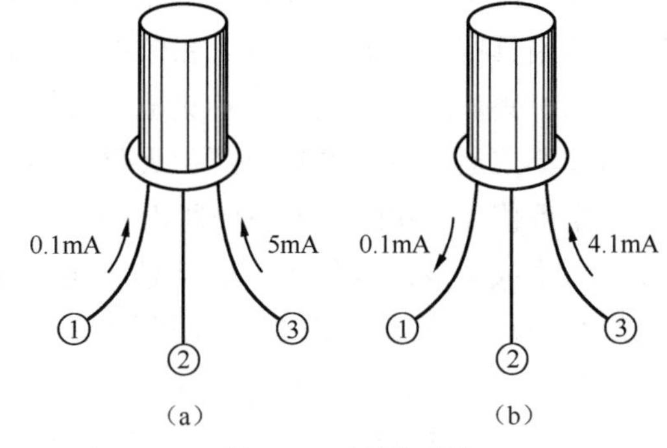

图 6-62 习题 5 图

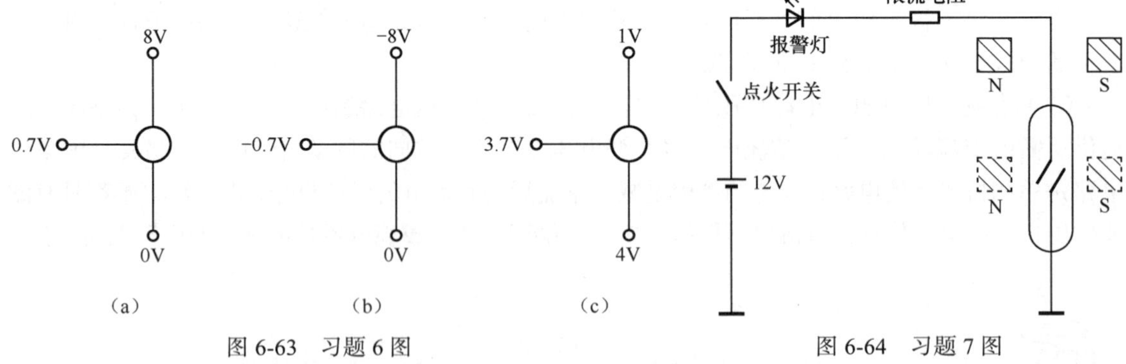

图 6-63 习题 6 图

图 6-64 习题 7 图

8. 有两个三极管，其中一个管子的 $\beta = 100$，$I_{CEO} = 150\mu A$，而另一个管子的 $\beta = 60$，$I_{CEO} = 15\mu A$，其他参数均相同，你会选用哪一个，为什么？

9. NPN 管和 PNP 管工作在放大状态时，发射结和集电结应如何偏置？各电极电位关系如何？

10. 用万用表测得某两个三极管的 U_{BE} 和 U_{CE} 的值，试判断它们处于什么状态。

（1）$U_{BE} = 2V$，$U_{CE} = -4V$。

（2）$U_{BE}=-0.3V$，$U_{CE}=-0.1V$。

11. 放大电路和三极管的输出特性曲线如图 6-65 所示。$V_{CC}=12V$，$R_b=160k\Omega$，I_{BQ} 可按 V_{CC}/R_b 估算。

（1）已知 $R_c=2k\Omega$，在图 6-65（b）中作直流负载线，确定静态工作点（Q_1）。

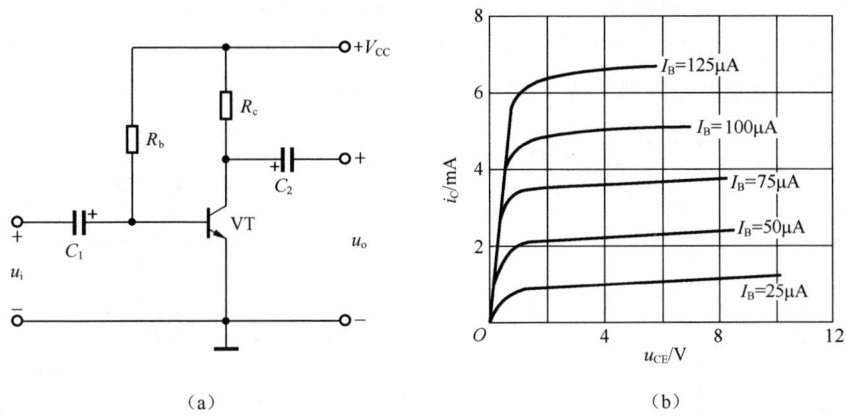

图 6-65　习题 11 图

（2）当 R_c 增大到 6kΩ 时，新的工作点（Q_2）将移到何处？在图中标出 Q_2 的位置。

12. 放大电路如图 6-66 所示，试回答下列问题。

（1）基极串联电位器（R_P）的作用是什么？

（2）若要求增大 I_C，则 R_P 怎样变化？要求减小 U_{CE}，则 R_P 又怎样变化？

（3）输入电压（u_i）为正弦波时，用示波器测得输出电压（u_o）的波形负半周削平。试问这是什么失真？如何消除？

13. 图 6-66 所示电路的输入电压为 100mV，不失真输出电压为 5V。

（1）求电压放大倍数。

（2）当输出端接上负载 R_L 时，输出电压有何变化？

14. 放大电路不带负载（R_L）时，测得输出端开路电压为 3V，接上负载 $R_L=5.1k\Omega$ 时，测得输出电压为 1.5V，求放大电路输出电阻（R_o）。

15. 共射极放大电路如图 6-67 所示，已知 NPN 型硅管的 $\beta=80$。试估算静态工作点，并求电压放大倍数（A_u）、输入电阻（R_i）和输出电阻（R_o）。

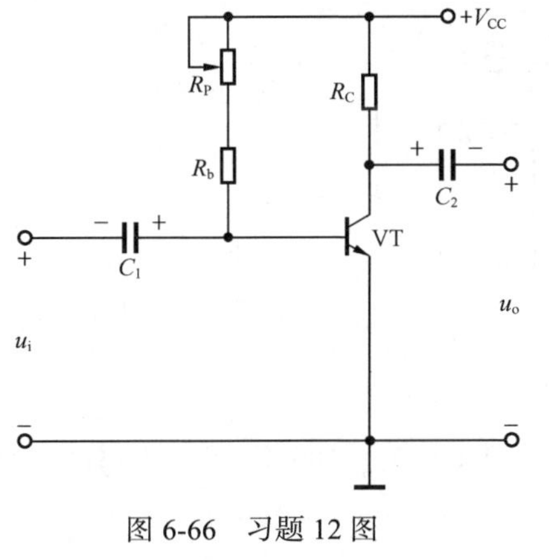

图 6-66　习题 12 图

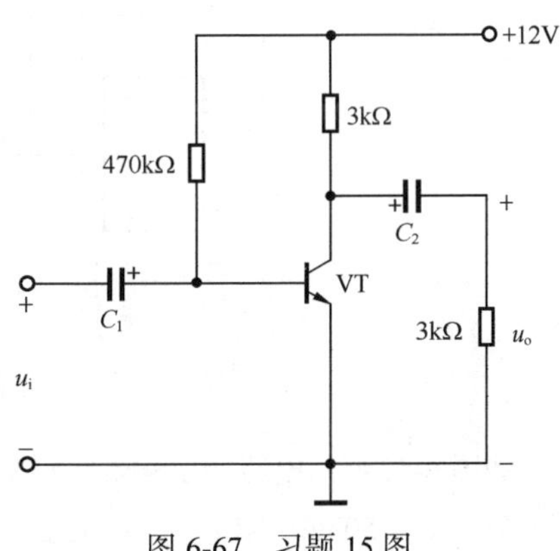

图 6-67　习题 15 图

16. 在图 6-68 所示的电路中，三极管的 $\beta = 50$，$U_{BE} = 0.7V$，$U_{CES}=0.3V$。

（1）估算集电极饱和电流（I_{CS}）值，及此时的 I_{BS} 值。

（2）开关（S）接通 A 时的 I_B 和 I_C 值，此时管子的工作点处于哪个区域？开关（S）接通 B 时，管子的工作点处于哪个区域？

（3）为使管子的工作点处于放大区，在 $R_c = 3k\Omega$ 时，R_b 应选多大？

17. 图 6-69 所示为集成运放测量电流的原理图，共有 3 个不同的量程。输出端的电压表满量程为 5V，用电压表的读数指示被测电流（I_x）。试求各量程对应的电阻（R_1、R_2 和 R_3）。

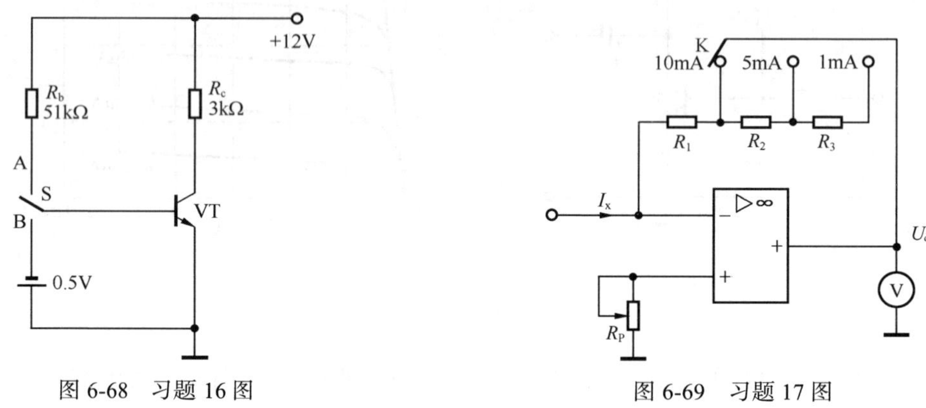

图 6-68　习题 16 图　　图 6-69　习题 17 图

18. 试求如图 6-70 所示电路的输出电压（u_o）与 u_i 的关系。

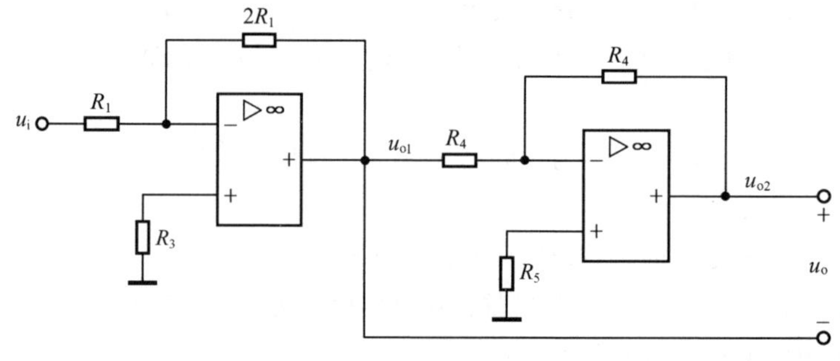

图 6-70　习题 18 图

19. 在如图 6-71 所示电路中，已知 $R_3 = 2R_1$，$u_i = -1V$。试求输出电压（u_{o1} 和 u_o）。

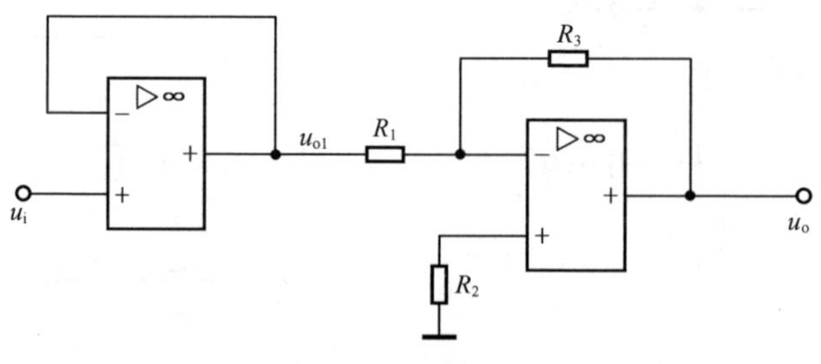

图 6-71　习题 19 图

20. 如图 6-72 所示电路，已知 $u_{i1} = 0.1V$，$u_{i2} = 0.2V$，$R_1 = 50k\Omega$，$R_2 = 100k\Omega$，$R_3 = 33k\Omega$，$R_4 = R_5 = 100k\Omega$，$R_6 = R_7 = 50k\Omega$。求 u_{o1} 和 u_o 的值。

21．图 6-73 所示为测量三极管的穿透电流（I_{CEO}）是否合乎要求的电路。图中 VT 为被测三极管，如果希望 I_{CEO} 小于 20 μA 时，集成运放的输出电压等于$+U_{om}$，能驱动发光二极管发光，指示三极管合格。已知 $V_{CC}=15V$，试问电阻（R）应选多大？

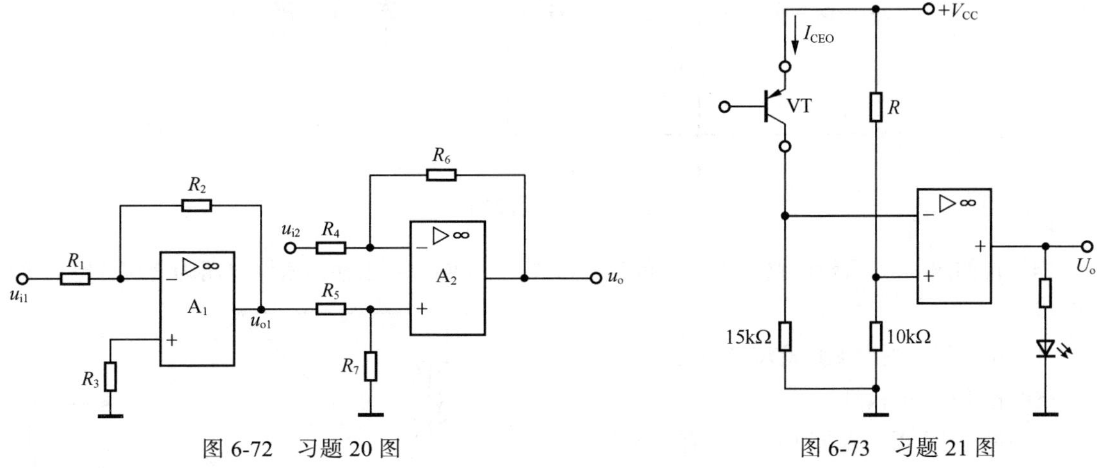

图 6-72　习题 20 图　　图 6-73　习题 21 图

22．电路如图 6-74（a）所示，设运放最大的输出幅度为$+U_{om}$，二极管的导通压降为 0.7V。

（1）指出 A_1、A_2 各组成什么电路？

（2）说明 VD_1、VD_2 的作用及 u_p 输入信号范围有多大？

（3）当输入信号 $u_i=\sin\omega t$（V）时，试在图 6-74（b）位置画出 u_{o1}、u_{o2} 的波形。

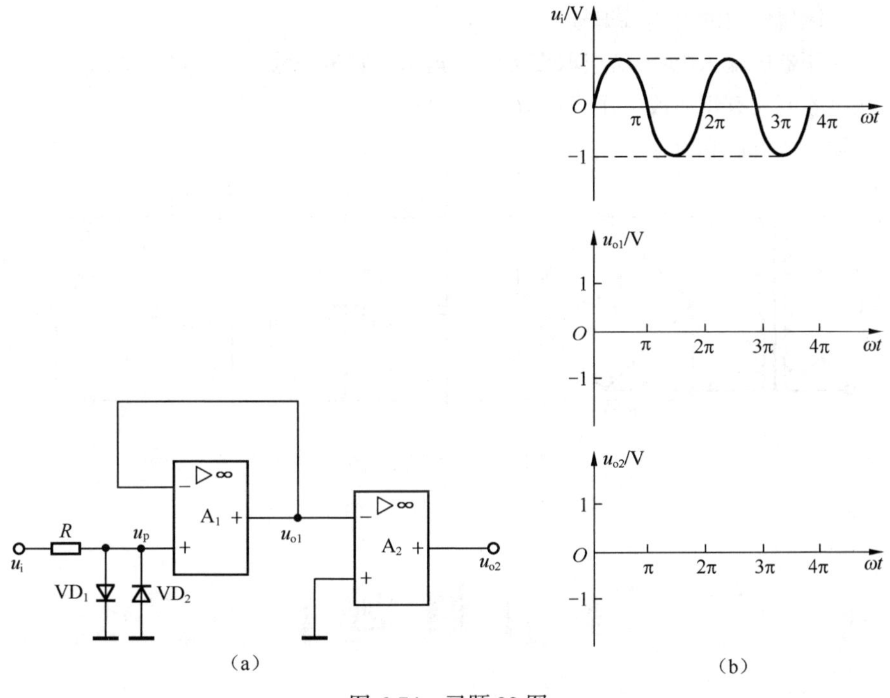

（a）　　（b）

图 6-74　习题 22 图

23．在线路板上有 4 只二极管的排列如图 6-75（b）所示，如何接上交流电源和负载电阻实现桥式整流，要求画出的电路最简明。若按图 6-75（a）连成电路，试在图上标出 R_L 的极性。

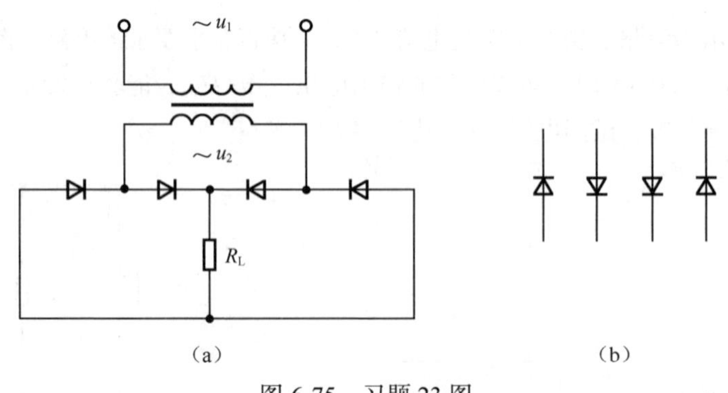

图 6-75　习题 23 图

24. 在如图 6-76 所示电路中，已知负载电阻 $R_L = 100\Omega$，要求输出直流电压为 30V，电压极性如图所示。

（1）在桥臂上画出 4 只整流二极管，并标明滤波电容（C）的极性。

（2）估算变压器二次电压（U_2）（有效值）。

（3）确定整流二极管的参数。

（4）*查阅有关手册，确定二极管的型号。

（5）*选定电容的容量及耐压值。

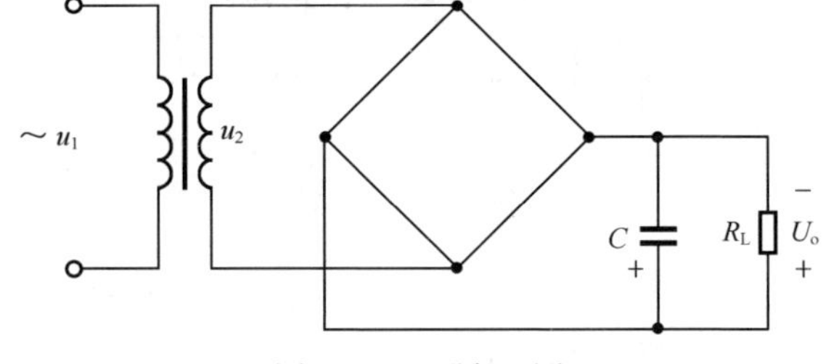

图 6-76　习题 24 图

25. 一个输出固定电压的电路如图 6-77 所示，试回答下列问题。

（1）输出电压（U_o）的值。

（2）标出三端稳压器的引出端编号。

（3）三端稳压器的输入电压 U_i 应取多大？（提示：除考虑稳压器的$(U_i - U_o)_{min} = 2～3V$ 外，还应考虑输入端电容滤波有锯齿波电压峰值$\Delta U = 2～3V$）

（4）变压器二次电压有效值 U_2 应取多大？

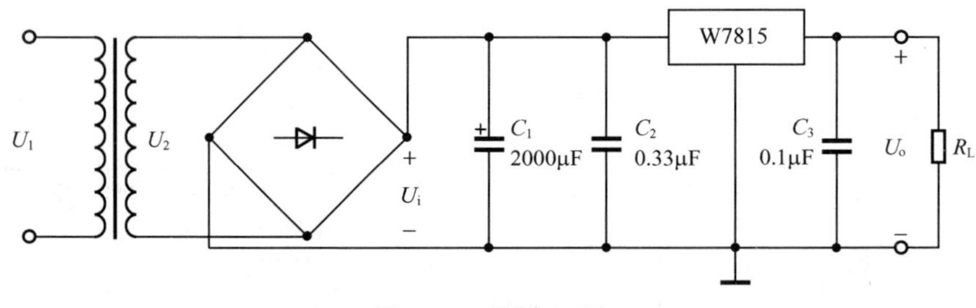

图 6-77　习题 25 图

自 测 题

一、填空题

1. 半导体是一种导电能力介于________与________之间的物质。

2. 当外界温度、光照等发生变化时，半导体的________能力会发生很大变化。

3. 在半导体中，参与导电的不仅有________，而且还有________，这是半导体区别导体导电的重要特征。

4. N 型半导体主要靠________导电，P 型半导体主要靠________导电。

5. PN 结正向偏置是将 P 区接电源的________极，N 区接电源的________极。

6. PN 结加正向电压时________，加反向电压时________，这种特性称为 PN 结的________。

7. 二极管的最主要特性是________，使用时应考虑的两个主要参数是________和________。

8. 在常温下，硅二极管的死区电压约为________V，导通压降约为________V；锗二极管的死区电压约为________V，导通压降约为________V。

9. 当加在二极管两端的反向电压过高时，二极管会被________。

10. 用指针式万用表的两表笔分别接触一个二极管的两端，当测得的电阻值较小时，黑表笔所接触的一端是二极管的________极。

11. 三极管是由两个 PN 结构成的一种半导体器件，从结构上看可以分为________和________两大类型。

12. PNP 型三极管处于放大状态时，3 个电极中________极电位最高，________极电位最低。

13. 汽车中常用的集成运放 LM324 为________电源集成运放，内部含有________个独立的运放，作比较器使用时，4 脚接________。

14. 图 6-78 所示为单管交流放大电路，在线性放大状态下调整参数，试分析电路状态和性能的变化（在相应的空格内填写：增大、减小、基本不变）。

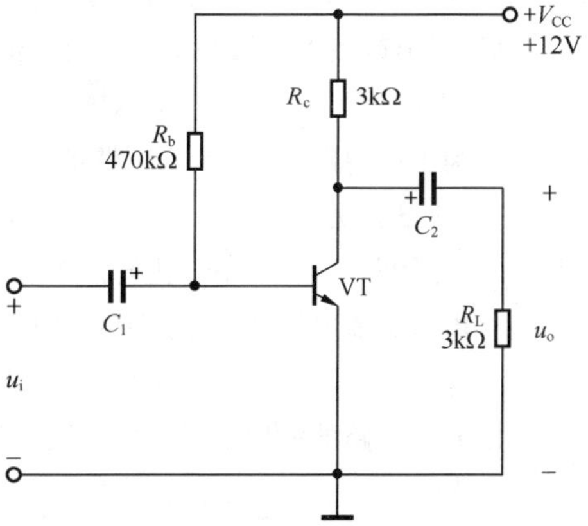

（1）若 R_b 的阻值减小，则静态工作点（I_{CQ}）将________，U_{CEQ} 将________，电压放大倍数（A_u）将________。

图 6-78 单管交流放大电路

（2）若 R_c 的阻值减小，则静态工作点（U_{CEQ}）将________，电压放大倍数（A_u）将________，输出电阻（R_o）将________。

（3）若负载电阻（R_L）的阻值减小，则电压放大倍数（A_u）将________，输出电阻（R_o）将________。

15. 在集成运算放大器的两个工作区中：当集成运放工作在________时，运放两输入端具有“虚短”和“虚断”的特点；集成运放工作在________时，输出为正向或负向饱和电压。

16. 常用的小功率直流稳压电源系统由________、________、________和________4 部分组成。

17. 用稳压管组成稳压电路，稳压管必须与负载电阻________。

18. 三端集成稳压器 W7805 的输出电压是________V，W7905 的输出电压是________V。为使三端集成稳压器正常工作，必须使输出电压比输入电压高________V。

19. 汽车中的晶体管电压调节器按照功能由________、________和________3 部分组成。

20. 硅稳压管是工作在________状态下的硅二极管，在实际工作中，为了保护稳压管，需在外电路串接________。

21. 光电二极管又称________二极管，是 PN 结工作在________偏置状态下的二极管，它的反向电流会随光照温度的增加而________。

22. 发光二极管的 PN 结工作在________偏置时会发光。发光二极管在汽车电子设备中主要用作________。

二、选择题

1. 空穴（　　），N型半导体（　　）。

A. 带正电　　B. 带负电　　C. 呈电中性　　D. 可能带正电，可能带负电

2. 当温度升高时，二极管的正向压降（　　），反向击穿电压（　　），反向饱和电流（　　）。

A. 增大　　B. 减小　　C. 不变

3. 当用万用表测得二极管的正、反向电阻均接近无穷大，则该二极管（　　）；当测得二极管的正、反向电阻均接近于零，则该二极管（　　）。

A. 正常　　B. 内部短路　　C. 内部断路

4. 当三极管的两个PN结都反偏时，三极管处于（　　）；当三极管的两个PN结都正偏时，三极管处于（　　）。

A. 截止状态　　B. 饱和状态　　C. 放大状态

5. 用万用表$R \times 1\text{k}\Omega$的电阻挡测量一只能正常放大的三极管，若用黑表笔接触一只管脚，红表笔分别接触另两只管脚时测得的电阻值都较小，则该三极管是（　　）。

A. PNP型　　B. NPN型　　C. 无法确定

6. 为了测得图6-59所示电路的输出电阻，有位同学用万用表的电阻挡去测得输出端的对地电阻，这种测量方法是（　　）。

A. 正确的　　B. 比较简单，误差较大　　C. 错误的

7. 单管交流电压放大电路带负载后，电压放大倍数（　　）。

A. 增大　　B. 减小　　C. 不变

8. 放大电路的输出电阻越大，则带负载能力（　　）。

A. 越强　　B. 越小　　C. 无影响

9. 单管交流电压放大电路输出电压正半周削波，这种失真称为（　　）失真。

A. 饱和失真　　B. 截止失真

10. 在单相桥式整流电路中，若有一只整流管接反，则（　　）。

A. 输出电压约为原来的两倍　　B. 变为半波直流

C. 整流管烧坏　　D. 输出无影响

三、填表题

1. 在放大电路中测得各三极管电极电位如图6-79所示，试判断各管的管脚、类型及材料，并将判断结果在表6-13中用“√”标出。

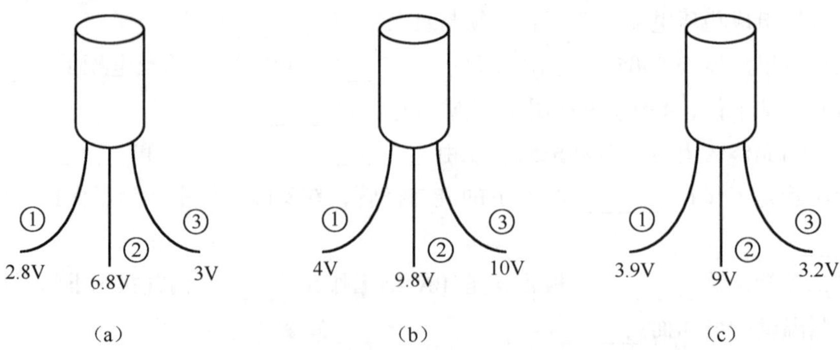

图6-79　三极管电极电位

表 6-13　各管的管脚、类型及材料

图	基极			发射极			类型		材料	
	①	②	③	①	②	③	NPN	PNP	硅管	锗管
(a)										
(b)										
(c)										

2. 查阅电子元器件手册，将下列常用三极管的极限参数记录在表 6-14 中。

表 6-14　常用三极管的极限参数

型号		类型	材料	P_{CM} /mW	I_{CM}/mA	$U_{(BR)CEO}$/V
低频小功率管	3AX51C					
	3BX31C					
高频小功率管	3DG100A					
	3DG130B					

四、综合题

1. 已知三极管的型号为 3DG100A，结合表 6-14 回答下列问题。

（1）能否工作在 $U_{CE} = 30V$，$I_C = 25mA$ 的状态？为什么？

（2）能否工作在 $U_{CE} = 30V$，$I_C = 3mA$ 的状态？为什么？

（3）能否工作在 $U_{CE} = 10V$，$I_C = 15mA$ 的状态？为什么？

2. 基本共射极放大电路如图 6-80 所示，NPN 型硅管的 $\beta = 100$。

（1）估算静态工作点（I_{BQ}、I_{CQ} 和 U_{CEQ}）。

（2）求电压放大倍数（A_u），输入电阻（R_i）和输出电阻（R_o）。

3. 求如图 6-81 所示电路的输出电压值，并指出 A_1、A_2 各组成什么电路。已知 $u_{i1} = 0.1V$，$u_{i2} = 0.3V$，$R_1 = 50k\Omega$，$R_2 = 100k\Omega$，$R_3 = 33k\Omega$，$R_4 = R_5 = 100k\Omega$，$R_6 = R_7 = 50k\Omega$。

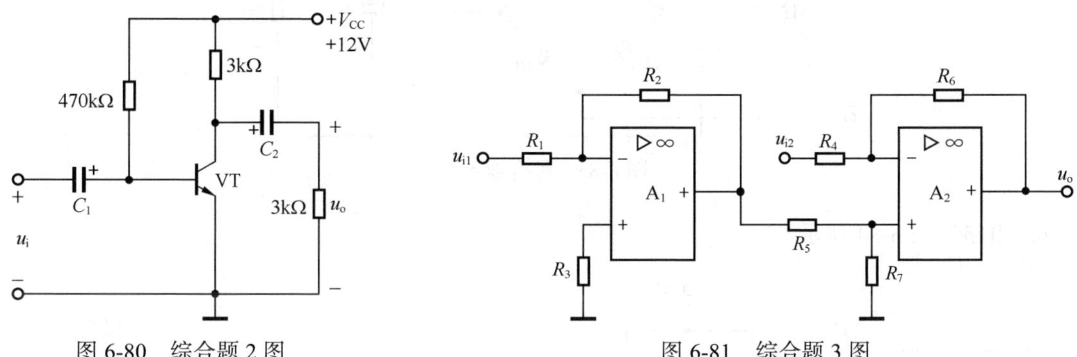

图 6-80　综合题 2 图　　图 6-81　综合题 3 图

4. 电路如图 6-82 所示，运算放大器的最大输出电压为±6V，试根据输入电压波形对应画出输出电压 u_{o1} 和 u_{o2} 的波形。

5. 在如图 6-83 所示桥式整流电容滤波电路中，已知 $R_L = 50\Omega$，$C = 1\,000\mu F$。

（1）用交流电压表测得 $U_2 = 20V$，用直流电压表测得 R_L 两端电压 U_o 为①$U_o = 28V$；②$U_o = 18V$；③$U_o = 24V$；④$U_o = 9V$，试分析以上结果分别为电路处于何种情况下测得的。

（2）当桥式整流电路中的任一个二极管出现下列情况：①短路；②断路；③接反，试分析以上情况下会出现什么情况或危害。

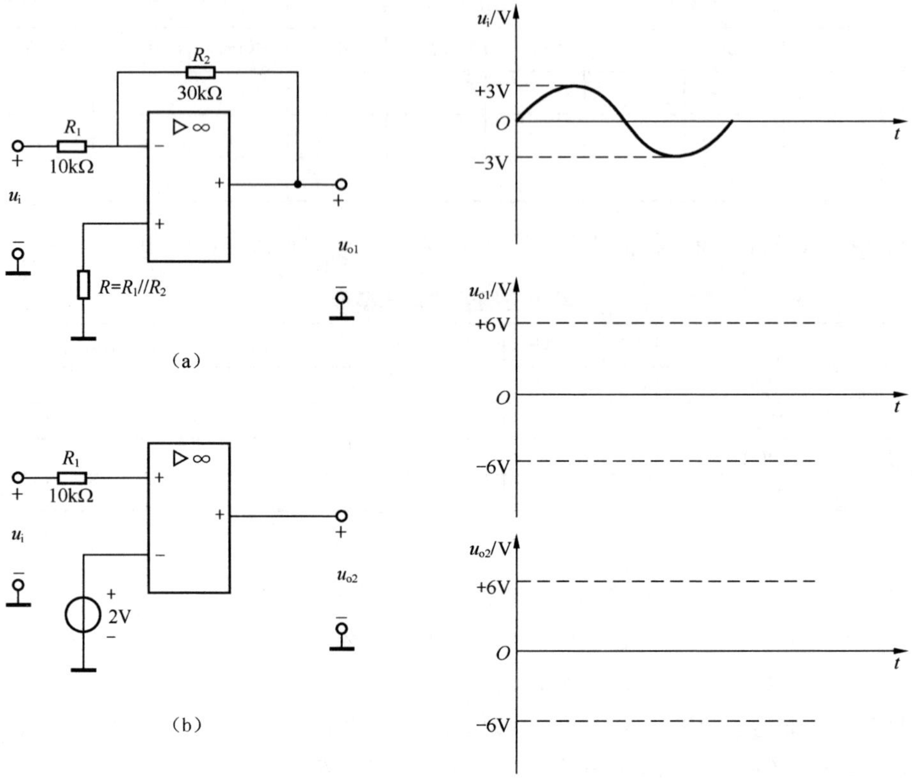

（a）

（b）

图 6-82　综合题 4 图

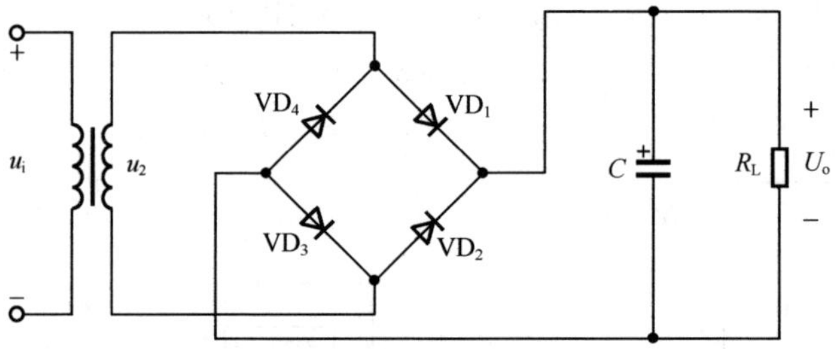

图 6-83　综合题 5 图

6. 电路如图 6-84 所示。

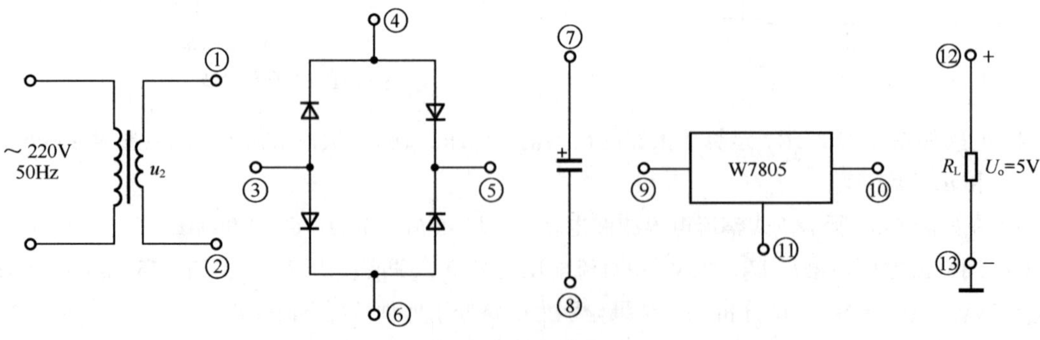

图 6-84　综合题 6 图

（1）合理连线，构成 5V 的直流电源。

（2）变压器二次电压 U_2 应取多大？（三端稳压器 $(U_i - U_o)_{min} = 3V$，输入端电容滤波锯齿波电压峰值 $\Delta U = 2 \sim 3V$）

第7章 数字电子技术及其应用

【学习目标】

1. 熟悉数字电路的特点、数制与码制的概念以及在汽车中的应用
2. 掌握基本门电路的逻辑功能，了解门电路在汽车中的应用
3. 熟悉组合逻辑电路的分析方法
4. 了解基本 RS 触发器、可控 RS 触发器、JK 触发器和 D 触发器的工作原理
5. 了解寄存器、计数器、七段译码器和数码显示器的工作原理
6. 了解 555 定时器的工作原理以及在汽车中的应用

7.1 数字电路基本知识

电子线路中的信号可分为模拟信号和数字信号两类，模拟信号是指在时间和数值上都连续变化的电信号，如汽车冷却液温度传感器发出的电压变化信号，如图 7-1（a）所示；数字信号是指在时间和数值上都不连续变化的离散的脉冲信号，如汽车上的发动机转速信号、电控汽车喷油器所采用的喷油信号也是数字信号，如图 7-1（b）所示。电子技术中电子电路分为两大类，其中传输和处理模拟信号的电路称为模拟电路，如放大电路，稳压电路都属于模拟电路；传输和处理数字信号的电路称为数字电路，如后续要学习的逻辑门电路、触发器、寄存器等都属于数字电路。模拟电路和数字电路的功能不同，分析问题的方法也不相同。

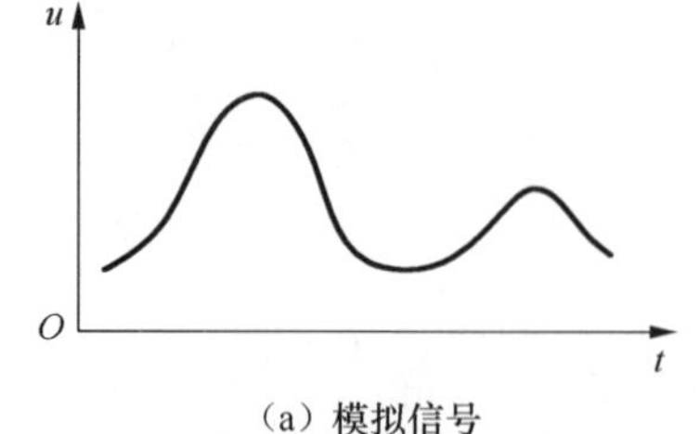

（a）模拟信号

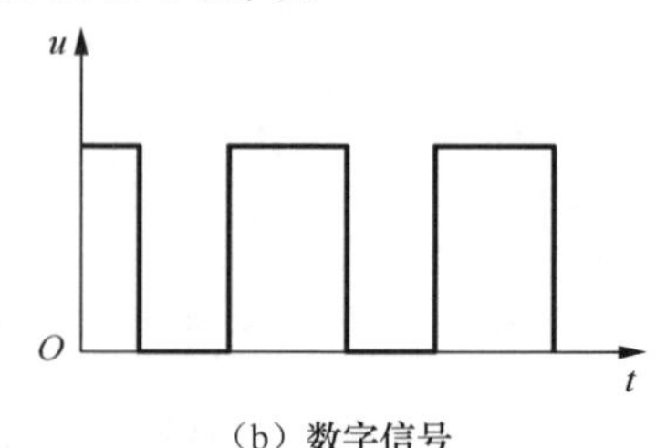

（b）数字信号

图 7-1　模拟信号和数字信号

7.1.1 数字电路的特点

1. 数字信号和数字电路

数字电路中数字信号只有两种状态，可用“0”或“1”两种取值，即逻辑 0 和逻辑 1。它可以表示电平的高低，脉冲的有无，只要能区分出两个相反的状态即可，逻辑 0 和逻辑 1 表示彼此相关又互相对立的两种状态，例如，开与关、高电平与低电平、灯亮与灯不亮、是与非等。数字电路重点研究输入信号和输出信号之间的逻辑关系，而表达电路逻辑功能的主要方法有逻辑变量的真值表、逻辑函数式、逻辑电路图、时序图、卡诺图等。

与模拟电路相比，数字电路具有以下特点：

（1）工作稳定可靠，抗干扰能力强。模拟电路中各元件参数都有一定的温度系数，易受环境影响。而数字电路中，半导体器件大多工作在开关状态，如三极管的饱和区和截止区。对应的只有两个电平信号 0 和 1，受环境影响小。

（2）数字电路具有算术运算和逻辑运算功能。由于数字电路以二进制逻辑代数为数学基础，不仅能完成算术运算，还可以完成逻辑运算及逻辑判断数字电路，例如，与、或、非、判断、比较、处理等功能。分析数字电路的主要工具是逻辑代数，所以数字电路又叫逻辑电路。

（3）电路结构简单，集成度高。数字电路中没有模拟电路中各种大电感、大电容等元件，基本单元电路结构比较简单，对元件的精度要求不高，允许有一定的误差。大部分数字电路都可以采用集成电路来系列化生产。集成度高，体积小，功耗低是数字电路突出的优点之一。

（4）数字电路精度高。可以很容易地通过增加二进制位数，提高数字电路的处理精度。模拟电路中，元器件精度要达到 10^{-3} 已不容易，而数字电路 17 位字长就可以达到 10^{-5} 的精度。理论上，数字电路的精度不受限制。

此外随着集成电路技术的高速发展，数字电路的集成度越来越高，集成电路块的功能随着小规模集成电路（SSI）、中规模集成电路（MSI）、大规模集成电路（LSI）、超大规模集成电路（VLSI）的发展也从元件级、器件级、部件级、板卡级上升到系统级。电路的设计组成只需采用一些标准的集成电路块单元连接而成。对于非标准的特殊电路还可以使用可编程序逻辑阵列电路，通过编程的方法实现任意的逻辑功能。

2. 数字电路在汽车中的应用

图 7-2 所示为汽车发动机转速检测电路，每当飞轮的一个齿转过相应的固定位置时，电磁脉冲传感器便对外发出一个电脉冲信号。经过整形和放大处理后，便成为标准的数字信号，这样根据单位时间内数字信号的个数通过程序就可以计算出发动机的转速来。然后再通过显示程序和显示设备就可以在汽车仪表盘上把发动机的具体转速用数字的形式显示出来。

汽车发动机电控单元 ECU（Electronic Control Unit）主要由输入回路、单片机、输出回路组成，图 7-3 所示为电控单元 ECU 内部结构框图。输入回路由模/数（A/D）转换器和数字输入缓冲器组成，缓冲器电路主要包括整形电路、波形变换电路、限幅电路和滤波电路等。输入回路的作用就是将汽车中各式传感器的输入信号变换成微机能够接收的数字信号。其中模/数（A/D）转换器外接一些模拟信号，将其转换为数字信号，如图 7-3（a）所示。汽车中热丝式、热膜式空气流量传感器信号等都属于模拟信号。汽车的霍尔式传感器（发动机转速、活塞上止点位置、汽车速度）信号、点火开关、空挡起动开关、触点开关式传感器（节气门位置传感器）信号等均为脉冲信号或数字信号（高低电平），因此通过输入回路处理后，可直接传输到微机进行运算处理。

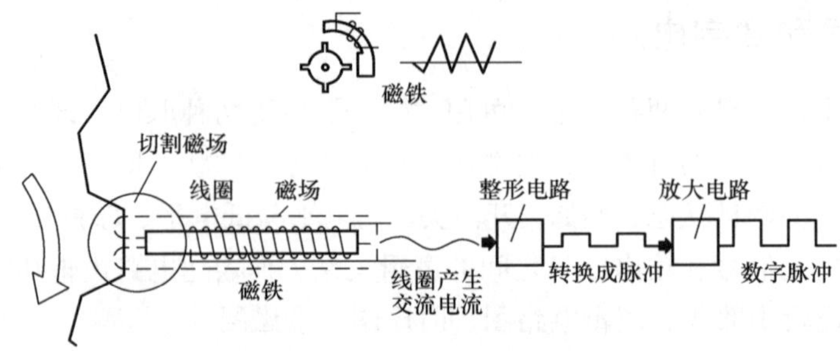

图 7-2　发动机转速检测电路

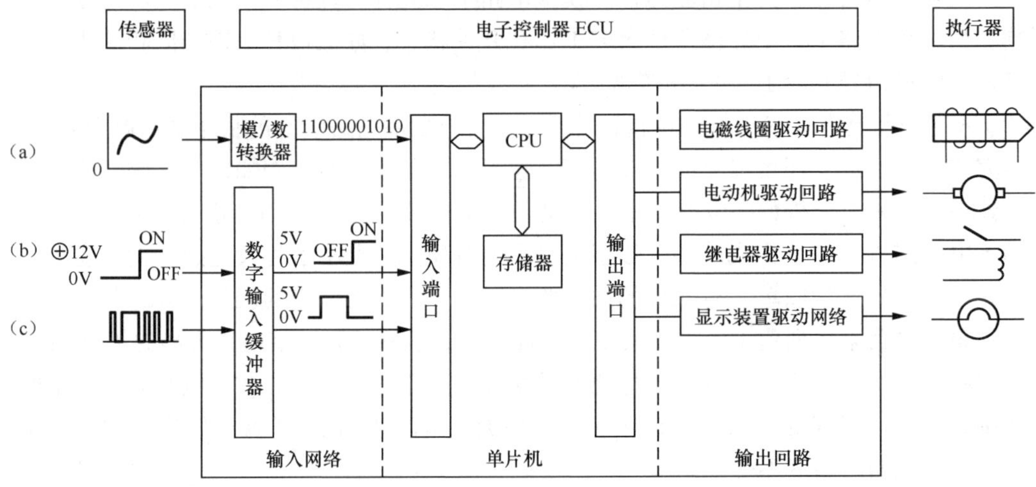

图 7-3　电控单元 ECU 内部结构框图

缓冲器的作用是对部分计算机不能接收的数字信号进行预处理（如波形整形或滤波等）后送入计算机。例如，点火开关、空挡起动开关等输出的开关信号为电源（12～14V）信号，如图 7-3（b）所示，而计算机电源信号为 5V 信号，因此需要缓冲器限幅电路将其转换为 5V 信号；触点开关式传感器输出的数字信号含有干扰信号，如图 7-3（c）所示，这些干扰信号必须经缓冲器的滤波电路将干扰除去。

数字电路在科研、生产、军事以及人们的日常生活等各方面都得到了越来越广泛的应用，例如，以数字电路为基础的电子计算机、数字式仪表、数字逻辑系统等，尤其在汽车中越来越多的传感器都采取数字处理方式。

数字电路中，高电平或有信号用“1”表示，低电平或无信号用“0”表示，这称为正逻辑。相反若高电平或有信号用“0”表示，则称为负逻辑。无特殊声明时，一律采用正逻辑。

7.1.2　计数制

数制就是进位计数制，数字电路中常用的数制有十进制、二进制、八进制、十六进制。表达方式常用后缀 D、B、O 和 H 来区别。

1. 十进制

日常生活中，人们习惯于使用十进制（Decimal）数，十进制数有以下两个特点。

（1）采用 0，1，2…9 共 10 个不同的数字符号，按照一定的规律排列起来表示数的大小。这些数字符号称为数码。数制所用数码个数叫基数，十进制有 10 个数码，基数为 10。

（2）“逢十进一”“借一做十”。一个数可由多个数码组合而成，数码在数中的位置不同，其值也不同，例如 536 这个数，最高位为百位，其值为 500，第二位为十位，其值为 30，最低位为个位，其值为 6。536 这个数可以按照下式展开，其中数字括号外右下角的 10 表示其为十进制，或直接在数字后写 D 来表示。以此类推，其他进制也用相应的数字或字母来表示。

$$(536)_{10} = 536\text{D}=5 \times 10^2+3 \times 10^1+6 \times 10^0$$

式中，10^2 、10^1 和 10^0 称为该位的“权”。上式为按照权展开的式子。很显然某位数的加权系数就是该位数码与权的乘积，十进制数值就是各位加权系数之和。

2. 二进制

在数字电路中选择易于用电气元件状态表示的二进位计数制，简称二进制（Binary）。二进制数是用 0 和 1 两个数码按照一定规律排列来表示数值大小的，其计数规律是“逢二进一”“借一做二”，即 0+0=0，0+1=1，1+0=0，1+1=10。一个二进制数可用它的位权展开式表示。如$(1011)_2$可以写为

$$(1011)_2 = 1011\text{B}=1 \times 2^3+0 \times 2^2+1 \times 2^1+1 \times 2^0 = (11)_{10} \tag{7-1}$$

由此可知$(1011)_2$对应的十进制数为$(11)_{10}$。

二进制数的算术运算规则与十进制数基本相同。但比十进制数运算简单，又具有易于用电路状态实现等优点，其最大缺点是位数较多时，不便于读写。所以，在数字系统中，还常采用十六进制和八进制等计数制。

3. 八进制和十六进制

八进制数（Octal）的基数为 8，共有 0～7 八个数，逢八进一。在数字系统中用三位二进制数代表一位八进制数的数字。十六进制（Hexadecimal）的基数为 16，用 0～9、A、B、C、D、E、F 共 16 个数码分别表示一个十六进制数，其进位规则是“逢十六进一”“借一做十六”，通常用一个十六进制数表示 4 个二进制数。4 种计数制对比如表 7-1 所示。

表 7-1　计数制对应关系

二进制	十进制	十六进制	八进制	二进制	十进制	十六进制	八进制
0	0	0	0	1000	8	8	10
1	1	1	1	1001	9	9	11
10	2	2	2	1010	10	A	12
11	3	3	3	1011	11	B	13
100	4	4	4	1100	12	C	14
101	5	5	5	1101	13	D	15
110	6	6	6	1110	14	E	16
111	7	7	7	1111	15	F	17

4. 数制转换

一个数从一种进位制表示形式转换成等值的另一种进位制表示形式称为数制转换，其实质为权值转换。相互转换的原则是转换前后两个有理数的整数部分和小数部分必须分别相等。

由于人们习惯的是十进制数，而在数字系统和计算机中采用的是二进制，因此，经常要进行二、十进制数的相互转换。

（1）二进制数转换为十进制数

可按照（7-1）式的二进制数按权展开，然后相加，就可得到等值的十进制数。这个方法对于其他进制转换为十进制都是适用的，只要将基数 2 改为其他数制相应的基数就可以了。

（2）十进制数转换为二进制数

十进制整数转换为二进制的常用方法是除二取余法，即将十进制数连续除以 2，并依次记下余数，一直除到商为 0 为止。以最后所得的余数为最高位，依次从后向前排，即为转换后对应的二进制数。

十进制小数部分转换为二进制的常用方法是乘二取整法，即将十进制数连续乘以 2，并依次记下乘积的整数部分，乘积的小数部分继续乘以 2 直到为 0 或达到指定精度为止。再自上而下取乘积的整数部分，即可得到相应的二进制数。

【例 7-1】 将十进制数 79 转换为二进制数，即$(79)_{10}$=（ ）$_2$?

解：

2 | 79
2 | 39　余 1　　最低位
2 | 19　余 1
2 | 9　余 1
2 | 4　余 1
2 | 2　余 0
2 | 1　余 0
0　余 1　　最高位

所以$(79)_{10} = (1001111)_2$

【例 7-2】 将十进制数 0.125 转换为二进制数，即$(0.125)_{10}$=（ ）$_2$?

解：$(0.125)_{10}$反复乘以 2 取整数

（1）$0.125 \times 2=0.25$，取整数部分 0，为最高位；

（2）$0.25 \times 2=0.5$，取整数部分 0；

（3）$0.5 \times 2=1$，取整数部分 1，小数部分为 0，为最低位。

得

$$(0.125)_{10}=(0.001)_2$$

因此可知，若要将某个十进制数，如$(79.125)_{10}$，转换成二进制数，可将十进制的整数部分和小数部分分别转换成对应的二进制数后，再相加即可。

$$(79.125)_{10}=(1001111.001)_2$$

其他进制之间的相互转换请参阅计算机基础等相关书籍。

7.1.3 BCD 码

用若干位二进制数码的组合表示各种数字、符号或某个信息量的过程，称为编码。用四位二进制数表示一位十进制数的过程，称为二十进制编码，简称 BCD（Binary Coded Decimal）码。我们知道四位二进制数码共有 16 种不同的组合，这样就有多种方法来表示十进制数字 0～9，为了表述方便，常用的有 8421BCD 码，如表 7-2 所示。

表 7-2　　8421BCD 码

十 进 制 数	**8421BCD**	十 进 制 数	**8421BCD**
0	0000	5	0101
1	0001	6	0110
2	0010	7	0111
3	0011	8	1000
4	0100	9	1001

【例 7-3】 将十进制数$(56)_{10}$、$(24.79)_{10}$转换为 8421BCD 码。

解：

$$(56)_{10}=(01010110)_{8421BCD}$$

$$(24.79)_{10}=(00100100.01111001)_{8421BCD}$$

需要注意 BCD 码和二进制数的不同，例如

$$(28)_{10}=(00101000)_{8421BCD}=(11100)_2$$

7.2 逻辑门电路

“逻辑”一般是指事物的前因和后果之间的关系，即条件与结果的关系，也叫逻辑关系。用电路的输入信号表示条件，输出信号反映结果，那么电路的输入与输出之间就存在一定的逻辑关系，能实现一定逻辑关系的电路叫逻辑电路。

7.2.1 基本逻辑门电路

任何一个具体的逻辑因果关系都可以用一个确定的逻辑关系来表达。有了逻辑关系就可以方便地研究各种复杂的逻辑问题。逻辑门电路是数字电路中最基本的逻辑元件，应用十分广泛。所谓门就是一种开关，它能按照一定条件来控制信号通过与否。门电路可以由晶体管等分立元件组成，也可以用集成电路实现，称为集成门电路。

数字电路中最基本的逻辑关系有三种，即“与”“或”和“非”逻辑关系。反映上述基本逻辑关系的运算为“与”运算、“或”运算和“非”运算。其他的逻辑运算都可以通过这三种基本运算来实现。实现这三种逻辑关系的基本电路分别为与门电路、或门电路和

非门电路。

在数字电路中信号可通过高低两种电平表示，称为逻辑电平，这与逻辑状态相对应，至于高低电平的具体数值，则由数字电路的类型来决定。这样就可以将高低电平问题转化为逻辑问题。

1. 逻辑与和与门电路

（1）逻辑与

图 7-4 所示的简单电路，开关 A、B 的状态（闭合或断开）决定灯 Y 的状态（亮或灭）。只有当开关 A 与 B 都闭合时，灯 Y 才能亮。由此可总结出这样一个规律：当决定某事物的各个条件必须完全具备（开关 A 与 B 都闭合）时，结果（灯 Y 亮）才会发生，这些条件缺一不可，这种条件和结果的关系就是逻辑“与”关系。

为便于分析，首先设定各逻辑变量的数值含义：设开关 A 和 B 的状态——闭合为 1，断开为 0；灯泡 Y 的状态——灯亮为 1，灯灭为 0。把开关 A 和 B 的状态组合与灯 Y 的对应状态列表，即可得到与逻辑真值表，如表 7-3。

表 7-3　　与逻辑真值表

输　入		输　出
A	B	Y
0	0	0
0	1	0
1	0	0
1	1	1

真值表反映了逻辑变量 A、B 与逻辑函数 Y 之间逻辑与的关系，可用下式表示

$$Y = A \cdot B \qquad (7\text{-}2)$$

公式中的“·”表示“与”运算。为方便，也可写成 Y = AB。由于“与”运算和普通代数乘法相类似，故“与”运算又称逻辑乘。与门的逻辑符号如图 7-5（b）所示。对于多个变量的逻辑与可写成

$$Y = A \cdot B \cdot C \cdots$$

（2）二极管与门电路

图 7-5（a）所示为二极管与门电路，该电路由具有两个输入端的二极管组成，其中 A 和 B 为输入端，Y 为输出端。

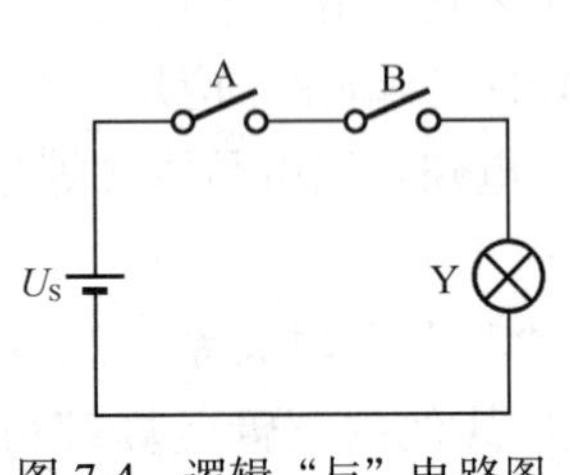

图 7-4　逻辑“与”电路图

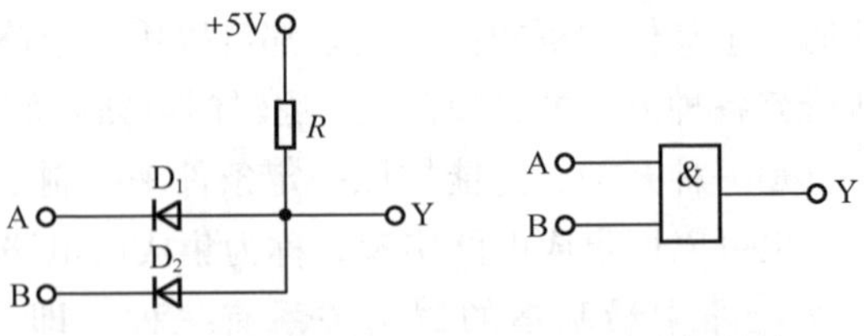

（a）电路图　　（b）逻辑符号

图 7-5　二极管与门电路和逻辑符号

设电路输入高电平为5V，低电平为0V，二极管正向压降忽略不计，下同。

根据两个输入端信号的不同，可以有4种不同的组合，分以下3种情况来讨论。

① 输入端A和B同时处于低电平（0V）时，这时两个二极管D_1和D_2均导通，由于二极管的钳位作用，输出端被钳制在低电平0V，Y端输出低电平（0V），即$Y=0$。

② 输入端A为低电平，另一个B为高电平，则低电平输入的二极管D_1优先导通，Y端输出低电平（0V），即$Y=0$，二极管D_2处于反向截止状态。反之，如A端输入为高电平，B端输入为低电平，采用同样的分析方法可知$Y=0$。

③ 输入端A和B同时输入高电平（即5V）时，两个二极管都处于截止状态，此时因电路不通而使Y端输出高电平（即5V），即$Y=1$。

与运算的逻辑关系

由以上分析可知：当所有输入端都是高电平时，输出才是高电平，否则输出就是低电平。它符合逻辑“与”关系，如表7-3所示。

与门的输入端可以有多个，但功能是一样的。

与门的逻辑功能概括为：全1为1，有0则0。
即$0\cdot0=0$，$0\cdot1=0$，$1\cdot0=0$，$1\cdot1=1$

2. 逻辑或和或门电路

（1）逻辑或

图7-6所示的简单电路，只要开关A或B有一个处于闭合状态，灯Y就能亮。由此可知：决定某事物的所有条件中只要有一个或一个以上的条件具备时，结果就会发生。这种条件和结果的关系就是逻辑“或”关系。

表7-4所示为或逻辑真值表，反映了电路中输入状态（开关合或断）和输出状态（灯亮或灭）之间的关系。

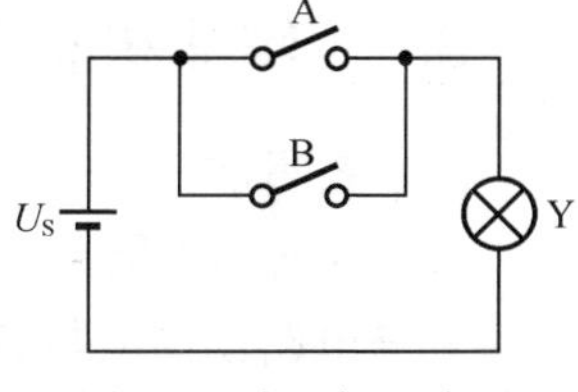

图7-6 或逻辑电路图

表7-4 或逻辑真值表

输入		输出
A	B	Y
0	0	0
0	1	1
1	0	1
1	1	1

由真值表可知，逻辑变量A、B与逻辑函数Y之间满足逻辑或的关系，可用下式表示

$$Y=A+B \tag{7-3}$$

这里“+”表示“或”运算，与普通数学加法运算相似，所以逻辑或又称为逻辑“加”。逻辑或图形符号如图7-7（b）所示。对于多个变量的逻辑与可写成

$$Y=A+B+C\cdots$$

（2）二极管或门电路

图7-7（a）所示为二极管或门电路，该电路是由具有两个输入端的二极管组成的，其中A

和 B 为输入端，Y 为输出端。

与分析二极管与门电路的工作原理相同，对该电路也可分以下 3 种情况来讨论。

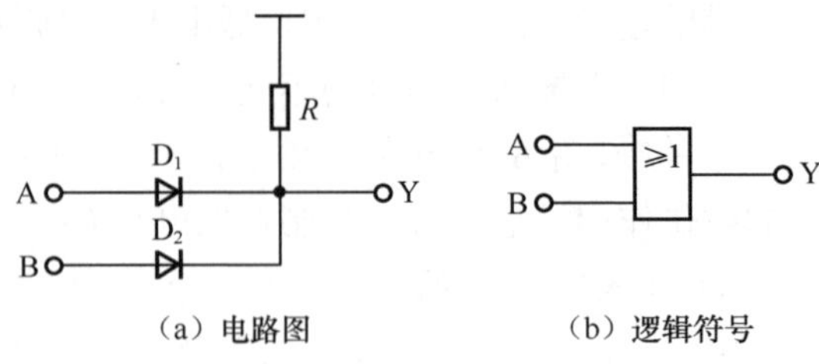

（a）电路图　　（b）逻辑符号

图 7-7　二极管或门电路和逻辑符号

① 输入端 A 和 B 同时处于低电平（即 0V）时，两个二极管均不导通，该电路中无电流流过，所以 Y 端输出低电平（0V），即 Y = 0 。

② 输入端 A 输入高电平（5V），另一个输入 B 为低电平，则二极管 D_1 导通，这样就使输出端 Y 钳位在高电平（5V），从而使二极管 D_2 处于反向截止状态，所以此时输出端 Y 为高电平，即 Y = 1。反之，如输入端 B 为高电平，输入端 A 为低电平，采用同样的分析方法可知 Y = 1。

③ 输入端 A 和 B 同时输入高电平（5V）时，两个二极管都处于导通状态，此时 Y 端输出高电平（5V），即 Y = 1 。

由以上分析可知：只要有一个输入端是高电平时，输出就是高电平，只有输入全是低电平，输出才是低电平。它符合逻辑"或"关系，如表 7-4 所示。或门的输入端可以有多个，但功能是一样的。

或门逻辑功能概括为：有 1 为 1，全 0 则 0。即 0+0=0，0+1=1，1+0=1，1+1=1。需要注意逻辑加和代数加的不同。代数加：1+1=10。

3. 逻辑非和非门电路

（1）逻辑非

图 7-8 所示的简单电路，当开关 A 断开时灯 Y 亮，当开关 A 闭合时灯 Y 短路而熄灭。由此可知该电路的结果与条件是相反的，即在某一条件下却得到与条件相反的结果，这种条件和结果的关系为逻辑"非"关系。因此灯 Y 和开关 A 之间为逻辑非的关系，可表示为

$$Y = \overline{A} \tag{7-4}$$

A 变量上方的"—"号表示"非"运算，非逻辑真值表见表 7-5。非逻辑图形符号如图 7-9（b）所示。

表 7-5　非逻辑真值表

输　入	输　出
A	Y
0	1
1	0

（2）三极管非门电路

图 7-9（a）所示的非门电路，三极管工作在饱和或截止状态。

通过分析可知：当输入端 A 为低电平（0V）时，三极管 T 处于截止状态，输出端 Y 为高电平（5V），即 Y = 1；当输入端 A 为高电平（5V）时，三极管 T 处于饱和导通状态，这里忽略三极管 T 的饱和压降，输出端 Y 为低电平（实际电位大于 0V，但与 0V 比较接近），Y = 0 。

非门的特点是只有一个输入端和一个输出端，并且输入和输出的状态始终相反，故非门电路也叫反相器。

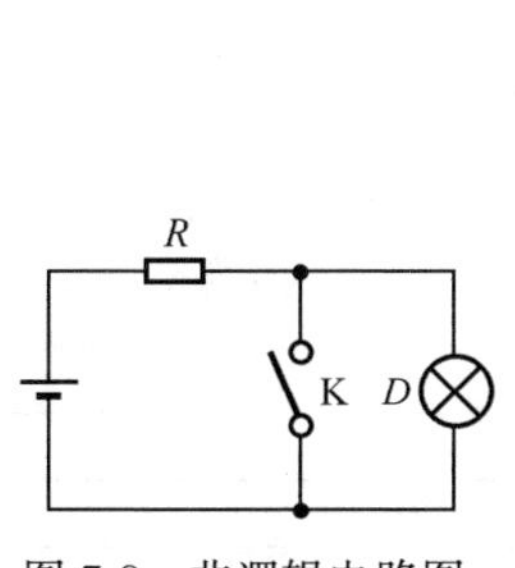

图 7-8　非逻辑电路图

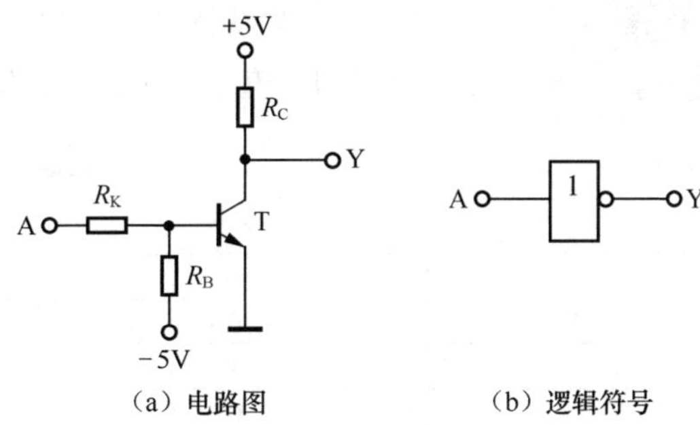

（a）电路图　（b）逻辑符号

图 7-9　三极管非门电路和逻辑符号

非门电路的逻辑符号输出有个圆圈，画图的时候一定要注意。$\overline{1}=0$，$\overline{0}=1$。

7.2.2　复合逻辑门电路

在数字电路中，利用基本门电路可以组合成与非门、或非门和与或非门等电路。这些复合逻辑门电路具有复合能力，其工作速度和可靠性都得到了很大的提高，随着集成电路的不断发展，复合逻辑门电路也算是比较基本的逻辑门电路。

1. 与非门电路

把与门和非门串联起来就组成了与非门电路，其串联方式和表示符号如图 7-10 所示。

由图可知 $Y' = A \cdot B$，而 $Y = \overline{Y'}$，所以与非门的逻辑表达式为

$$Y = \overline{A \cdot B} \tag{7-5}$$

与非门的关系就是在与门的输出条件下再求非，所以其逻辑功能可概括为：有 0 出 1，全 1 为 0，其真值表如表 7-6 所示。

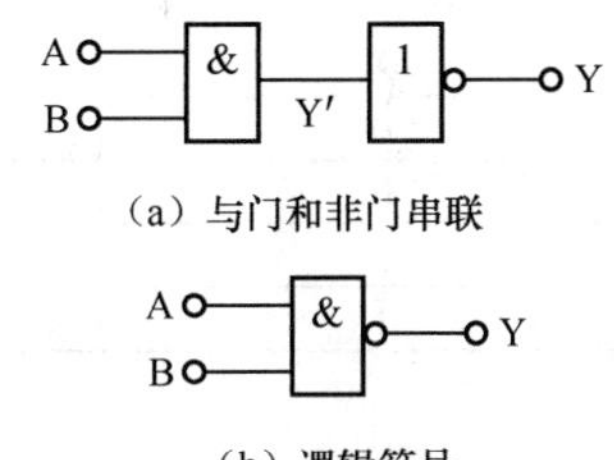

（a）与门和非门串联

（b）逻辑符号

图 7-10　与非门电路和逻辑符号

表 7-6　与非真值表

输　入		输　出
A	B	Y
0	0	1
0	1	1
1	0	1
1	1	0

2. 或非门电路

把或门和非门串联起来就组成了或非门电路，其串联方式和表示符号如图 7-11 所示。

由图可知 $Y' = A + B$，而 $Y = Y'$，所以或非门的逻辑表达式为

$$Y = \overline{A + B} \tag{7-6}$$

或非门的关系就是在或门的输出条件下再求非，所以其逻辑功能可概括为：全 0 为 1，有 1 出 0，其真值表如表 7-7 所示。

表 7-7　或非真值表

输　入		输　出
A	B	Y
0	0	1
0	1	0
1	0	0
1	1	0

3. 异或门

式 $Y = A\overline{B} + \overline{A}B$ 的逻辑运算称异或运算，记作

$$Y=A\oplus B \tag{7-7}$$

逻辑符号如图 7-12 所示。由表达式可得出真值表如表 7-8 所示。

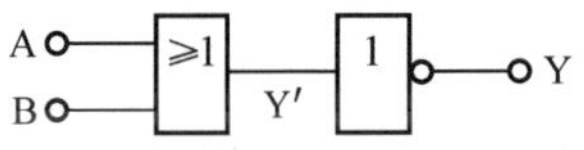

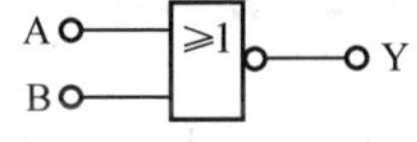

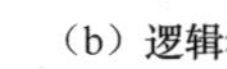

图 7-11　或非门电路和逻辑符号

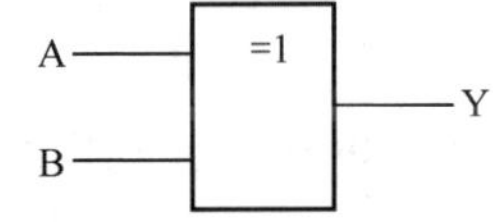

图 7-12　异或门逻辑符号

表 7-8　异或真值表

输　入		输　出
A	B	Y
0	0	0
0	1	1
1	0	1
1	1	0

异或门逻辑功能可概括为：两个输入信号相异（一个为 0，一个为 1）输出为 1，两个输入信号相同（全为 0 或全为 1）输出为 0。简要地说就是：相异出 1，相同出 0。

【例 7-4】　如图 7-13（a）所示电路，输入信号波形如图 7-13（b）所示，试画出输出 Y_1 和 Y_2 的波形。

解：由图可知，$Y_1=\overline{AB}$，$Y_2=\overline{Y_1+C}=\overline{\overline{AB}+C}$，根据与逻辑和或逻辑的特性，画出 Y_1 和 Y_2 输出波形如图 7-13（b）所示。其中与门可抓住输入（A，B）=（1，1）组合，输出为 1，其余组合输出为 0。或门可抓住输入（Y_1，C）=（0，0）组合，输出为 0，其余组合输出为 1。

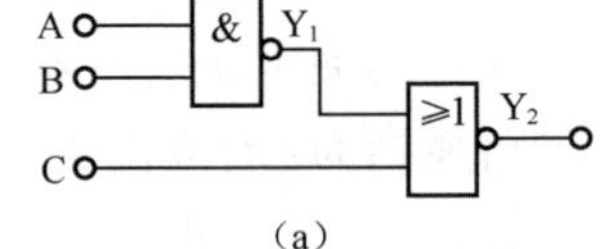

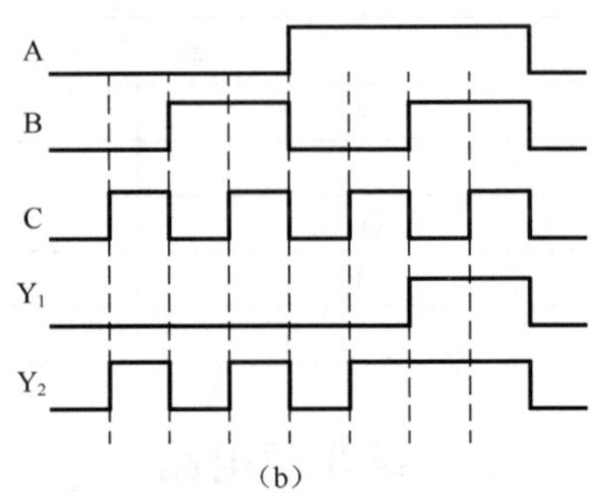

图 7-13　例 7-4 图

与非门是应用最为广泛的门电路，其他门电路以及各种复杂的逻辑部件都可由与非门组成。

7.2.3 基本门电路在汽车上的应用

图 7-14 所示为汽车散热器水箱水位报警电路。该报警器由铜棒探测器、6 个非门电路、压电陶瓷片 HTD、发光二极管 LED1、发光二极管 LED2 和蓄电池等组成。

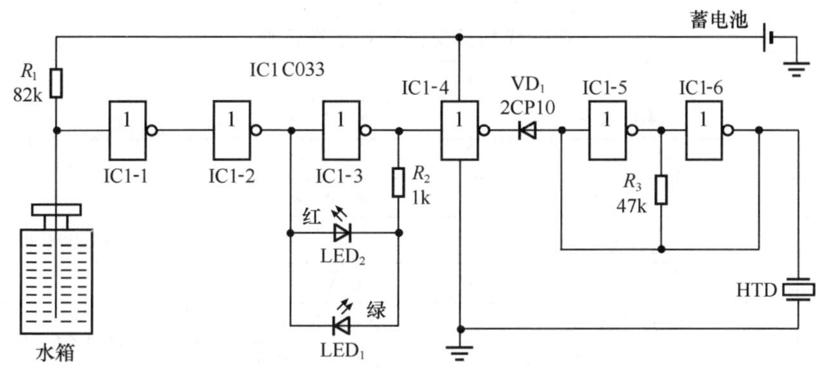

图 7-14　汽车散热器水箱水位报警电路

探测器放入水箱内，铜棒的半径可依具体情况而定，一般选用ϕ2mm 的漆包线。探测器的下端置于水箱最低水位处，且不与接地的水箱体接触。

（1）当水箱水位处于最低水位以下时，探测器与水箱体之间呈开路状态，结果使反相器 IC1-1 的输入端为高电平，输出端为低电平，由此可知 IC1-2 的输出端为高电平，IC1-3 的输出端为低电平，LED 中的红灯亮，绿灯反向截止。这样就指示水箱水位已处于最低水位以下，发出警告信息，提醒驾驶员及时加水，避免事故发生。IC1-5 和 IC1-6 组成的振荡器工作，其输出信号促使 HTD 发出声响报警。

（2）当水箱内水位正常（最低水位以上）时，探测器与水箱体之间因为导通使 IC1-1 的输入端为低电平，相应 IC1-2 的输出为低电平，IC1-3 输出高电平，LED 中的绿灯变亮，红灯反向截止，指示水位正常。同时 IC1-4 输出低电平使 VD1 导通，相应 IC1-5 和 IC1-6 组成的振荡器停止工作，电路不发生报警。

7.3 组合逻辑电路分析

逻辑电路按其功能不同可分为两大类电路：一类称为组合逻辑电路，简称组合电路；另一类称为时序逻辑电路，简称时序电路。从结构上看，组合逻辑电路仅由若干逻辑门组成，也就是说组合逻辑电路的基本单元就是逻辑门电路。组合逻辑电路在任一时刻的输出信号仅仅与当时的输入信号有关，与电路原来的状态无关。

7.3.1 逻辑代数简介

逻辑代数是分析和设计逻辑电路的数学基础。逻辑代数是由英国科学家乔治·布尔（George·Boole）创立的，故又称布尔代数。

逻辑代数虽然和普通代数一样也用字母表示变量，但变量的取值只有“0”“1”两种，分别称为逻辑“0”和逻辑“1”。这里“0”和“1”并不表示数量的大小，而是表示两种相互对立的逻辑状态。逻辑代数所表示的是逻辑关系，而不是数量关系。这是它与普通代数的本质区别。

逻辑代数运算法则和定律如表7-9所示。

表7-9 逻辑代数运算法则和定律汇总

定律名称	公式和定律		说明
自等律	$A+0=A$	$A\cdot 1=A$	变量与常量间的运算
0-1律	$0\cdot A=0 \quad 1\cdot A=A$	$0+A=A \quad 1+A=1$	
重叠律	$A\cdot A=A$	$A+A=A$	逻辑代数的特殊定律
还原律	$\overline{\overline{A}}=A$		
互补律	$A+\overline{A}=1$	$A\cdot\overline{A}=0$	
交换律	$AB=BA$	$A+B=B+A$	与普通代数相似的定律，其中有下划线公式不同于普通代数
结合律	$A\cdot B\cdot C=A\cdot(B\cdot C)$	$A+B+C=A+(B+C)$	
分配律	$A(B+C)=AB+AC$	$\underline{A+BC=(A+B)(A+C)}$	
吸收律	$A(A+B)=A$ $A+AB=A$	$A(\overline{A}+B)=AB$ $A+\overline{A}B=A+B$	可由分配律推出
反演律 (摩根定律)	$\overline{AB}=\overline{A}+\overline{B}$ $\overline{ABC\cdots}=\overline{A}+\overline{B}+\overline{C}+\cdots$	$\overline{A+B}=\overline{A}\cdot\overline{B}$ $\overline{A+B+C+\cdots}$ $=\overline{A}\cdot\overline{B}\cdot\overline{C}\cdots$	逻辑代数的特殊定律

反演律

【例7-5】 试证明以下等式。

（1）$A+BC=(A+B)(A+C)$；

（2）$A+\overline{A}B=A+B$；

（3）$AB+\overline{A}C+BC=AB+\overline{A}C$；

（4）$\overline{AB}=\overline{A}+\overline{B}$。

证明：

（1）$(A+B)(A+C)=AA+AC+AB+BC=A+AC+AB+BC=A(1+C+B)+BC=A+BC$

（2）$A+\overline{A}B=(A+\overline{A})(A+B)=1\cdot(A+B)=A+B$

（3）$AB+\overline{A}C+BC=AB+\overline{A}C+(A+\overline{A})BC=AB+\overline{A}C+ABC+\overline{A}BC$

$=AB(1+C)+\overline{A}C(1+B)=AB+\overline{A}C$

（4）列真值表可以证明反演律，见表7-10。

表7-10 反演律的真值表

A	B	$\overline{A}$	$\overline{B}$	$\overline{AB}$	$\overline{A}+\overline{B}$
0	0	1	1	1	1
0	1	1	0	1	1
1	0	0	1	1	1
1	1	0	0	0	0

同理，$\overline{A+B}=\overline{A}\cdot\overline{B}$也可以同样证明。

通过学习逻辑代数定律，我们知道一个逻辑函数可以有多种不同的表达式。为了得到最简表达式，以简化逻辑电路，就需要对逻辑函数进行化简。

常用的化简方法包括公式化简法和卡诺图化简法。本书只介绍公式化简法。公式化简法就是运用逻辑代数的基本定律和运算法则对函数进行化简，下面通过例题进行学习。

【例 7-6】 试化简以下函数。

（1）$Y=ABC+A\overline{B}C+A\overline{B}\overline{C}+AB\overline{C}$；

（2）$Y=ABC+\overline{A}BC+A\overline{B}C$；

（3）$Y=AC+A\overline{B}+B\overline{C}$

解：（1）$Y=ABC+A\overline{B}C+A\overline{B}\overline{C}+AB\overline{C}=AC(B+\overline{B})+A\overline{C}(\overline{B}+B)$

$=AC+A\overline{C}=A(C+\overline{C})=A$

（2）$Y=ABC+\overline{A}BC+A\overline{B}C=ABC+\overline{A}BC+A\overline{B}C+ABC$

$=BC(A+\overline{A})+AC(B+\overline{B})=BC+AC$

（3）$Y=AC+A\overline{B}+B\overline{C}=A(C+\overline{B})+B\overline{C}=A\overline{B\overline{C}}+B\overline{C}=A+B\overline{C}$

上式中用到了吸收律$A+\overline{A}B=A+B$，将$B\overline{C}$作为一个整体进行化简。

7.3.2 组合逻辑电路分析

组合逻辑电路分析，就是根据给定的逻辑电路，找出其输入信号和输出信号之间的逻辑关系，最后确定电路逻辑功能的过程。

电路分析的过程一般可分为以下几个步骤：

（1）根据电路图，从输入信号入手，逐步写出各级输出端的逻辑表达式；

（2）运用逻辑代数化简或变换表达式；

（3）列出真值表；

（4）根据逻辑表达式或真值表判断电路的逻辑功能。

图 7-15 例 7-7 图

【例 7-7】 试分析图 7-15 所示组合逻辑电路的逻辑功能。

解：（1）逐级写出逻辑表达式。

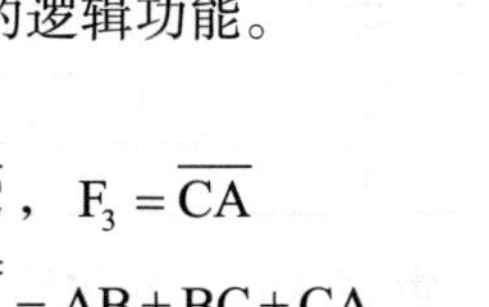

$$F_1=\overline{AB}，\quad F_2=\overline{BC}，\quad F_3=\overline{CA}$$

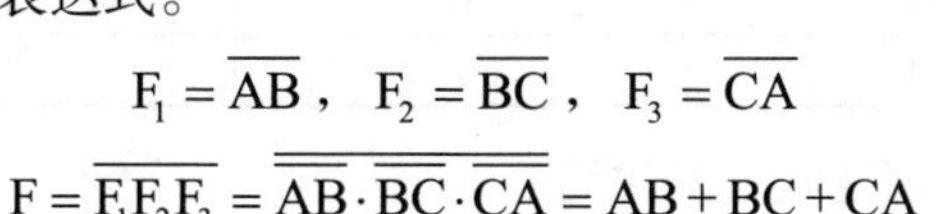

$$F=\overline{F_1F_2F_3}=\overline{\overline{AB}\cdot\overline{BC}\cdot\overline{CA}}=AB+BC+CA$$

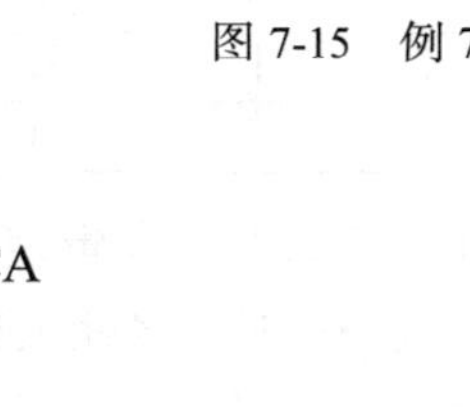

（2）列出真值表，如表 7-11 所示。

表 7-11　　例 7-7 真值表

A	B	C	F
0	0	0	0
0	0	1	0
0	1	0	0
0	1	1	1
1	0	0	0
1	0	1	1
1	1	0	1
1	1	1	1

（3）分析电路逻辑功能。

由表 7-11 可知，当三个输入信号中有 2 个及以上为 1 时，输出 F 为 1 ，否则输出 F 为 0。因此这个电路是一个 3 人表决用的组合逻辑电路，只有 2 票或 3 票同意时，表决才能通过。

7.3.3 组合逻辑电路设计

组合逻辑电路的设计是分析的逆过程，就是要根据题意设计出满足逻辑功能的电路。一般的设计过程有以下几个步骤：

（1）根据题意确定输入输出变量的个数，并对它们进行逻辑赋值（即确定 0 和 1 对应的含义）；

（2）根据逻辑功能要求列出真值表；

（3）写出逻辑表达式，并化简；

（4）根据要求画出逻辑图。

【例 7-8】 某工厂有 A、B、C 3 个车间和一个自备电站，站内有两台发电机 G1 和 G2。G1 的容量是 G2 的两倍。如果一个车间开工，只需 G2 运行即可满足要求；如果两个车间开工，只需 G1 运行，如果 3 个车间同时开工，则 G1 和 G2 均需运行。试用与非门设计控制 G1 和 G2 运行的逻辑图。

解：（1）根据逻辑要求，确定逻辑变量，并进行赋值。

设：3 个输入变量 A、B、C 分别表示 3 个车间的工作状态：开工=1，不开工=0；两个输出变量 G1 和 G2 分别对应两台发电机运行情况：运行=1，不运行=0。

（2）根据逻辑要求列真值表，如表 7-12 所示。

表 7-12　　例 7-8 真值表

A	B	C	G_1	G_2
0	0	0	0	0
0	0	1	0	1
0	1	0	0	1
0	1	1	1	0
1	0	0	0	1
1	0	1	1	0
1	1	0	1	0
1	1	1	1	1

（3）由真值表写出逻辑表达式，并化简。

取输出 G_1=1 时，各输入变量的组合，如 $\overline{A}BC$、$A\overline{B}C$ 等多项，相加后即可得到 G_1 逻辑表达式。需注意对应于 G_1=1，若输入变量为“1”，则取输入变量本身（如 A）；若输入变量为“0”，则取其反变量（如 $\overline{A}$）。同理写出 G_2 逻辑表达式。

$$G_1 = \overline{A}BC + A\overline{B}C + AB\overline{C} + ABC = BC + AC + AB$$

$$G_2 = \overline{A}\,\overline{B}C + \overline{A}B\overline{C} + A\overline{B}\overline{C} + ABC$$

（4）用与非门构成逻辑电路，如图 7-16 所示。

$$G_1 = \overline{\overline{BC + AC + AB}} = \overline{\overline{BC} \cdot \overline{AC} \cdot \overline{AB}}$$

$$G_2 = \overline{\overline{\overline{A}\overline{B}C + \overline{A}B\overline{C} + A\overline{B}\overline{C} + ABC}} = \overline{\overline{\overline{A}\overline{B}C} \cdot \overline{\overline{A}B\overline{C}} \cdot \overline{A\overline{B}\overline{C}} \cdot \overline{ABC}}$$

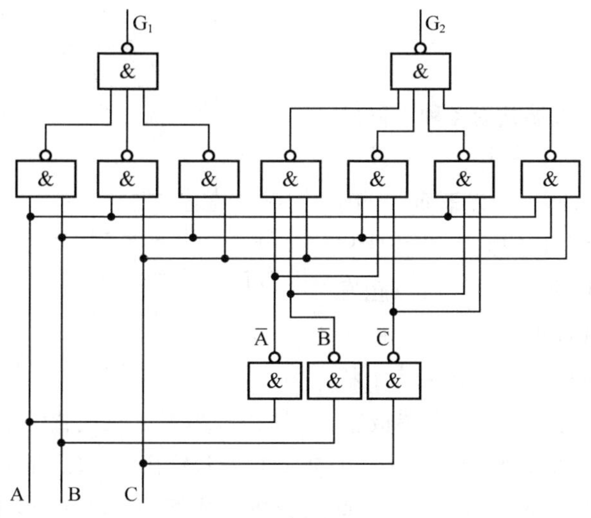

图 7-16　例 7-8 图

7.4 集成触发器

前面讲过的组合逻辑电路，它由门电路构成，在某一时刻的输出仅仅由当时的输入状态决定。而在一个复杂的计算机系统中，还使用着另一种类型的电路——时序逻辑电路。这种电路在某一时刻的输出不仅和当时的输入状态有关，还与电路原来的输出状态有关，当输入信号消失后，这个信号对电路的影响却能保留下来。它是具有记忆功能的电路，而触发器是构成时序逻辑电路的基本单元。

触发器是指具有 0 和 1 两种稳定状态的电路。在任一时刻，触发器处于一种稳定状态，当其处于某一稳定状态时，只要不断电它就能长期保持这一稳定状态，只有在一定条件下，它才能翻转到另一个状态并再次稳定下来，直到下一个输入使它翻转为止。

根据逻辑功能的不同，触发器可分为 RS 触发器、JK 触发器、D 触发器、T 触发器和 T′ 触发器等。根据触发方式不同，触发器可分为电平触发器、边沿触发器和主从触发器。根据电路结构不同，触发器可分为基本 RS 触发器、同步触发器、主从触发器、边沿触发器以及维持阻塞触发器。

触发器具有记忆功能，在计算机系统中可用来作为信号的存储和计数。

7.4.1　基本 RS 触发器

1. 电路构成

将两个与非门的输入端和输出端交叉连接就构成基本 RS 触发器，如图 7-17 所示，它是组成其他触发器的基础。$\overline{R}$ 和 $\overline{S}$ 是触发器的两个输入端，字母上面的横线（也就是非号）表示低电平有效（即低电平触发），Q 和 $\overline{Q}$ 是触发器的两个输出端，在触发器处于稳定状态时，它们的输出状态相反（即两个输出端互补，即 $Q=1$ 时 $\overline{Q}=0$，当 $Q=0$ 时 $\overline{Q}=1$）。习惯上规定用 Q 端状态作为触发器的状态，即 Q 输出高电平时，称触发器处于“1”状态，Q 输出低电平时，触发器处于“0”状态。

2. 工作原理

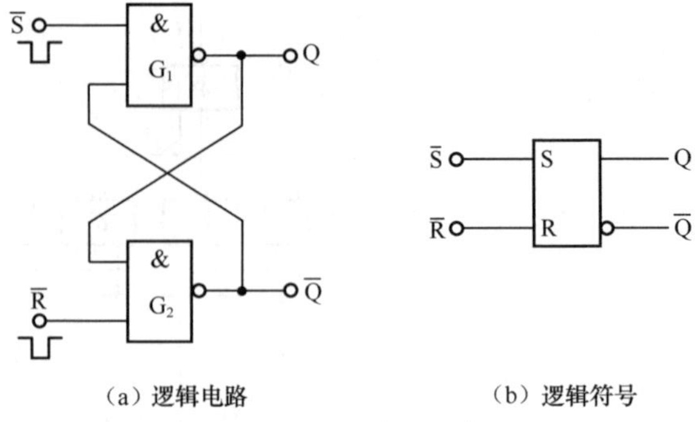

图 7-17　基本 RS 触发器

从图 7-17 可看出输入端共有 4 种不同的组合，现分析如下。

（1）当 $\overline{R}=1$、$\overline{S}=0$ 时，触发器置 1。因 $\overline{S}=0$，G_1 输出 $Q=1$，而 G_2 的输入信号 Q 和 $\overline{R}$ 都是高电平 1，G_2 输出 $\overline{Q}=0$，所以触发器置 1。此时即使 $\overline{S}$ 端的低电平消失，由于 $\overline{Q}=0$ 作为 G_1 的输入端而使触发器保持 1 状态不变。$\overline{S}$ 端加一个低电平时，触发器被置 1，所以 $\overline{S}$ 为置 1 端或置位端。

（2）当 $\overline{R}=0$、$\overline{S}=1$ 时，触发器置 0。因 $\overline{R}=0$，G_2 输出 $\overline{Q}=1$，而 G_1 的输入信号都是高电平 1，G_1 输出 $Q=0$，即触发器置 0。与上面的分析方法相同，可知 $Q=0$，$\overline{Q}=1$，此时触发器置 0。当 $\overline{R}$ 端加一个低电平信号时，触发器被置 0，所以 $\overline{R}$ 为置 0 端或复位端。

（3）当 $\overline{R}=\overline{S}=1$ 时，触发器保持原来状态不变。若触发器原来的状态为 1，即 $Q=1$，$\overline{Q}=0$，G_1 的一个输入端为低电平，其输出端 $Q=1$，而 G_2 的两个输入端都为高电平，故其输出端 $\overline{Q}=0$。电路保持 1 状态不变。若触发器原来的状态为 0，同样可分析出电路保持 0 状态不变。

（4）当 $\overline{R}=\overline{S}=0$ 时，触发器状态不定。此时两个与非门的输出端 Q 和 $\overline{Q}$ 全为 1，在两个输入信号都同时撤去（回到 1）后，由于两个与非门的延迟时间无法确定，触发器的状态不能确定是 1 还是 0。从另外一个角度来说，正因为 $\overline{R}$ 和 $\overline{S}$ 端完成置 0、置 1 都是处于低电平时有效，所以二者不能同时为 0。因此称这种情况为不稳定状态，该状态破坏了数字系统的正常逻辑关系。所以使用基本 RS 触发器时，应禁止出现 $\overline{R}=\overline{S}=0$ 的情况。

基本 RS 触发器的上述逻辑功能可用表 7-13 所示特性表来表示。其中触发器现态 Q^n，是指触发器输入信号（$\overline{S}$ 和 $\overline{R}$）变化前的状态；触发器次态 Q^{n+1}，是指触发器输入信号变化后的状态。表中"×"表示包括 0 或 1 两种状态。

表 7-13　　基本 RS 触发器特性表

$\overline{R}$	$\overline{S}$	Q^n	Q^{n+1}	说明
0	0	0	×	触发器状态不定
		1	×	
0	1	0	0	触发器置 0
		1	0	
1	0	0	1	触发器置 1
		1	1	
1	1	0	0	触发器保持原状态不变
		1	1	

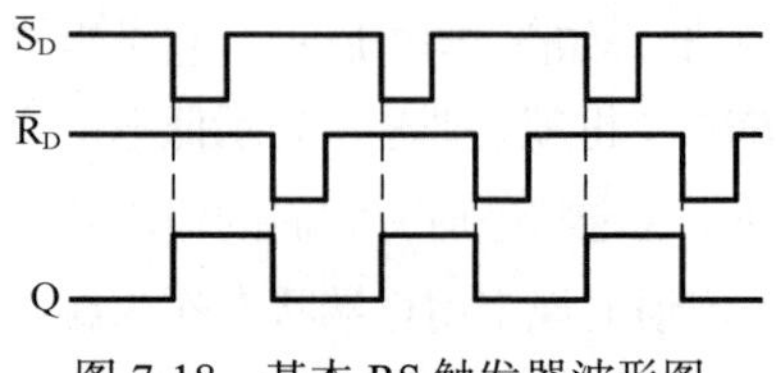

图 7-18　基本 RS 触发器波形图

图 7-18 所示为基本 RS 触发器波形图，也称为时序图，根据触发器输入信号的波形，对应特性表绘制出输出信号的波形。波形图可以直观地反映触发器输入和输出的逻辑关系。

基本 RS 触发器在实际中应用不多，但它是构成复杂触发器的基本组成部分，所以掌握其逻辑功能很有必要。

基本 RS 触发器的置 1、置 0 操作由输入信号直接完成，不需要触发信号触发，因此基本 RS 触发器又称为 RS 锁存器，以和其他触发器相区别。

3. 基本 RS 触发器在汽车中的应用

汽车微控制器的键盘输入电路，在使用按键开关时会有抖动现象，因此需要消除抖动电路，以确保电路质量。而基本 RS 触发器常常用在按键的消抖电路中。

当按键开关按下时，由于机械接触可能出现抖动，即输入信号可能要经过几次高低电平的变换后电路才能稳定。同样，当断开开关时，也可能经过几次抖动后才会彻底断开。若在按键和单片机输入端之间加入一个基本 RS 触发器电路，充分利用触发器的记忆功能，即使按键开关在改变位置时，输入信号有抖动，但触发器处于稳定工作状态，这样就有效克服了开关抖动带来的影响。如图 7-19（a）所示为基本 RS 触发器按键消抖电路，设未按下按键开关时，开关接在上端 B，按下时接在下端 A。A 端和 B 端作为两个与非门的输入端$\overline{R}_D$、$\overline{S}_D$。触发器输出 Q 端连接单片机的 P1.0 端。现将电路分析如下：

（1）按键未按下时，B 端接地，为低电平，A 端高电平，即$\overline{S}_D=0$、$\overline{R}_D=1$，触发器为输出 Q=1、P1.0 的电平为 1。图 7-19（b）所示为基本 RS 触发器波形。

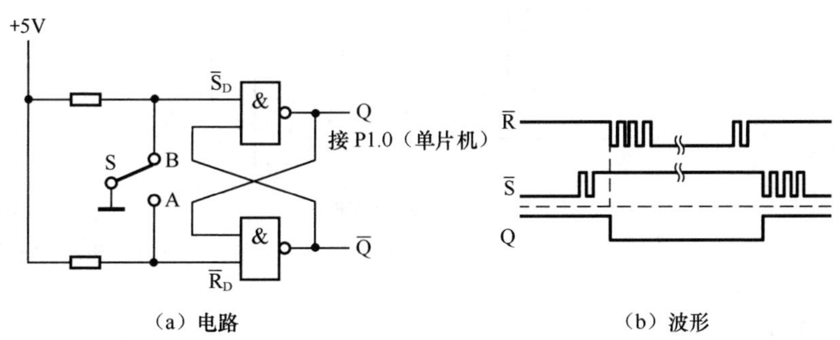

图 7-19 基本 RS 触发器消抖电路和波形

（2）当开关由 B 端打到 A 端时，首先在断开的 B 端开关有抖动，在 B 端（$\overline{S}_D$）在低电平和高电平之间抖动数毫秒，$\overline{R}_D$、$\overline{S}_D$的电平组合在（1，0）、（1，1）之间反复变化，触发器为输出 Q=1。在开关过渡过程中，会出现两端都不接触的状态，此时触发器输入端都是高电平状态，即$\overline{R}_D=1$、$\overline{S}_D=1$。根据触发器特性可知，此时触发器输出状态保持不变，触发器为输出 Q=1。当开关第一次碰到 A 端时，$\overline{R}_D=0$、$\overline{S}_D=1$，此时触发器为输出 Q=0。由于开关抖动，A 端（$\overline{R}_D$）在低电平和高电平之间抖动数毫秒，$\overline{R}_D$、$\overline{S}_D$的电平组合在（0，1）、（1，1）之间反复变化，由于（1，1）的组合时，触发器输出状态保持不变，所以此抖动对触发器输出的结果没有影响，即 Q=0，P1.0 的电平为 0。

（3）同理当开关由 A 端打到 B 端时，同理断开 A 端时的抖动——Q=0、AB 端都不接触的瞬间——Q=0，刚刚闭合 B 端时的抖动到稳定接在 B 端，$\overline{R}_D=1$、$\overline{S}_D=0$。开关在 B 端的抖动不影响触发器输出，即 Q=1，P1.0 的电平为 1。

通过分析可知，消抖电路主要利用基本 RS 触发器的记忆功能来消除开关触点抖动所造成的影响。

7.4.2 可控 RS 触发器

基本 RS 触发器直接由输入信号$\overline{R}$和$\overline{S}$控制，功能比较简单。而实际上常常要求系统中的各触发器在规定的时刻按各自输入信号所决定的状态同步触发翻转，这个时刻必须有外加控制信号来实现，这样就可以在控制信号作用下，按一定的时间节拍，将输入信号同步地反映到输出端。这个外加的控制信号称为时钟脉冲，用 CP 符号表示。由 CP 控制的 RS 触发器称为可控 RS 触发器，由于该触发器的翻转和 CP 脉冲同步，所以也叫同步 RS 触发器。

1. 电路组成

可控 RS 触发器由基本 RS 触发器和控制门组成，电路和逻辑符号如图 7-20 所示。G_1和G_2两个与非门组成基本 RS 触发器，$\overline{R}_D$和$\overline{S}_D$的作用与基本 RS 触发器的$\overline{R}$和$\overline{S}$完全相同，$\overline{R}_D$为直接置 0 端，$\overline{S}_D$为直接置 1 端，在正常工作时$\overline{R}_D$和$\overline{S}_D$都置 1。G_3和G_4两个与非门组成控制电路，R 为可控置 0 端，S 为可控置 1 端，CP 端接受时钟脉冲来控制触发器的翻转。

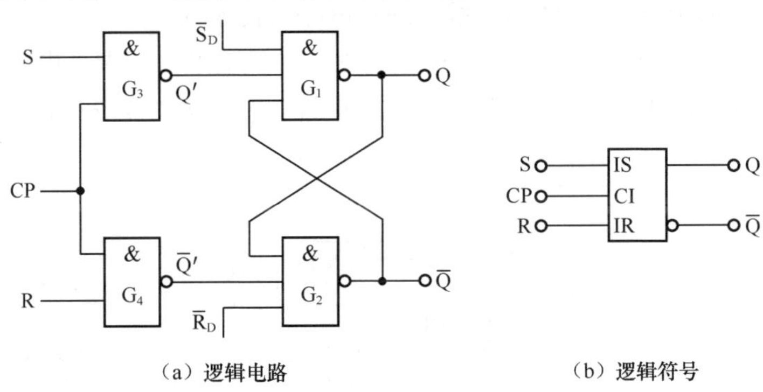

图 7-20 同步 RS 触发器逻辑图和逻辑符号

2. 工作原理

从图 7-20 可看出与非门G_3和G_4同时受 CP 信号控制，当 CP 为 0 时，根据与非门的特点可知G_3和G_4都输出 1，此时 R 和 S 不会影响G_3和G_4的输出，所以说是G_3和G_4被锁住，由于基本 RS 触发器的输入都为 1，所以基本 RS 触发器将保持原有的状态不变。

当 CP 为 1 时，G_3和G_4的输出受另外两个输入信号 R 和 S 的影响，此时G_3和G_4被解锁，R 和 S 取不同的值将会影响该触发器的状态，为此可以得到以下 4 种情况。

（1）当$R=1$、$S=0$时，触发器置 0。首先分析G_3和G_4的输出，$Q'=1$，$\overline{Q'}=0$，再分析基本 RS 触发器，可知$Q=0$，也就是说若可控 RS 触发器原来的状态为 1，现在将翻转为 0；如果原来为 0，现在将保持不变。

（2）当$R=0$、$S=1$时，触发器置 1。可知$Q'=0$，$\overline{Q'}=1$，得到基本 RS 触发器输出$Q=1$。

（3）当$R=S=0$时，根据与非门的特点可知G_3和G_4同时被锁住，$Q=\overline{Q}=1$。这与 CP 为 0 时的情况相同，所以此时该触发器将保持为原来的状态不变。

（4）当$R=S=1$时，G_3和G_4两个与非门同时被解锁，$Q'=\overline{Q'}=0$，因为 RS 基本触发器的

两个输入端都为 0，所以 $Q=\overline{Q}=1$，当脉冲信号 CP 消失后（即变为 0 时），将使该触发器的状态不稳定，所以应避免出现这种情况。

由以上分析可知，可控 RS 触发器与基本 RS 触发器不同，基本 RS 触发器是直接受 $\overline{R}$ 和 $\overline{S}$ 的控制，而可控 RS 触发器则是由时钟脉冲控制翻转的，故触发器的翻转与 CP 脉冲同步。其逻辑功能可归纳为表 7-14 所示。对于 $\overline{R}_D$ 和 $\overline{S}_D$，需要直接设置可控 RS 触发器状态时才用这两个引脚，除此以外，平时接高电平。

表 7-14　可控 RS 触发器特性表

R	S'	Q^n	Q^{n+1}	说　明
0	0	0	0	触发器保持原状态不变
		1	1	
0	1	0	1	触发器置 1
		1	1	
1	0	0	0	触发器置 0
		1	0	
1	1	0	×	触发器状态不稳定，不允许
		1	×	

图 7-21 所示为同步 RS 触发器波形图。

需要注意的是，同步 RS 触发器在 CP=1 期间接受输入信号，如输入信号在此期间多次变化，则其输出状态也会随之发生翻转，这种现象称为触发器的空翻。图 7-22 所示为同步 RS 触发器的空翻波形。在 t_1～t_3 时段 CP=1，t_1～t_2 时段 R=0、S=1，触发器输出 Q=1；t_2～t_3 时段 R=1、S=0，触发器输出 Q=0。显然在 CP=1 期间，触发器输出状态有变化。这对同步触发器的应用带来了很多限制，因此，它只能用于数据锁存，而不能用于计数器、移位寄存器等部件中。目前应用较多的是边沿触发器，由于它采用了边沿触发，所以克服了触发器的空翻现象。

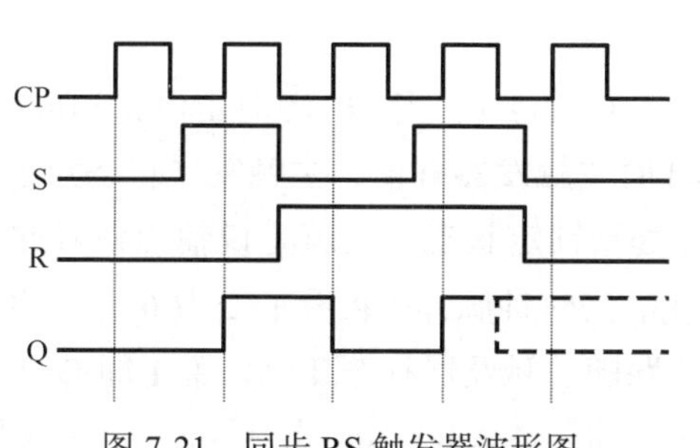

图 7-21　同步 RS 触发器波形图

图 7-22　同步 RS 触发器的空翻波形图

同一种电路结构可以实现不同逻辑功能的触发器。同样是同步触发器，除了同步 RS 触发器，还存在同步 JK 触发器和同步 D 触发器等。

7.4.3　JK 触发器

1. 电路构成

JK 触发器是一种功能很强的触发器。图 7-23（a）所示为一种典型的主从型 JK 触发器电路图，它由两级可控RS触发器串联而成，前一级称为主触发器，后一级称为从触发器。主触发器S端由两个输入信号“逻辑与”后构成，即$S=J\overline{Q}$，其中J是信号输入端，$\overline{Q}$是从触发器的一个输出端；同样主触发器R端，也由两个输入信号“逻辑与”后构成，即R=KQ，其中K是信号输入端，Q端是从触发器一个输出端。CP脉冲直接加到主触发器的时钟输入端，经过非门反相后送到从触发器的时钟输入端，这样使主、从触发器分别工作在两个不同的时区。主触发器的输出端接到从触发器的输入端。从触发器的输出端Q的状态就是触发器的状态。

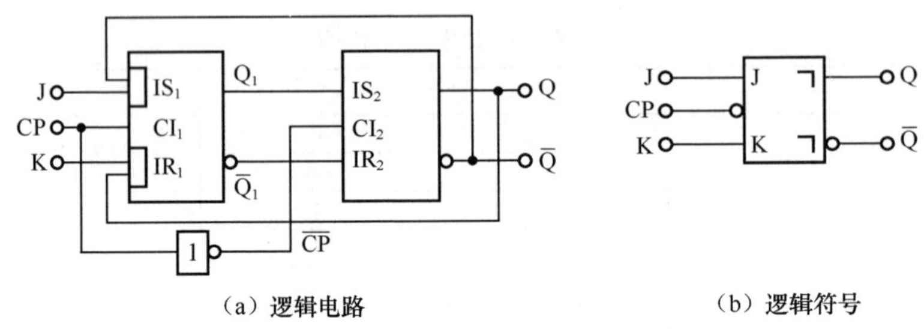

图 7-23　主从 JK 触发器逻辑电路图和逻辑符号

2. 工作原理

主从型JK触发器的工作分两步。首先当时钟脉冲到来后即$CP=1$时，主触发器解锁，接受输入信号，被置位；从触发器的时钟端输入信号$\overline{CP}=0$，这样就使从触发器被锁住，保持原状态不变。在CP由1跳变到0后，当$CP=0$时时钟脉冲使主触发器锁住，从触发器解锁，这样就把主触发器在$CP=1$时的输出信号通过从触发器输出，使从触发器翻转。因此从触发器动作，最终输出状态改变发生在CP下降沿。主从JK触发器逻辑符号如图7-23（b）所示，其中框图中的“¬”符号为输出延时符号，它表示主从触发器输出状态（即从触发器状态）变化滞后于主触发器。

对于JK触发器的逻辑功能从以下4个方面论述。

（1）J=K=1，触发器翻转

假设该触发器处于0态，即$Q=0$，$\overline{Q}=1$。当$CP=0$时由电路构成可知：$S=J\overline{Q}=1$，$R=KQ=0$，当$CP=1$时主触发器解锁，主触发器状态为1态，即$Q_1=1$，$\overline{Q_1}=0$，这时从触发器处于锁定状态，也就是说输出信号此时只保存在主触发器的输出端，从触发器不发生任何变化。当时钟脉冲CP由1变为0时，主触发器被锁住，保持其输出状态不变，从触发器工作，并跟随主触发器状态变化，置1即Q=1。

假设该触发器处于1态，即$Q=1$，$\overline{Q}=0$。当$CP=0$时，$S=J\overline{Q}=0$，$R=KQ=1$，当$CP=1$时主触发器解锁，此时主触发器的状态为0态，即$Q_1=0$，$\overline{Q_1}=1$。当时钟脉冲CP由1再变为0时，主触发器被锁住，从触发器工作，并跟随主触发器状态变化，被置0即Q=0。

由以上分析可知在$J=K=1$时经过一个时钟周期使JK触发器的状态发生了变化，实现了翻转，所以当$J=K=1$时JK触发器具有计数功能。

（2）$J=1$，$K=0$，触发器置1

假设该触发器处于0态，即$Q=0$，$\overline{Q}=1$。当$CP=0$时$S=J\overline{Q}=1$，$R=KQ=0$，当$CP=1$时可知$Q_1=1$，$\overline{Q_1}=0$。当时钟脉冲CP再变为0时，主触发器被锁住，从触发器被置1即$Q=1$。

假设该触发器处于1态，同样可分析得到，从触发器仍为1态，即$Q=1$。

由以上分析可知在$J=1$，$K=0$时经过一个时钟周期使JK触发器状态置1。

（3）J＝0，K＝0，触发器保持状态不变

不论该触发器处于 0 态或者 1 态，当 CP＝0 时 $S=J\overline{Q}=0$，$R=KQ=0$，当 CP＝1 时主触发器解锁，此时主触发器保持原来的状态不变。当时钟脉冲 CP 再变为 0 时，由于主触发器输出信号没有改变，所以从触发器的状态也没有改变。

由以上分析可知，在 J＝0，K＝0 时经过一个时钟周期使 JK 触发器状态保持不变。

（4）J＝0，K＝1，触发器置 0

假设该触发器处于 0 态，即 Q＝0，$\overline{Q}=1$。当 CP＝0 时 $S=J\overline{Q}=0$，$R=KQ=0$，当 CP＝1 时主触发器解锁，此时主触发器保持原来的状态不变。当时钟脉冲 CP 再变为 0 时，由于主触发器信号没有改变，所以从触发器的状态也没有改变即 Q＝0。

假设该触发器处于 1 态，同样可分析出从触发器被置 0 即 Q＝0。

由以上分析可知，在 J＝0，K＝1 时经过一个时钟周期使 JK 触发器状态置 0。

表 7-15 所示为 JK 触发器特性表。

表 7-15　　JK 触发器特性表

J	K	Q^n	Q^{n+1}	说　明
0	0	0	0	触发器保持原状态不变
		1	1	
0	1	0	0	触发器置 0（与 J 状态同）
		1	0	
1	0	0	1	触发器置 1（与 J 状态同）
		1	1	
1	1	0	1	触发器翻转
		1	0	

需注意，CP 从 1 变为 0 时，即下降沿时，触发器状态 Q 输出。

另外，由于主触发器本身是一个同步 RS 触发器，在 CP=1 期间，若输入信号 J、K 发生过变化，就会影响主触发器的输出，会产生一次翻转现象，而且一旦翻转就不会回到原来的状态。而这种情况下从触发器的输出状态就不能简单地按特性表来判断。

由于一次翻转会引起触发器的错误翻转，从而降低了触发器的抗干扰能力和可靠性，使主从触发器的使用受到一定局限。为避免产生错误的一次翻转，要求在 CP=1 期间，J、K 端的输入信号保持不变。

而边沿触发器只在时钟脉冲 CP 上升沿或下降沿到达时刻接受输入信号，电路状态才发生翻转，而在 CP 的其他时间内，电路状态不会发生变化，从而提高了触发器工作的可靠性和抗干扰能力。它没有空翻现象。图 7-24（a）所示为上升沿触发的边沿 JK 触发器逻辑符号。在逻辑符号图中，与 CP 端相连的方框内有“>”符号，这表明是上升沿边沿触发输入，若在左边加一个小圆圈“○”，则为下降沿触发，如图 7-24（b）所示。若 CP 端相连的方框内没有“>”符号，也没有主从触发器逻辑符号中特有的“¬”，则表明是电平触发，如图 7-20（b）中同步 RS 触发器的逻辑符号。所以在学习过程中需注意，各类触发器逻辑符号中，时钟脉冲 CP 端连接处呈现的不同画法，它反映了触发器不同的触发方式。

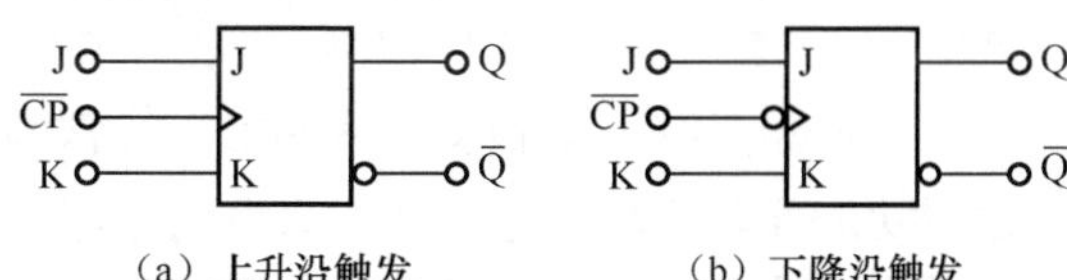

（a）上升沿触发　（b）下降沿触发

图 7-24　边沿触发的 JK 触发器逻辑符号

边沿 JK 触发器和主从 JK 触发器逻辑功能相同，只是触发方式不同。

JK 触发器是功能完善、使用灵活和通用性较强的一种触发器。常用型号有 74LS112（下降沿触发）、CC4072（上升沿触发）及 74LS27 等。JK 触发器在 J 和 K 不同取值时有不同的功能，在应用时只要记住该特性表就可以了。

【例 7-9】 设边沿 JK 触发器的初始状态为 0，为下降沿触发，已知输入 J、K 的波形图如图 7-25 所示，画出输出 Q 的波形图。

解：输出 Q 的波形图如图 7-25 所示。

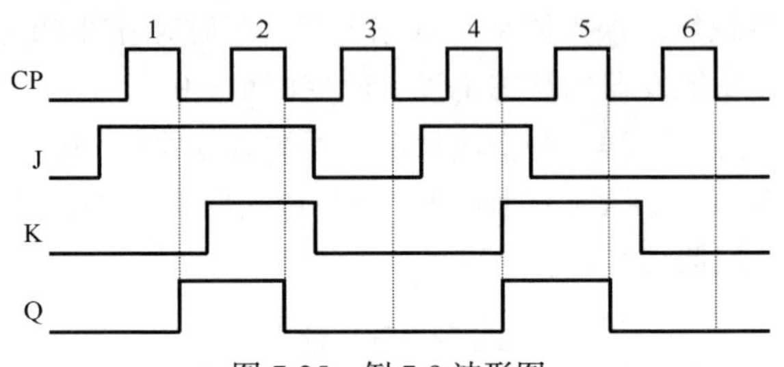

图 7-25 例 7-9 波形图

【例 7-10】 对于例 7-9，如果是上升沿触发，其他都相同，画出输出 Q 的波形图。

解：输出 Q 的波形图如图 7-26 所示。

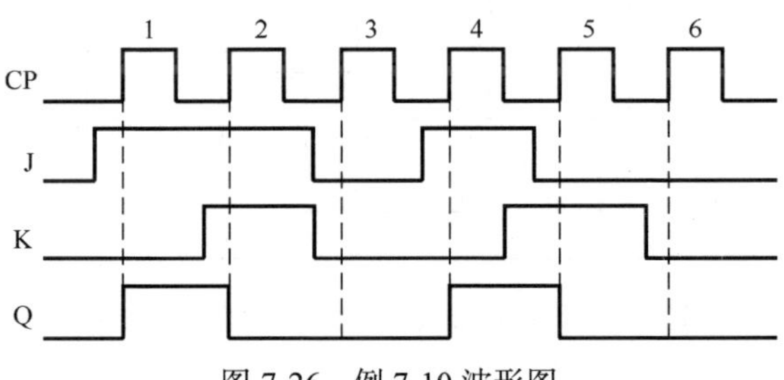

图 7-26 例 7-10 波形图

在画 JK 触发器的波形图时，应注意以下 3 点。

（1）触发器的触发翻转发生在时钟脉冲的上升沿还是下降沿。

（2）在相邻两个触发脉冲（上升沿或下降沿）之间，触发器状态保持不变。

（3）主从 JK 触发器由于有一次翻转现象，故在 CP =1 期间，只有输入信号的状态没有改变，才能按触发器特性表的逻辑功能来判断触发器输出状态。

7.4.4 D 触发器

D 触发器只有一个触发输入端 D，通常为边沿触发器，其逻辑符号如图 7-27 所示。D 触发器逻辑功能非常简单，它的状态只取决于时钟脉冲触发边沿到来前控制信号 D 端的状态，即在触发脉冲 CP 作用下，D = 0，则输出 Q = 0；D = 1，则输出 Q = 1。逻辑关系如表 7-16 所示。

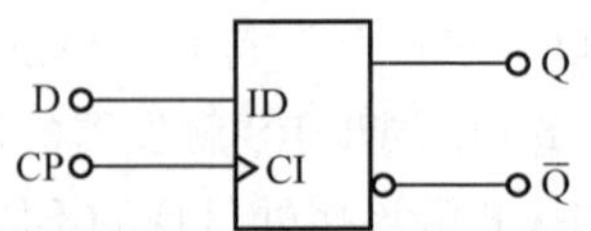

图 7-27 D 触发器逻辑符号图

表 7-16　　D 触发器的真值表

D	Q^n	Q^{n+1}	功能说明
0	0	0	输出状态与 D 状态相同
	1	0	
1	0	1	
	1	1	

边沿 D 触发器，可分为上升沿触发和下降沿触发类。D 触发器有很多种型号可供选用，如 74LS74（双 D 触发器）、74LS175（四 D 触发器）、74LS174（六 D 触发器）、74LS273（八 D 触发器）及 CD4013（CMOS 双 D 触发器）等。

【例 7-11】　设 D 触发器的初始状态为 0，为下降沿触发，已知输入 D 的波形图如图 7-28 所示，画出输出 Q 的波形图。

解：输出 Q 的波形图如图 7-28 所示。

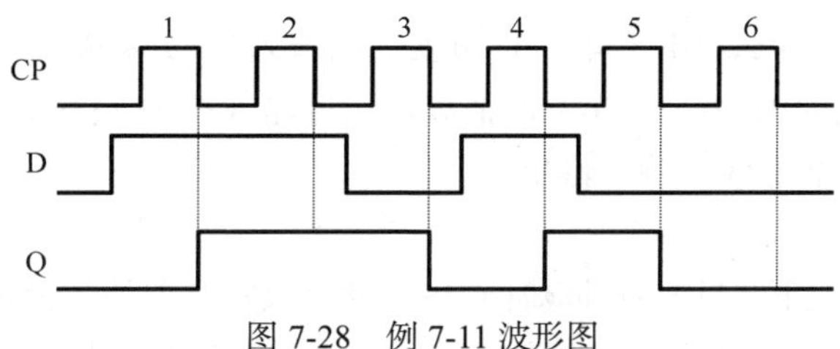

图 7-28　例 7-11 波形图

7.5 基本数字部件

7.5.1　寄存器

寄存器是一种重要的数字电路元件，有接受、存放、清除数码的功能，常用来暂时存放各种输入、输出的数据和运算结果。寄存器由若干触发器组成，一个触发器只能存放一位二进制数，*n* 位二进制代码要用 *n* 个触发器构成的 *n* 位寄存器储存。按其有无移位功能可分为数码寄存器和移位寄存器两种。

图 7-29 所示为 4 位寄存器 T4175 的内部逻辑电路图，它由 4 位 D 触发器组成，D_4、D_3、D_2、D_1 是数据并行输入端，Q_4、Q_3、Q_2、Q_1 是并行输出端，CP 是时钟脉冲输入端，$\overline{CR}$ 是清零端。其主要功能如下。

（1）清零功能

由 D 触发器的性质可知当 $\overline{CR}=0$，即 $R_D=0$ 时可使 D 触发器的状态置 0，所以无论该寄存器原来的状态是什么，只要使 $\overline{CR}=0$，就可使各触发器状态为 0，这样清除了寄存器原有数据，为接受新数据做好准备。当置 0 信号发送过去之后，$\overline{CR}$ 被自动恢复到高电平，这样该寄存器将保持原来的置 0 状态不变。

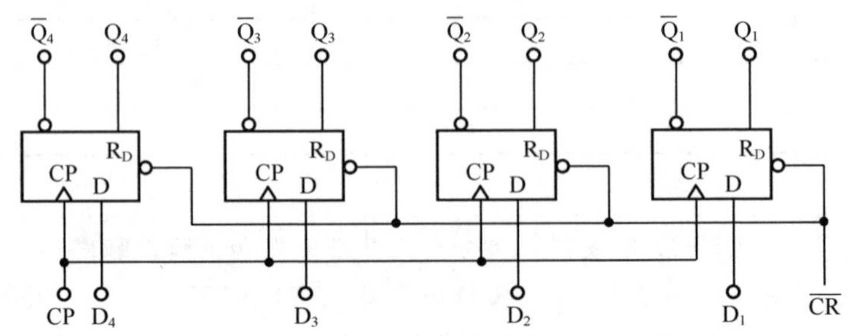

图 7-29　T4175 的内部逻辑电路图

（2）寄存数码

在确保 $\overline{CR}=1$ 的情况下，把待存数据 1010（任意一个四位二进制数）通过 4 个数据并行输入端输入，这样就使 $D_4=D_2=1$，$D_3=D_1=0$，此时由于时钟脉冲 $CP=0$ 使每个 D 触发器处于锁定状态，即使原来有数据保存在其中也不会被覆盖，直到 CP 上升沿到达时，使该触发器解锁，输入是什么输出就是什么。由于 4 个 D 触发器的输入端 D 端从左向右依次为 1010，所以 4 个 D 触发器的状态依次为 1010，这样不但把数据经过输入端 D 端存储到对应的 D 触发器中，而且还能够把数据持续经过 Q 端持续输出。

（3）保持

在确保 $\overline{CR}=1$ 的情况下，只要时钟脉冲 $CP=0$ 就使该寄存器处于锁止状态，此时不论输入端 D 端的数据如何变化，都无法改变寄存器中的内容，因此这种寄存器具有很强的 D 端抗干扰能力。

图 7-30 所示为 T4175 的外部引线排列图。从图中可以看出该寄存器共有 16 个引脚，其中 16 号引脚接直流 5V 电源，8 号引脚接地，其余引脚都在图上有所标注，这样根据上面的叙述就能够实现数据的清零、存储和保持。

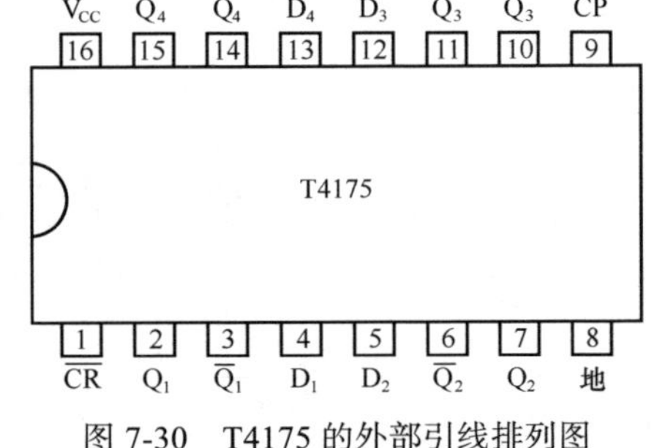

图 7-30　T4175 的外部引线排列图

有时为了增强寄存器的功能，在不需要读取数据时能够让数据存放在该寄存器中，而要求对外输出为低电位，这样只要在原来的基础上增加 4 个与门电路就可以实现，图 7-31 所示为改进后的寄存器。从图中可以看出，Q 端为读取寄存的数据端，在正常的情况下 Q 端为低电平，这样根据与门的性质可知此时输出必然为低电平，即输出为 0000，当需要读取数据时只要让 Q 端置 1，这样每个与门的输出就完全取决于 D 触发器的输出端，由于上面的数据为 1010，这样就使 4 个与门的输出为 1010，从而达到读取数据的目的。

移位寄存器不仅具有存放数码的功能，而且还有移位的功能。所谓移位就是每当一个时钟脉冲到来时寄存器的全部数码向左或向右移一位。移位寄存器按移位功能不同可分为两大类：单向移位寄存器和双向移位寄存器。所谓单向移位寄存器是指只能实现左移或右移的移位寄存器，这样单向移位寄存器又可分为单向左移移位寄存器和单向右移移位寄存器。双向移位寄存器是数码既可以左移又可以右移的寄存器。

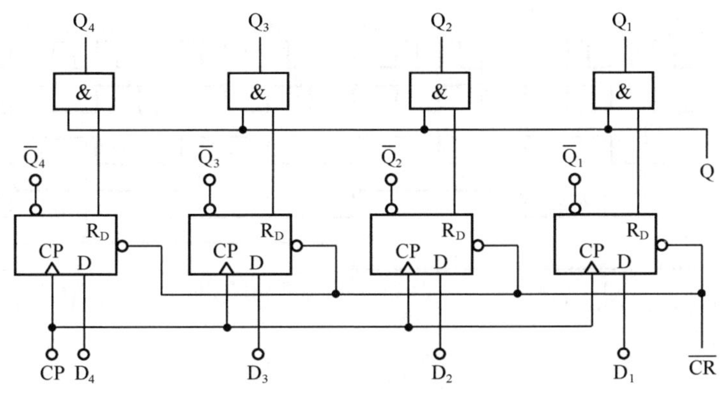

图 7-31 改进后的寄存器逻辑电路图

7.5.2 计数器

在数字电路和计算机中，计数器是最基本的部件之一。所谓计数就是统计输入脉冲的个数，它除了用于直接计数外，还可以作为数字系统中的分频和定时电路，是应用十分广泛的逻辑部件。

计数器种类很多，大致可分为以下几类：

（1）按计数进制不同可分为：二进制、十进制和任意进制计数器；

（2）按计数增减可分为：加法计数器、减法计数器和可逆计数器；

（3）按计数器中触发器状态更新与输入时钟脉冲到来是否同步可分为：同步计数器和异步计数器。

本节主要讨论二进制异步加法计数器工作原理，并对集成计数器进行简单介绍。

1. 二进制加法计数器

图 7-32（a）所示为由 JK 触发器构成的 4 位异步二进制加法计数器。4 个触发器 FF_0-FF_3 下降沿触发，其 J、K 输入端都保持高电平 1，即 J=K=1。低位触发器 FF_0 接受计数脉冲，即时钟脉冲信号，低位触发器输出端 Q 端作为相邻高位触发器的脉冲信号输入，即 $CP_1=Q_0$，$CP_2=Q_1$，$CP_3=Q_2$。按二进制方式，电路每输入一个时钟脉冲 CP 就进行一次加法运算。它的工作原理如下：

（1）计数前，计数器的清零端 $\overline{R}_D$ 上加负脉冲，使电路清零，即 $Q_3Q_2Q_1Q_0=0000$。正常工作时，$\overline{R}_D=1$。

（2）低位触发器 FF_0 由时钟脉冲控制，每输入一个时钟脉冲，状态就变化一次。其余各级触发器在前一级触发器 Q 端输出由 1 变为 0 时，才会翻转。计数器波形图如图 7-32（b）所示。

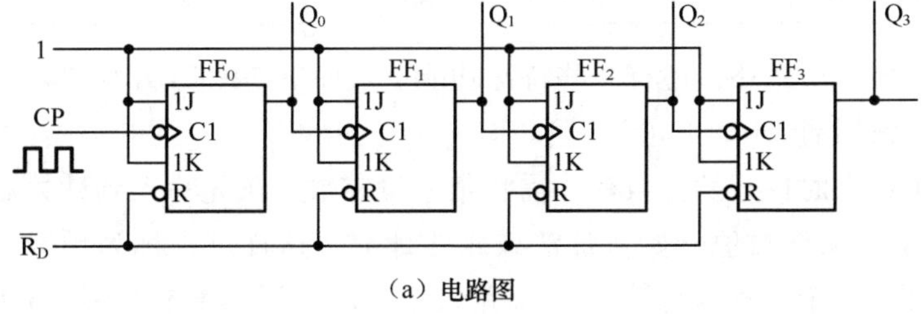

（a）电路图

图 7-32 JK 触发器构成的 4 位异步二进制加法计数器

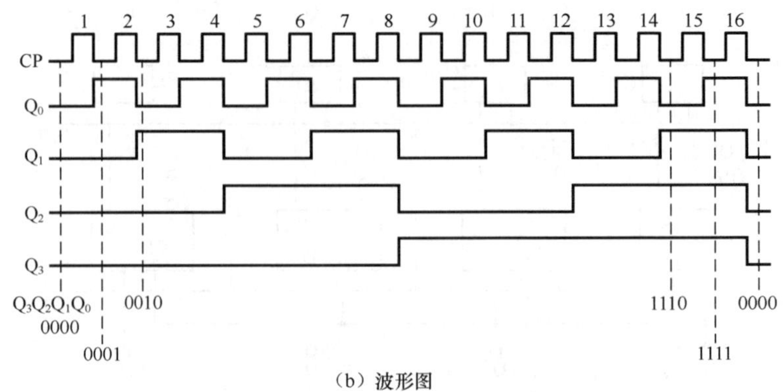

（b）波形图

图 7-32　JK 触发器构成的 4 位异步二进制加法计数器（续）

（3）当输入第 15 个计数脉冲 CP 时，输出为 $Q_3Q_2Q_1Q_0$=1111。当输入第 16 个计数脉冲 CP 时，触发器 FF_0 翻转输出 Q_0=0；CP_1=Q_0 从 1 变为 0，触发器 FF_1 翻转，输出 Q_1=0；以此类推，4 个触发器的输出为 $Q_3Q_2Q_1Q_0$=0000。从计数器波形图中可看出，从 $Q_3Q_2Q_1Q_0$=0000 到 $Q_3Q_2Q_1Q_0$=1111，又回到 $Q_3Q_2Q_1Q_0$=0000，完成了四位二进制的计数循环。由图可知，Q_0 端输出的脉冲周期是输入计数脉冲 CP 周期的 2 倍，即 Q_0 端输出的脉冲频率为输入脉冲频率的 1/2，以此类推，Q_1、Q_2 和 Q_3 端输出的脉冲频率分别为输入脉冲 CP 频率的 1/4、1/8、1/16，故 4 位异步二进制加法计数器可用作 2、4、8、16 分频器使用。

集成二进制计数器

2. 集成计数器简介

目前，集成计数器因具有体积小、功耗低、功能灵活等优点在一些简单小型数字系统中得到了广泛应用。表 7-17 中介绍了几个较典型产品的功能。

表 7-17　几种常见的集成计数器

CP 脉冲引入方式	型　号	计 数 模 式	清 零 方 式	预置数方式
同步	74HC163	4 位二进制加法	同步（低电平）	同步
	74HC161	4 位二进制加法	异步（低电平）	同步
	74LS191	单时钟 4 位二进制可逆	无	异步
	74LS193	双时钟 4 位二进制可逆	异步（高电平）	异步
	74LS190	单时钟十进制可逆	无	异步
	74160	十进制加法	异步（低电平）	同步
异步	74LS293	双时钟 4 位二进制加法	异步	无
	74LS290	二－五－十进制加法	异步	异步

计数器除基本技术功能外，还有一些特殊功能。下面以 74HC161 和 74HC163 为例介绍。

（1）预置并行数据输入

在实际工作中，有时在开始计数前，需将某一设定数据预先写入到计数器中，然后在计数脉冲 CP 的作用下，从该数值开始作加法或减法计数，这种过程称为预置。以 74HC161 和 74HC163 为例，都有 4 个预置并行数据输入端（D_3～D_0），当预置控制端 $\overline{LD}$ 为低电平时，在计数脉冲 CP 上升沿作用下，将放置在预置并行输入端（D_3～D_0）的数据置入计数器，这种预置方式称为同步预置；当 $\overline{LD}$ 为高电平时，则禁止预置数。

（2）清零

当清零端 $\overline{CR}$ 为低电平时，不管时钟脉冲状态如何，都可完成清零功能，这种清零方式称为异步清零（74HC161）；当清零端 $\overline{CR}$ 为低电平时，在时钟脉冲上升沿作用下，才能完成清零功能，这种清零方式称为同步清零（74HC163）。由此可以看出当 $\overline{CR}$ 为低电平时，清零方式与时钟脉冲无关的为异步清零，有关的为同步清零。

（3）计数控制

当计数控制端 ET 和 EP 均为高电平时，在 CP 上升沿作用下 $Q_3 \sim Q_0$ 同时变化，完成计数功能，从而消除了异步计数器中出现的过渡状态（在同一 CP 作用下，异步计数器的低位输出端已翻转，而高位输出端还没翻转瞬间所产生的一种状态）；当 ET 或 EP 有一个为低电平时，则禁止计数。

（4）进位

计数器进位输出端为 CO，当计数溢出时，CO 输出一个高电平进行进位，此时数据将被自动清零。

图 7-33 所示为利用 74HC163 和一个与非门组成的六进制计数器。在电路中 4 个预置数据输入端 $D_3 \sim D_0$ 均接低电平，清零端 $\overline{CR}$ 接高电平，Q_2、Q_0 经与非门与预置控制端 $\overline{LD}$ 相连。不难分析，当计数器计到 $Q_3Q_2Q_1Q_0 = 0101$（对应十进制数 5）时，$\overline{LD}$ 为低电平，在第 6 个 CP 上升沿到来后将预置数 $D_3D_2D_1D_0 = 0000$ 的数据置入计数器，使 $Q_3Q_2Q_1Q_0 = 0000$，所以计数器输出只存在 0000～0101 六种状态，所以叫作六进制计数器。

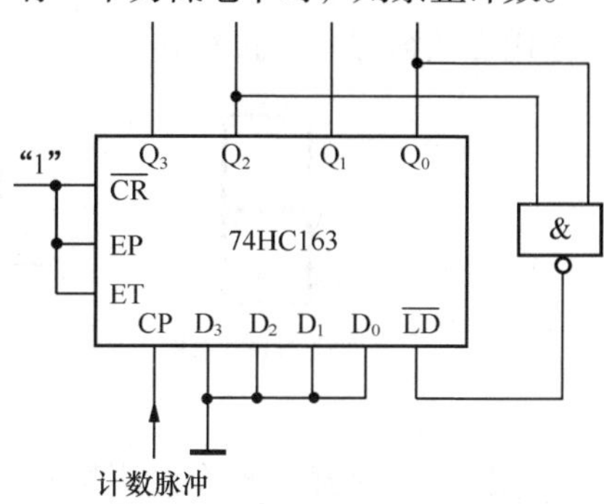

图 7-33　74HC163 构成的六进制计数器

同样，如果想利用 74HC163 组成八进制计数器，当计数器计到 $Q_3Q_2Q_1Q_0 = 0111$（对应十进制数 7）时，使 $\overline{LD}$ 为低电平，即将，Q_2、Q_1、Q_0 经与非门输出至预置控制端 $\overline{LD}$。此时计数器输出只存在 0000 ~ 0111 八种状态。

测发动机的转速时一般通过传感器把转速信号变成脉冲信号，通过计数器计算就可以得出单位时间内脉冲的个数，这样通过相应的程序就可以把发动机的转速通过显示设备显示出来。

7.5.3　七段译码器和数码显示器

在数字测量仪表和各种数字系统中，都需要将数字量直观地显示出来，一方面便于人们直接读取数据和查看运算结果，另一方面便于监视各设备的工作情况，如汽车仪表盘上显示的车速、发动机转速、水温和车内温度等。因此，数字显示电路是许多数字设备不可缺少的部分。数字显示电路通常由编码器、译码器、驱动器和显示器等部分组成。

把若干个二进制数码 0 和 1，按一定的规律编排在一起，组成不同的代码，并且赋予每个代码以特定的含义叫编码。用来完成编码的数字电路称为编码器。译码器可以将编码器编排的代码的原意“翻译”成特定的输出信号（脉冲或电平），该输出信号可用作指令。如图 7-34 所示为编码器和译码器工作示意图。

译码器也可以用日常生活中打电话的例子来理解。如某人的电话号码为 12345678，当拨动电话机号码 12345678 后，就从千万个用户中把这个电话号码主人的电话接通，即把 12345678 所代表的原意“翻译”出来，即打电话的过程就是一个译码过程。

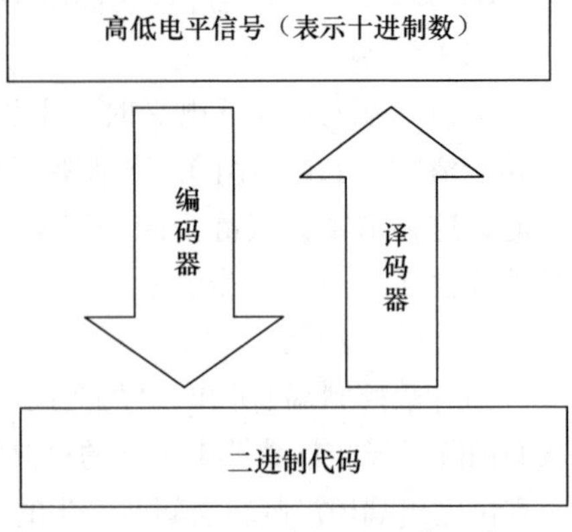

图 7-34　编码器和译码器工作示意图

数码显示器是用来显示数字、文字或符号的器件，广泛应用于各种数字设备中，其显示方式一般有字形重叠式、分段式和点阵式，目前以分段式应用最普遍。图 7-35 表示七段式数字显示器利用不同发光段方式组合，显示 0～15 等阿拉伯数字。在实际应用中，10～15 并不采用，而是用 2 位数显示器进行显示。

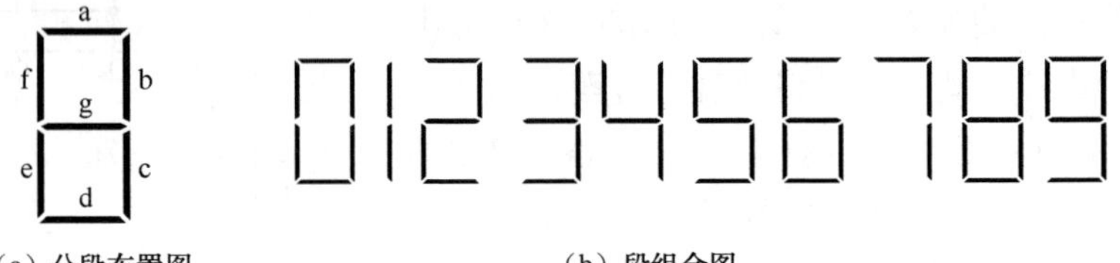

（a）分段布置图　（b）段组合图

图 7-35　七段数码显示器发光段组合图

七段式数字显示器有共阴极和共阳极两种接法，如图 7-36 所示。共阴极接法时，输入高电平点亮；共阳极接法时，输入低电平点亮。

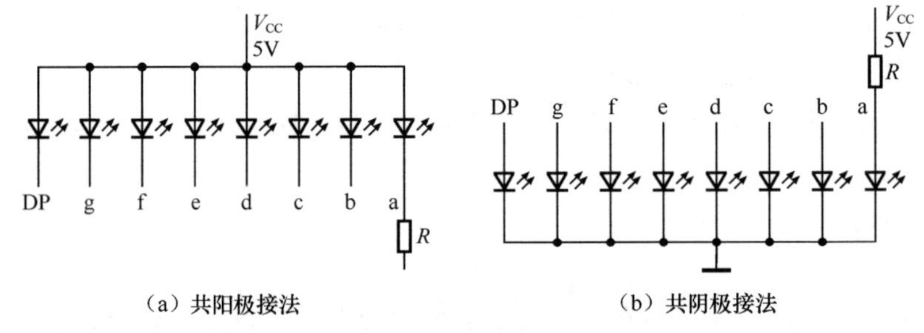

（a）共阳极接法　（b）共阴极接法

图 7-36　半导体数码显示器

如前所述，分段式数码管是利用不同发光段组合的方式显示不同数码的。因此，为了使数码管能将数码所代表的数显示出来，必须将数码经译码器译出，然后经驱动器点亮对应的段。例如，对于 8421 码的 0011 状态，对应的十进制数为 3，则译码驱动器应使 a、b、c、d、g 各段点亮。即对应于某一组数码，译码器应有确定的几个输出段有信号输出，这是分段式数码管电路的主要特点。

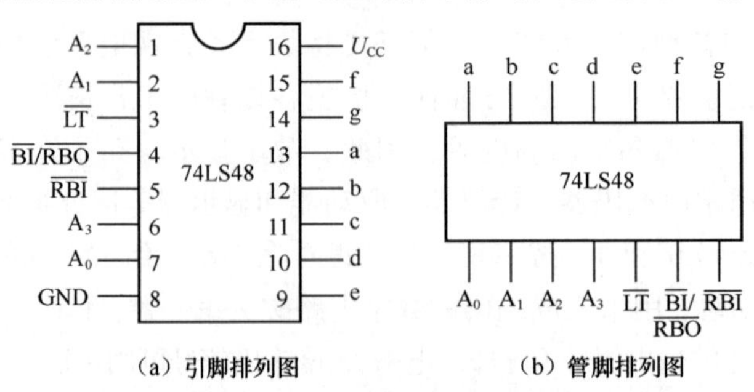

（a）引脚排列图　（b）管脚排列图

图 7-37　74LS48 的引脚图及逻辑符号

现在的通用七段显示译码器芯片有 74LS48、74LS47 等。这些芯片不仅集成了七段译码的全部电路，还增加了一些辅助功能，比如灯测试（$\overline{LT}$）、灯消隐（$\overline{BI}$）、灭零输入（$\overline{RBI}$）和灭零输出（$\overline{RBI}$）等，同时这些芯片含有驱动器，可以直接驱动发光二极管工作。七段显示译码器 74LS48 的引脚图及逻辑符号如图 7-37 所示，其输出高电平有效，用以驱动共阴极显示器。输入信号有 4 个，即二进制编码 A_3、A_2、A_1、A_0，输出信号有 7 个，即 a、b、c、d、e、f、g。表 7-18 所示为 74LS48 功能表。

表 7-18　　74LS48 功能表

数字功能	输入							输出							显示数字
	$\overline{LT}$	$\overline{RBI}$	A_3	A_2	A_1	A_0	$\overline{BI}/\overline{RBO}$	a	b	c	d	e	f	g	
0	1	1	0	0	0	0	1	1	1	1	1	1	1	0	0
1	1	×	0	0	0	1	1	0	1	1	0	0	0	0	1
2	1	×	0	0	1	0	1	1	1	0	1	1	0	1	2
3	1	×	0	0	1	1	1	1	1	1	1	0	0	1	3
4	1	×	0	1	0	0	1	0	1	1	0	0	1	1	4
5	1	×	0	1	0	1	1	1	0	1	1	0	1	1	5
6	1	×	0	1	1	0	1	0	0	1	1	1	1	1	6
7	1	×	0	1	1	1	1	1	1	1	0	0	0	0	7
8	1	×	1	0	0	0	1	1	1	1	1	1	1	1	8
9	1	×	1	0	0	1	1	1	1	1	0	0	1	1	9
10	1	×	1	0	1	0	1	0	0	0	1	1	0	1	
11	1	×	1	0	1	1	1	0	0	1	1	0	0	1	
12	1	×	1	1	0	0	1	0	1	0	0	0	1	1	
13	1	×	1	1	0	1	1	1	0	0	1	0	1	1	
14	1	×	1	1	1	0	1	0	0	0	1	1	1	1	
15	1	×	1	1	1	1	1	0	0	0	0	0	0	0	全暗
$\overline{BI}$	×	×	×	×	×	×	0	0	0	0	0	0	0	0	全暗
$\overline{RBI}$	1	0	0	0	0	0	0	0	0	0	0	0	0	0	全暗
$\overline{LT}$	0	×	×	×	×	×	1	1	1	1	1	1	1	1	8

从功能表可以看出，74LS48 应用于高电平驱动的共阴极显示器。当输入信号 $A_3A_2A_1A_0$ 为 0000～1001 时，分别显示 0～9 数字信号；而当输入 1010～1110 时，显示稳定的非数字信号；当输入为 1111 时，七个显示段全暗。可以从显示段出现非 0～9 数字符号或各段全暗，可以推出输入已出错，即可检查输入情况。

数字显示在汽车电路中应用比较多，由于它的集成化比较高，只要掌握好每个引脚的功能就可以了，在实际汽车维修中遇到数字显示方面的故障采用的方法是更换数字显示模块，对该模块本身不需要去维修。所以在这里只要大致理解一些其工作原理即可。

7.5.4　555 定时器

在数字系统中，常常需要各种脉冲波形，如时钟信号等。获取脉冲信号的方法通常有两种：

一种是利用脉冲振荡器直接产生；另一种是对已有的信号进行整形处理，使之符合电路的要求。本节主要介绍用于脉冲产生、整形的集成 555 定时器及其应用。

555 定时器又称 555 时基电路，它在电路结构上是由模拟电路和数字电路组合而成的，它将模拟功能与逻辑功能合为一体，能够产生精确的时间延迟和振荡，拓宽了模拟集成电路的应用范围。电路采用单电源供电，电源范围宽，可以和模拟运放或数字电路共用一个电源；可独立构成一个定时电路，且定时精度高；电路的最大输出电流达 200mA，带负载能力强，可直接驱动小电动机、喇叭、继电器等负载。

555 定时器的电路结构

1. 电路的组成

555 定时器内部结构及管脚排列如图 7-38 所示。它由分压器、比较器、基本 RS 触发器和放电三极管等部分组成。单极型定时器一般接有输出缓冲级，以提高驱动负载的能力。

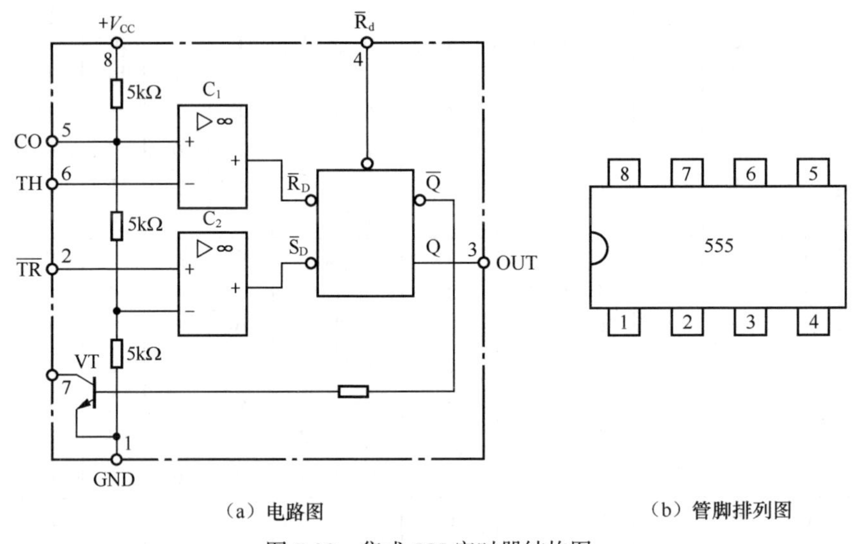

（a）电路图　　（b）管脚排列图

图 7-38　集成 555 定时器结构图

（1）分压器由 3 个 5kΩ的等值电阻串联而成，“555”由此而得名。分压器为比较器 C_1、C_2 提供参考电位，当电压控制端 CO 悬空时，比较器 C1 和 C2 的比较电压分别为 $\frac{2}{3}V_{CC}$ 和 $\frac{1}{3}V_{CC}$。其中比较器 C_1 的参考电压 $\frac{2}{3}V_{CC}$ 加在同相输入端，比较器 C_2 的参考电压 $\frac{1}{3}V_{CC}$ 加在反相输入端。

（2）电压比较器由两个结构相同的集成运算放大器 C_1 和 C_2 组成。阈值输入端信号 TH 加在 C_1 的反相输入端，与 C_1 同相输入端的参考电压比较，其结果作为基本 RS 触发器 $\overline{R}_D$ 端的输入信号；触发输入信号 $\overline{TR}$ 加在 C_2 的同相输入端，与 C_2 反相输入端的参考电压比较，其结果作为基本 RS 触发器 $\overline{S}_D$ 端的输入信号。根据电压比较器原理可知，当同相输入端电位高于反相输入端电位，电压比较器输出高电位 1，否则输出为 0。

（3）基本 RS 触发器的输出状态 Q、$\overline{Q}$ 受比较器 C_1、C_2 的输出端控制。基本 RS 触发器输入输出间逻辑功能可参看触发器章节内容。

（4）放电三极管 VT 的基极连接基本 RS 触发器的 $\overline{Q}$ 输出端，当 $\overline{Q}$=1 时，放电三极管 VT

饱和导通；当 $\overline{Q}$=0，放电三极管 VT 截止。放电三极管可为外接电容提供充放电回路。

555 定时器的工作原理

2. 工作原理

下面根据图 7-38（a）所示电路分析 555 电路逻辑功能。设 TH、$\overline{TR}$ 端输入电压分别为 u_{I1}、u_{I2}，电路工作原理如下：

（1）当 $u_{I1} > \frac{2}{3}V_{CC}$，$u_{I2} > \frac{1}{3}V_{CC}$ 时，比较器 C1 输出低电平（$\overline{R}_D$=0），C2 输出高电平（$\overline{S}_D$=1），基本 RS 触发器被置 0，放电三极管 T 导通，输出端 u_O 为低电平。

（2）当 $u_{I1} < \frac{2}{3}V_{CC}$，$u_{I2} < \frac{1}{3}V_{CC}$ 时，比较器 C1 输出高电平（$\overline{R}_D$=1），C2 输出低电平（$\overline{S}_D$=0），基本 RS 触发器被置 1，放电三极管 T 截止，输出端 u_O 为高电平。

（3）当 $u_{I1} < \frac{2}{3}V_{CC}$，$u_{I2} > \frac{1}{3}V_{CC}$ 时，比较器 C1 输出高电平（$\overline{R}_D$=1），C2 也输出高电平（$\overline{S}_D$=1），触发器状态不变，电路亦保持原状态不变。

$\overline{R}_d$ 为外部信号直接置 0 端，若 $\overline{R}_d$=0，则不管其他输入端状态如何，555 电路输出直接被清零。若 $\overline{R}_d$=1 时，555 电路输出由输入信号 u_{I1}、u_{I2} 决定。

由上述分析可得 555 定时器的功能表，如表 7-19 所示。

表 7-19　　555 定时器功能表

$\overline{R}_d$（4 脚-外部复位端）	u_{I2}（2 脚-触发输入端）	u_{I1}（6 脚-阈值输入端）	u_O（3 脚-输出端）	VT
0	×	×	0	导通
1	$>\frac{1}{3}V_{CC}$	$>\frac{2}{3}V_{CC}$	0	导通
1	$<\frac{1}{3}V_{CC}$	$<\frac{2}{3}V_{CC}$	1	截止
1	$>\frac{1}{3}V_{CC}$	$<\frac{2}{3}V_{CC}$	不变	不变

3. 555 定时器应用

555 定时器是一种多用途的单片集成电路。若在其外部配上一些电阻和电容元件，便能构成单稳态触发器、多谐振荡器和施密特触发器等各种不同用途的脉冲电路。由于它性能优良，使用灵活方便，所以在汽车电子电路中得到广泛的应用。

555 定时器构成单稳态触发器

（1）555 时基电路构成的单稳态触发器

图 7-39（a）所示为用 555 时基电路构成的单稳态触发器，内部的 555 定时器可参照图 7-38（a）。电阻 R 和电容 C 是定时元件；u_I 是输入触发信号，下降沿有效，接到 555 时基电路的引脚 2；引脚 3 是输出信号 u_O。图 7-39（b）所示为 555 时基电路构成的单稳态触发器工作波形图。

① 电路的稳态，输出 u_O 为低电平。

没有触发信号时，u_I 是高电平，$u_I > \frac{1}{3}V_{CC}$，比较器 C2 输出 $\overline{S}_D$=1。接通电源时，电路有一个

进入稳定状态的过程。触发器的输出可由两种情况来分析。

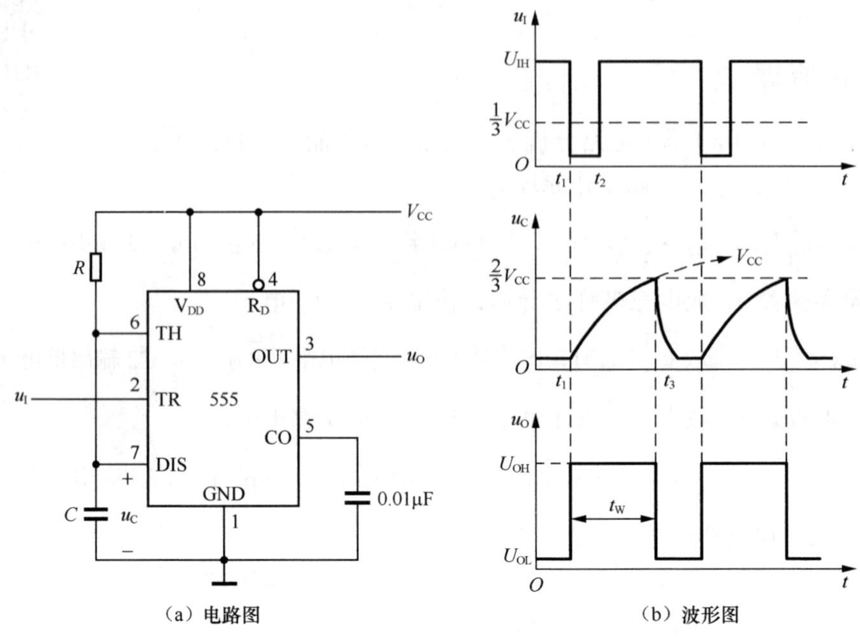

（a）电路图　　（b）波形图

图 7-39　用 555 定时器构成的单稳态触发器

若初始状态 Q=0，则 VT 三极管导通，$u_C \approx 0V$，比较器 C1 输出 $\overline{R}_D=1$。由于 $\overline{S}_D=1$，$\overline{R}_D=1$，所以触发器状态保持不变，触发器置 0，输出 u_O 为低电平。

若初始状态 Q=1，则 VT 三极管截止，电源经电阻 R 对电容 C 进行充电，其电压随之上升。当 $u_C > \frac{2}{3}V_{CC}$ 时，比较器 C1 输出 $\overline{R}_D=0$。由于 $u_I > \frac{1}{3}V_{CC}$，比较器 C2 输出 $\overline{S}_D=1$，触发器置 0，输出 u_O 为低电平，VT 导通。此时电容经 VT 三极管迅速放完电，$u_C \approx 0V$，比较器 C1 输出变为 $\overline{R}_D=1$，触发器保持 0 状态不变。

因此在没有触发信号时电路工作在稳定状态，输出电压 $u_o=0$。

② 触发进入暂稳态，输出 u_O 为高电平。

如图 7-39（b）所示，在 t_1 时刻触发信号加入，u_I 下降沿到来时，电路被触发，$u_I < \frac{1}{3}V_{CC}$，比较器 C2 输出 $\overline{S}_D=0$，而此时 $\overline{R}_D=1$，因此触发器置 1，输出 u_O 由低电平跃变为高电平。与此同时，VT 截止，这时电容 C 开始充电，电路进入暂稳态。充电时间常数 $\tau=RC$。

在 t_2 时刻，虽然触发信号 u_I 消失，即 u_I 是高电平，$u_I > \frac{1}{3}V_{CC}$，比较器 C2 输出 $\overline{S}_D=1$，而 $\overline{R}_D=1$，所以触发器输出保持不变，置 1，输出 u_O 为高电平。

③ 自动返回稳定状态。

随着电容充电，u_C 随之上升。在电容电压 u_C 上升到 $\frac{2}{3}V_{CC}$ 时，比较器 C1 输出 $\overline{R}_D=0$，比较器 C2 输出 $\overline{S}_D=1$，触发器置 0，触发器翻转，输出 u_O 由高电平跃变为低电平，$u_O=0$。同时 VT 导通，电容 C 从充电转为通过晶体管 VT 放电，直至 C 放电结束，$u_C \approx 0V$，电路回到稳定状态，等待下一个触发脉冲。

如图 7-39（b）可知，输出脉冲宽度 t_W 就是电容电压从 0 充电至 $\frac{2}{3}V_{CC}$ 所用的时间，即电路暂稳态的持续时间。输出脉冲宽度 t_W 仅与外接电阻和外接电容有关。

由此可知单稳态触发器具有下列特点：

① 它是一个稳态状态和暂稳状态；

② 在外来触发脉冲的作用下，能够由稳定状态翻转到暂稳状态；

③ 暂稳状态维持一段时间后，将自动返回到稳定状态，而暂稳状态时间的长短与触发脉冲无关，仅决定于电路本身的参数。单稳态触发器一般用于定时、整形以及延时电路。

（2）555 时基电路构成的多谐振荡器

图 7-40（a）所示为 555 时基电路构成的多谐振荡器电路。

电阻 R_1、电阻 R_2 和电容 C 是外接定时元件，引脚 2 和 6 连接起来（其电压为 u_C），对地接电容 C，晶体管 VT 集电极引脚 7 接到电阻 R_1 和 R_2 的连接点上。

接通电源前电容 C 上无电荷，所以接通电源瞬间，C 来不及充电，故 u_C=0、u_O=1，555 时基电路内部的 VT 截止。随着电容 C 充电，u_C 缓慢上升；当 u_C 上升到 $\frac{2}{3}V_{CC}$ 时，555 时基电路内部的触发器翻转，$u_O=0$，VT 饱和导通；VT 饱和导通使电容 C 通过 R_2 放电。随着电容 C 放电，u_C 不断下降。当 u_C 下降到 $\frac{1}{3}V_{CC}$ 时，触发器翻转，u_O=1，VT 截止。随后电容 C 又开始充电，进入下一个循环。如此反复便在输出端产生了矩形脉冲。电路的工作波形如图 7-40（b）所示。

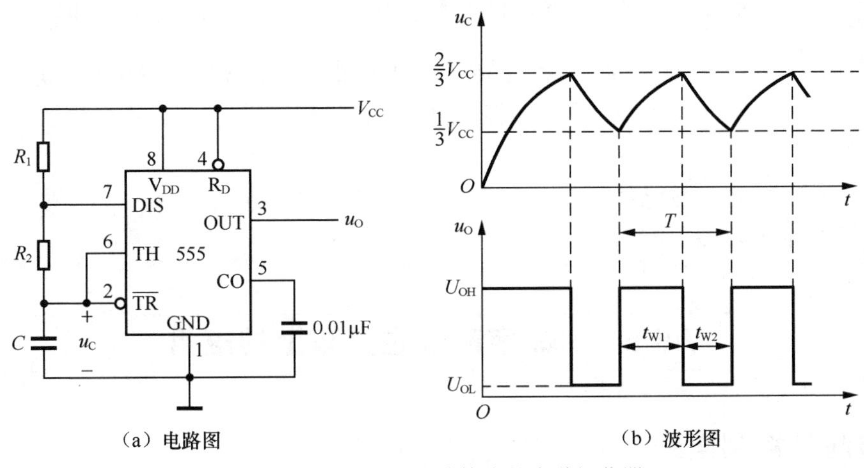

（a）电路图　　（b）波形图

图 7-40　555 时基电路构成的多谐振荡器

（3）555 时基电路构成的施密特触发器

施密特触发器一个最重要的特点，就是能够把变化非常缓慢的输入脉冲波形，整形成为适合于数字电路需要的矩形脉冲。图 7-41（a）所示为 555 构成的施密特触发器。

将 555 时基电路的引脚 2 和 6 连接来作为信号输入端 u_I，引脚 7 通过电阻 R 接电源+V_{CC2}，称为输出端 u_{o1}，输出电平可以通过改变 V_{CC2} 进行调制，引脚 3 是信号输出端 u_{o2}。

图 7-41（b）所示为输入信号 u_I 为三角波时施密特触发器的工作波形。

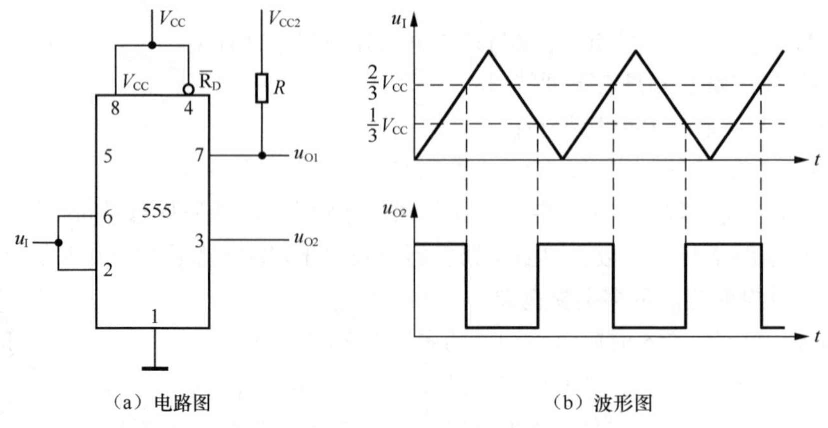

（a）电路图　　（b）波形图

图 7-41　用 555 定时器构成的施密特触发器

开始时，$u_I = 0V$，555 时基电路内部 RS 触发器工作在 1 状态，晶体管 VT 截止，引脚 3 输出高电平，u_{O1}、u_{O2} 均为高电平。随着 u_I 的升高，只要不达到 $\frac{2}{3}V_{CC}$，电路保持状态不变；当 u_I 升高到 $\frac{2}{3}V_{CC}$，555 时基电路内部 RS 触发器翻转，引脚 3 输出低电平，晶体管 VT 导通，u_{O1}、u_{O2} 均为低电平。此后 u_I 在上升到 V_{CC} 后又下降，但是没有下降到 $\frac{1}{3}V_{CC}$ 以前，555 时基电路保持输出低电平状态不变；当 u_I 下降到 $\frac{1}{3}V_{CC}$ 时，555 时基电路内部 RS 触发器翻转，晶体管 VT 截止，引脚 3 输出高电平，u_{O1}、u_{O2} 均由低电平跃变到高电平，直到 u_I 下降到零时电路的状态也不会改变。

施密特触发器的应用

555 时基电路能够对外输出脉冲波形，通过改变电容就可以改变脉冲的频率，来达到不同的要求。

7.5.5　555 定时器在汽车上的应用

1. 转向灯控制电路

如图 7-42 所示，利用 555 时基电路的输出端 3 接继电器 J 的线圈，使继电器按多谐振荡频率进行工作，继电器的触点接到转向灯的电源回路中，控制转向灯电源的通断，使转向灯按一定频率闪烁。

如果驾驶员拨下左转向指示灯开关电路如图 7-42 所示，此时左转向指示灯与蓄电池以及搭铁便构成一回路。但由于继电器的常开触点与之串联，所以只有当 555 定时器的引脚 3 显示高电位时继电器才得电吸合，这样左转向灯就被点亮，当 C_1 充电结束时引脚 3 便显低电平，继电器断电使触点断开，这样左转向灯由于不能形成一闭合回路而熄灭。如此重复进行转向灯的灯亮灯灭控制，只要选择合适的继电器得断电频率，就能够感觉灯在闪烁。

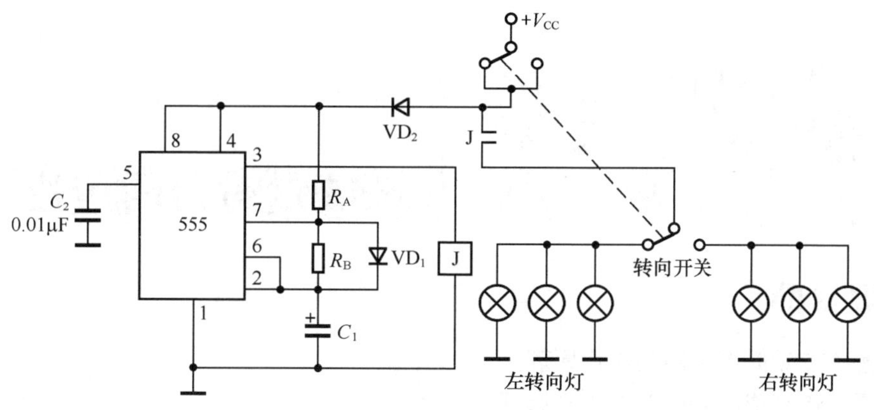

图 7-42　555 构成的汽车转向灯闪光电路

闪光器的灯亮时间由 C_1 的充电时间常数 $\tau_A = R_AC_1$ 决定。闪光器的灯灭时间由 C_1 的放电时间 $\tau_B = R_BC_1$ 决定。闪光器的灯亮灯灭周期即多谐振荡器的振荡周期 T。信号灯的闪烁频率为 $f=1/T\times 60$（次/分钟）。通过适当选择 R_A、R_B 和 C_1 的值，即可取得一定的闪烁频率。

2. 汽车刮水器间歇控制器

图 7-43 所示为 555 定时器用作刮水器控制电路，在该电路中继电器线圈由 555 定时器的引脚 3 控制是否得电，而继电器的触点与刮水器电动机串联接入电路。这样通过控制继电器线圈的得电和断电就可以使刮水器电动机断续刮水。

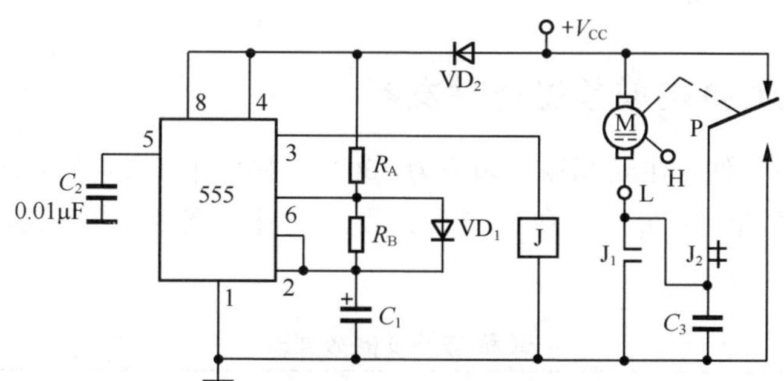

图 7-43　555 构成的汽车刮水器间歇控制器电路

由于刮水器电动机起动电流较大，因此在线路上增加电容 C_3 与继电器 J 并联，以保护触点。因一次刮水的间歇时间为 9～11s（电动机运转 1～2s，停 7～9s），而刮水器电动机的辅助滑动触点 P 脱离电源正极到接地这一过程大约需 0.15s，如果考虑 P 点电位不准，则最长约 0.27s。即继电器的常开触点 J_1 吸合时间可按最大 0.3s 考虑，因此选择 R_A 和 C_1 时，使其充电时间不小于 0.3s 即可。这样就保证了电动机一旦起动，运行时间（1～2s）由电动机的触点 P 进行控制，间歇时间（7～9s）则通过所选 R_B 的大小控制 C_1 的放电时间来实现。C_1 不断充、放电就实现了刮水器电动机按一定间歇周期运行。

通过 555 时基电路控制继电器的线圈得电和断电，就可以使控制电路断续得电，从而达到控制的目的。

实训 10 555 定时器的应用

一、实训目的

① 熟悉 555 定时器电路的工作原理。
② 熟悉 555 集成时基电路的工作原理。
③ 掌握 555 定时器的应用。

二、实训条件

数字电路实验箱、示波器、555 定时器、电阻和电容若干。

三、实训原理

555 集成时基电路是一种数字、模拟混合型的中规模集成电路，由于内部电压基准使用了 3 个 5kΩ电阻，故取名 555 电路。555 集成时基电路结构如图 7-38 所示。

四、实训内容及步骤

1. 用 555 定时器构成单稳态触发器

按照图 7-44 所示接线，在 u_i 端输入频率为 300Hz，幅度小于 5V 的方波信号（或 TTL 电平信号），用示波器观察并记录 u_i、u_C 和 u_o 波形，测出 u_o 脉冲宽度，与理论值进行比较，将测量结果记入表 7-20 中。

表 7-20 单稳态触发器数据表

波形	u_o		
	周期	脉宽	峰值
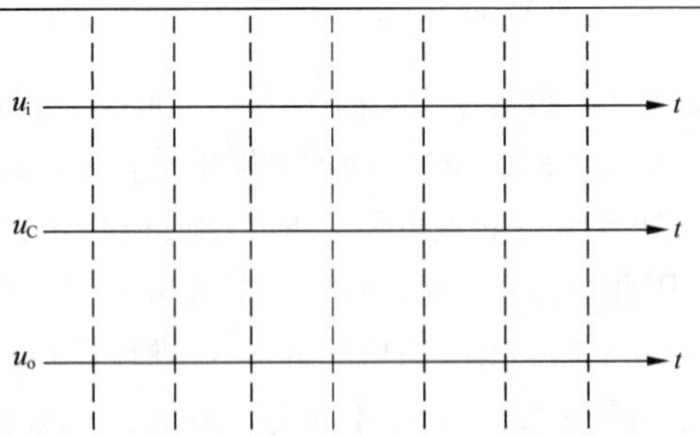 u_i —— t u_C —— t u_o —— t			

2. 用 555 定时器构成多谐振荡器

按图 7-45 接线，检查无误后，接通电源。用示波器观察引脚 3 和引脚 6 的波形。改变可调电阻（R_P）的数值，观察输出波形的变化，注意 f_0 的变化。将测量结果记入表 7-21 中。

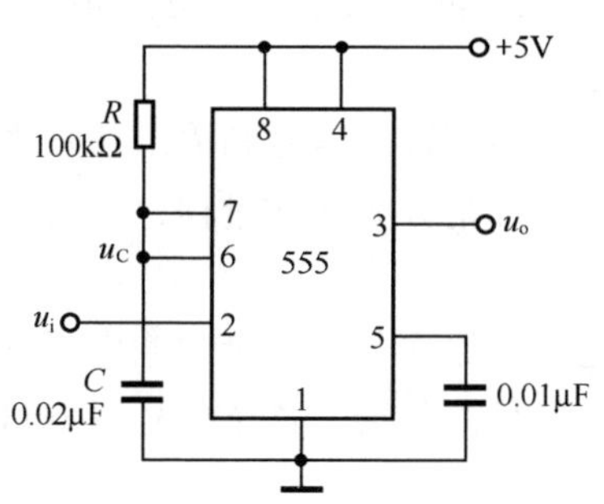

图 7-44 单稳态触发器电路图

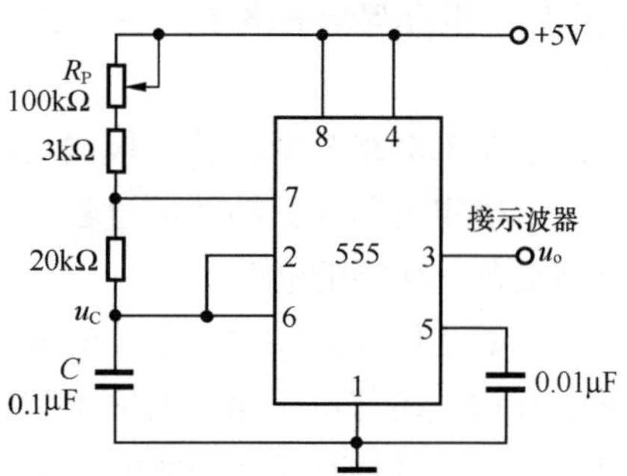

图 7-45 多谐振荡器电路图

表 7-21 多谐振荡器数据表

电阻值	波形	u_o		
		周期	脉宽	峰值
$R_P = 50k\Omega$	u_C —— t u_o —— t			
R_P增大	u_C —— t u_o —— t			
R_P减小	u_C —— t u_o —— t			

小结

（1）电子线路中的信号可分为模拟信号和数字信号两类，模拟信号是指在时间和数值上都连续变化的电信号；数字信号是指在时间和数值上都不连续变化的离散的脉冲信号。电子技术中电子电路分为两大类，其中传输和处理模拟信号的电路称为模拟电路；传输和处理数字信号的电路称为数字电路。

（2）“与”逻辑关系、“或”逻辑关系和“非”逻辑关系是最基本的逻辑关系。实现这 3 种逻辑关系的基本电路也有 3 种：与门电路、或门电路和非门电路。

（3）逻辑电路按其功能不同可分为两大类电路：一类称为组合逻辑电路，另一类称为时序逻辑电路。从结构上看，组合逻辑电路仅由若干逻辑门组成，也就是说组合逻辑电路的基本单元就是逻辑门电路。组合逻辑电路在任一时刻的输出信号仅仅与当时的输入信号有关，与电路原来的状态无关。

（4）组合逻辑电路分析，就是根据给定的逻辑电路，找出其输入信号和输出信号之间的逻辑关系，最后确定电路逻辑功能的过程。组合逻辑电路的设计是分析的逆过程，就是要根据题意设计出满足逻辑功能的电路。

（5）触发器是构成时序逻辑电路的基本单元。时序逻辑电路在某一时刻的输出不仅和当时的输入状态有关，还与电路原来的输出状态有关，当输入信号消失后，这个信号对电路的影响却能保留下来，它是具有记忆功能的电路。

（6）根据逻辑功能的不同，触发器可分为 RS 触发器、JK 触发器、D 触发器、T 触发器和 T′触发器等。根据触发方式不同，触发器可分为电平触发器、边沿触发器和主从触发器。根据电路结构不同，触发器可分为基本 RS 触发器、同步触发器、主从触发器、边沿触发器以及维持阻塞触发器。

（7）寄存器是一种重要的数字电路元件，常用来暂时存放各种输入、输出的数据和运算结果。寄存器由若干触发器组成，一个触发器只能存放一位二进制数，*n* 位二进制代码要用 *n* 个触发器构成的 *n* 位寄存器储存。按其有无移位功能可分为数码寄存器和移位寄存器两种。

（8）计数器按计数进制不同可分为：二进制、十进制和任意进制计数器；按计数增减可分为：加法计数器、减法计数器和可逆计数器；按计数器中触发器状态更新与输入时钟脉冲到来是否同步可分为：同步计数器和异步计数器。

（9）数字显示电路通常由编码器、译码器、驱动器和显示器等部分组成。七段式数字显示器有共阴极和共阳极两种接法。共阴极接法时，输入高电平点亮；共阳极接法时，输入低电平点亮。

（10）555 定时器是一种多用途的单片集成电路。若在其外部配上一些电阻和电容元件，便能构成单稳态触发器、多谐振荡器和施密特触发器等各种不同用途的脉冲电路。

习　　题

一、简答题

1. 数字电路的特点是什么？
2. 说明计数器在汽车中的应用。
3. 说明 555 定时器的工作原理。
4. 说明图 7-42 所示转向灯的控制原理。
5. 简述 D 触发器的工作原理。
6. 简述上升沿触发和下降沿触发的特点。

二、应用逻辑代数法化简下列各式。

1. $F = A\overline{B} + \overline{A}B + A$
2. $F = \overline{A} + \overline{B} + \overline{C} + \overline{ABC}$
3. $F = \overline{\overline{(A + B)}} + AB$
4. $F = A\overline{C} + ABC + AC\overline{D} + CD$

三、应用逻辑代数运算法则证明下列各式。

1. $\overline{A}+\overline{B}+\overline{C}+ABC=1$

2. $\overline{A}\,\overline{B}+A\overline{B}+\overline{A}B=\overline{A}+\overline{B}$

3. $BC+D+\overline{D}(\overline{B}+\overline{C})(AC+B)=B+D$

四、根据下列各逻辑表达式，画出逻辑图。

1. Y=AB+BC

2. Y = (A+B) (A+C)

3. $Y=\overline{A+B}+\overline{B}C$

五、分析题

1. 由二极管组成的逻辑门电路及输入信号波形如图 7-46 所示，试画出相应的输出波形。

2. 异或门电路及输入信号波形如图 7-47 所示，试画出相应的输出波形。

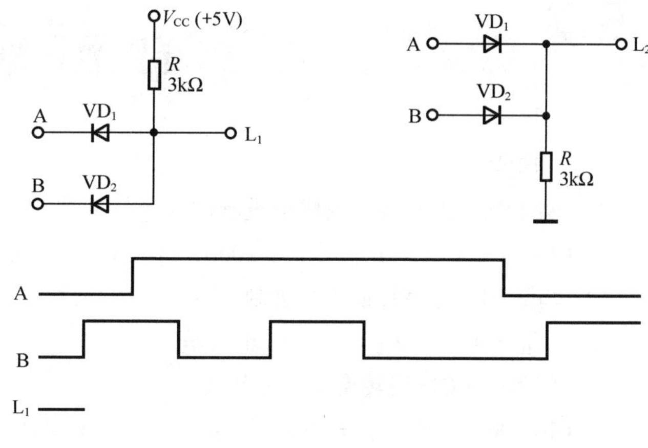

图 7-46 由二极管组成的逻辑门电路及输入信号波形图

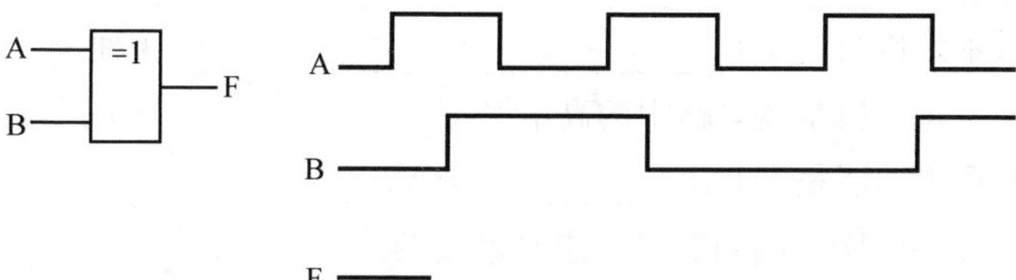

图 7-47 异或门电路及输入信号波形图

3. 图 7-48（a）所示为门电路输入电路图，其波形如图 7-48（b）所示，试画出 G 端与 F 端的波形。

4. 下降沿触发的边沿 JK 触发器各输入端的电压波形如图 7-49 所示，试分别画出 JK 触发器输出端（Q 和 $\overline{Q}$）的波形。

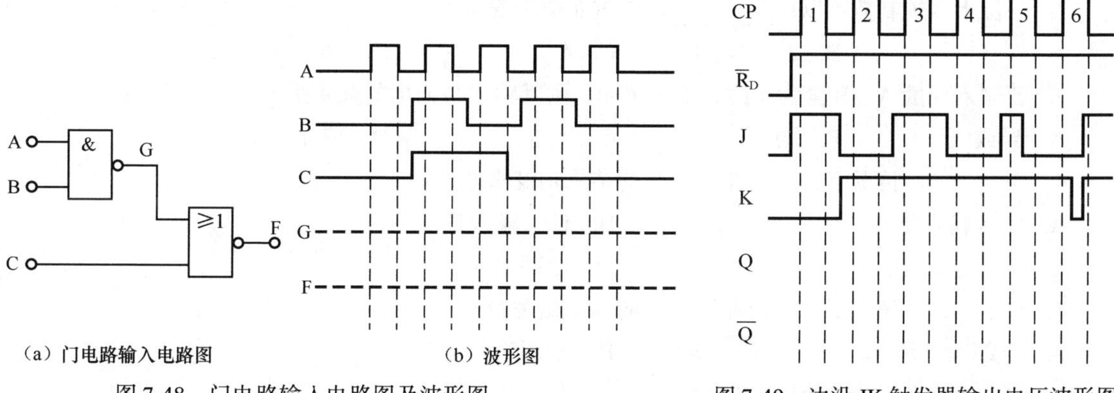

（a）门电路输入电路图　（b）波形图

图 7-48 门电路输入电路图及波形图

图 7-49 边沿 JK 触发器输出电压波形图

5. 某汽车驾驶员培训班进行结业考试，有 3 名评判员。在评判时，按照少数服从多数的原则通过，但主裁判员认为合格，也可通过。试画出实现此评判规定的逻辑图。

自测题

一、填空题

1. 将下列二进制数转换成十进制数。

$(1011)_2=(\quad)_{10}$ $(10001)_2=(\quad)_{10}$ $(110010)_2=(\quad)_{10}$

2. 将下列十进制转换成二进制。

$(21)_{10}=(\quad)_2$ $(26)_{10}=(\quad)_2$ $(118)_{10}=(\quad)_2$

3. 将下列 BCD 码转换成十进制数。

$(0010\ 1000\ 0101)_{8421}=(\quad)_{10}$ $(1001\ 0001\ 0111)_{8421}=(\quad)_{10}$

$(1000\ 1001\ 0100)_{8421}=(\quad)_{10}$ $(0100\ 0001\ 0011)_{8421}=(\quad)_{10}$

4. 将下列十进制数转换成 8421BCD 码。

$(314)_{10}=(\quad)_{8421}$ $(684)_{10}=(\quad)_{8421}$

5. 数字显示电路通常由________、________、________和________等部分组成。

6. 数字电路最基本的逻辑关系有________、________、________3 种。

7. 在数字电路中，正逻辑是指电路中的高电平用________表示，低电平用________表示。

8. “与非”门的逻辑功能是有 0 出________，全 1 出________。

9. 触发器有两个互补的输出端 Q、$\overline{Q}$，定义触发器的 1 状态为________，0 状态为________，可见触发器的状态指的是________端的状态。

10. 一个基本 RS 触发器在正常工作时，它的约束条件是$\overline{R}+\overline{S}=1$，则它不允许输入$\overline{S}=$________且$\overline{R}=$________的信号。

二、选择题

1. 与模拟电路相比，数字电路主要的优点有________。

A. 容易设计 B. 通用性强 C. 保密性好 D. 抗干扰能力强

2. 一位十六进制数可以用________位二进制数来表示。

A. 1 B. 2 C. 4 D. 16

3. 若输入变量 A，B 全为 1 时，输出 F=0，则其输入与输出的关系是________。

A. 异或 B. 与 C. 与非 D. 或非

4. 在________情况下，“与非”运算的结果是逻辑 0。

A. 全部输入是 0 B. 任一输入是 0

C. 仅一输入是 0 D. 全部输入是 1

5. 在________情况下，“或非”运算的结果是逻辑 0。

A. 全部输入是 0 B. 全部输入是 1

C. 任一输入为 0，其他输入为 1 D. 任一输入为 1

6. 逻辑变量的取值 1 和 0 可以表示________。

A. 开关的闭合、断开 B. 电位的高、低

C. 真与假 D. 电流的有、无

7. 对于 JK 触发器，若 J=K，则可完成________触发器的逻辑功能。

A. RS　　B. D　　C. T　　D. T′′

8. 对于 D 触发器，欲使 $Q^n+1=Q^n$，应使输入 D=________。

A. 0　　B. 1　　C. Q　　D. $\overline{Q}$

9. 要实现 $Q^{n+1}=\overline{Q^n}$，JK 触发器的 J、K 取值应为________。

A. J=0，K=0　　B. J=0，K=1　　C. J=1，K=0　　D. J=1，K=1

10. 555 定时器可以组成________。

A. 多谐振荡器　　B. 单稳态触发器　　C. 施密特触发器　　D. JK 触发器

三、分析题

1. 电路结构如图 7-50 所示，CP 脉冲，B 端输入波形，试画出该电路输出端（G）的波形，设触发器的初态为 0。

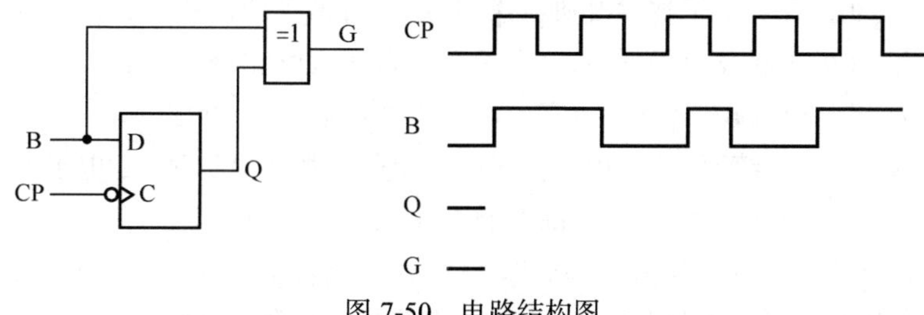

图 7-50　电路结构图

2. 如图 7-51 中各触发器的初始状态皆为 0，试画出在 CP 信号作用下的各触发器 Q 端的波形图。

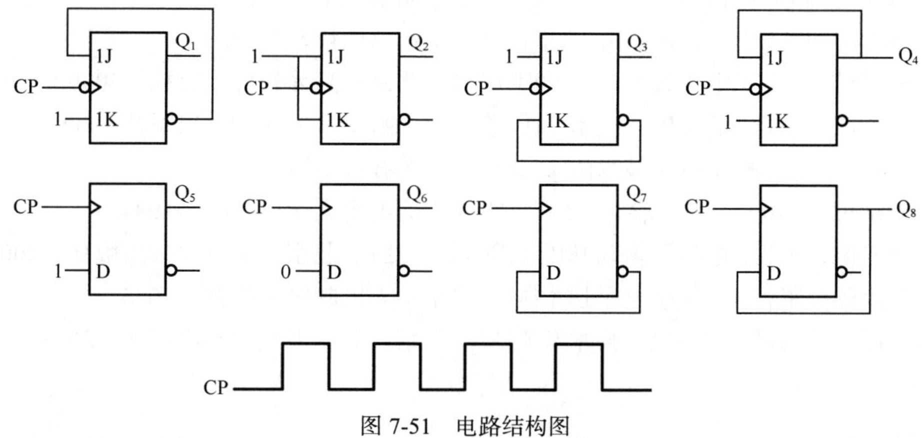

图 7-51　电路结构图

3. 用基本 RS 触发器消除手动开关因机械振动而产生的电压、电流波形毛刺的电路如图 7-52 所示，试画出在按钮开关 S 由位置 A 与 B 之间变化有触点振动时，触发器 Q、$\overline{Q}$ 端的波形。

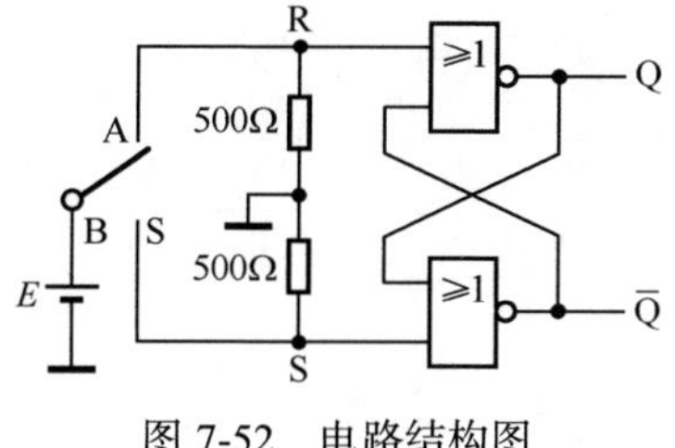

图 7-52　电路结构图

参考文献

[1] 冯渊. 汽车电工与电子技术基础（第 2 版）[M]. 北京：机械工业出版社，2010.

[2] 胡翔骏. 电路基础[M]. 北京：高等教学出版社，1996.

[3] 陈小虎. 电工电子技术（多课时）[M]. 北京：高等教育出版社，2000.

[4] 杨志忠. 数字电子技术（第 3 版）[M]. 北京：高等教育出版社，2008.

[5] 沈任元，吴勇. 数字电子技术基础[M]. 北京：机械工业出版社，2000.

[6] 古永棋等. 汽车电器及电子设备[M]. 重庆：重庆大学出版社，1993.

[7] 刘子林. 电机与电气控制[M]. 北京：电子工业出版社，2003.

[8] 孙余凯，吴永平，项绮明. 汽车电子技术与技能实训教程[M]. 北京：电子工业出版社，2006.

[9] 许晓峰. 电机与拖动[M]. 北京：高等教育出版社，2009.

[10] 任礼维，林瑞光. 电机与拖动基础[M]. 杭州：浙江大学出版社，1994.

[11] 秦曾煌. 电工学（第 6 版）[M]. 北京：高等教育出版社，2002.

[12] 李春明. 汽车电器与电路[M]. 北京：高等教育出版社，2004.

[13] 赵福堂. 汽车电器与电子设备[M]. 北京：北京理工大学出版社，1997.

[14] 熊幸明. 电工电子技术[M]. 北京：电子工业出版社，2003.

[15] 林平勇等. 电工电子技术（少学时）[M]. 北京：高等教育出版社，2000.

[16] 李涵武. 汽车电器与电子技术[M]. 哈尔滨：哈尔滨工业大学出版社，2003.

[17] 刘皓宇. 汽车电工电子技术[M]. 北京：高等教育出版社，2007.

[18] 周绍英等. 电机与拖动[M]. 北京：中央广播电视大学出版社，1994.

[19] 李发海，王岩. 电机与拖动基础（第 3 版）[M]. 北京：清华大学出版社，2005.

[20] 高永强，王吉恒. 数字电子技术[M]. 北京：人民邮电出版社，2006.

[21] 江捷，马志诚. 数字电子技术基础[M]. 北京：北京工业大学出版社，2009.